Christopher (...)

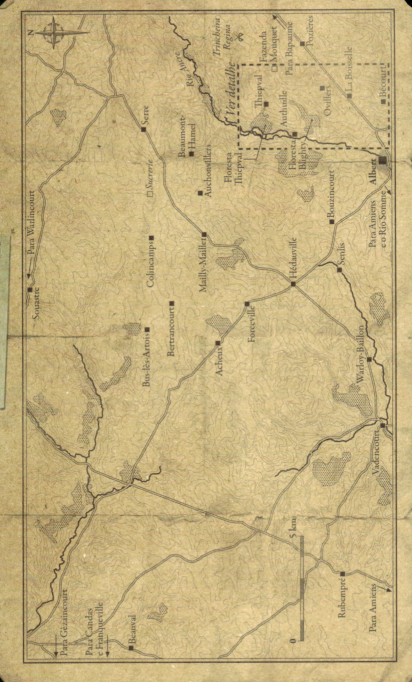

TOLKIEN
e a Grande Guerra

O Limiar da Terra-média

TOLKIEN
e a Grande Guerra
O Limiar da Terra-média

John Garth

Tradução de
Ronald Kyrmse

Rio de Janeiro, 2022

Título original: *Tolkien and the Great War*

Edição original pela HarperCollins *Publishers*, 2003
Todos os direitos reservados à HarperCollins *Publishers*.
Copyright de tradução © Casa dos Livros Editora LTDA., 2021

Os pontos de vista desta obra são de responsabilidade de seu autor, não refletindo necessariamente a posição da HarperCollins Brasil, da HarperCollins *Publishers* ou de suas equipes editoriais.

®, e TOLKIEN® são marcas registradas de J.R.R. Tolkien Estate Limited.

Publisher	*Samuel Coto*
Editora	*Brunna Castanheira Prado*
Estagiárias editoriais	*Beatriz Lopes e Lais Chagas*
Produção gráfica	*Lúcio Nöthlich Pimentel*
Preparação de texto	*Leonardo Dantas do Carmo*
Revisão	*Gabriel Oliva Brum e Jaqueline Lopes*
Diagramação	*Sonia Peticov*
Capa	*Alexandre Azevedo*

DADOS INTERNACIONAIS DE CATALOGAÇÃO NA PUBLICAÇÃO (CIP)
(CÂMARA BRASILEIRA DO LIVRO, SP, BRASIL)

Garth, John
  Tolkien e a grande guerra / John Garth ; tradução de Ronald Kyrmse. -- Rio de Janeiro : HarperCollins Brasil, 2022.

  Título original: Tolkien and the great war
  ISBN 978-65-5511-270-2

  1. Escritos de soldados - Inglês - História e crítica 2. Guerra Mundial, 1914-1918 - Inglaterra -Literatura e guerra 3. Guerra na literatura 4. Literatura e história - Grã-Bretanha - História -Século 20 5. Soldados - Grã Bretanha - Biografia 6. Tolkien, J. R. R. (John Ronald Reuel), 1892-1973 -Conhe 7. Tolkien, J. R. R. (John Ronald Reuel), 1892-1973 - Infância e juventude I. Título.

  22-96343   CDD-823.912

Índice para catálogo sistemático
1. Autores ingleses : Biografia   823.912
Aline Graziele Benitez — Bibliotecária — CRB-1/3129

HarperCollins Brasil é uma marca licenciada à Casa dos Livros Editora Ltda.
Todos os direitos reservados à Casa dos Livros Editora Ltda.
Rua da Quitanda, 86, sala 218 — Centro
Rio de Janeiro — RJ — CEP 20091-005
Tel.: (21) 3175-1030
www.harpercollins.com.br

Em memória de

John Ronald Reul Tolkien, 1892–1973
Christopher Luke Wiseman, 1893–1987
Robert Quilter Gilson, 1893–1916
Geoffrey Bache Smith, 1894–1916

TCBS

SUMÁRIO

Prefácio 9

PRIMIERA PARTE: Os quatro imortais
Prólogo 17
1. Antes 24
2. Um jovem com imaginação demais 53
3. O Conselho de Londres 70
4. As costas de Feéria 88
5. Andarilhos surpreendidos pela noite 108
6. Tempo demais adormecido 135

SEGUNDA PARTE: Lágrimas inumeráveis
7. Esporas e campânulas 163
8. Joeirar amargo 174
9. "Alguma coisa se quebrou" 193
10. Numa toca no chão 212

TERCEIRA PARTE: A Ilha Solitária
11. Castelos no ar 231
12. Tol Withernon e Fladweth Amrod 251
    Epílogo: "Uma nova luz" 281
    Posfácio: "O que sonha a sós" 315

Desenhos de Tolkien da época da guerra 343
Bibliografia 345
Índice remissivo 352

PREFÁCIO

Este estudo biográfico nasceu de uma única observação: quão estranho é que J.R.R. Tolkien tenha iniciado sua monumental mitologia em meio à Primeira Guerra Mundial, na crise de desencanto que moldou a era moderna. Ele relata sua vida e seus esforços criativos durante os anos de 1914 a 1918, desde suas excursões iniciais em sua primeira língua "élfica" inventada, quando era graduando de último ano em Oxford, passando pela abertura de seus horizontes mediante árduo treinamento no exército e pelo horror do trabalho como oficial sinaleiro do batalhão no Somme, até seus dois anos como inválido crônico montando guarda na muralha marítima da Grã-Bretanha e escrevendo os primeiros contos de seu legendário.

Viajando muito além dos aspectos militares da guerra, tentei indicar a amplitude e a profundidade dos interesses e inspirações de Tolkien. O crescimento de sua mitologia é examinado desde suas primeiras sementes linguísticas e poéticas até seu florescimento precoce em "O Livro dos Contos Perdidos", precursor de *O Silmarillion*, que em seus começos era vislumbrado como um compêndio de histórias há muito olvidadas do mundo antigo vistas através de olhos élficos. Além de um exame crítico dessa primeira incursão no que Tolkien mais tarde veio a chamar de Terra-média, forneço comentários sobre muitos de seus primeiros poemas, um dos quais ("A Ilha Solitária") aparece aqui pela primeira vez em forma completa desde que foi publicado na década de 1920, em um livro de editora pequena já há muito esgotado.

Espero ter dado à poesia e prosa precoces de Tolkien a consideração séria que elas merecem, não como meros esforços juvenis, mas

PREFÁCIO

como visão de um escritor singular na primavera de suas capacidades; uma visão já abrangente em âmbito e importante em temas, porém caracteristicamente rica em detalhe, discernimento e vida. Um de meus objetivos foi colocar as atividades criativas de Tolkien no contexto do conflito internacional e das convulsões culturais que o acompanharam. Tive grande auxílio, em primeiro lugar, pela liberação dos registros de serviço dos oficiais do Exército Britânico na Grande Guerra, antes reservados; em segundo lugar, pela gentileza da Tolkien Estate, que me permitiu estudar os papéis do tempo da guerra que o próprio Tolkien conservou, bem como as cartas extraordinárias e comoventes do TCBS, o círculo de ex-colegas de colégio que esperavam atingir a grandeza, mas encontraram dificuldades e pesares amargos na tragédia de seu tempo; em terceiro lugar, pela generosidade da família de Rob Gilson, grande amigo de Tolkien, que me concedeu acesso irrestrito a todos os seus papéis. As histórias entrelaçadas de Gilson, Geoffrey Bache Smith, Christopher Wiseman e Tolkien — sua visão compartilhada ou sobreposta, mesmo suas desavenças às vezes incendiárias — contribuem grandemente, creio, à compreensão das motivações deste último como escritor.

Apesar de Tolkien ter frequentemente escrito sobre suas próprias experiências de guerra aos filhos Michael e Christopher, quando estes, por suas vezes, serviram na Segunda Guerra Mundial, ele não deixou autobiografia nem memórias. Entre seus papéis militares, um breve diário fornece pouco mais que um itinerário de seus movimentos durante o serviço ativo na França. No entanto, são tão numerosas as informações publicadas e arquivadas sobre a Batalha do Somme que fui capaz de produzir uma imagem detalhada dos meses que Tolkien lá passou, chegando a cenas e eventos nas próprias rotas que ele e seu batalhão trilharam através das trincheiras em determinados dias.

Aqui pode-se notar que, apesar de pesquisas plenas e detalhadas do material-fonte terem sido publicadas acerca dos batalhões de Smith e Gilson (por Michael Stedman e Alfred Peacock respectivamente), em mais de cinquenta anos nenhuma síntese semelhante foi tentada a respeito de Tolkien; e nenhuma, creio, que tenha feito uso de semelhante variedade de relatos de testemunhas oculares.

Este livro, portanto, se constitui em um singular relato póstumo das experiências do 11º Batalhão de Fuzileiros de Lancashire no Somme. No entanto, visto que minha narrativa não trata primariamente de assuntos de registro militar, esforcei-me para não a sobrecarregar com nomes de trincheiras e outros pontos de referência perdidos (que muitas vezes têm variantes em francês, inglês oficial e inglês coloquial), referências a mapas ou detalhes das disposições de divisões e brigadas.

No mínimo, o fenomenal interesse em Tolkien, em todo o mundo, é justificativa suficiente para tal estudo; mas espero que ele demonstre ser útil àqueles que se interessam por sua descrição das guerras mitológicas, da antiga Beleriand até Rhûn e Harad; e àqueles que, como eu, creem que a Grande Guerra desempenhou um papel essencial na formação da Terra-média.

No decurso de minha pesquisa, o emergir dessa versão imaginada de nosso próprio mundo antigo desde o meio da Primeira Guerra Mundial começou a parecer cada vez menos estranho, mas mesmo assim muito singular. Resumindo, creio que, criando sua mitologia, Tolkien resgatou dos destroços da história muitas coisas ainda boas de serem possuídas; mas que ele faz mais do que meramente preservar as tradições de Feéria: ele as transformou e revigorou para a era moderna.

No entanto, o aspecto biográfico deste livro cresceu de tal modo que, ao final, pareceu melhor restringir meus comentários sobre a possível relação entre a vida e os escritos a algumas observações e a detalhar meus argumentos gerais em um "Posfácio". Tendo lido a história das experiências de Tolkien durante a Grande Guerra, aqueles que conhecem também *O Hobbit* e *O Senhor dos Anéis*, ou *O Silmarillion* e seus antecedentes, serão capazes de tirar suas próprias conclusões mais detalhadas, se desejarem, sobre como essas histórias foram moldadas pela guerra.

Talvez Tolkien tivesse querido que assim fosse, caso de fato aprovasse um inquérito biográfico em sua vida e obra. Alguns anos após a publicação de *O Senhor dos Anéis*, escreveu a alguém que o interrogou:

[...] me oponho à tendência contemporânea na crítica, com seu interesse excessivo nos detalhes das vidas dos autores e artistas.

PREFÁCIO

Eles apenas desviam a atenção das obras de um autor [...] e, como frequentemente se vê, acabam tornando-se o interesse principal. Mas apenas o anjo da guarda de alguém, ou mesmo Deus, poderia elucidar a verdadeira relação entre fatos pessoais e as obras de um autor. Não o próprio autor (embora ele saiba mais do que qualquer investigador), e certamente não os assim chamados "psicólogos" [*Cartas*, n.º 213]

Não reivindico nenhum discernimento divino da mente de Tolkien e não simulo estar colocando-o no divã do psiquiatra. Não saí à caça de choque e escândalo, mas focalizei sempre assuntos que me parecem ter desempenhado algum papel no crescimento de seu legendário. Espero que esta história, da passagem de um gênio imaginativo pela crise mundial de seu tempo, lance um pouco de luz sobre os mistérios de sua criação.

Em todos os pontos, os casos de opinião, interpretação e exegese são os meus próprios, e não da família Tolkien ou da Tolkien Estate. No entanto, agradeço a eles pela permissão de reproduzir materiais de papéis privados e dos escritos publicados de J.R.R. Tolkien.

Muitas outras grandes dívidas de gratidão acumularam-se durante a redação deste livro. Em primeiro lugar, e mais importante, preciso agradecer a Douglas A. Anderson, David Brawn e Andrew Palmer por conselhos e auxílios além do chamado do dever ou da amizade. Sem a ajuda deles, e de Carl F. Hostetter e Charles Noad, este livro jamais teria visto a luz do dia. Gostaria de expressar minha gratidão particular a Christopher Tolkien, pela generosidade em compartilhar comigo não apenas os papéis pessoais do pai, mas também grande parte de seu próprio tempo; seus comentários perceptivos me resgataram de muitas armadilhas e ajudaram a moldar *Tolkien e a Grande Guerra*. Por sua grande gentileza em me emprestarem cartas e fotografias de R.Q. Gilson, gostaria de agradecer a Julia Margretts e Frances Harper. Por acolherem hospitaleiramente minhas perguntas sobre Christopher Wiseman, e por permitirem que eu citasse suas cartas, agradeço à sua viúva Patricia e à sua filha Susan Wood.

David Doughan, Verlyn Flieger, Wayne G. Hammond, John D. Rateliff, Christina Scull e Tom Shippey concederam-me todos sua perícia e seu discernimento sobre variados aspectos da vida e da obra de Tolkien; o estudo crítico *The Road to Middle-earth* [A Estrada para a Terra-média], de Shippey, grandemente ampliou minha compreensão da obra de Tolkien. Não fosse a ajuda de Christopher Gilson, Arden R. Smith, Bill Welden e Patrick Wynne, minhas discussões de assuntos linguísticos teriam soçobrado. Phil Curme, Michael Stedman, Phil Russell, Terry Carter, Tom Morgan, Alfred Peacock e Paul Reed me auxiliaram a superar obstáculos em minha compreensão do exército de Kitchener e da Batalha do Somme. Também devo agradecimentos a todos os demais que deram seu tempo para responderem às minhas perguntas infindáveis, incluindo Robert Arnott, o Reverendo Roger Bellamy, Matt Blessing, Anthony Burnett-Brown, Humphrey Carpenter, Peter Cook, Michael Drout, Cyril Dunn, Paul Hayter, Brian Sibley, Graham Tayar, Timothy Trought e Catherine Walker.

É claro que nenhum dos mencionados acima é responsável por qualquer erro de fato ou interpretação que possa restar.

Pela ajuda com a pesquisa em arquivos, gostaria de exprimir minha gratidão a Lorise Topliffe e Juliet Chadwick, do Exeter College, Oxford; Christine Butler, do Corpus Christi College, Oxford; Kerry York, da King Edward's School, Birmingham; Dr. Peter Liddle, da Brotherton Library na Universidade de Leeds; Tony Sprason, do Lancashire Fusiliers Museum, Bury; bem como à equipe do Public Record Office, Kew, aos Departamentos de Documentos, Livros Impressos e Fotografias do Imperial War Museum, Lambeth, ao Modern Papers Reading Room da Biblioteca Bodleiana, Oxford, e à Hull Central Library. Materiais de arquivo e fotografias foram reproduzidos com permissão dos governadores das Schools of King Edward IV e do reitor e dos *fellows*[1] do Exeter College, Oxford. Sou grato a Cynthia Swallow (nascida Ferguson) por permitir usar materiais dos registros de Lionel Ferguson; à Sra. T.H.A. Potts e ao finado Sr. T.H.A. Potts por permitirem citar os registros de G.A. Potts; e à Sra. S. David por permitir citar os registros de C.H. David. Foram feitos todos

---

[1]Professores de alto escalão. [N. T.]

PREFÁCIO

os esforços para entrar em contato com os detentores dos direitos autorais de outros papéis que citei.

Por sua meticulosa edição, sua paciência com minhas excentricidades estilísticas e sua extraordinária energia, preciso agradecer a Michael Cox. Também agradeço a Clay Harper, Chris Smith, Merryl Futerman e Ian Pritchard por ajuda e conselhos durante o decorrer da publicação; e ao Evening Standard por me conceder tempo de folga para completar este livro. Durante todo o tempo, meus colegas de jornal me ajudaram a manter tudo em perspectiva. Ruth Baillie, Iliriana Barileva, Gary Britton, Patrick Curry, Jamie Maclean, Ted Nasmith, Trevor Reynolds, Dee Rudebeck, Claire Struthers, Dan Timmons, Priscilla Tolkien, A.N. Wilson, Richard Younger e especialmente Wendy Hill, todos forneceram um apoio e encorajamento muito necessários em pontos cruciais. Por fim, gostaria de agradecer à minha família — a meus pais Jean e Roy Garth, a minhas irmãs Lisa e Suzanne, a meus sobrinhos Simeon e Jackson e à minha sobrinha Georgia — e de lhes pedir desculpas por desaparecer atrás de uma pilha de papéis durante dois anos.

PRIMEIRA PARTE

Os quatro imortais

PRÓLOGO

É 16 de dezembro, quase o ápice do inverno. Rajadas gélidas castigam os flancos e as faces dos atacantes que lutam para avançar, cruzando uns simples cem metros de lama. São um grupo decrépito, e alguns deles são meros novatos. No minuto em que esses jovens empreendem um esforço coerente, alguns veteranos avançam com toda energia e habilidade. Mas na maior parte do tempo há caos. Repetidas vezes seus oponentes rechaçam o ataque e desferem um medonho contragolpe, de modo que toda a astúcia, energia e experiência dos veteranos mal consegue repelir o assalto. O capitão deles, J.R.R. Tolkien, tenta pôr em jogo sua própria experiência; mas os que o cercam são, nas palavras de uma testemunha ocular, "um bando derrotado".

O ano é 1913: a Grande Guerra está a oito meses de distância, e isto é apenas um jogo. Tolkien e seus companheiros de equipe, ainda não soldados, são alunos de Oxford que voltaram a Birmingham para o Natal, e hoje, de acordo com a tradição anual, estão jogando rúgbi contra os First XV de sua antiga escola.

Com pouco menos de 22 anos de idade, Tolkien não se parece nem um pouco com a figura professoral que agora é familiar nas capas das biografias, todo de tweed, rugas simpáticas e cachimbo onipresente. John Ronald (como os velhos amigos o chamam) é um vulto magro e delicado no campo de rúgbi, mas em seus dias de avante dos First XV da King Edward's School conquistou uma reputação de audácia e determinação, e agora está jogando pelo Exeter College, Oxford.

Sua mente é um repositório de imagens: lembranças da uma fuga apavorada de uma aranha peçonhenta, de um moleiro ogresco, de um verde vale fendido nas montanhas, e visões de dragões, de uma

PRÓLOGO

onda de pesadelo erguendo-se acima de campos verdes, e talvez já de uma terra de bem-aventurança além do mar. No entanto, o repositório ainda não é uma oficina, e ele ainda não é o criador da Terra-média. Mas após um esforço medíocre em seu exame dos Clássicos deste ano, ele deu um passo serendipitoso nessa direção. Disse adeus ao latim e ao grego e agora está abordando Chaucer e *Beowulf*, esquadrinhando as origens e a evolução da língua inglesa. É a afirmação de um amor precoce pelas línguas e literaturas setentrionais que sempre inflamará sua imaginação. O primeiro vislumbre da Terra-média aproxima-se velozmente. Bem longe, no futuro não imaginado, um galo canta nos pátios de uma cidade assediada, e trompas respondem ferozmente nas colinas.

No entanto, hoje, no campo de rúgbi, Tolkien não está na melhor forma. Devia ter aberto um debate dos Old Boys[1] na escola, ontem, com a proposição de que o mundo está se tornando supercivilizado, mas teve um mal súbito e teve de faltar.

Seus outros antigos companheiros de time dos First XV, em campo, quase todos desistiram do rúgbi desde que saíram da escola. Christopher Wiseman, alto, leonino e de tórax proeminente, costumava compartilhar o *scrum* com Tolkien, mas em Peterhouse, Cambridge, teve de parar com o jogo de rúgbi e o remo por causa de um antigo problema cardíaco. Hoje foi relegado à linha dos três quartos, menos agressiva, perto do fundo do campo e ao lado de outro veterano, Sidney Barrowclough. Estão aqui outros que nunca foram bons o bastante para jogarem nos First XV contra outras escolas, mas todos os rapazes da King Edward's jogavam muito rúgbi. Para os esportes internos a escola era subdividida em quatro grupos, ou "casas"; e a maioria dos membros do time de Tolkien, neste dia de dezembro, também pertencia antigamente à sua casa. Porém, na verdade, o *esprit de corps* do seu time não vem do campo de rúgbi, e sim da antiga biblioteca da escola.

Tolkien conheceu Christopher Wiseman em 1905. Wiseman, com 12 anos, já era um talentoso músico amador; uma de suas

---

[1] "Velhos Rapazes", os veteranos da escola. [N. T.]

composições, mais ou menos dessa época, acabou fazendo parte do *Hinário Metodista*. Seu pai, o Reverendo Frederick Luke Wiseman, chefe da Missão Central de Birmingham dos Metodistas Wesleyanos, o criara ouvindo Handel, e sua mãe, Elsie, cultivara nele o amor por Brahms e Schumann; seu deleite especial eram os corais alemães. Mas o rúgbi foi o início de sua amizade com Tolkien. Ambos jogavam na faixa vermelha da casa de Measures (cujo nome vinha do professor que a administrava), e tinham parte na acre rivalidade com os rapazes de verde, da casa de Richards. Mais tarde tomaram seus lugares no *scrum*[2] dos First XV da escola. Mas viveram um encontro de mentes. Wiseman, um ano mais novo que Tolkien, era seu par intelectual e o perseguiu na ascensão da escada acadêmica na King Edward's. Ambos moravam no subúrbio de Edgbaston em Birmingham: Christopher no Greenfield Crescent e John Ronald, ultimamente, a uma quadra de distância, na Highfield Road. Caminhavam pela Broad Street e pela Harborne Road entre a casa e a escola, imersos em apaixonado debate: Wiseman era liberal na política, metodista wesleyano na religião e músico por gosto, enquanto Tolkien era naturalmente conservador, católico romano e (Wiseman pensava) sem ouvido musical. A parceria deles era improvável, mas por isso mesmo muito rica. Descobriram que podiam discutir com uma incandescência a que poucas amizades eram capazes de sobreviver, e suas disputas só serviam para selar o laço intensamente forte entre eles. Como reconhecimento desse fato chamavam-se os Grandes Irmãos Gêmeos. Até Vincent Trought, seu amigo mais próximo no campo de rúgbi ou fora dele, não compartilhava esse laço.

Quando chegou o período final de Tolkien na King Edward's, ele tornou-se bibliotecário por breve tempo. Como ajudante na administração de seu pequeno império, recrutou Wiseman, que insistia para Trought se juntar a ele como sub-bibliotecário. Naquele ponto o lugar de Tolkien em Oxford estava garantido, e ele podia ficar tranquilo. Logo o escritório da biblioteca tornou-se

---

[2]O *scrum* é um método de reinício de jogada no rúgbi, onde os jogadores dos dois times se juntam com a cabeça abaixada e se empurram com o objetivo de ganhar a posse de bola. [N. T.]

impropriamente animado; mas a roda que ali se reunia podia se dar ao luxo de testar a paciência do diretor porque o filho deste, Robert Quilter Gilson, também estava envolvido.

Todos os amigos de Tolkien eram capazes de seriedade intelectual. Dominavam todos os debates e peças escolares, e formavam a espinha dorsal da Sociedade Literária, diante da qual Tolkien lia as sagas nórdicas, Wiseman lecionava historiografia, Gilson se entusiasmava com o crítico de arte John Ruskin e Trought apresentou uma notável palestra, lembrada como sendo "quase a última palavra" sobre os românticos. Graças ao seu entusiasmo, essa pequena clique artística arrebatou a vida escolar das mãos de rapazes que, não fosse assim, a teriam controlado. Na vida polarizada da política escolar, era efetivamente um triunfo da casa de Measures sobre a de Richards, do vermelho sobre o verde; mas para Tolkien e seus amigos constituía uma vitória moral sobre os cínicos que, dizia Wiseman, desdenhavam tudo e não perdiam a paciência com nada.

No entanto, durante grande parte do tempo a meta principal dos bibliotecários era muito menos elevada, e só buscavam deixar uns aos outros incapacitados de tanto rir. No verão de 1911, o mais quente em quatro décadas, a Grã-Bretanha fervia em um caldo de inquietação industrial, e (nas palavras de um historiador) "as transpirantes populações urbanas não eram psicologicamente normais". O cubículo da biblioteca transformou-se em viveiro de estratagemas culturais, humor surreal e patetices. Enquanto a mão morta dos exames agarrava a maioria do restante da escola, os bibliotecários ferviam chás clandestinos em uma espiriteira e estabeleceram uma prática pela qual cada um deles tinha de trazer petiscos para banquetes furtivos. Logo o "Clube do Chá" também estava se reunindo fora do horário escolar, no salão de chá da loja Barrow's Stores, dando origem ao nome alternativo de Sociedade Barroviana.

Em dezembro de 1913, apesar de Tolkien ter estado em Oxford por mais de dois anos, ele continua sendo membro do Clube do Chá e Sociedade Barroviana, ou da "TCBS",[3] como se chama

---

[3]TCBS = *Tea Club and Barrovian Society* em inglês. [N. T.]

agora. A clique ainda se encontra para "Barrovianas", e ainda se dedica amplamente a pilhérias. Seu rol de membros foi sempre variável, mas Christopher Wiseman e Rob Gilson permanecem no núcleo junto com um iniciado mais recente, Geoffrey Bache Smith. Hoje, no campo de rúgbi, o TCBS está representado por todos os quatro, bem como o companheiro de Wiseman na posição de zagueiro três quartos, Sidney Barrowclough. Mas falta a Tolkien um excelente zagueiro na pessoa de Vincent Trought. Ele, a primeira perda do TCBS, morreu quase dois anos atrás após longa enfermidade.

O incentivo para os jogadores de Oxford e Cambridge no dia de hoje é tão social quanto esportivo: contando o debate de ontem, a partida de hoje e o jantar desta noite, trata-se de um importante reencontro de velhos colegas de escola. É isto, não o rúgbi, que traz o altamente sociável Christopher Gilson para seu lugar no *scrum*. (No último minuto, ele também substituiu Tolkien no debate, já que este estava doente.) Sua paixão consiste em lápis e carvão, não em lama e suor. É difícil dizer qual feição declara mais claramente sua natureza artística: a boca sensual, quase pré-rafaelita, ou os olhos que avaliam calmamente. Seu principal deleite são os escultores da Renascença florentina, e ele consegue explanar com calor e clareza sobre Brunelleschi, Lorenzo Ghiberti, Donatello e Luca della Robbia. Assim como John Ronald, Rob frequentemente se ocupa de desenho e pintura. Seu objetivo confesso é registrar a verdade, não meramente satisfazer um apetite estético (apesar de um visitante ter observado, sarcasticamente, que seus aposentos no Trinity College, Cambridge, só contêm um assento confortável e que os restantes são "artísticos"). Desde que saiu da escola, viajou pela França e pela Itália, esboçando igrejas. Está estudando Clássicos, mas quer ser arquiteto, e prevê vários anos de treinamento vocacional depois de se formar em 1915.

G.B. Smith, no *scrum* junto com Wilson, considera-se poeta e tem gostos literários vorazes e de amplo alcance, desde W.B. Yeats até as antigas baladas inglesas, e dos georgianos até o *Mabinogion* galês. Apesar de ter pertencido à casa de Richards, gravitou na direção do TCBS, e ele e Tolkien estão agora se tornando ainda mais próximos, já que Smith começou a cursar História no Corpus

PRÓLOGO

Christi College, Oxford, a alguns minutos a pé do Exeter College. "G.B.S." é um conversador espirituoso e se deleita com o fato de ter as mesmas iniciais que George Bernard Shaw, o maior debatedor da era. Apesar de provir de uma família comercial e de antepassados agricultores, está de olho em pesquisa histórica especializada depois de concluir sua graduação. Mas o rúgbi jamais lhe agradou. A contragosto, também está no *scrum* T.K. Barnsley, conhecido por "Tea-Cake",[4] um rapaz inabalavelmente despreocupado que frequentemente domina o TCBS com seu humor brilhante. Tea-Cake gosta de se apropriar de expressões lacônicas como "*full marks!*" e "*I've got cold feet*",[5] e passeia por Cambridge de motocicleta com entusiasmo temerário, não importando que um tal comportamento dificilmente combine com um futuro pastor wesleyano. Ele e Smith combinaram que só jogarão no time de Tolkien se Rob Gilson também jogar. Rob chama isso de "elogio canhoto": em outras palavras, eles sabem que o seu jogo é ainda pior que o deles.

Assim, o ataque de Tolkien está fatalmente comprometido pela inexperiência de Gilson, Smith e T.K. Barnsley. O peso do combate recai sobre os zagueiros três quartos defensivos, que incluem os veteranos Wiseman e Barrowclough. Este último se desvencilha da reputação de apatia saindo em carreira pela metade do comprimento do campo, atravessando as fileiras inimigas e marcando primeiro um *try*, depois mais outro. Mas desde cedo, após o primeiro *try*, a pressão dos adversários, mais jovens, é incessante, e só um *tackle* habilidoso de Barrowclough e Wiseman mantém apertada a liderança da escola. No meio-tempo o placar está em 11 a 5 para os First XV da escola. Os times trocam de lado, e com vento a favor Barrowclough marca seu segundo *try* e o meio *scrum* converte outra vez. Nos minutos finais, porém, a escola aumenta seu placar para 14 a 10. Apesar de todo o seu companheirismo, o bando esfarrapado de Tolkien se retira derrotado. Mas nesta noite há um jantar com velhos amigos, e o TCBS não está disposto a

---

[4] *Tea-cake*, "bolinho para o chá", de pronúncia quase igual aos nomes das letras T e K (*tee-kay*). [N. T.]
[5] "Nota máxima!" e "estou com os pés frios" [tenho medo]. [N. T.]

22

levar qualquer coisa muito a sério. Estes são dias felizes, e não menos felizes por serem, em geral, considerados como coisa certa. Saindo da King Edward's em 1911, Tolkien escreveu nostalgicamente na *Chronicle* da escola: "Foi uma boa estrada, talvez um pouco acidentada em alguns trechos, mas dizem que à frente é mais acidentada [...]."

Ninguém previu exatamente o quanto serão mais acidentados os anos vindouros, ou para que matança esta geração está caminhando. Mesmo agora, no final de 1913, apesar de sinais crescentes de que a guerra é iminente neste mundo "hipercivilizado", é impossível prever a época e o modo em que ela se desdobrará. Antes de se passarem quatro anos, a conflagração terá deixado feridos quatro membros do time de quinze de Tolkien, e mais quatro mortos — incluindo T.K. Barnsley, G.B. Smith e Rob Gilson. De cada oito homens mobilizados na Grã-Bretanha durante a Primeira Guerra Mundial, um foi morto. As perdas do time de Tolkien foram mais do dobro disso, mas são comparáveis à proporção de mortes entre os Old Boys da King Edward's e entre os ex-alunos de escolas públicas em toda a Grã-Bretanha — cerca de um em cinco. E combinam com os números dos soldados educados em Oxbridge[6] da mesma idade, cuja vasta maioria se tornou oficial júnior e teve de conduzir operações e ataques. Caiu de moda dar crédito a Oxford e Cambridge, e às elites sociais em geral; mas continua sendo verdade que a Grande Guerra ceifou uma fileira mais funda entre os pares de Tolkien do que entre qualquer outro grupo social britânico. Os contemporâneos falavam da Geração Perdida. "Em 1918", escreveu Tolkien meio século depois, em seu prefácio da segunda edição de *O Senhor dos Anéis*, "todos os meus amigos próximos, exceto um, estavam mortos".

---

[6]*Oxbridge* (Oxford + Cambridge) designa o conjunto das universidades mais antigas e tradicionais do Reino Unido. [N. T.]

UM

Antes

Se ele tivesse sido uma criança mais saudável, a guerra teria acometido John Ronald Reuel Tolkien antes do sétimo aniversário. Ele nasceu em 3 de janeiro de 1892 em Bloemfontein, capital do Estado Livre de Orange, uma das duas repúblicas bôeres que haviam conquistado a independência do domínio britânico na África do Sul. Ali seu pai gerenciava uma filial do Bank of Africa. Mas Arthur Tolkien viera da Inglaterra seguido pouco tempo depois pela noiva, Mabel Suffield, e tinham-se casado na Cidade do Cabo. Para os bôeres holandeses em Bloemfontein eles eram *uitlanders*, estrangeiros, que desfrutavam de poucos direitos e pagavam impostos pesados por esse privilégio; mas a riqueza gerada pelas minas de ouro e diamantes da região atraía muitos a aceitarem o trato. Um irmão mais novo, Hilary, nasceu em 1894, porém o mais velho sofria com o clima tórrido, e no ano seguinte Mabel levou ambos os meninos de volta a Birmingham por uma temporada. Jamais voltaram. Em fevereiro de 1896, Arthur morreu de febre reumática. Assim, Mabel Tolkien e os filhos foram poupados do rude choque da guerra anglo-bôer, que irrompeu em fins de 1898 motivada pelos direitos dos *uitlanders*.

A salvo na Inglaterra, Mabel criou os meninos sozinha, levando-os para morarem em um chalé modesto no vilarejo de Sarehole, nos arredores de Birmingham. Ali educou-os em casa durante um idílio rural de quatro anos, e o clima e caráter daquele mundo mais antigo gravaram-se no coração do jovem John Ronald: um contraste absoluto com o que conhecera até então. "Se a sua primeira árvore de Natal é um eucalipto murcho e se normalmente o calor e o sol o incomodam", recordou ele no fim da vida, "então se encontrar de súbito (justamente na idade em que sua imaginação está desabrochando) num vilarejo tranquilo de Warwickshire... gera um amor particular pelo que se poderia chamar de interior das Midlands centrais inglesas, baseado em boa água, pedras e olmos e riachos calmos e... gente rústica..." Mas em 1900 John Ronald obteve uma vaga na King Edward's, e eles se mudaram de volta à Birmingham industrial para ficarem mais perto da escola. Então, para cólera tanto dos Suffield quanto dos Tolkien, Mabel abraçou o catolicismo, e por algum tempo os meninos frequentaram uma escola católica romana sob a direção dos padres do Oratório de Birmingham. Tolkien estava muito adiante dos colegas de classe e retornou à King Edward's em 1903, mas continuou sendo católico por toda a vida. Depois que sua mãe, que estivera padecendo de diabetes, caiu em coma e morreu em novembro de 1904, ele sentiu que ela se martirizara criando os meninos nessa fé.

Antes da morte de Mabel, a família vivera por algum tempo em aposentos de um chalé em Rednal, Worcestershire, fora do perímetro urbano. Mas agora o tutor deles, o Padre Francis Morgan do Oratório, encontrou moradia para os meninos em Edgbaston, e em seu segundo alojamento, aos 16 anos de idade, Tolkien conheceu Edith Bratt, de 19, que também tinha um quarto ali. Era bonita, pianista talentosa e também órfã, e ao chegar o verão de 1909 os dois estavam apaixonados. Mas, antes do final do ano, o Padre Francis ficou sabendo do romance e proibiu Tolkien de se encontrar com Edith. Ferido, mas consciencioso, ele se lançou ao encontro dos amigos de escola, do TCBS e do rúgbi, capitaneando seu time local. Ganhou uma vaga em Oxford (na segunda tentativa) e 60 libras por ano para financiar seus estudos de graduação em Clássicos.

Mabel Tolkien comunicara ao filho mais velho o gosto do desenho. Ele usou seu primeiro livro de esboços para desenhar estrelas-marinhas e algas. Outras férias à beira-mar, em Whitby em 1910, produziram imagens evocativas de árvores, paisagens e prédios. A reação artística de Tolkien era estática e emocional, não científica.

ANTES

Seus vultos e retratos eram, na melhor hipótese, cômicos ou estilizados, na pior hipótese rudimentares, e ele continuou modesto acerca de suas habilidades de artista visual. Sua maior força consistia em decoração e design, famosamente exemplificados pelas capas iconográficas de *O Hobbit* e de *O Senhor dos Anéis*.

Através de Mabel, Tolkien também herdara a propensão à caligrafia do pai dela, John Suffield, cujos ancestrais tinham sido produtores de clichês e gravadores. A letra da própria Mabel era altamente estilizada, com maiúsculas e descendentes floreados e com cortes de letras que se inclinavam para cima de modo expressivo. Para fins formais, Tolkien chegou a preferir uma escrita baseada na *foundational hand* medieval,[1] mas, ao escrever cartas, quando era jovem, parecia ter um estilo de escrita diferente para cada um dos amigos, e mais tarde, quando fazia rascunhos rápidos, produzia um garrancho que mais parecia uma imagem eletrocardiográfica de um pulso frenético.

Tolkien aprendeu a ler aos quatro anos de idade e absorveu os livros infantis que eram populares então: *O Flautista de Hamelin*, de Robert Browning, ou as histórias de Hans Christian Andersen, que o irritavam; contos dos povos nativos; *A Princesa e o Goblin*, de George MacDonald, ou os Livros de Fadas de Andrew Lang, que despertaram o desejo da aventura. Ansiava especialmente por histórias de dragões.

Mas estórias de fadas não eram a chave de seus gostos de menino. "Fui educado nos Clássicos", escreveu ele mais tarde, "e descobri pela primeira vez a sensação do prazer literário em Homero". À época em que tinha onze anos, um padre do Oratório disse a Mabel que ele lera "*demais*, tudo que é adequado a um menino com menos de 15 anos, e não sabe de nenhum clássico que possa lhe recomendar". Foi pelo estudo dos clássicos, e especialmente pelos exercícios escolares de tradução de versos ingleses para o latim ou grego, que foi despertado o gosto de Tolkien pela poesia. Em criança costumara pular todos os poemas que encontrava nos livros que lia. Seu professor na King Edward's, R.W. Reynolds,

---

[1] A *foundational hand* é um tipo de caligrafia de formas arredondadas, escrita com pena larga. [N. T.]

tentou quase sempre em vão incitar seu interesse pelos gigantes da corrente principal da poesia inglesa, como Milton e Keats. Mas o místico católico Francis Thompson conquistou a aprovação apaixonada de Tolkien com suas produções métricas e verbais, sua imagética imensa e a fé visionária que fundamentava sua obra. Thompson, imensamente popular após sua morte precoce em 1907, parece ter influenciado o conteúdo de uma das primeiras tentativas poéticas de Tolkien, "*Wood-sunshine*",[2] escrita quando ele tinha 18 anos. Assim como a longa sequência "*Sister Songs*"[3] de Thompson, tratava de uma visão silvestre das fadas:

> Come sing ye light fairy things tripping so gay,
> Like visions, like glinting reflections of joy
> All fashion'd of radiance, careless of grief,
> O'er this green and brown carpet; nor hasten away.
> O! come to me! dance for me! Sprites of the wood,
> O! come to me! Sing to me once ere ye fade!

O uso dos versos por William Morris, em seus romances pseudomedievais, também iria deixar sua marca na poesia precoce do próprio Tolkien.

Morris também foi importante por estar associado ao Exeter College, Oxford, onde formou a autodenominada Irmandade Pré-Rafaelita com seu colega de estudos Edward Burne-Jones (ele mesmo ex-aluno da King Edward's School). Certa vez Tolkien comparou o TCBS aos Pré-Rafaelitas, provavelmente como reação à preocupação da Irmandade em restaurar os valores medievais na arte. Christopher Wiseman, de forma característica, discordou, declarando que a comparação estava longe de ser verdadeira.

As tentativas de Mabel para ensinar o filho mais velho a tocar piano soçobraram. Como escreve Humphrey Carpenter em sua biografia de Tolkien, "Para ele, aparentemente, as palavras tomavam o lugar da música: gostava de escutá-las, lê-las e recitá-las, quase sem se importar com o que significavam". Ele demonstrava pendores

---
[2]"Luz do Sol no Bosque". [N. T.]
[3]"Canções de Irmã". [N. T.]

ANTES

linguísticos incomuns, em especial uma aguda sensibilidade para os sons característicos de diferentes línguas. Sua mãe começara a lhe ensinar francês e latim antes que ele entrasse na escola, mas nenhuma dessas línguas o encantou especialmente. No entanto, aos oito anos de idade, os nomes estranhos nos vagões ferroviários de carvão lhe haviam despertado o gosto pelo galês. Foi atraído a um aroma diferente em alguns dos nomes que encontrou na história e na mitologia, escrevendo mais tarde: "A fluidez do grego, pontuada por sua dureza e com seu brilho superficial, cativou-me [...] e tentei inventar um idioma que incorporasse a grecidade do grego [...]". Isso foi antes que começasse a aprender o próprio grego, aos dez anos de idade, época em que também estava lendo Geoffrey Chaucer. Um ano mais tarde adquiriu o *Etymological Dictionary* de Chambers, que lhe deu o primeiro vislumbre do princípio da "mutação sonora" através da qual as línguas evoluem.

Isso abriu um novo mundo. A maior parte das pessoas nunca se detém a considerar a história da língua que falam, assim como jamais ponderam a geologia do solo em que se apoiam; mas Tolkien já contemplava as evidências ao ler o inglês médio de Chaucer. Os antigos romanos haviam reconhecido que algumas palavras tinham sons semelhantes em latim e em grego — eram aparentadas, pensavam alguns. Ao longo dos séculos, deu-se atenção esporádica a tais semelhanças em um número cada vez maior de idiomas, e fizeram-se assertivas arrebatadas sobre o ancestral comum de todas as línguas. Mas no século XIX o rigor científico finalmente foi aplicado ao assunto, e emergiu a disciplina da filologia comparada. Sua principal descoberta foi o fato de que as línguas não se desenvolvem a esmo, mas sim de modo regular. Os filólogos puderam codificar as "leis" fonológicas pelas quais determinados sons haviam se modificado em diferentes etapas da história de uma língua. O dicionário de Chambers apresentou a Tolkien a mais famosa de todas, a Lei de Grimm, pela qual Jakob Grimm, quase um século antes, codificara o complexo de mudanças regulares que produziram (por exemplo) as palavras *patér* em grego e *pater* em latim, mas *father* em inglês e *vatar* em alto alemão antigo, todas de uma mesma "raiz" não registrada. Essas línguas (mas não todas) eram demonstravelmente aparentadas, de modos abertos à análise racional; ademais, comparando-as era possível reconstruir elementos de sua língua ancestral, o indo-europeu — um idioma anterior à aurora da história que não deixara nenhum registro. Esse era um tema intoxicante para um jovem rapaz, mas ele lhe moldaria a vida.

À época em que topou com a Lei de Grimm, Tolkien começara a inventar suas próprias línguas. Isso ocorreu em parte pela diversão prática de fazer códigos secretos, e em parte por puro prazer estético. A um *pot-pourri* de palavras clássicas deformadas, chamado nevbosh (na verdade criado por uma prima) seguiu-se em 1907 o naffarin, construído com maior rigor, influenciado pelos sons do espanhol (e, portanto, pelo Padre Francis, que era meio espanhol e meio galês). Em seus últimos quatro anos na King Edward's, Tolkien esteve na Primeira Classe, ou classe sênior, sob o diretor Robert Cary Gilson, que o estimulou a investigar a história do latim e do grego. Mas logo seus gostos instáveis o levaram para além do mundo clássico. Um antigo professor de classe, George Brewerton, emprestou a Tolkien uma cartilha do anglo-saxão,[4] que ele estudou nas horas livres. Na escola destacou-se no alemão, ganhando o primeiro prêmio nessa disciplina em julho de 1910, mas por volta de 1908 descobrira *Primer of the Gothic Language* [Cartilha da língua gótica] de Joseph Wright, e esse idioma germânico morto há muito tempo, no limiar da história escrita, tomou "de assalto" seu coração linguístico.

Outros poderiam ter mantido interesses tão recônditos em segredo, mas na escola Tolkien era efusivo a respeito da filologia. Rob Gilson descreveu-o como "uma grande autoridade em etimologia — um entusiasta", e de fato certa vez Tolkien deu à Primeira Classe uma palestra sobre as origens das línguas da Europa. Na contramão da índole classicista incutida nos escolares da King Edward's, ele interpretava com verve o papel de intruso. Combativamente, disse à sociedade literária que a *Völsunga Saga*, o conto de Sigurd, o matador de dragão, demonstrava "o mais alto gênio épico libertando-se à força do estado selvagem rumo à humanidade

---

[4] O anglo-saxão, ou antigo inglês, é a forma da língua inglesa falada até aproximadamente o ano 1100. [N. T.]

completa e consciente". Até se dirigiu em gótico a um dos debates latinos anuais.

O *corpus* do gótico é reduzido, e para Tolkien representava um desafio torturante. Tentava imaginar como seria o gótico que não foi registrado. Inventava palavras góticas; não aleatoriamente, mas usando o que sabia sobre mudanças sonoras para extrapolar as palavras "perdidas" com base em seus parentes que sobreviviam em outras línguas germânicas — um método linguístico semelhante à triangulação, o processo pelo qual os cartógrafos registram a altura de acidentes geográficos que não visitaram. Essa "líng. particular" era uma atividade que ele raramente mencionava, exceto ao seu diário, pois frequentemente o desviava do trabalho escolar "real", mas no projeto gótico convocou Christopher Wiseman como colaborador. O autodepreciativo Wiseman recordou mais tarde:

> Aprender Homero com Cary Gilson despertou em mim o que já estava bem aceso em Tolkien, o interesse pela filologia. Na verdade John Ronald chegou ao ponto de construir uma língua L, e outra LL representando no que L se transformara após alguns séculos. Tentou inculcar-me uma das suas línguas feitas em casa, e escreveu-me um cartão-postal nela. Disse que eu lhe respondi na mesma língua, mas acho que aí se enganou.

A filologia foi o foco de apaixonadas discussões entre eles, e muitas décadas depois Wiseman disse que a invenção de idiomas fora uma pedra basilar de sua amizade juvenil. Essa pode parecer uma atividade bizarra para rapazes adolescentes; mas Tolkien não pensava assim, e mais tarde insistiu: "Não é incomum, veja bem. É feita na maior parte por meninos [...] Se o grosso da educação toma uma forma linguística, a criação tomará forma linguística mesmo que não seja um dos talentos deles". A construção de línguas satisfazia o ímpeto de criar, mas também preenchia o desejo de ter um jargão que poderia "servir às necessidades de uma sociedade secreta e perseguida, ou" — no caso dos Grandes Irmãos Gêmeos — "ao estranho instinto de fingir pertencer a uma".

Não está evidente se Tolkien compartilhou com Wiseman outro empreendimento, a invenção de uma língua germânica "não registrada", *gautisk*, e parece improvável que o TCBS como um todo tenha tomado qualquer parte em suas recreações filológicas.[5] Mas as motivações de Tolkien na construção de idiomas eram artísticas, não práticas; e, mesmo que os amigos não fossem seus colaboradores, seriam ao menos uma plateia perspicaz e compreensiva. Afinal, eram meninos que travavam debates em latim — e tomavam parte na representação anual de Aristófanes da King Edward's, no grego clássico original. O próprio Tolkien fez o papel de um exuberante Hermes na produção de *A Paz* em 1911 (sua despedida da escola). Wiseman apareceu como Sócrates e Rob Gilson como Estrepsíades em *As Nuvens*, um ano depois. Do TCBS só Smith, que pertencia ao lado "moderno" ou comercial da escola, não estudou grego; talvez por isso tenha sido relegado ao papel do Asno em uma das peças. Estas eram dirigidas pelo líder fumador de charutos da casa de Tolkien, Algy Measures, e os meninos se banqueteavam com um curioso cardápio de pãezinhos, groselhas e gengibirra. "Ninguém mais se lembra dessas peças?", escreveu um *Old Edwardian*[6] em 1972. "O grande desfile do coro, trajado em vestes brancas, por toda a extensão da Grande Escola, tocando flautins? Ou Wiseman e Gilson mastigando groselhas no palco enquanto batiam papo como se o grego fosse sua língua normal?"

O TCBS se comprazia em certo grau de excentricidade. Seu humor era rápido e muitas vezes sofisticado; seus interesses e talentos eram muitos, e raramente sentiam necessidade de convidarem outras pessoas para seu círculo. Outro ex-aluno da King Edward's escreveu a Tolkien em 1973: "Você não pode imaginar como eu,

---

[5]O *gautisk* pode ter sido uma extrapolação do gótico, mas provavelmente pretendia ser a língua dos gautas da antiga Escandinávia, o idioma que teria sido falado por Beowulf, o herói matador de monstros, antes de sua história ser redigida em anglo--saxão. Apesar de Rob Gilson ter um domínio confessadamente fraco da filologia, alguns apelidos que usava nas cartas aos companheiros nos convidam a especular que tinha parte no jogo de invenção de idiomas do amigo. Infelizmente decifrá-los também exige adivinhação. Parece que Tolkien era o "Sr. Undarhruiménitupp" e G.B. Smith era "Haughadel" ou "Hawaughdall". [N. A.]
[6]"Antigo Eduardiano" — ex-aluno da King Edward's School. [N. T.]

quando era menino, erguia os olhos para vocês, e admirava e invejava a sagacidade daquele seleto círculo de JRRT, C.L. Wiseman, G.B. Smith, R.Q. Gilson, V. Trought e Payton. Eu pairava nas redondezas para recolher as pedras preciosas. Provavelmente vocês não faziam ideia dessa adoração de escolar." Em retrospecto, Tolkien insistiu que não haviam começado com a intenção de ficarem à parte dos alunos comuns da King Edward's, mas, propositadamente ou não, erigiram barreiras.

No campo de rúgbi, Wiseman de algum modo adquirira o título de "Primeiro-Ministro", e o TCBS elaborou essa prática, com Tolkien como ministro do Interior, Vincent Trought como chanceler, e o agudo e meticuloso Wilfrid Hugh Payton (também apelidado de "Whiffy") como *the Whip*.[7] G.B. Smith, em tributo a um de seus entusiasmos, jactava-se do título não governamental de Príncipe de Gales. Além disso, esse era apenas um conjunto de epítetos de todo um compêndio.[8] Numa nota escrita por Wiseman pouco antes de o TCBS aglutinar-se, Tolkien é intitulado de "Meu caro Gabriel", e aparentemente denominado "Arcebispo de Evriu"; a carta é assinada "Belzebu" (talvez em referência jocosa ao vasto abismo entre os pontos de vista religiosos dos dois amigos) e contém uma referência totalmente opaca ao "primeiro Prelado do Hinterespaço, nosso amigo comum". Um ar de pompa brincalhona perpassa sua correspondência (tal como era antes da Grande Guerra), de forma que, em vez de simplesmente convidar Tolkien para uma visita, Gilson escrevia perguntando se ele "agraciaria nosso lar ancestral" e "faria uso de nossa cumeeira".

---

[7]"O Chicote". [N. T.]
[8]Cada participante dos debates latinos anuais da escola portava uma alcunha clássica. Por tradução direta, Wiseman era *Sapientissimo Ingenti* e Barrowclough era *Tumulus Vallis*. Cary Gilson era *Carus Helveticus*, em homenagem a seus entusiasmos alpinos, e Rob fora seu diminutivo, *Carellus Helveticulus*. Wilfred Payton era *Corcius Pato*, e Ralph, seu irmão mais jovem, *Corcius Pato Minor*. Vincent Trought era o mui piscoso *Salmonius Tructa Rufus*; mas "*Tea-Cake*" Barnsley era *Placenta Horreo*, das palavras latinas para "bolo" e "celeiro". Todas as alcunhas de Tolkien eram trocadilhos com seu sobrenome, convertido jocosamente em "*toll keen*" ["pedágio" + "aguçado" — N. T.]: *Vectigalius Acer, Portorius Acer Germanicus* e, com uma reverência à sua mestria em línguas, *Eisphorides Acribus Polyglotteus*. [N. A.]

Lançando um olhar crítico sobre a era em que também ele cresceu, o autor J.B. Priestley via tais jogos de palavras como sinal de pouca profundidade e autoindulgência na classe dominante, que estava viciada em "uma doida gíria própria (ou, como poderiam tê-la chamado, "*a deveen privato slangino*"),[9] e [...] no uso constante de apelidos". O TCBS, no entanto, provinha da classe média, um amplo espectro social. No topo enobrecido estava Rob Gilson, com sua casa espaçosa, seu pai importante e suas amizades aristocráticas; na precária extremidade inferior estava Tolkien, um órfão em um alojamento na cidade. Sua "líng. particular" não era uma imitação do italiano; e, mesmo que apelidos e falsos arcaísmos tenham ajudado a manter exclusivo o Clube do Chá, eles parodiavam brandamente a hierarquia social tradicional.

A paródia foi o modo da primeira tentativa de narrativa épica publicada por Tolkien. Foi a opção natural, dado que o texto deveria sair na *Chronicle* da King Edward's School. "*The Battle of the Eastern Field*" [A Batalha do Campo Oriental] trata, não de guerra, e sim de rúgbi, consistindo no relato irônico de uma partida em 1911. Seu modelo foram as *Lays of Ancient Rome* [Baladas da Roma Antiga], de Lord Macaulay, populares à época, e ele é no mínimo moderadamente engraçado. Descreve as casas rivais da escola na forma de tribos romanas, a de Measures em vermelho e a de Richards em verde, e está cheio de rapazes correndo para lá e para cá usando nomes grandes demais para eles. Certamente Wiseman se esconde por trás de *Sekhet*, uma referência aos seus cabelos claros e à sua paixão pelo antigo Egito (Tolkien, ao que parece, não percebia então que Sekhet era uma divindade feminina).[10]

Sekhet percebeu o massacre,
E sacudiu sua crista loura
E rumo ao Comandante trajado de Verde
Apressou-se através da mortandade;

---

[9]Corruptela de *a daft private slang* "uma doida gíria privada". [N. T.]
[10]Talvez ele só tivesse encontrado o nome em *She* [Ela] de Rider Haggard, que lista "Sekhet de cabeça de leão" entre os poderes egípcios, mas não especifica seu sexo. [N. A.]

Ele, ferozmente derrubado por Sekhet,
Deitou-se sobre o chão,
Até que um largo muro de vassalos
O cercasse por todos os lados.
Seus partidários da batalha
Deram-lhe um pouco de espaço,
E brandamente esfregaram seu joelho ferido,
E esquadrinharam seu rosto pálido.[11]

Os arcaísmos e a ilusão de combate dão lugar a uma banal representação contemporânea. A realidade chã do campo de rúgbi caçoa das pretensões heroicas do modo literário.

O falso heroísmo de "*The Battle of the Eastern Field*" reflete, conscientemente ou não, uma verdade sobre as atitudes de toda uma geração. O campo esportivo era uma arena para o combate fingido. Nos livros lidos pela maioria dos meninos, a guerra era um esporte continuado com outros meios. A honra e a glória lançavam um deslumbramento avassalador sobre ambos, como se o combate real pudesse ser um assunto heroico e essencialmente decente. Em seu influente poema de 1897, "Vitaï Lampada", Sir Henry Newbolt imaginara um soldado incentivando seus homens a percorrerem a batalha sangrenta, fazendo eco à exortação de seu antigo capitão de críquete escolar: "Joguem! Joguem! E joguem o jogo!", Philip Larkin, um poeta muito posterior, rememorando décadas depois, descreveu voluntários fazendo fila para se alistarem como se estivessem diante do campo de críquete oval, e lamentou (ou exortou): "Nunca mais tal inocência." Uma era mais sábia representara a Guerra como um dos Quatro Cavaleiros do Apocalipse, mas na época eduardiana[12] era como se ela estivesse empenhada em pouco mais que uma partidinha de polo.

---

[11]Sekhet mark'd the slaughter, / And toss'd his flaxen crest / And towards the Green-clad Chieftain / Through the carnage pressed; / Who fiercely flung by Sekhet, / Lay upon the ground, / Till a thick wall of liegemen / Encompassed him around. / His clients from the battle / Bare him some little space, / And gently rubbed his wounded knee, / And scanned his pallid face. [N. T.]
[12]Reinado de Edward VII (1901–1910). [N. T.]

Nos anos anteriores a 1914, a perspectiva de um conflito internacional foi frequentemente contemplada. A abundância vitoriana[13] estava se escoando da Grã-Bretanha, atingida por reveses agrícolas e depois pelo custo da Guerra dos Bôeres. Mas a Alemanha, unificada em 1871, era o garoto arrogante entre as potências europeias. Submetida a rápida industrialização, manobrava por um papel mais forte na Europa através da expansão de seu domínio colonial, e via a Grã-Bretanha, com sua poderosa marinha, como o principal oponente.

A guerra iminente lançara sua sombra sobre a visão de mundo de Tolkien e seus amigos quando ainda estavam na King Edward's. Ainda em 1909, W.H. Payton, excelente atirador e anspeçada no Corpo de Treinamento de Oficiais júnior da escola, argumentara em um debate a favor do serviço militar obrigatório. "Nosso país agora é supremo e a Alemanha deseja sê-lo. Portanto deveríamos tratar de nos proteger suficientemente contra o perigo da invasão estrangeira", declarou ele. Em 1910, Rob Gilson clamara por um tribunal internacional de arbitragem para substituir a guerra. Tolkien liderara a oposição. Preferia hierarquias tradicionais e, certa vez, por exemplo (talvez não totalmente como zombaria), igualou a democracia a "arruaça e alvoroço", declarando que ela não deveria desempenhar nenhum papel na política externa. Igual desconfiança da burocracia, ou do internacionalismo, ou de vastos empreendimentos inumanos *per se*, embasava seu ataque a um "Tribunal de Árbitros". Com a ajuda de Payton, tivera êxito ao descartar essa ideia como inviável. Eles haviam insistido em que a guerra era um aspecto ao mesmo tempo necessário e produtivo dos afazeres humanos, apesar de um aluno ter advertido contra as "trincheiras repletas de sangue".

A temperatura elevara-se em outubro de 1911, quando a exibição de poder militar do Kaiser provocou esta moção da sociedade de debates: "esta Casa exige guerra imediata com a Alemanha". Mas outros insistiam em que a Alemanha era primariamente um rival comercial. G.B. Smith asseverou que o crescimento da democracia na Alemanha e na Rússia restringiria qualquer ameaça de guerra,

---
[13]Do reinado de Victoria (1819–1901). [N. T.]

garantindo aos debatedores, irônico como sempre, que os únicos motivos para susto eram o belicoso *Daily Mail*[14] "e os bigodes do Kaiser". A sociedade de debates não declarou guerra à Alemanha. Smith superestimou em muito a força da democracia em ambos os países, subestimou a influência da imprensa e deixou de enxergar o perigo real representado por Wilhelm II, um autocrata assolado por profundas inseguranças. Como se haviam passado apenas dois dias de seu décimo sétimo aniversário, e ele fazia seu discurso de estreia na câmara de debates, ele pode ser perdoado pela ingenuidade; mas não estava sozinho em nenhum desses equívocos.

Apesar dos distúrbios industriais, da agitação do *Home Rule*[15] na Irlanda e do ativismo cada vez mais militante das sufragistas, para muitos ingleses a época era um tempo de conforto material e tranquilidade que se estendia rumo ao futuro. Somente a perda da expedição antártica do Capitão Robert Scott e a do *Titanic*, ambas em 1912, levantavam dúvidas sobre a segurança de tais ilusões de longo prazo.

A King Edward's era um bastião de robusto espírito esportivo, dever, honra e vigor, todos apoiados por uma rigorosa instrução de grego e latim. O hino da escola ensinava aos alunos:

> Aqui não é lugar de janota nem vadio, os que tornaram grande
> nossa cidade
> Não temiam privação, não se esquivavam do labor, riam-se da
> morte e conquistaram a fama;
> Os que deram os louros à nossa escola nos impuseram um sagrado
> dever,
> Portanto avante, vivam com a maior firmeza, morram de serviço,
> não de ferrugem.[16]

---

[14]Jornal diário inglês. [N. T.]
[15]Movimento pela autonomia de governo local. [N. T.]
[16]Here's no place for fop or idler, they who made our city great / Feared no hardship, shirked no labour, smiled at death and conquered fate; / They who gave our school its laurels laid on us a sacred trust, / Forward therefore, live your hardest, die of service, not of rust. [N. T.]

Houvera treinamentos na King Edward's na era vitoriana, porém nada sistemático; mas em 1907 Cary Gilson obteve permissão militar para montar um Corpo de Treinamento de Oficiais como parte das reformas nacionais que visavam reforçar a prontidão da Grã--Bretanha para um confronto militar. O CTO era capitaneado por W.H. Kirby, mestre de Tolkien no primeiro ano (e notável atirador no Exército Territorial de meio-período que foi criado nas mesmas reformas). Vários dos colegas de rúgbi de Tolkien tornaram-se oficiais do corpo, e o próprio Tolkien foi um dos 130 cadetes. O corpo também forneceu oito membros à equipe de tiro da escola, com Rob Gilson (cabo do CTO) e W.H. Payton como excelentes atiradores. Apesar de também Tolkien ser bom atirador, ele não fazia parte da equipe de tiro, mas no CTO participou dos treinamentos e das inspeções no terreno escolar, da competição contra as outras três casas da escola e dos exercícios ao ar livre e dos enormes acampamentos anuais que incluíam muitas outras escolas.

O corpo, em massa, apresentou-se ao rei e foi inspecionado pelos marechais-de-campo Lord Kitchener de Khartoum e Lord Roberts, liberador de Bloemfontein. A *Chronicle* da escola concluiu: "É bem evidente que o Ministério da Guerra e as autoridades militares esperam grandes coisas do CTO." Num certo meio de verão, Tolkien viajou a Londres com mais sete cadetes da King Edward's para se perfilarem ao longo da rota da coroação de George V. O ano era 1911, e fazia um calor glorioso; na época ele escreveu que isso lhe havia "acendido um sorriso irremovível" no rosto. Mas, enquanto estavam acampados no terreno do Palácio de Lambeth na véspera do grande dia, finalmente interrompeu-se um longo período de seca, e choveu. "*Adfuit omen*", Tolkien comentou mais tarde: "Foi um presságio."[17] O contingente postou-se de frente para o Palácio de Buckingham, vendo as tropas passarem para lá e para cá sob os olhos de Kitchener e Roberts. Ouviram os vivas quando o rei partiu e, por fim, tiveram uma visão próxima quando as carruagens reais passaram bem à frente deles, voltando para o palácio.

---

[17] *Adfuit omen* adquire força especial pelo contraste com a frase normal *Absit omen*, "Que não seja um presságio". Aquela frase pode ser parafraseada "*Foi* um diabo dum presságio". [N. A.]

Por ora, esses preparativos militares eram motivo de animação. De um acampamento em Aldershot, Tolkien trouxe estórias "aflitivas" da devastação causada entre os cadetes pelos trocadilhos — infligida, sem dúvida, por seu próprio círculo. Voltara de outro acampamento, em Tidworth Pennings na Planície de Salisbury, em 1909, com um ferimento real, porém não sofrido em ação. Com sua característica impetuosidade, entrara correndo na barraca em forma de sino que compartilhava com mais sete, saltara e descera escorregando pelo mastro central — ao qual alguém prendera uma vela com um canivete de mola. O corte resultante parecia que lhe deixaria uma cicatriz pelo resto da vida.

À época em que G.B. Smith fazia piadas sobre o bigode do Kaiser, Tolkien ingressava na vida do Exeter College, Oxford, onde fez treinos militares no compasso de sua geração. Assim que chegou alistou-se no King Edward's Horse. Esse regimento de cavalaria fora concebido durante a Guerra dos Bôeres com o nome de King's Colonials, e recrutava homens de além-mar residentes nas Ilhas Britânicas. Assim, estava em posição duvidosa se comparado com outras unidades militares britânicas (e era o único administrado a partir de Whitehall),[18] mas o patrocínio real o ajudara a crescer; fora rebatizado em homenagem ao novo rei, Edward VII. O grande número de estudantes de além-mar em Oxford e Cambridge fazia das cidades universitárias alvos preferenciais das campanhas de recrutamento, e em 1911 o regimento tinha um forte contingente do Exeter College. Tolkien juntou-se a ele presumivelmente por ter nascido na África do Sul: a maioria dos novos graduandos alistava-se no CTO da universidade, mas esperava-se que os de origem "colonial" se alistassem no King Edward's Horse.

Dentro do regimento, os membros do esquadrão de Oxbridge eram considerados um grupo irascível e de espírito independente, mas tinham boas montarias tomadas por empréstimo dos caçadores locais. Tolkien tinha grande afinidade por cavalos, que adorava, e tornou-se um amansador *de facto*. Assim que amansava um cavalo, ele era levado embora. Então davam-lhe outro e ele tinha

---

[18]Escritórios do Governo em Londres. [N. T.]

de recomeçar o processo. No entanto, pertenceu ao regimento por pouco tempo. Em julho e agosto de 1912, passou duas semanas com o regimento em seu acampamento anual no Planalto de Dibgate, Shorncliffe, logo diante de Folkestone na Costa Sul. As ventanias que subiam uivando pelo Canal da Mancha, vindas do sudoeste, eram tão severas que em duas noites quase todas as barracas e marquises foram derrubadas. Certa vez o regimento realizou manobras de campo após o anoitecer, e em vez de retornar ao acampamento foi aquartelado naquela noite: uma antecipação desconfortável da vida em tempos de guerra. Tolkien foi exonerado do regimento, a seu pedido, no janeiro seguinte.

Enquanto isso, a vida acadêmica em Oxford era relaxada, para dizer o mínimo: "De fato não fizemos nada; contentamo-nos em ser", ficavam sabendo os leitores da *Chronicle* da escola na "Carta de Oxford" anual que relatava as atividades dos ex-alunos da King Edward's. Tolkien pouco se comprometeu com o estudo dos clássicos. Já era conhecido entre os velhos amigos por seu "vício predominante de negligência", mas agora o sub-reitor anotou ao lado do seu nome: "Muito preguiçoso." Na verdade, estava muito ocupado — mas não com Ésquilo e Sófocles. Tornou-se membro das sociedades e do time de rúgbi do *college* (mas, como ali os padrões eram mais altos, não se destacou, e era visto como "lateral puro e simples"). No entanto, acabou sendo muito mais distrativa sua florescente fascinação com o *Kalevala*, o poema épico finlandês.

Tolkien topara com esse ciclo de lendas populares na escola. Ficou "imensamente atraído por algo na atmosfera" daquele épico em versos sobre magos setentrionais que duelavam, e jovens apaixonados, fazedores de cerveja e seres que mudavam de forma, à época recém-publicado em inglês numa edição popular. Para um rapaz tão atraído pela fímbria sombria onde os registros históricos escritos cedem lugar ao tempo das lendas orais semiolvidadas, era algo irresistível. Os nomes eram totalmente diversos de qualquer coisa que encontrara em seus estudos da família de línguas indo-europeias de onde surgira o inglês: Mielikki, senhora das florestas; Ilmatar, filha do ar; Lemminkäinen, aventureiro temerário. O *Kalevala* de tal forma monopolizou Tolkien que ele deixou de devolver o exemplar do primeiro volume pertencente à escola, como Rob Gilson, seu sucessor como bibliotecário da King Edward's, educadamente fê-lo ver numa carta. Assim, equipado com tudo de que necessitava, ou pelo que realmente se interessava, Tolkien mal usava a biblioteca do Exeter College, e retirou apenas um livro relacionado com os clássicos (a *História da Grécia*, de Grote) durante todo o primeiro ano. Quando se aventurou a entrar na biblioteca, desviou-se das prateleiras dos clássicos e desencavou um tesouro: a pioneira gramática finlandesa de Charles Eliot. Numa carta de 1955 a W.H. Auden, recordou que "Foi como descobrir uma adega repleta de garrafas de um vinho estupendo, de um tipo e sabor jamais provados antes." Isso acabou por preencher sua criação de línguas com a música e a estrutura do finlandês.

Mas primeiro lançou-se a uma renarração de parte do *Kalevala* à maneira verso-e-prosa de William Morris. Essa foi a *História de Kullervo*, sobre um jovem fugitivo da escravidão. É uma estranha história para ter capturado a imaginação de um católico romano fervoroso: Kullervo, sem sabê-lo, seduz sua própria irmã, que se suicida, e depois ele mesmo comete suicídio. Mas quem sabe parte da atração residisse na mistura de heroísmo desgarrado, jovem romance e desespero: afinal de contas, Tolkien estava em meio à separação forçada de Edith Bratt. As mortes dos pais de Kullervo também podem ter tocado em um ponto sensível. No entanto, as atrações dominantes eram os sons dos nomes finlandeses, o primitivismo remoto e o ar setentrional.

Se Tolkien quisesse meramente um pessimismo apaixonado, poderia tê-lo encontrado muito mais perto de casa, em grande parte da literatura inglesa que seus pares liam com avidez. Os quatro anos anteriores à Grande Guerra foram, nas palavras de J.B. Priestley, "apressados e febris e estranhamente fatalistas". As evocações da juventude condenada em *A Shropshire Lad* de A.E. Housman (1896) eram imensamente populares:

> A leste e oeste, em campos esquecidos,
> Desbotam os ossos de camaradas abatidos,
> Belos rapazes, e mortos e apodrecidos;
> Ninguém que vai volta outra vez.[19]

---

[19]East and west on fields forgotten / Bleach the bones of comrades slain, / Lovely lads and dead and rotten; / None that go return again. [N. T.]

Um admirador de Housman foi a primeira celebridade literária da Grande Guerra, Rupert Brooke, que escreveu que, se morresse em algum canto de um campo estrangeiro, seria "para sempre a Inglaterra". A poesia de G.B. Smith estava tingida com boa parte do mesmo pessimismo. Tolkien, devido à perda dos pais, já conhecera a privação, e do mesmo modo vários dos seus amigos. A mãe de Rob Gilson morrera em 1907, e o pai de Smith estava morto à época em que o jovem historiador chegou a Oxford. Mas a lição da mortalidade impôs-se de novo, com vigor, ao final das primeiras férias universitárias de Tolkien.

Antes, em outubro de 1911, Rob Gilson havia escrito da King Edward's School lamentando que "O passamento de certos dentre os deuses parece ter quase roubado dos demais a luz da vida". Ninguém morrera: o que ele queria dizer era que Tolkien fazia extrema falta, junto com W.H. Payton e seu amigo brincalhão "Tea-Cake" Barnsley, ambos então em Cambridge. "Ai de nós! pelos bons dias de outrora". Gilson acrescentou: "quem sabe se o T. Club alguma vez voltará a se reunir?" De fato, os membros que permaneciam em Birmingham continuavam a se reunir no "velho santuário" da Barrow's Stores e a dominar o escritório da biblioteca. Agora a clique incluía também Sidney Barrowclough e "o Bebê" Ralph, irmão mais novo de Payton. Durante uma greve escolar fingida eles exigiram que todas as multas por atraso dos livros fossem sequestradas para pagar chá, bolo e cadeiras confortáveis para eles. O *Chronicle* da King Edward's School admoestou severamente Gilson, sucessor de Tolkien como bibliotecário, a "induzir a biblioteca a [...] assumir um caráter menos exibicionista". Mas o clube cultivava seu ar conspiratório com astuta ostentação. Os editores do *Chronicle*, autores dessa admoestação, não eram outros senão Wiseman e Gilson. Foi aquele número que distinguiu diversos monitores e ex-alunos como "T.C., B.S. etc." — iniciais que eram totalmente misteriosas à maioria das pessoas na King Edward's.

Retornando a Birmingham para o Natal, Tolkien participou do debate anual dos Old Boys e, na noite do solstício de inverno, atuou como a linguisticamente incompetente Sra. Malaprop, na extravagante produção de *Os Rivais* de Sheridan, dirigida por Rob, com Christopher Wiseman, Tea-Cake e G.B. Smith — que já participava do TCBS como membro pleno.

Com efeito, Smith estava ocupando o vácuo deixado por Vincent Trought, que fora acometido de grave doença no outono. Trought descera à Cornualha para se afastar do ar poluído da cidade e recuperar suas forças. A tentativa fracassou. No novo ano de 1912, no primeiro dia do período escolar de Oxford, Wiseman escreveu a Tolkien: "O pobre velho Vincent faleceu às 5 horas da manhã de ontem (sábado). A Sra. Trought desceu à Cornualha na segunda-feira e pensava que ele estava melhorando, mas ele piorou muito na tardinha de sexta-feira e faleceu pela manhã. Espero que uma coroa de flores seja mandada pela Escola, mas vou tentar obter uma especialmente do TCBS." Acrescentou: "Estou no mais mísero dos ânimos [...] você não pode esperar nenhuma TCBSice nesta carta". Tolkien quis estar presente no funeral, mas não conseguiu chegar à Cornualha a tempo.

A influência de Trought sobre os amigos fora tranquila, mas profunda. Ferozmente tenaz no campo de rúgbi, era nervoso e reservado em situações sociais, e tendia à deliberação lenta quando os demais que o cercavam dedicavam tanta energia a réplica. Mas ele representava algumas das melhores qualidades do TCBS: não seu humor faceto, mas seu individualismo ambicioso e criativo. Pois, em momentos de seriedade, os membros-chave do círculo sentiam que eram uma força a ser respeitada: não uma clique de escola primária, mas sim uma república de indivíduos com potencial para fazerem algo realmente significativo no vasto mundo. A força criativa de Vincent residia na poesia, e, como observou o *Chronicle* da escola após sua morte, "alguns dos seus versos demonstram grande profundidade de sentimento e controle do idioma". Em termos de instrução e inspiração, Trought era capaz de beber em todo o vicejante campo do Romantismo. Mas seus gostos eram mais ecléticos que os dos amigos, e reagiam profundamente à beleza da escultura, da pintura e da música. Ele fora, disse o obituário, "um verdadeiro artista", e teria causado impacto caso vivesse.[20] Em um

---

[20]Vincent Trought nasceu em Birmingham, em 8 de abril de 1893, e morreu em 20 de janeiro de 1912, em Gorran Haven, onde foi sepultado. [N. A.]

ano posterior, no meio de uma crise que Trought não poderia ter vislumbrado, seu nome seria invocado como inspiração.

Por volta da época do declínio e morte de Trought, Tolkien começou uma série de uns vinte desenhos incomuns e simbolistas que chamou de "*Ishnesses*",[21] já que ilustravam estados mentais ou do ser. Sempre apreciara desenhar paisagens e construções medievais, mas quem sabe agora tais obras figurativas fossem inadequadas às suas necessidades. Aquele foi para Tolkien um período de mudanças, obscuridades e reflexões, já que estava apartado da escola e dos amigos, e o Padre Francis lhe proibira de entrar em contato com Edith. Atravessara o umbral da idade adulta, e seus sentimentos a esse respeito talvez possam ser inferidos do contraste entre o exuberante *Undertenishness*, com suas duas árvores, e o relutante *Grownupishness*, com seu vulto erudito cego, barbado como os acadêmicos veteranos de Oxford.[22] Era bizarramente mais entusiasmada a imagem de um vulto feito de tracinhos dando um passo confiante, de *The End of the World* [O Fim do Mundo] para um rodopiante vazio celestial. Eram muito mais sombrias as visões de ritos de passagem iluminados por tochas, *Before* [Antes] e *Afterwards* [Depois], que mostram primeiro a chegada a um misterioso umbral e depois um vulto sonâmbulo passando entre tochas do outro lado da porta. É notável o sentimento de transformação apavorante. Da mesma forma, é evidente que ali estava uma imaginação rica e visionária que ainda não encontrara o meio para sua fluência plena.

A vida de Tolkien alcançou seu principal ponto de inflexão pessoal e acadêmico um ano mais tarde. Até 1913 ele vivera um mero prelúdio. Fora frustrado no amor, e tornava-se cada vez mais claro que,

---

[21] Em inglês, o sufixo *-ish* produz adjetivos a partir de outros, conferindo o sentido de aproximação, semelhança. Assim, *blue* "azul" + *-ish* > *bluish* "azulado"; *new* "novo" + *-ish* > *newish* "um tanto novo". Já o sufixo *-ness* produz substantivos a partir de adjetivos; por exemplo *white* "branco" + *-ness* > *whiteness* "brancura" e *near* "próximo" + *-ness* > *nearness* "proximidade". Desta forma, ao leitor anglófono a palavra inventada *Ishness* transmite a ideia de condição ou situação vaga ou incerta — uma "Osidade", se quiséssemos criar um neologismo. [N. T.]

[22] *Under ten* "abaixo de dez (anos de idade)" e *grown up* "adulto" são as condições implicadas pelos títulos destes desenhos: mais ou menos "Idade Abaixo dos Dez" e "Idade Adulta". [N. T.]

ANTES

ao cursar os Clássicos em Oxford, estava seguindo por um beco sem saída. Então tudo aquilo mudou. Em 3 de janeiro de 1913 chegou à idade de 21 anos, e a tutela do Padre Francis Morgan terminou. Tolkien imediatamente entrou em contato com Edith Bratt, que iniciara vida nova em Cheltenham. Mas três anos de separação haviam murchado as esperanças dela, e ela ficara noiva de outro homem. No entanto, naquela mesma semana Tolkien estava ao seu lado e a convencera a se casar com ele em vez de com o outro.

Àquela altura havia passado um ano em que Tolkien continuava a negligenciar os estudos com seu tutor de Clássicos, Lewis Farnell. Este, um homem vigoroso e rijo, de rosto comprido com óculos e bigodes despencados, era um erudito melindroso que acabara de completar uma obra em cinco volumes sobre antigos cultos gregos. Vinte anos antes, quando a Grécia ainda era um país remoto e relativamente pouco visitado, ele fora uma espécie de aventureiro, cavalgando e caminhando através de uma região de bandidos para localizar algum santuário meio esquecido, ou enfrentando corredeiras no Danúbio superior. Agora seu fervor arqueológico se nutria da redescoberta da Troia lendária e de escavações em Knossos que a cada ano revelavam mais segredos da civilização homérica — e uma escrita indecifrada que atormentava os linguistas. Mas nem Farnell, nem Sófocles, nem Ésquilo atiçavam o entusiasmo de Tolkien. A maior parte de seu tempo e sua energia era gasta com atividades extracurriculares. Socializava com amigos da faculdade, discursava em debates, treinava com seu esquadrão de cavalaria e explorava a *Gramática Finlandesa* de Eliot. "As pessoas não conseguiam compreender", recordou mais tarde, "por que meus ensaios sobre os dramas gregos estavam piorando cada vez mais". Teve uma oportunidade de seguir seu coração, o "ensaio especial" que lhe dava a opção de estudar filologia comparada. Se fizesse isso, percebeu, teria aulas com Joseph Wright, cuja *Cartilha* gótica tanto o inspirara nos tempos de escolar. "O Velho Joe", gigante entre os filólogos, que começara como ajudante de moleiro, mas chegara a compilar o maciço *English Dialect Dictionary* [Dicionário dos Dialetos Ingleses], deu-lhe uma base firme de filologia grega e latina. Mas o fracasso geral de Tolkien em se aplicar aos Clássicos, junto com o dramático reencontro com Edith, cobrou um preço dos exames universitários de meio de curso, *Honour Moderations*. Em vez do resultado de primeira classe que Cary Gilson achava que seu ex-aluno deveria obter, mal passou em segunda classe, e teria afundado em uma sinistra terceira se não fosse um excelente ensaio sobre filologia grega. Por sorte, Farnell tinha a mente aberta e um afeto pela cultura alemã que lhe dava uma disposição favorável ao campo da pesquisa filológica que realmente interessava a Tolkien. Sugeriu que Tolkien mudasse para o estudo do inglês, e fez arranjos discreto para que ele não perdesse sua bolsa de 60 libras, que fora destinada a financiar os estudos dos Clássicos. Finalmente Tolkien estava em seu elemento, dedicando os estudos aos idiomas e à literatura que por muito tempo haviam mexido com sua imaginação.

Enquanto isso a amizade de Tolkien com o TCBS tornava-se cada vez mais tênue. Não participara na reencenação de *Os Rivais* em outubro de 1912, um adeus à King Edward's por Christopher Wiseman e Rob Gilson, e perdera o tradicional debate escolar dos *Old Boys* daquele Natal, apesar de estar em Birmingham na época. Na universidade, Tolkien manteve-se em contato com os conhecidos durante reuniões da Old Edwardian Society, mas bem poucos amigos de Birmingham haviam vindo a Oxford. Um deles, Frederick Scopes, saíra com Gilson para esboçar igrejas no norte da França, na Páscoa de 1912, mas os fundos de Tolkien eram relativamente limitados e se evaporaram no calor da vida em Oxford.

No Exeter College, Tolkien tentara recriar o espírito do TCBS fundando clubes semelhantes, primeiro os Apolausticks e depois os Chequers, que em vez de lanches furtivos promoviam jantares suntuosos e se compunham de seus novos amigos estudantes. Juntou-se à Dialectical Society e ao Essay Club,[23] e apreciava bater papo fumando cachimbo. Um visitante, espiando os cartões sobre sua lareira, comentou com ironia que ele parecia ter-se associado a cada uma das associações estudantis. (Alguns desses cartões eram obras dele próprio, desenhados com o humor característico e talento estiloso: entre eles havia um convite para um

---

[23]Sociedade Dialética e Clube de Ensaios. [N. T.]

ANTES

"*Smoker*",[24] um evento social popular, que mostrava quatro estudantes dançando — e despencando — na Turl Street sob o olhar desaprovador de corujas que trajavam os capelos e chapéus-coco das autoridades universitárias.) Tolkien foi eleito "bufão substituto" na mais importante dessas corporações, a Stapeldon Society, tornando-se mais tarde secretário e, finalmente, em uma reunião barulhenta e anárquica em 1º de dezembro de 1913, presidente.

No entanto, para o TCBS, o centro de gravidade se deslocara de Birmingham para Cambridge, onde Wiseman estava em Peterhouse com uma bolsa de Matemática e Gilson estudava Clássicos em Trinity. As fileiras do grupo foram engrossadas ali, em outubro de 1913, com a chegada de Sidney Barrowclough e Ralph Payton (o Bebê).

Mas, ao mesmo tempo, de forma crucial para Tolkien, G.B. Smith chegou a Oxford para estudar História em Corpus Christi [College]. Wiseman escreveu a Tolkien: "Invejo que você tenha Smith, pois, apesar de termos Barrowclough e Payton, ele é o astro do bando". G.B.S. era especialista em diálogos espirituosos, e certamente foi o mais precoce membro do TCBS que já se considerava poeta quando assumiu o lugar de Vincent Trought no grupo. Também partilhava alguns dos interesses caros ao coração de Tolkien, em especial a língua e as lendas galesas; admirava as histórias originais do Rei Arthur e sentia que os trovadores franceses haviam desnudado aqueles contos celtas da sua serenidade e vigor nativos. A chegada de Smith em Oxford foi o começo de uma amizade mais significativa com Tolkien, uma amizade que só fazia crescer no isolamento da constante comicidade que afligia o TCBS *en masse*.

Por contraste, em Cambridge o ânimo de Wiseman arrefeceu sob a *badinage*[25] constante. Rob Gilson atribuiu essa depressão aos problemas de saúde que o haviam impedido de continuar jogando rúgbi na faculdade, proclamando ingenuamente, em uma carta a Tolkien: "Conseguimos aliviar o seu aborrecimento às vezes. Na sexta-feira todos nós, ele e eu e Tea-Cake e o Bebê, fomos dar uma

---

[24]"Fumador", uma reunião com alto consumo de tabaco. [N. T.]
[25]Em francês, "pilhéria". [N. T.]

longa caminhada e tomamos chá em um pub [...]. Estávamos todos na maior animação — não que a de Tea-Cake desapareça alguma vez". Wiseman encontrou um alívio muito necessário quando viu Smith e Tolkien naquele período letivo, mas pouco tempo depois escreveu a este: "Estou muito ansioso por respirar outra vez o verdadeiro espírito do TCBS, apoiado pelo seu ramo de Oxford. Teacake tem me alimentado tanto que creio, de verdade, que hei de assassiná-lo se ele não mudar até o próximo período [...]".

Felizmente para Wiseman, quando a maioria dos velhos amigos se reuniu para jogar sua partida de rúgbi contra os First XV da King Edward's, alguns dias mais tarde, em dezembro de 1913, ele estava bem na retaguarda do campo e T.K. Barnsley estava no *scrum*. Porém, dois meses depois o par mal combinado, ambos metodistas, teve de compor uma delegação de Cambridge à Oxford Wesley Society. Rob Gilson foi com eles e mais tarde escreveu efusivamente: "Tivemos um esplêndido fim de semana: 'Nota máxima', como diria Tea-Cake [...] vi com frequência [Frederick] Scopes e Tolkien e G.B. Smith, que pareciam todos muito contentes com a vida [...]".

Tolkien tinha motivos para se sentir confortável no começo de 1914. Em janeiro Edith fora recebida na Igreja Católica Romana em Warwick, onde havia montado casa com a prima Jennie Grove; logo depois Edith e John Ronald tornaram-se formalmente noivos. Como preparação para o momentoso evento, Tolkien finalmente contara aos amigos sobre Edith; ou melhor, parece ter contado a Smith, que aparentemente repassou a notícia a Gilson e Wiseman. Tolkien temia que seu noivado pudesse isolá-lo do TCBS. Da mesma forma, os parabéns deles foram tingidos com o temor de que poderiam perder um amigo. Wiseman expressou isso em um cartão-postal. "O único medo é que você suba mais alto que o TCBS", disse ele, e exigiu com meia seriedade que de algum modo Tolkien provasse que "esta mais recente loucura" era apenas "uma ebulição de ultraTCBSianismo". Gilson escreveu mais francamente: "A convenção exige que eu lhe dê os parabéns, e, apesar de obviamente meus sentimentos serem um tanto mistos, eu faço isso com muito sinceros bons votos por sua felicidade. E não tenho o mínimo medo de que um TCBSita convicto como você possa vir a ser qualquer coisa diferente". "John Ronald revelaria o nome da dama?", acrescentou.

O curso de inglês ao qual Tolkien se transferira um ano antes foi mais uma fonte de contentamento. O curso de Oxford permitia que ignorasse quase completamente Shakespeare e outros escritores "modernos", por quem tinha pouco interesse, e que focalizasse a língua e a literatura anteriores ao final do século XIV, quando Geoffrey Chaucer escreveu *Os Contos da Cantuária*. Aquele era o campo em que iria trabalhar — à exceção de seus três anos imprevisíveis como soldado — por toda a sua vida profissional. Enquanto isso, "*Schools*", seu exame universitário final (propriamente o exame da Honour School of English Language and Literature) estava a um ano e meio de distância, e por enquanto ele podia dar-se ao luxo de explorar o tema à sua vontade. Estudou origens germânicas com o professor rawlinsoniano de Anglo-Saxão, A.S. Napier. William Craigie, um dos editores do monumental *Oxford English Dictionary*, lhe ensinou sua nova disciplina especial, o Nórdico Antigo, em que leu a *Edda Poética*, a coleção de baladas heroicas e mitológicas que relatam, junto com muitas outras coisas, a criação e a destruição do mundo. Enquanto isso o jovem Kenneth Sisam o instruía em aspectos da fonologia histórica, bem como na arte de encontrar livros baratos de segunda mão. Tolkien já conhecia bem muitos dos textos-padrão, e podia dedicar tempo a ampliar e aprofundar seu conhecimento.

Escreveu ensaios sobre as "Afinidades continentais do povo inglês" e "Ablaut",[26] construindo tabelas intrincadas dos termos de família *father*, *mother*, *brother* e *daughter*[27] em "*Vorgerman*", "*Urgerman*",[28] gótico, nórdico antigo, e nos vários dialetos do inglês antigo, demonstrando as mudanças sonoras que haviam produzido as formas divergentes. Ao mesmo tempo em que fazia copiosas anotações sobre a descendência regular do inglês desde o germânico, também examinou a influência de seus vizinhos celtas

---

[26]*Ablaut* (termo alemão) ou "apofonia" é a mudança na tonalidade das vogais causada pela evolução da língua. Um exemplo em inglês é a série *sing — sang — sung* (e *song*). [N. T.]
[27]"Pai", "mãe", "irmão" e "filha" em inglês [N. T.]
[28]Em inglês, "alemão (ou germânico) anterior" e "primitivo". [N. T.]

e o impacto linguístico das invasões escandinava e normanda. Traduziu o épico anglo-saxão *Beowulf* verso por verso, e esquadrinhou seus diversos análogos germânicos (entre eles a história da Frotho, que sai em busca de tesouro). Especulou sobre a proveniência dos obscuros vultos Ing e Finn e Rei Feixe nas literaturas germânicas. Tolkien apreciava isso tanto que tinha que compartilhar o seu prazer. Apresentando um texto sobre as sagas nórdicas no Clube de Ensaios do Exeter College, ele caracteristicamente encarnou o papel e adotou o que um colega graduando descreveu como "uma expressão um tanto não convencional, admiravelmente adequada ao seu assunto". (Podemos supor que ele usasse um idioma pseudomedieval, como William Morris fizera em suas traduções do islandês, e como Tolkien faria em muitos de seus próprios escritos.)

Em tudo isso transparece uma tensão fértil; uma tensão dentro da própria filologia, postada (ao contrário da linguística moderna) com um pé na ciência e o outro na arte, examinando a relação íntima entre a língua e a cultura. Tolkien foi atraído tanto pelo rigor científico da fonologia, morfologia e semântica como pelos poderes imaginativos ou "românticos" da narrativa, do mito e da lenda. Ainda não era capaz de reconciliar por inteiro os lados científico e romântico, mas tampouco podia ignorar os emocionantes vislumbres do antigo mundo setentrional que continuamente surgiam na literatura de que se ocupava. Além disso, sua sede pelo mundo antigo outra vez o conduzia para além dos confins de sua disciplina designada. Quando recebeu o Prêmio Skeat de inglês da faculdade, na primavera de 1914, para consternação dos tutores gastou o dinheiro não em textos-padrão do inglês, e sim em livros sobre o galês medieval, incluindo uma nova *Welsh Grammar* [Gramática Galesa] histórica, bem como no romance histórico de William Morris *The House of the Wolfings* [A Casa dos Wolfings], seu poema épico *The Life and Death of Jason* [A Vida e Morte de Jasão] e sua tradução da *Völsunga Saga* islandesa.

Apesar de todo o seu interesse pela ciência e pelo rigor científico, e em acordo com suas sensibilidades irreprimivelmente "românticas", Tolkien não se satisfazia com visões materialistas da realidade. Para ele, o mundo ressoava com os ecos do passado. Em um debate da Stapeldon Society, propôs "Que esta casa acredita em fantasmas", mas sua idiossincrática crença pessoal, mais próxima do misticismo que da superstição, está mais bem expressa em um poema publicado no *Stapeldon Magazine* do Exeter College em dezembro de 1913:

> Da margem do Tâmisa imemorial, repleta de salgueiros,
> Postada em um vale escavado em dia olvidado pelo mundo,
> Entrevê-se a se erguer através dos caules envoltos em verde,
> Com muitas mansões, coroada de torres em sua sonhadora veste cinzenta,
> Toda a cidade junto ao vau: antiga em vidas de homens,
> Altivamente envolta em mística lembrança além do saber humano.[29]

A seu modo um tanto grandiloquente (em versos longos provavelmente inspirados por William Morris), o poema sugere que o caráter perene de Oxford era anterior à chegada de seus habitantes, como se a universidade estivesse *destinada* a surgir naquele vale. Eis um vislumbre precoce do espírito de lugar que permeia grande parte da obra de Tolkien: a variedade humana é parcialmente moldada pela geografia, obra de uma mão divina. Estudando as literaturas do antigo Norte em Oxford, as capacidades imaginativas de Tolkien começavam a ansiar pelos contornos esquecidos da "mística lembrança" que, cria ele, fizera do mundo o que ele é.

Tolkien escreveu relativamente poucos poemas antes da Grande Guerra e certamente não se via como um poeta propriamente dito, ao contrário de G.B. Smith. No entanto, em poemas como "Da margem do Tâmisa imemorial, repleta de salgueiros" ele não se inspirou tanto nos anglo-saxões quanto em Francis Thompson e nos românticos ("Kubla Khan" de Coleridge inspirara um desenho em 1913) e a busca destes por uma dimensão além do mundano. Ao fazer uma apresentação sobre Thompson ao Clube de Ensaios,

---

[29]From the many-willow'd margin of the immemorial Thames, / Standing in a vale outcarven in a world-forgotten day, / There is dimly seen uprising through the greenly veiled stems, / Many-mansion'd, tower-crowned in its dreamy robe of grey, / All the city by the fording: agèd in the lives of men, / Proudly wrapt in mystic mem'ry overpassing human ken. [N. T.]

em 4 de março de 1914, Tolkien descreveu um escritor que podia fazer uma ponte sobre a divisória entre o racionalismo e o romantismo, destacando "as imagens colhidas na astronomia e geologia, especialmente as que podem ser descritas como o ritual católico escrito em letras garrafais por todo o universo". As fadas de "*Wood-sunshine*" [Luz do sol no bosque], poema precoce de Tolkien, em certo nível podem não ter sido nada mais que a própria luz do sol no bosque: a corporificação imaginativa da luz salpicando as folhas nos ramos das árvores e no chão da floresta. A imaginação romântica de Tolkien, porém, as acha mais reais que meros fótons e clorofila. "*Wood-sunshine*" pode ser visto como um apelo àqueles "reluzentes reflexos de alegria / Todos feitos de radiância, despreocupados do pesar", um apelo por consolo ao universo mundano e sofredor. Por muito leves que essas imagens pareçam ser, elas estavam ligadas a temas substanciais. Em 1914 Tolkien conseguia formular essa ligação como um preceito para leitores de Francis Thompson, dizendo aos colegas formandos: "É preciso começar pelo élfico e delicado, e progredir rumo ao profundo: ouçam primeiro o violino e a flauta, e depois aprendam a escutar o órgão da harmonia do ser".

Parecia provável que nada tão momentoso quanto os acontecimentos do ano anterior poderia suceder a Tolkien em 1914, e o ano se desenrolou quase como qualquer outro. Quando chegaram as férias de Páscoa, expirou seu mandato como presidente da Stapeldon Society, e ele o entregou ao amigo Colin Cullis, que fora membro dos Apolausticks e mais tarde cofundara com ele o Chequers Club. A Stapeldon Society passou grande parte do período letivo de verão preparando-se para o 600º aniversário do Exeter College: deixou de emitir suas costumeiras censuras insubordinadas a potências estrangeiras porque não ocorrera nenhum "caso internacional de suficiente importância". Em 4 de junho o embaixador alemão, Príncipe Lichnowsky, foi convidado do entusiástico Clube Anglo-Germânico da universidade, que incluía Joseph Wright e Lewis Farnell, então reitor ou presidente do *college*. A Sra. Farnell achou que o príncipe estava estranhamente distraído até ela mencionar as atividades do Corpo de Treinamento de Oficiais, sobre o qual ele pareceu ávido de saber o máximo possível. O jantar, parte das

ANTES

comemorações dos elos de Oxford com a Alemanha, foi apenas um dentre um espetacular afloramento de festas ao final do período letivo de verão. Dois dias depois ocorreu o jantar do sexto centenário do Exeter College, e Tolkien propôs o brinde às sociedades estudantis (como convinha a um membro de tantas delas). Depois houve o "*Binge*" do Chequers Club, cujos elegantes convites foram desenhados por Tolkien. Por fim, começando na terça-feira, 23 de junho, houve três dias de eventos sociais em homenagem aos 600 anos do *college*, com um baile de verão, um *gaudy* (reencontro de antigos membros do Exeter College, ou Velhos Exonianos), um almoço e uma festa de jardim. Alguns meses mais tarde Farnell recordou: "Todas as nossas festividades foram abrilhantadas pelo tempo encantador, e nossa atmosfera estava livre de qualquer nuvem premonitória da tempestade da guerra".

O período chegou ao fim, e também o mundo antigo, quase de imediato. Em 28 de junho, na cidade de Sarajevo nos Bálcãs, um jovem nacionalista sérvio disparou uma arma contra o herdeiro do trono austríaco, ferindo-o de morte. Invocaram-se alianças internacionais, e os estados deram juntos seus passos da *danse macabre*. A Áustria-Hungria declarou guerra à Sérvia. A Alemanha, amiga do império austro-húngaro, declarou guerra à Rússia, aliada da Sérvia. Um dia depois, temendo ser encurralada, a Alemanha declarou guerra à França. Em 4 de agosto de 1914, para contornar a fronteira franco-alemã, intensamente fortificada, as tropas invasoras entraram marchando na Bélgica. Nesse dia a Grã-Bretanha declarou guerra à Alemanha, tendo-se comprometido a defender a neutralidade belga. Três dias depois Lord Kitchener, então Ministro da Guerra, chamou às armas a geração de Tolkien.

DOIS

Um jovem com imaginação demais

É um dia gélido na região alta da França setentrional, e à esquerda e à direita hordas de soldados avançam atravessando a Terra de Ninguém em uma confusão de fumaça, balas e obuses explodindo. Em um abrigo de comando escavado, dando instruções aos corredores, ou lá fora na trincheira estreita, tentando compreender o desenrolar da batalha, está o Segundo-Tenente J.R.R. Tolkien, agora encarregado da comunicação de um batalhão enlameado e desfalcado de quatrocentos fuzileiros. Ao final da carnificina, cinco quilômetros de trincheiras inimigas estavam em mãos britânicas. Mas aquele era o último combate que Tolkien veria. Dias mais tarde ele mergulha em febre, e em uma odisseia de barracas, trens e navios que finalmente o levam de volta a Birmingham. Ali, no hospital, ele começa a escrever a história sombria e complexa de uma antiga civilização assediada por atacantes de pesadelo, meio máquinas e meio monstros: "A Queda de Gondolin". Essa é a primeira folha da vasta árvore de histórias de Tolkien. Ali estão os "Gnomos", ou Elfos; mas são altos, ferozes e sisudos, muito diferentes das fadas esvoaçantes de "*Wood-sunshine*". Ali está a própria batalha: não alguma partida de rúgbi disfarçada com roupagem falsamente heroica. A Feéria não capturara totalmente seu coração quando ele era criança, declarou Tolkien muito mais tarde: "Um verdadeiro gosto por estórias de fadas foi despertado pela filologia no limiar da idade adulta, e apressado para a vida plena pela guerra".

Escrevendo ao filho Christopher, que servia na Real Força Aérea em plena Segunda Guerra Mundial, ele deu uma indicação clara de como sua própria experiência de guerra influenciara sua arte. "Sinto entre todas as suas dores (algumas simplesmente físicas) o desejo de expressar seu *sentimento* sobre o bem, o mal, o belo e o feio de algum modo: de racionalizá-lo e impedi-lo de simplesmente supurar", disse ele. "No meu caso, ele gerou Morgoth e a História dos Gnomos". A mitologia que acabou sendo publicada como *O Silmarillion*, representando um tempo em que Sauron, de *O Senhor dos Anéis*, fora apenas um servo do anjo caído Morgoth, surgiu do encontro entre um gênio imaginativo e a guerra que abriu a era moderna.

A evolução da árvore iria ser lenta e tortuosa. Em 1914, Tolkien mal começara a trabalhar com os materiais que entrariam na construção de Gondolin e da Terra-média. Só o que ele tinha era um punhado de estranhas imagens visionárias, alguns fragmentos de poesia lírica, uma recontagem de uma lenda finlandesa e uma fieira de experimentos de criação de idiomas. Não havia sinal de que essas coisas chegassem a ser moldadas na estrutura mítica que emergiu em fins de 1916, nem o impacto da guerra é imediatamente aparente no que ele escreveu em seguida à entrada da Grã-Bretanha no conflito europeu. Aquele foi um tempo de grandes efusões patrióticas entre seus contemporâneos, epitomadas pela elegante poesia de Rupert Brooke. G.B. Smith contribuiu para a enchente com um poema cujo subtítulo era "Sobre a Declaração de Guerra", que prevenia os seus inimigos arrogantes de que a Inglaterra podia ser velha:

> Mas temos ainda um orgulho que não suporta
> Os desafios dos tolos tornados demasiado atrevidos,
> Quem for audaz para prová-lo, cuide-se
> Para não despertar um fogo desconhecido.[1]

O orgulho e o patriotismo raramente produzem boa poesia. Tolkien parece não ter embarcado nessa tendência. Ao que tudo indica, de fato, ele parece igualmente impermeável às influências de tudo o que era contemporâneo: não apenas aos amigos e movimentos literários, mas também aos assuntos correntes e até à experiência pessoal. Alguns críticos o consideraram um avestruz com a cabeça

---

[1] But yet a pride is ours that will not brook / The taunts of fools too saucy grown, / He that is rash to prove it, let him look / He kindle not a fire unknown. [N. T.]

enterrada no passado; como *pasticheur* da literatura medieval ou mitológica, desesperado para manter de fora o mundo moderno. Mas para Tolkien o medieval e o mitológico eram urgentemente vivos. Suas estruturas narrativas e linguagens simbólicas eram simplesmente as ferramentas mais adequadas às mãos daquele mais dissidente dentre os escritores do século XX. Ao contrário de muitos outros, chocados pela explosão de 1914-18, ele não descartou os antigos modos de escrita, nem o classicismo ou o medievalismo propugnado por Lord Tennyson e William Morris. Em suas mãos, essas tradições foram revigoradas de forma que permanecem poderosamente vivas para os leitores de hoje.

Uma semana após a entrada da Grã-Bretanha na guerra, enquanto o supercanhão alemão conhecido por Grande Bertha triturava as fortalezas belgas em torno de Liège, Tolkien estava na Cornualha esboçando as ondas e a costa rochosa. Suas cartas para Edith revelam uma mente já em incomum sintonia com a paisagem, como quando ele e o companheiro, o Padre Vincent Reade do Oratório, chegaram a Ruan Minor perto do final de um longo dia de caminhada. "A luz tornou-se muito 'lúgubre'", escreveu ele. "Às vezes mergulhávamos num cinturão de árvores e as corujas e os morcegos nos davam arrepio; às vezes, um cavalo asmático atrás de uma sebe ou um porco velho com insônia faziam nossos corações dar pulos; ou, às vezes, o pior que acontecia era nos enfiarmos dentro de um riacho inesperado. Até que as 14 milhas chegaram ao fim — as duas últimas animadas pelo clarão majestoso do farol de Lizard e pelo som do mar, cada vez mais próximo". O mar o emocionou mais do que tudo: "Nada do eu possa dizer numa simples carta poderia descrevê-la. O sol brilha sobre nós, as águas do Atlântico erguem-se numa onda gigantesca, que se quebra e jorra sobre as rochas e os recifes. O mar escavou nos penhascos gretas e gárgulas bizarras, onde o vento soa como trombetas e a espuma se arroja como do dorso de uma baleia; e em toda parte vemos rochas negras e vermelhas, e a espuma branca contra o violeta e o verde-mar translúcido".

Mas Tolkien não estava ávido por abraçar a nova e assustadora realidade da guerra. Kitchener queria 500 mil homens para reforçar o pequeno exército permanente britânico. Em Birmingham os pobres (trabalhadores manuais ou desempregados) foram os

UM JOVEM COM IMAGINAÇÃO DEMAIS

primeiros a dar um passo à frente. Então as tropas britânicas foram rechaçadas de Mons, na Bélgica, com pesadas perdas — sua primeira batalha na Europa continental desde Waterloo em 1815. Ao mesmo tempo, não ficou na pátria um exército regular para defendê-la contra uma invasão. A atenção voltou-se então para a classe média, em especial aos homens jovens como Tolkien, sem dependentes. "O patriotismo", trovejou o *Birmingham Daily Post*, "insiste em que os solteiros se ofereçam sem pensar nem hesitar". No final de agosto a cidade se voltou aos *Old Edwardians*, em particular, para preencher um novo batalhão. Incitava-os o pai de Tea-Cake, Sir John Barnsley, um tenente-coronel que fora convidado a organizar a nova unidade. T.K. Barnsley tentou persuadir Rob Gilson e se juntar a ele no "Batalhão de Birmingham",[2] porém o máximo que Rob fez foi ajudar a treinar tiro com os recrutas *Old Edwardians*. Em 5 de setembro, 4.500 homens haviam-se inscrito na unidade, o bastante para um segundo batalhão e ainda mais, com Hilary, irmão de Tolkien, unindo-se à corrida. Os voluntários, cujos uniformes só ficariam prontos dali a algumas semanas, receberam distintivos para não serem agredidos como covardes nas ruas. Tolkien, que não estava entre os recrutas, recordou mais tarde: "Naqueles dias os garotos se alistavam ou eram desprezados publicamente. Era um buraco desagradável para se estar". Enquanto isso, as vítimas de Mons enchiam o hospital militar que acabara de ser montado na Universidade de Birmingham, e chegavam à Inglaterra refugiados belgas com histórias de atrocidades alemãs.

Junto com as reprimendas públicas vinham insinuações dos familiares, depois pressão explícita. Tolkien não tinha pais que lhe dissessem o que fazer, mas suas tias e seus tios achavam que seu dever estava claro. Porém, no final de setembro, quando ele e Hilary estavam morando com sua tia viúva Jane Neave em Phoenix Farm, em Gedling, Nottinghamshire, John Ronald deixou claro que estava pensando em prosseguir em Oxford.

De muitas formas Tolkien deveria estar predisposto a reagir de pronto ao chamado de Kitchener. Era católico, enquanto os invasores

---
[2] Mais tarde, 14º, 15º e 16º Batalhões do Regimento Royal Warwickshire. [N. A.]

alemães da Bélgica eram alegadamente zelotes luteranos que estupravam freiras e chacinavam padres. Ele partilhava os valores culturais que se ultrajaram com a destruição de Louvain, com suas igrejas, universidade e a biblioteca de 230 mil livros que incluíam centenas de manuscritos medievais únicos. E sentia o dever à coroa e ao país. Mas, em 1914, J.R.R. Tolkien fora obrigado a combater soldados cujo lar era a terra de seus próprios ancestrais paternos. Houvera Tolkiens na Inglaterra no começo do século XIX, mas a linhagem (como *Tolkiehn*) remontava à Saxônia. A antiga Germânia fora também o berço da cultura anglo-saxã. Em um de seus cadernos daquele ano, Tolkien traçou minuciosamente as incursões sucessivas que haviam levado as tribos germânicas à ilha da Grã--Bretanha. Naquela época, conforme confessou mais tarde, estava sendo poderosamente atraído pelo ideal "germânico", que Tolkien haveria de descrever ainda em 1941 (a despeito de sua exploração por Adolf Hitler) como "aquele nobre espírito setentrional, uma contribuição suprema para a Europa". Havia também o problema da associação acadêmica. A Alemanha era a fonte intelectual da moderna ciência filológica, e arrastara o anglo-saxão para o primeiro plano dos estudos da língua inglesa. Naquele outono, seu antigo tutor Farnell repassou relatos de atrocidades alemãs na Bélgica, mas Joseph Wright, que àquela altura era amigo e conselheiro de Tolkien, além de tutor, estava tentando montar uma biblioteca de empréstimo para soldados alemães feridos que estavam sendo tratados em Oxford. Simpatias e sociedades desse tipo não podiam ser inteiramente esquecidas, mesmo sob o olhar fixo de Lord Kitchener nos cartazes de recrutamento. Apesar de muitos dos seus compatriotas que traziam sobrenomes alemães logo os transformarem em ingleses (entre eles George V, em julho de 1917), Tolkien não fez isso, observando muitos anos depois: "Fui acostumado [...] a estimar meu nome alemão com orgulho, e continuei a fazê-lo no decorrer do período da lamentável última guerra [...]".

É possível que seus gostos pouco convencionais em termos de literatura germânica lhe tenham conferido uma visão da guerra diferente daquela da maioria dos contemporâneos. Abraçando a cultura do antigo Norte europeu, Tolkien deu as costas, com entusiasmo, aos clássicos que haviam nutrido sua geração na escola. Haviam-se enredado romanticamente com o triunfalismo

UM JOVEM COM IMAGINAÇÃO DEMAIS

vitoriano; nas palavras de certo comentarista, "À medida que os longos e prósperos anos da Pax Britannica se sucediam, a verdade sobre a guerra foi esquecida, e em 1914 os jovens oficiais iam para a batalha com a *Ilíada* na mochila e os nomes de Aquiles e Heitor gravados no coração". Mas agora os nomes no coração de Tolkien eram Beowulf e Beorhtnoth. Na verdade, assim como o jovem Torhthelm em seu drama versificado *O Regresso de Beorhtnoth, Filho de Beorhthelm*, de 1953, àquela altura Tolkien tinha a cabeça "cheia de antigas baladas acerca dos heróis da antiguidade nortista, tais como: Finn, rei da Frísia; Fróda dos Hetobardos; Béowulf; Hengest e Horsa [...]". De fato, entrincheirara-se mais na sua crença de menino de que "embora como um todo o épico setentrional não possua o charme e o deleite do meridional, ainda assim numa certa veracidade nua ele o supera". A *Ilíada* de Homero é em parte um catálogo de mortes violentas, mas passa-se em um mundo caloroso onde os mares são iluminados pelo sol, os heróis se tornam semideuses e o domínio dos olimpianos é infindo. O mundo germânico era mais gélido e mais cinzento. Trazia um fardo de pessimismo, e a aniquilação final aguardava *Middangeard* (a Terra-média) e seus deuses. *Beowulf* tratava de "o homem em guerra com o mundo hostil, e sua inevitável derrota no Tempo", escreveu ele mais tarde em seu influente ensaio "Beowulf: The Monsters and the Critics" [Beowulf: Os Monstros e os Críticos]. "Um jovem com imaginação demais e pouca coragem física", como ele mais tarde descreveu a si mesmo, Tolkien era capaz de imaginar detalhes da guerra muito bem, mesmo sem ter uma ideia da eficiência sem precedentes que a mecanização traria ao negócio de matar.

Mas a chave da decisão de Tolkien de protelar o alistamento estava em seu bolso. Não era rico, pois dependia da sua bolsa de 60 libras e de uma pequena anuidade. Quando fora a Cheltenham para reconquistar Edith, ao fazer 21 anos de idade, o protetivo senhorio dela alertara seu tutor: "Nada tenho a dizer contra Tolkien, é um Cav[alheiro] culto, mas suas perspectivas são extremamente pobres, e não posso imaginar quando ele estará em condições de se casar. Se ele tivesse adotado uma Profissão, tudo seria diferente". Agora, que Tolkien e Edith estavam noivos, ele não podia pensar apenas em si próprio. Porém, tendo mudado de curso e finalmente encontrado seu *métier*, esperava ganhar a vida como acadêmico. Mas isso seria impossível se não se graduasse. Rob Gilson, muito mais rico, disse à sua namorada dezoito meses mais tarde:

> Ele só se juntou ao Exército depois do resto de nós porque primeiro terminou a escola em Oxford. Isso lhe era muito necessário, já que é sua principal esperança de ganhar a vida, e estou contente em dizer que ele conquistou seu grau — em Literatura Inglesa [...]. Ele sempre foi desesperadoramente pobre [...].

Assim, Tolkien disse à sua Tia Jane que resolvera completar os estudos. Mas sob a intensa pressão ele se voltou para a poesia. Em consequência, a visita a Phoenix Farm demonstrou ser decisiva, de maneira bem inesperada.

Antes do início da guerra, no final do período da universidade, Tolkien pegara emprestado da biblioteca da faculdade a série de vários volumes *Bibliothek der angelsächsischen Poesie* [Biblioteca de poesia anglo-saxã], de Grein e Wülcker. Essa imensa obra era um daqueles monumentos de erudição alemã que moldara o estudo do inglês antigo, e isso queria dizer que Tolkien teve o *corpus* poético central à sua disposição durante as longas férias de verão. Percorreu o *Crist*, do poeta anglo-saxão do século VIII Cynewulf, mas o achou "um lamentável enfadonho", como escreveu mais tarde: "lamentável porque é de se chorar o fato de que um homem (ou homens) com talento para a urdidura de palavras, que deve ter ouvido (ou lido) tanto do que agora está perdido, passasse o seu tempo compondo coisas sãos sem inspiração". O tédio podia ter um efeito paradoxal sobre Tolkien: fazia a sua imaginação viajar. Além disso, a ideia de histórias perdidas além da recordação sempre o instigou. No meio a homilia pia de Cynewulf, ele encontrou as palavras *Eala Earendel! engla beorhtast / ofer middangeard monnum sended*, "Salve Earendel, mais brilhante dos anjos, sobre a terra-média enviado aos homens!". O nome *Earendel* (ou *Éarendel*) o marcou de um modo extraordinário. Tolkien mais tarde expressou a sua própria reação através de Arundel Lowdham, um personagem em "Os Documentos do Club Notion", uma história inacabada da década de 1940: "Senti um arrepio curioso, como se algo tivesse se mexido dentro de mim, meio desperto de seu sono. Havia algo muito remoto, estranho e belo por trás daquelas palavras, se eu conseguisse agarrá-lo, muito além do inglês antigo... Não acho que seja uma irreverência dizer que ele pode derivar seu impacto curiosamente comovente de algum mundo mais antigo". Mas de quem era o nome *Éarendel*? A pergunta desencadeou uma resposta para a vida toda.

Os versos de Cynewulf eram sobre um mensageiro ou arauto angelical de Cristo. O dicionário sugeria que a palavra denotava um raio de luz, ou a iluminação da aurora. Tolkien sentia que devia ser algo que sobrevivera desde antes do anglo-saxão, até desde antes do cristianismo. (Nomes cognatos como *Aurvandil* e *Orendil*, em outros registros antigos, confirmam isso. De acordo com as regras de filologia comparada, provavelmente descendem de um só nome, antes de o germânico se ramificar em idiomas descendentes. Mas os significados literais e metafóricos desse nome são obscuros.) Com base nas definições de dicionário e na referência de Cynewulf a Éarendel estarem acima do nosso mundo, Tolkien se inspirou na ideia de que Éarendel não podia ser outro senão o timoneiro de Vênus, o planeta que pressagia a aurora. Em Phoenix Farm, em 24 de setembro de 1914, ele começou com pompa surpreendente:

> Éarendel ergueu-se do bojo do Oceano
> Na treva da borda do mundo-médio;
> Da porta da Noite, como raio de luz,
> Saltou sobre a beira em penumbra,
> E, lançando sua barca como centelha de prata
> Desde a areia de ouro a se desvanecer,
> Descendo pelo ensolarado sopro da fogosa Morte do Dia
> Partiu da Terra Ocidental.[3]

---

[3] Éarendel sprang up from the Ocean's cup / In the gloom of the mid-world's rim; / From the door of Night as a ray of light / Leapt over the twilight brim, / And launching his bark like a silver spark / From the golden-fading sand / Down the sunlit breath of Day's fiery Death / He sped from Westerland. [N. T.]

Tolkien enfeitou "*The Voyage of Éarendel the Evening Star*" [A Viagem de Éarendel, a Estrela Vespertina] com uma frase favorita de *Beowulf*, *Ofer ýpa ful*, "sobre o bojo do oceano", "sobre a taça do oceano". Uma outra característica de Éarendel pode ter sido sugerida a Tolkien pela semelhança de seu nome com o inglês antigo *ēar* "mar": apesar de seu elemento ser o céu, ele é navegante. Mas isso eram meros começos. Esboçou um personagem e uma cosmologia em 48 versos que são, por sua vez, sublimes, vivazes e sombrios. Todos os corpos celestes são naus que navegam diariamente através de portões no Leste e Oeste. A ação é simples: Éarendel lança sua embarcação do ocaso, da Terra Ocidental na borda do mundo, desliza entre as estrelas que singram seus percursos fixos e escapa da Lua caçadora, mas morre à luz do Sol nascente.

> E Éarendel fugiu daquele Marujo terrível
> Para além do limite da terra obscura,
> Sob a borda do sombrio Oceano,
> E por trás do mundo zarpou;
> E ouviu o júbilo da gente da terra
> E escutou as suas lágrimas,
> E o mundo ficou para trás em nebulosa ruína
> Em sua jornada através dos anos.
>
> Então passou reluzente à vastidão sem estrelas
> Como lamparina ilhada no mar,
> E além do conhecimento dos homens mortais
> Fez sua solitária vida errante,
> Perseguindo o Sol em seu galeão
> E viajando pelos céus
> Até que seu esplendor fosse desfeito pelo nascer da Manhã
> E morreu com a Aurora nos olhos.[4]

---

[4] And Éarendel fled from that Shipman dread / Beyond the dark earth's pale, / Back under the rim of the Ocean dim, / And behind the world set sail; / And he heard the mirth of the folk of earth / And hearkened to their tears, / As the world dropped back in a cloudy wrack / On its journey down the years. // Then he glimmering passed to the starless vast / As an isled lamp at sea, / And beyond

UM JOVEM COM IMAGINAÇÃO DEMAIS

É o tipo de mito que um povo antigo poderia contar para explicar fenômenos celestes. Tolkien também lhe deu um título em inglês antigo (*Scipfæreld Earendeles Æfensteorran*), como se todo o poema fosse uma tradução. Imaginava a história que Cynewulf poderia ter ouvido, como se um poeta anglo-saxão rival tivesse se dado ao trabalho de registrá-la.

Enquanto escrevia, os exércitos alemão e francês se batiam ferozmente na cidade de Albert, na região que leva o nome do Rio Somme que a atravessa. Mas a ousadia de Éarendel é de uma espécie solitária, impelida por um desejo inexplicado. Ele não é (como em Cynewulf) *monnum sended*, "enviado aos homens" como mensageiro ou arauto: nem é guerreiro. Se Éarendel chega a corporificar o heroísmo, é o heroísmo rebelde, elementar de indivíduos como Sir Ernest Shackleton, que naquele verão zarpara em sua viagem de travessia do continente antártico.

Se a sombra da guerra chega a tocar o poema de Tolkien, ela o faz de modo muito oblíquo. Apesar de fugir das terras mundanas, Éarendel escuta o seu choro, e, enquanto sua nau zarpa rapidamente em seu próprio percurso caprichoso, as estrelas fixas assumem seus lugares designados na "crescente maré de escuridão". É impossível dizer se Tolkien pretendia que isso se comparasse, de algum modo, à sua própria situação à época em que escrevia: mas é interessante que, enquanto ele sofria intensa pressão para lutar pelo rei e pelo país, e enquanto outros refinavam seus dísticos marciais, ele louvava um "espírito errante" que destoava do curso da maioria, como um fugitivo em solitária busca de algum ideal fugidio.

Que ideal é esse? Desconsiderando a evolução posterior da sua história, sabemos pouco mais sobre o Éarendel deste poema do que sobre o vulto de tracinhos que dava uma passada no espaço no desenho de Tolkien *The End of the World*. Menos ainda sabemos o que Éarendel está pensando, a despeito de sua evidente ousadia, excentricidade e curiosidade irreprimível. Quase podemos concluir que aquela é em verdade "uma demanda infinda", não apenas sem

---

the ken of mortal men / Set his lonely errantry, / Tracking the Sun in his galleon / And voyaging the skies / Till his splendour was shorn by the birth of Morn / And he died with the Dawn in his eyes. [N. T.]

conclusão, mas sem propósito. Se Tolkien quisesse analisar o coração e a mente de seu navegante, poderia ter-se voltado para as grandes meditações acerca do exílio em inglês antigo, *The Wanderer* [O errante] e *The Seafarer* [O navegante]. Em vez disso voltou-se para o romance, o modo nativo da demanda, onde a motivação ou é evidente por si só (amor, ambição, cobiça) ou sobrenatural. A motivação de Éarendel é ambas as coisas: afinal, ele é ao mesmo tempo homem e objeto celeste. De modo sobrenatural, trata-se de um mito astronômico que explica os movimentos planetários, mas na escala humana é também um peã à imaginação. Éarendel é como Francis Thompson (no texto de Tolkien para a Stapeldon Society), repleto de "um ardente entusiasmo pelo etereamente belo". É tentador enxergar analogias com Tolkien, o escritor, irrompendo em criatividade. A demanda do navegante é a do indivíduo romântico que tem "imaginação demais", que não se contenta com o projeto iluminista de examinar o mundo conhecido em detalhe cada vez maior. Éarendel salta por cima de todas as barreiras convencionais em busca de autorrealização em face do sublime natural. Em um sentido religioso não expresso, ele busca ver a face de Deus.

A semana anterior ao começo do período letivo em Cambridge encontrou Rob Gilson hospedado com Christopher Wiseman em Wandsworth, Londres, aonde sua família se mudara depois que seu pai fora nomeado secretário do Departamento de Missão Interna Metodista Wesleyana,[5] em 1913. Era também a semana da queda de Antuérpia. Gilson escreveu: "É claro que estamos muito loucos e hilários. Ontem à noite fomos ver Gerald du Maurier em *Outcast* — que peça ruim. Não sei o que vamos fazer hoje, e provavelmente vamos começar a fazê-lo antes de termos decidido". Ao mesmo tempo, em 4 de outubro, no último domingo das férias longas, Tolkien voltara a Birmingham, ficando hospedado no Oratório com o Padre Francis Morgan. T.K. Barnsley, que havia sido nomeado primeiro subalterno do 1º Batalhão de Birmingham, conduziu a nova unidade em um desfile de igreja, na nova igreja paroquial central da cidade. Na segunda-feira

---

[5] *Wesleyan Methodist Home Mission Department*. [N. T.]

começou o treinamento dos recrutas. O *Daily Post* do sábado trouxera uma lista de homens aceitos para servirem no 3º Batalhão de Birmingham. Hilary Tolkien logo foi mandado para treinar como corneteiro, sem cerimônia, em um colégio metodista em Moseley.

De volta a Oxford, Tolkien confidenciou a um professor católico que o começo da guerra viera como um profundo golpe para ele, "o colapso de todo o meu mundo", como se expressou mais tarde. Tolkien estivera sujeito a ataques de melancolia profunda, até de desespero, desde a morte da mãe, apesar de mantê-los em segredo. A nova vida que lentamente montara desde a morte dela estava agora em perigo. No entanto, ao ouvir sua queixa, o professor católico retrucou que aquela guerra não era uma aberração: ao contrário, para a raça humana era meramente "uma volta ao normal".

Porém a "vida normal" como Tolkien a conhecera foi uma baixa imediata da guerra, mesmo em Oxford. A universidade foi transformada em uma cidadela de refugiados e prontidão para a guerra. O fluxo de alunos, consagrado pelo tempo, sofrera hemorragia: um comitê que processava recrutas estudantes lidara com 2 mil deles até setembro. Apenas 75 restavam no Exeter College, e à tardinha janelas apagadas se erguiam acima do *quad*[6] silencioso. Tolkien foi abalado por sérias dúvidas sobre se deveria ficar, e declarou: "É terrível. Realmente acho que não vou conseguir continuar: o trabalho parece impossível". O *college* transformara-se parcialmente em um quartel, com áreas alocadas à Infantaria Leve de Oxfordshire e a baterias de artilheiros, que vinham e partiam em fluxo constante. Alguns dos professores mais jovens tinham partido à guerra, assim como muitos dos empregados do *college*: homens mais velhos haviam tomado os lugares deles. Tolkien estava contente por morar fora do *college* pela primeira vez, no nº 59 da St John Street (endereço que viria a ficar conhecido como "*the Johnner*"), onde compartilhava o alojamento com seu último amigo restante do Exeter, Colin Cullis, que não fora capaz de se alistar por problemas de saúde.

A cidade estava quase vazia de homens mais jovens, mas estava mais agitada que nunca. As mulheres ingressavam nos empregos

---

[6]Pátio do *college*, abreviado de *quadrangle* "quadrilátero". [N. T.]

civis dos homens. Belgas e sérvios exilados surgiram. Soldados convalescentes perambulavam pelas ruas e os feridos eram abrigados nas Examination Schools. As tropas em treinamento para substituí-los faziam exercícios nos University Parks em seus uniformes azuis provisórios. No que hoje pode parecer um fato estranho, o Reitor Farnell dava aulas de espada e sabre. Pela primeira vez desde a Guerra Civil Inglesa, Oxford se tornara um acampamento militar. Instado por Farnell, Tolkien e seus colegas graduandos tentavam manter em andamento as sociedades estudantis. A Stapeldon Society, uma sombra do que já fora, sob "pesadas nuvens de Armagedom", fez um esforço trivial, aprovando um animador voto de confiança em todos os exonianos das forças armadas e mandando cartas de apoio ao Rei Albert da Bélgica e a Winston Churchill (à época Primeiro Lorde do Almirantado). Mas o primeiro dever imposto a Tolkien foi tratar do assunto da redecoração do Junior Common Room, o local de reunião dos graduandos. Os estudantes foram alertados de que a guerra implicaria redução de tais luxos. O sub-reitor disse a Tolkien que os entretenimentos dos estudantes eram indevidamente dispendiosos e deveriam ser proibidos. Tolkien agiu com humor, fazendo troça dos primeiranistas recém-chegados por estes não tomarem banho, "sem dúvida", disse ele, porque estavam "economizando com a melhor das intenções neste tempo de ansiedade". A sociedade debateu a questão de que "Esta Casa desaprova um sistema de economia estrita na presente crise". Tolkien discursou em um debate sobre "O Super-Homem e a Lei Internacional", mas a proposta dele, que "Esta Casa aprova uma reforma ortográfica", sugere uma tendência a desviar os olhos da guerra. Foi um apelo necessário à vida não marcial, mas um apelo fraco na medida em que uma parcela cada vez maior do globo se enredava na guerra. No final de outubro as forças alemãs na Bélgica foram rechaçadas do Rio Yser por uma enchente, depois que os belgas abriram as eclusas marítimas na maré alta — mas ali perto, em Ypres, as forças britânicas sucumbiam à exaustão na lama, o novo inimigo. Os exércitos opositores não haviam conseguido rodear um ao outro, e começavam a se enfiar nas trincheiras: a Frente Ocidental fora estabelecida. Enquanto isso, uma mina afundou o superencouraçado britânico *Audacious* ao norte da Escócia. A Turquia entrou na guerra e se tornou inimiga da Grã-Bretanha. Bem longe, os bôeres do Estado Livre de Orange, cuja simpatia estava com os alemães, encenavam um levante contra o domínio britânico.

Em vez de se alistar no exército de Kitchener, no começo do período Tolkien matriculara-se de imediato no OTC[7] da universidade. Havia dois cursos: um para os que esperavam alistamento de imediato e outro para os que desejavam adiá-lo. Tolkien foi um dos 25 homens do Exeter College neste último, o que implicava cerca de seis horas e meia de exercícios e uma palestra militar por semana. "[...] apesar de termos um treino a tarde toda e ficarmos ensopados várias vezes, e nossos rifles ficarem totalmente imundos e levarem séculos para serem limpos depois", escreveu Tolkien a Edith, ao final da primeira semana. Para quem tivesse uma natureza mais sensível, qualquer treinamento militar podia ser bastante desagradável: Rob Gilson, que detestava o militarismo, levara o *Paraíso Perdido* para ler no acampamento de verão do OTC em Aldershot no ano anterior, e descobriu que um amigo de intenções semelhantes (Frederick Scopes) levara o *Inferno* de Dante. Para Tolkien, porém, anos jogando rúgbi significavam que pelo menos os desconfortos físicos não causavam horror. O corpo da universidade era remoto do verdadeiro trabalho de soldado, sem dias de campo nem marchas de rota, e os rifles logo foram deslocados para a guerra de verdade, mas a vida física ativa expulsou a notória "sonolência" de Oxford e trouxe nova energia. "O treinamento é uma dádiva divina", contou ele a Edith.

Revigorado, trabalhava em sua *História de Kullervo*, um conto sombrio para tempos sombrios, e falava entusiasmado sobre o *Kalevala* finlandês para T.W. Earp, membro dos literatos do Exeter College. Esse poema épico era obra de Elias Lönnrot, montado a partir de canções folclóricas repassadas oralmente por gerações de "cantores de *runot*"[8] na região finlandesa da Carélia. Por muito que essas canções fossem fragmentárias e líricas, muitas se referiam, de modo atormentador, a um elenco aparentemente pré-cristão de

---

[7] *Officers' Training Corps*, "Corpo de Treinamento de Oficiais". [N. T.]
[8] *Runo* (plural *runot*) é um poema folclórico finlandês. [N. T.]

vultos heroicos ou divinos encabeçados pelo sábio Väinämöinen, pelo ferreiro Ilmarinen e pelo arrogante velhaco Lemminkäinen. Lönnrot vira sua oportunidade de criar um equivalente finlandês ao que a Islândia e a Grécia contemporâneas haviam herdado, uma literatura mitológica: e o fez em uma época em que os finlandeses se esforçavam por encontrar sua voz. A Finlândia, dominada pela Suécia desde o século XII, porém inteiramente distinta em língua, cultura e história étnica, tornara-se um grão-ducado pessoal do Czar da Rússia em 1809. Naquele tempo circulava pelas academias e pelos salões da Europa a ideia de que a literatura antiga expressava a voz ancestral de um povo. Quando o *Kalevala* chegou em 1835, fora abraçado pelos nacionalistas finlandeses, cuja meta de independência ainda estava inalcançada em 1914.

Tolkien falou em defesa do nacionalismo em um debate estudantil em novembro daquele ano, no momento em que a soberba das nações mergulhava a Europa em uma catástrofe. O nacionalismo tem carregado conotações ainda mais amargas desde a década de 1930, mas a versão de Tolkien nada tinha a ver com enaltecer uma nação acima das demais. Para ele a maior meta da nação era a autorrealização cultural, não o poder sobre outras; mas para isso eram essenciais patriotismo e comunidade de crença. "Não defendo 'Deutschland über alles',[9] mas certamente faço-o em norueguês 'Alt for Norge' [Tudo pela Noruega]", disse ele a Wiseman na véspera do debate. Portanto, por sua própria admissão, Tolkien era ao mesmo tempo um inglês patriota e um apoiador do Home Rule[10] para os irlandeses. Conseguia apreciar a ideia romântica do idioma como voz ancestral, porém ia mais longe: sentia ter de fato herdado dos antepassados maternos o gosto e a aptidão do idioma inglês médio dos West Midlands,[11] um dialeto que estava estudando, para seu curso de inglês, no texto religioso *Ancrene Riwle*.[12] Escrevendo muito mais tarde sobre sua vida e suas influências, ele declarou:

---

[9]Em alemão, "A Alemanha acima de tudo". [N. T.]
[10]"Autogoverno", em especial o governo autônomo da Irlanda. [N. T.]
[11]"Midlands Ocidentais", região da Inglaterra que faz fronteira com Gales e contém a cidade de Birmingham. [N. T.]
[12]Em médio inglês, "Regra dos Anacoretas", manual monástico do século XIII. [N. T.]

UM JOVEM COM IMAGINAÇÃO DEMAIS

Em termos ingleses, sou de fato um habitante das West-Midlands que se sente em casa apenas nos condados ao longo das Marcas Galesas; e creio também que seja devido tanto à descendência quanto à oportunidade que o anglo-saxão, o inglês médio ocidental e o verso aliterante sejam tanto uma atração de infância como minha principal esfera profissional.

Assim como Lönnrot, Tolkien sentia que sua verdadeira cultura fora esmagada e esquecida; mas, de modo característico, via as coisas em uma vasta escala de tempo, tendo como ponto de virada a Conquista Normanda. A invasão por Guilherme, o Conquistador, em 1066 fizera descer a cortina, por séculos, sobre o uso do inglês na linguagem da corte e na literatura, e acabou deixando o inglês eivado de palavras não germânicas. A voz de um povo fora efetivamente silenciada durante gerações, e fora rompida a continuidade do registro. Tolkien lançara na escola um engenhoso contra-ataque, lamentando a Conquista Normanda "em um discurso que tentou reverter a algo semelhante à pureza de dicção saxã", como relatou o *Chronicle* da escola — ou, como o próprio Tolkien se expressou, "*right English goodliness of speechcraft*":[13] uma linguagem purgada dos derivados latinos e franceses (no entanto, antes do final do discurso esqueceu-se, de tão animado, de não usar "horrores estrangeiros como '*famous*' e '*barbarous*'"). O inglês antigo, apesar de sempre escrito por anglo-saxões cristãos, preservara vislumbres das tradições mais velhas que fascinavam Tolkien em sua literatura e na própria substância de sua linguagem; e sem dúvida muito mais fora varrido para longe pela Conquista Normanda.

Em contraste, o *Kalevala* preservara as antigas tradições dos finlandeses. Dirigindo-se à Sundial Society do Corpus Christi College em 22 de novembro de 1914, a convite de G.B. Smith, ele declarou: "Essas baladas mitológicas estão repletas daquela vegetação rasteira, muito primitiva, que a literatura da Europa, no geral, vem continuamente cortando e reduzindo por muitos séculos, com completude diferente e mais precoce entre diferentes povos". Esse, com efeito, era o manifesto criativo do jovem J.R.R. Tolkien.

---

[13]Maneira arcaizante de dizer (usando apenas palavras de origem germânica, não latina) "boa excelência inglesa da arte de falar". [N. T.]

Tolkien havia recitado "A Viagem de Éarendel" em 27 de novembro de 1914, no Essay Club do Exeter College, em uma reunião com pequena plateia que ele chamou de "um tipo informal de última arfada", enquanto a guerra esvaziava Oxford de seus alunos. G.B. Smith também leu o poema, e perguntou ao amigo sobre o que era realmente. A resposta de Tolkien fala alto sobre seu método criativo, mesmo naquela etapa precoce. "Não sei", disse ele. "Vou tentar descobrir". Já emulara Lönnrot ao regredir, através do *Crist* em inglês antigo, até a "vegetação rasteira" da tradição germânica, onde um navegante chamado Éarendel poderia ter singrado o firmamento. Os heróis celestiais dos mitos sempre têm origens terrestres, mas até então Tolkien nada "descobrira" sobre a de Éarendel. Por volta dessa época ele rabiscou algumas ideias:

> O barco de Earendel atravessa o Norte. Islândia. Groenlândia, e as ilhas ermas: um vento possante e crista de grande onda o levam a paragens mais quentes, para trás do Vento Oeste. Terra de homens estranhos, terra de magia. O lar da Noite. A Aranha. Ele escapa das redes da Noite com alguns companheiros, vê uma grande ilha-montanha e uma cidade dourada — vento o sopra rumo ao sul. Homens das árvores. Habitantes do sol, especiarias, montanhas de fogo, mar vermelho: Mediterrâneo (perde o barco (viaja a pé pelos ermos da Europa?)) ou Atlântico [...]

Então as anotações levam o marujo ao ponto de "A Viagem de Éarendel" em que ele navega por cima da borda do mundo perseguindo o Sol. De chofre, a escala das ambições imaginativas de Tolkien fica espantosamente clara. Essa é uma *Odisseia* em embrião, mas nela o meio clássico do Mediterrâneo aparece apenas como reflexão tardia, e seu coração reside nos amargos mares setentrionais em torno da ilha que é o lar de Tolkien. Mas também é surpreendente o modo como essa nota elíptica já prefigura momentos fundamentais de *O Silmarillion*, da história atlante de Númenor, e até de *O Senhor dos Anéis*. Ali, quem sabe pela primeira vez, essas imagens enevoadas foram postas no papel. Muitas delas podiam já ter existido, em alguma forma, por longo tempo. Mas Cynewulf, o *Kalevala*, as perguntas exploratórias de G.B. Smith, e discutivelmente as próprias ansiedades de Tolkien com o alistamento, tudo conspirou para agora serem vertidas.

TRÊS

O Conselho de Londres

Estava combinado que o contingente oxfordiano do TCBS fosse a Cambridge durante um fim de semana no meio do período letivo, no sábado, 31 de outubro de 1914, porém somente G.B. Smith acabou aparecendo. "Tolkien também devia ter vindo, mas não veio, como era de se esperar", escreveu Rob Gilson, desapontado. "Ninguém sabe por que ele não pôde vir, menos que todos Smith, que esteve com ele na sexta-feira à noite". Os dois almoçaram com Christopher Wiseman, assistiram ao culto de domingo na capela do King's College e passearam por Cambridge. Smith foi volúvel acerca do que lhe agradara na cidade universitária rival, e desencadeou seu humor ofuscante contra aquilo que lhe desagradara. Gilson escreveu: "Sempre dou valor ao julgamento dele, apesar de muitas vezes discordar, e fiquei contente de saber que ele está imensamente entusiasmado com meu alojamento, e jamais viu algum que ele preferisse — nem em Oxford. Hoje de manhã tivemos um grupo de desjejum, e eles pareciam muito bem. Uma manhã ensolarada com sombras atravessando o Bowling Green, e névoa suficiente só para transformar o fundo de árvores numa coisa perfeita — azul e laranja [...]. Estou passando um fim de semana totalmente perfeito". Smith claramente também se divertiu, pois repetiu a dose no fim de semana seguinte. Falou-se de mais uma reunião em Oxford.

Na verdade, Tolkien simplesmente parara de frequentar os reencontros do TCBS. O que parecia perfeito ao impressionável Gilson estava agora, para Tolkien, manchado por um ânimo que era a antítese do espírito original do clube. O humor sempre fora essencial ao grupo, mas originalmente cada membro trouxera sua própria marca. O de Tolkien era às vezes turbulento, mas ele partilhava com Gilson um leve deleite com as loucuras humanas menores, e muitas vezes se dedicava ao jogo de palavras. G.B. Smith tinha "o dom de despejar paradoxos absurdos" e da paródia estilística: "Joguei rúgbi ontem e, por consequência, sou um dos três mortais mais rígidos da Europa" é G.B.S. parodiando as tríades superlativas do *Mabinogion* galês. Wiseman gostava da farsa improvisada e de abstrusas brincadeiras matemáticas. Sidney Barrowclough, por outro lado, assumia um cinismo frio, trajando seu sarcasmo em elegância verbal, e T.K. Barnsley e W.H. Payton preferiam o tipo de réplica de Barrowclough. Tolkien não queria mais passar seu tempo com um TCBS que estivesse sob a sombra deles.

Não estava sozinho. Depois de aturar uma noite de gracejos fúteis, com que não podia e não queria competir, Wiseman decidira cortar seus elos com o TCBS. Escreveu a Tolkien para dizer que não iria à reunião em Oxford, declarando: "Eu só iria para lá, diria algumas bobagens durante um par de dias, e voltaria depois. Estou ficando muito entediado com o TCBS; nenhum deles parece ter qualquer coisa mortal com que se zangar; meramente fazem observações leves e espertas (G.B.S. é um perfeito gênio para isso, confesso) sobre coisa nenhuma". De acordo com Wiseman, Barnsley e Barrowclough haviam demolido a autoconfiança dele e a de Gilson. Agora, antes que fosse tarde demais, apelava a seu amigo mais antigo "por todas as lembranças de V.T. [Vincent Trought], do gótico, das farras na Highfield Road, das brigas sobre filologia" para que fosse a uma reunião de crise, após o período letivo, com Gilson, Smith e ele próprio.

Era tal sua desilusão que mal esperava resposta. Em vez disso, achava que pelo menos daquela vez ele e Tolkien concordavam totalmente. "Eu lhe digo, quando terminei sua carta senti-me capaz de abraçá-lo", Wiseman respondeu por carta. Nem Oxford nem Cambridge "destruíram o que transformou você e a mim em Irmãos Gêmeos, nos bons velhos dias de escola antes que houvesse um TCBS distinto de nós e de V.T.", disse ele.

Tolkien defendeu G.B. Smith, dizendo que sua superficialidade era apenas uma máscara adotada como reação ao "espírito alheio" que então dominava os seus conclaves; mas concordava que Gilson tinha pouco a pouco perdido o interesse em assuntos de peso moral, e agora era simplesmente um esteta. Tolkien achava que Smith se encaixava mais ou menos na mesma categoria, mas suspeitava que ambos ainda eram apenas um tanto bisonhos, e não intrinsicamente rasos. Certamente não pensava em excluí-los. Em uma coisa Tolkien era irredutível: "o TCBS é quatro e apenas quatro"; os "parasitas" precisavam ser expulsos.

Apesar de suas reservas, Tolkien afirmava que a sociedade era "uma excelente ideia que jamais foi bem articulada". Seus dois polos, o moral e o estético, podiam ser complementares se mantidos em equilíbrio, porém, na verdade, seus membros não se conheciam bem o bastante. Apesar de os Grandes Irmãos Gêmeos terem discutido os fundamentos da existência, nenhum deles o fizera com Gilson ou Smith. Em consequência, declarou Tolkien, o potencial que aqueles quatro indivíduos "*admiráveis*" continham em conjunto permanecia inexplorado. Assim foi que a ala moral do TCBS determinou que os quatro deviam se reunir em Wandsworth duas semanas antes do Natal. "TCBS über alles", concluiu Wiseman com ironia, ao final de alguns dias de correspondência frenética.

Era incerto se G.B. Smith e Rob Gilson conseguiriam chegar ao "Conselho de Londres", como foi batizada a cúpula de crise. Wiseman, assim como Tolkien, cedo decidira completar sua graduação antes de se alistar, com base na declaração do Kaiser Wilhelm de que seus soldados estariam de volta em casa quando as folhas tivessem caído das árvores. Porém, agora ambos, Smith e Gilson, juntaram-se ao exército de Kitchener.

Gilson achara Cambridge tão triste e escura em tempo de guerra como Tolkien achara Oxford, e desde o início do período estivera pensando em encurtar seu último ano letivo. Seu pai, Diretor da King Edward's, o aconselhara a obter o grau antes de se alistar, e lhe disse (com algum sofisma, e mais previdência) que ele não tinha o direito de desertar de Cambridge, agora que o corpo da universidade precisava de todos os homens que conseguisse para assegurar um suprimento futuro de oficiais, à medida que avançasse a guerra. O ponto de virada de Gilson parece ter ocorrido no começo de novembro, quando um aluno tímido e difícil com quem ele acabara de fazer amizade, F.L. Lucas, se alistou com relutância. "Ele não é nem um pouco o tipo de pessoa que se lança sem pensar no que isso significa", escreveu Gilson. "De fato é um verdadeiro herói [...]".[1] As palestras militares haviam mostrado ao sensível Gilson "que medonha responsabilidade representa confiarem-nos as vidas de tantos homens". Por outro lado, sentia-se culpado por não ser voluntário, e surpreendeu-se ao apreciar até os mais exaustivos exercícios de campo. Outros membros do TCBS mais amplo já se haviam alistado. Sidney Barrowclough fora aceito na Real Artilharia de Campo e Ralph Payton se tornara soldado raso no 1º Batalhão de Birmingham, a unidade de T.K. Barnsley; porém W.H. Payton encontrara uma alternativa honrada ao combate alistando-se no Serviço Civil Indiano em agosto. Desesperado para dar fim a meses de dúvida e culpa, Gilson esperou passar seu vigésimo primeiro aniversário e, em 28 de novembro, juntou-se ao Batalhão de Cambridgeshire como segundo-tenente.

Isso foi um alívio, pois, apesar de Gilson ser estritamente sensível demais para a vida militar, era sociável e achava fácil relacionar-se com seus colegas oficiais. G.B. Smith, no entanto, que também era sensível, mas consideravelmente menos tolerante e de natureza indisciplinada, viu-se "muito mais um peixe fora d'água" depois de seu próprio alistamento em 1º de dezembro. Cary Gilson deu uma referência de caráter, e o regimento local de Oxford, a Infantaria Leve de Oxfordshire e Buckinghamshire, aceitou o jovem poeta. Isso queria dizer que Smith treinaria em Oxford e estaria aquartelado no Magdalen College, onde estaria por perto para ver germinar os esforços de Tolkien como escritor. Um dos poemas do próprio Smith, "Ave Atque Vale" ("salve e adeus"), acabara de ser publicado no *Oxford Magazine*: um peã à sua cidade universitária (mas também à própria vida) que anunciava "não podemos nos demorar aqui. Um breve instante, e nos vamos [...]".

---

[1] O classicista F.L. Lucas sobreviveu à guerra e se tornou *fellow* do King's College, Cambridge, e também crítico, poeta e dramaturgo. [N. A.]

O CONSELHO DE LONDRES

Os dois novos subalternos acabaram acertando suas licenças para poderem ir a Londres no sábado, 12 de dezembro. Gilson mudara-se, no dia anterior, para um barracão de oficiais no recém--construído acampamento de seu batalhão em Cherry Hinton, nos arredores de Cambridge. Sob os auspícios de Wiseman, em circunstâncias normais a visita seria hilária e despreocupada, com excursões improvisadas, trens perdidos e incontáveis telefonemas para tentar manter sua mãe informada do cronograma. Dados o talento familiar para o caos e os horários imprevisíveis de seu pai, a formalidade havia perecido em 33 Routh Road, Wandsworth. Mas agora os quatro amigos tinham assuntos urgentes a discutir. Trancaram-se no quarto de Wiseman, no andar de cima, e conversaram até tarde da noite.

Batizaram o reencontro de "Conselho de Londres" como se fosse um conselho de guerra; era, na verdade, um conselho de vida. A guerra não se intrometeu, a despeito do alistamento de Smith e Gilson: nas palavras de Rob, os quatro estavam "absolutamente não distraídos pelo mundo exterior". Porém tinham tomado uma decisão tempestiva para combinarem e considerarem o assunto em pauta: a grandeza do TCBS. O fato de o TCBS ser grande era uma convicção de há muito tempo, baseada na admiração mútua. Agora Gilson duvidava que fosse verdadeira, mas Wiseman pensava que, quando juntos, cada um deles parecia ter "o quádruplo do tamanho intelectual", como se cada um absorvesse as capacidades de todos. Tolkien sentia-se da mesma forma sobre "a inspiração que nos proporcionavam mesmo algumas poucas horas a quatro"; mas a inanidade que assaltara o grupo mais amplo nos anos recentes convencera Tolkien e Wiseman de que agora ele devia plantar os pés firmemente no alicerce dos princípios fundamentais: em outras palavras, todos os quatro deveriam se abrir acerca de suas convicções mais profundas, assim como os Grandes Irmãos Gêmeos haviam feito muito tempo antes. Tolkien pôs na agenda a religião, o amor humano, o dever patriótico e o nacionalismo. Não era necessário que concordassem todos, mas era importante que descobrissem a "distância de separação permissível", como ele se expressou: em outras palavras, quanta dissensão interna o clube podia acomodar.

O Conselho ultrapassou todas as esperanças deles. "*Nunca passei horas mais felizes*", Rob escreveu a John Ronald mais tarde. Para Tolkien, o fim de semana foi uma revelação, e ele passou a considerá-lo um ponto de virada em sua vida criativa. Fora, disse ele dezoito meses depois, o momento em que primeiro tivera consciência da "esperança e as ambições (incipientes e nebulosas, eu sei)" que o impeliram desde então, e iriam impeli-lo pelo resto da vida.

Por muito tempo Tolkien abrigara ambições criativas, mas elas haviam encontrado expressão em suas línguas inventadas, em um extremo, ou em desenhos. Agora tudo aquilo mudara. Pode muito bem ser que, sob o opressivo peso da guerra, ele sentisse uma pressão reativa vinda de dentro que não conseguia encontrar expressão nos velhos hábitos criativos. Experimentara com prosa em sua *História de Kullervo*. Agora, no entanto, iria tirar inspiração do próprio *Kalevala*, dos versos em que *Kullervo* recaíra com frequência crescente, e de G.B. Smith. Iria tornar-se poeta.

Na verdade, já começara, uma semana antes do Conselho, escrevendo um poema ambicioso em uma versão percussiva do verso longo que usara em "*From the many-willow'd margin of the immemorial Thames*" [Da margem repleta de salgueiros do imemorial Tâmisa]. Em sua primeira forma publicada, "*The Tides*" [As Marés] começa:

> Sentei-me na margem arruinada do mar ecoante, de voz profunda,
> Cuja música, a rugir e espumar, se abatia em cadência infinda
> Na terra assediada para sempre em uma era de assaltos
> E dilacerada em torres e pináculos e escavada em grandes abóbadas:
> E seus arcos estremeciam com o trovão e seus pés eram amontoados de vultos
> Fendidos em velho combate marinho daqueles penhascos e negros cabos
> Por antiga tempestade aguerrida e possante maré primeva [...][2]

---

[2] I sat on the ruined margin of the deep voiced echoing sea / Whose roaring foaming music crashed in endless cadency / On the land besieged for ever in an aeon of assaults / And torn in towers and pinnacles and caverned in great vaults: / And

Com o subtítulo de "*On the Cornish Coast*",[3] essa era a expressão poética do pasmo marinho que Tolkien descrevera em suas cartas e desenhos da Cornualha, naquele verão de 1914. Enquanto as imagens marciais podem ter sido coloridas pelo fato de serem escritas em um momento de guerra, e em meio ao temor geral de invasão, ele se ocupava de processos em escala temporal geológica. A presença do poeta é quase incidental: ele está ali meramente para testemunhar a ação de forças oceânicas primevas, inumanas e sublimes. O poema dá um vislumbre bem precoce da intensa consciência que Tolkien tinha das vastas histórias inscritas em uma paisagem — uma consciência que dá ao seu mundo mitológico a textura da realidade.

Logo ele acrescentou mais poemas ao seu *corpus*, em um ímpeto de criatividade que para ele não tinha precedente. "Aquele Conselho", disse Tolkien a G.B. Smith, "foi [...] acompanhado, no meu próprio caso, pela descoberta de uma voz a toda uma série de coisas reprimidas e por uma tremenda abertura para mim a todas as coisas". Um quadro pintado dois dias após o Natal captura esse estranho espírito de elevação em meio a tempos sombrios: *The Land of Pohja*,[4] representando uma cena do *Kalevala* em que o Sol e a Lua, atraídos pela beleza da música de harpa do mago Väinämöinen, pousam nos ramos de duas árvores, enchendo de luz os ermos congelados.

Tolkien também foi mais uma vez absorvido pela própria língua finlandesa, e ela desempenhou o papel mais produtivo em uma descoberta criativa. Quando tomara emprestado um exemplar de Chaucer na biblioteca da faculdade, para continuar estudando para seu curso de inglês durante as férias de Natal, também levara outra vez a *Gramática Finlandesa* de Eliot. Mergulhou no livro, mas não para ler mais em finlandês; estava, sim, deixando o finlandês moldar a língua que agora esperava inventar. Há muito a língua do *Kalevala* estava suplantando a antiga primazia do gótico

---

its arches shook with thunder and its feet were piled with shapes / Riven in old sea-warfare from those crags and sable capes / By ancient battailous tempest and primeval mighty tide [...]. [N. T.]
[3]"Na Costa da Cornualha". [N. T.]
[4]A Terra de Pohja. [N. T.]

em seu coração filológico. Em algum ponto, no começo de 1915, Tolkien tomou um caderno de exercícios em que aparentemente estivera delineando aspectos do *gautisk*, e riscou suas antigas anotações, pronto para um recomeço. Experimentou diversos nomes para a nova língua, e acabou se decidindo por *qenya*.

Para Tolkien, trabalhando nos campos conhecidos do inglês e de seus parentes indo-europeus, o finlandês era remoto, misterioso e peculiarmente belo. Sua cultura era pré-industrial, com raízes antigas. Explorando-a, Tolkien seguia, a seu modo idiossincrático, a onda contemporânea do primitivismo que atraíra Picasso às máscaras africanas. No *Kalevala*, o natural e o sobrenatural eram íntimos e misturados: a língua, como disse Tolkien, revelava "um mundo mitológico inteiramente diferente".

No finlandês, o pequeno e econômico conjunto de consoantes e a harmonia das terminações inflexionais produzem uma musicalidade característica que Tolkien adaptou para o qenya; mas ele queria uma língua com seu próprio passado, e assim detalhou como o qenya evoluíra desde um idioma ancestral, que ele logo chamou de eldarin primitivo. Como em qualquer língua do mundo real, o processo era uma combinação de mudanças fonéticas (fonologia), o desdobramento de elementos componentes das palavras (morfologia) como o *-s* ou o *-es* que comumente fazem o plural de um substantivo inglês, e evoluções de significado (semântica).[5] Um fascínio adicional dessa alquimia linguística era que, assim como no mundo real, um conjunto alternativo de alterações fonéticas

---

[5]Uma única ilustração há de servir. Tolkien decidiu que uma "raiz" primitiva LIŘI sobrevivera quase intacta em quenya como *liri-*, o radical de um verbo que significa "cantar". Acrescentando vários sufixos formadores de substantivos, ele também produziu *liritta* "poema, balada, poema escrito" e *lirilla* "balada, canção". No entanto, o passado era *lindë*, aparentemente formado pela inserção de um "infixo" *-n-* (uma mudança morfológica). Mas *lindë* se comportava como um radical propriamente dito, acrescentando um sufixo para produzir *lindelë* "canção, música", ou perdendo sua sílaba final átona em *lin* "voz musical, canto, melodia, toada". Também aparece em compostos com outras palavras do qenya como *lindōrëa* "canto ao amanhecer" (especialmente referente a pássaros) e *lindeloktë* "cacho cantante", o nome do laburno (onde vemos em ação o processo semântico da metáfora). Todos esses tipos de transformação têm seus equivalentes em línguas do mundo real. [N. A.]

e elementos morfológicos produziria em outro lugar uma língua bem diferente, do mesmo cepo ancestral — uma opção que Tolkien logo começou a explorar também.

As "leis" de mudanças fonéticas de Tolkien preenchem muitas páginas secas de seu antigo caderno de qenya, mas eram tão essenciais ao qenya quanto as alterações codificadas na Lei de Grimm são para o alemão ou o inglês. Muitas vezes ele escrevia como se, semelhante a Jakob Grimm, também ele fosse meramente um observador olhando para o passado não registrado, mas ainda assim real, de um idioma vivente. Mesmo nessas anotações filológicas, Tolkien já ingressava em seu mundo como faz um autor de ficção. Daquele ponto de vista "interno", as mudanças fonéticas eram fatos inalteráveis de uma história observada.

Na prática, porém, Tolkien também fez o papel de Deus (ou subcriador, emulando o Criador, como ele se expressou mais tarde). Não se limitava a observar a história; ele a fazia. Em vez de trabalhar retroativamente, partindo da evidência registrada para reconstruir as "raízes" ancestrais perdidas das palavras, como fizera Grimm para chegar a uma imagem do germânico antigo, ele podia inventar raízes do eldarin primitivo e avançar, acrescentando afixos e aplicando mudanças fonéticas, para chegar ao qenya. Ademais, Tolkien podia alterar uma lei de mudança fonética, e às vezes alterava. Já que cada lei devia se aplicar na língua como um todo, isso podia implicar alterações em grande número de palavras e suas histórias individuais. A revisão em tal escala era um processo minucioso, mas dava a Tolkien o prazer do perfeccionista. Ali havia espaço para ajustes de toda uma vida, e ele o usou.

Se essas austeras leis de mudanças fonéticas eram as fórmulas "científicas" com as quais Tolkien gerou sua língua "romântica" — tão essenciais ao seu caráter pessoal como o DNA ao nosso — a invenção do qenya era também um exercício de gosto tão cordial como qualquer arte. As imagens sonoras de Tolkien eram sempre agudas: o baixo *kalongalan* "toque ou badalar de (grandes) sinos" e seu equivalente em contralto *kilinkelë* "tilintar de (pequenos) sinos"; as elegantes alternações de *vassivaswë* para "batida ou ímpeto de asas"; ou o trava-línguas *pataktata-pakta* "ratatá". O qenya, porém, é mais que onomatopaico: *nang-* "estar resfriado" e *miqë* "beijo" (pronunciado como "mí-qüe") imitam o que fazem os órgãos da fala quando o nariz está entupido ou a boca está amorosamente empenhada. É claro que a maioria dos conceitos não tem conexão intrínseca com nenhum som ou movimento bucal em especial. Tolkien tentou adequar o som ao sentido, mais ou menos como um pintor expressionista poderia usar a cor, a forma e o matiz para evocar um humor. Derivação à parte, apenas o gosto ditou que *fūmelot* significasse "papoula", *eressëa* significasse "solitário", ou que *morwen* "filha da escuridão" significasse o reluzente planeta Júpiter. De modo crucial, Tolkien usou o qenya para criar um mundo como o nosso, porém diverso. Suas árvores são as nossas, mas os nomes delas fazem com que soem como se estivessem no limiar da comunicação: o laburno é *lindeloktë* "cacho cantante", enquanto *siquilissë* "salgueiro, chorão" também denota a própria "lamentação". Esse é um mundo de *austa* e *yelin* "verão" e "inverno"; de *lisēlë*, *piqēlë* e *piqissë* "doçura", "amargor" e "pesar". Mas o encantamento perpassa o qenya: de *kuru* "magia, feitiço" a *Kampo*, o Saltador, um nome de Eärendel, e a toda uma multidão de outros nomes de pessoas e lugares que emergiram durante alguns anos de trabalho no léxico. Para Tolkien, em extensão ainda maior que para Charles Dickens, um nome era o primeiro princípio da criação de uma história. Seu léxico qenya era o caderno de um autor.

No início de março, Rob Gilson escreveu convidando Tolkien a se encontrar com ele e Wiseman em Cambridge. Smith iria também, e Gilson estava ansioso por repetir a experiência do "Conselho de Londres". Desde aquele fim de semana ele estivera suportando as pouco costumeiras agruras do treinamento militar, vivendo em um barracão em um campo frequentemente alagado, às vezes doente por causa das inoculações, e sofrendo de uma crescente sensação de pessimismo. "Agora já perdi qualquer convicção de que a guerra provavelmente acabe nos próximos seis meses", Gilson escreveu para casa. "Se alguém com o dom da profecia me contasse que a guerra durará dez anos eu não me surpreenderia nem um pouco". Disse a Tolkien: "Toda a minha resistência presente está fundamentada na lembrança de que sou um membro do TCBS [...].

Mas outro conclave seria a mais perfeita felicidade imaginável". Se Tolkien não pudesse ir a Cambridge no fim de semana seguinte, Gilson ficaria "*amargamente* desapontado". Ainda assim ele não esteve presente. No sábado os três lhe mandaram um ultimato por telégrafo, convocando-o a aparecer ou renunciar ao TCBS. É claro que não foi totalmente a sério. "Quando mandamos o telegrama", escreveu Wiseman a Tolkien na semana seguinte, "estávamos pela milésima primeira vez apalpando no escuro para achar um John Ronald de quem não surgia som nem visão nem rumor em nenhuma direção [...]. Sempre nos parece estranho que você seja tão consistentemente o único que fica de fora do TCBS".

O exame "*Schools*" aproximava-se depressa, e Tolkien precisava preparar-se para dez ensaios. A maioria desses tratava de áreas pelas quais era entusiasmado: filologia gótica e germânica, islandês antigo, língua e literatura do inglês antigo e inglês médio. *Völsunga Saga*, *The Seafarer*, *Havelock the Dane* [Havelock, o Dinamarquês], *Troilus and Criseyde* [Troilo e Criseida]: com esses não teria problemas. Estivera familiarizado com parte desse material por vários anos antes de entrar no curso de inglês em Oxford, e desde que saíra dos Clássicos tivera a jovial confiança do sucesso. Mas uma semana após a reunião perdida em Cambridge (ao mesmo tempo em que uma ofensiva britânica de três dias fracassava em Neuve--Chapelle) ele partiu para as férias de Páscoa armado com textos--padrão, e na casa de Edith em Warwick repassou verso por verso o poema em inglês médio *The Owl and the Nightingale* [A coruja e o rouxinol], fazendo anotações exaustivas sobre o vocabulário (como *attercoppe* [um tipo de aranha], palavra que mais tarde deu a Bilbo Bolseiro como provocação das aranhas de Trevamata).

Seu outro trabalho, a poesia, também o ocupava. No final do período letivo Tolkien voltara a encontrar uma plateia para seus poemas no Essay Club do Exeter College (na verdade o clube sobrevivera bem após sua "última arfada" de novembro), que ouviu sua leitura de "*The Tides*", ou, como chamara sua revisão do poema, "*Sea Chant of an Elder Day*" [Canto do Mar de Dias Antigos]. G.B. Smith vira pelo menos "A Viagem de Éarendel" em manuscrito, mas agora Tolkien queria apresentar ao TCBS, para críticas, todo um conjunto de poemas. Fez datilografar vários "fragmentos" sobre Eärendel e outros poemas, e enviou-os a Smith em seu alojamento no Magdalen College.

Smith ficou perplexo. Como conservador e amante da forma clássica, achou problemático o romantismo caprichoso de Tolkien. Também era favorável à nova simplicidade de *Georgian Poetry* [Poesia Georgiana], uma influente antologia de 1913 editada por Edward Marsh, que incluía poemas de Rupert Brooke, Lascelles Abercrombie, G.K. Chesterton, W.H. Davies e Walter de la Mare. Portanto, Smith insistiu para que Tolkien simplificasse a sintaxe de "*Sea Chant*" e outros poemas. Aconselhou-o a ler e aprender com "bons autores"; porém sua ideia de "bom" autor não era exatamente congruente com a de Tolkien. Ainda assim, achou os poemas "espantosamente bons" e os mostrou a Henry Theodore Wade-Gery, ex-professor de Clássicos em Oxford que era capitão do batalhão de Smith e ele mesmo poeta consumado.[6] Wade-Gery concordou que a sintaxe era ocasionalmente difícil demais, mas, assim como Smith, aprovou intensamente este poema de amor:

> Eis que somos jovens e ainda assim estivemos postados
> como corações plantados ao grande Sol
> do Amor por tanto tempo (como duas belas árvores
> que no bosque ou vale aberto
> crescem totalmente enlaçadas, e respiram
> os ares, e sugam a própria luz
> juntos) que nos tornamos
> como um só, fundamente enraizados no solo
> da Vida, e enredados em doce crescimento.[7]

---

[6]Wade-Gery assumiu como oficial comandante do 3º Salford Pals de abril de 1917 a maio de 1918, e foi condecorado com a Military Cross. Mais tarde foi professor Wykeham de História Antiga em Oxford e *fellow* do Merton College perto do final do período em que Tolkien foi professor ali. Publicou vários livros sobre história e literatura da Grécia antiga. [N. A.]
[7]Lo! young we are and yet have stood / like planted hearts in the great Sun / of Love so long (as two fair trees / in woodland or in open dale / stand utterly entwined, and breathe / the airs, and suck the very light / together) that we have become / as one, deep-rooted in the soil / of Life, and tangled in sweet growth. [N. T.]

A observação entre parênteses introduz um retardamento eloquente, como que sugerindo a direção do crescimento conjunto dos amantes antes que a frase final revele o resultado desse longo enredamento.

A luz como substância tangível (muitas vezes como líquido) iria se tornar uma característica recorrente da mitologia de Tolkien. É tentador localizar aqui a sua origem. Também é notável que as Duas Árvores de Valinor, que viriam a iluminar seu mundo criado, tiveram seus progenitores aqui, em um poema que comemorava seu relacionamento com Edith, e em seu desenho simbólico *Undertenishness*.

Tanto Smith como Wade-Gery também aprovaram um poema, escrito em março, chamado "*Why the Man in the Moon came down too soon*" [Por que o Homem da Lua desceu cedo demais], em que Tolkien tomou um poema infantil bem conhecido e o recontou extensamente. A versão original é disparatada:

> O homem da lua
> Desceu cedo demais
> E perguntou pelo caminho para Norwich;
> Foi pelo sul
> E queimou a boca
> Jantando mingau frio de ameixas.[8]

A recontagem de Tolkien dá sentido à história (felizmente sem sacrificar seu caráter absurdo). O Homem da Lua adquire ao mesmo tempo uma personalidade e um motivo, deixando seu reino lunar frio e descorado porque anseia pela exuberância da Terra. Em contraponto aos "assados quentes e vinho" que o Homem da Lua deseja, sua dieta costumeira de "empada de neve e geada" e "luar ralinho" soa regiamente insatisfatória. Grandiosos latinismos enfeitam as vãs imaginações do Homem da Lua, até ele descer à terra com uma pancada — ou melhor, com um borrifo.

---

[8] The man in the moon / came down too soon, / And asked the way to Norwich; / He went by the south / And burned his mouth / With supping cold plum porridge. [N. T.]

Com a ajuda de algumas imagens deliciosamente vigorosas ("quase o coração se quebrou"), as palavras germânicas mais contundentes o ajudam a conseguir um pouco de compaixão.

> Balançava os pés ao pensar em filés,
> No ponche, cozido e pimenta;
> Resvalou na escada, se aguentá-la inclinada,
> E qual meteoro em tormenta
> Tombou com centelhas e chuvas vermelhas
> De um astro caindo insano
> De trajeto estranho às espumas do banho
> De Almain no vasto Oceano.[9]

Vê-se Tolkien brincando com a língua inglesa. *Twinkle* [cintilar, aqui "balançar"] é mover-se de modo trêmulo (o *Oxford English Dictionary* menciona uma dança chamada *twinkle-step* em 1920), mas adequadamente é também tremeluzir como estrelas; *whickering* [que qualifica as "centelhas"] é o som de algo que se precipita pelo ar, mas bem apropriadamente também é uma risadinha. É claro que a aventura do Homem da Lua termina com ignomínia. É pescado da água por pescadores de arrasto que o levam a Norwich, onde, em vez de uma recepção régia, ele recebe em troca de suas joias e seu "manto" tão somente uma tigela de mingau.

O poema é um belo exemplo do toque leve de Tolkien e, como texto em versos cômicos, dá um grande passo a partir de "*The Battle of the Eastern Field*", meramente paródico. Inicialmente não tinha conexão com o mundo mitológico que estava sendo esboçado no léxico de qenya; mas (como observou Tom Shippey) extrair toda uma história de seis versos de disparate infantil demonstra o mesmo fascínio com a reconstrução dos contos verdadeiros, que estão por trás dos sobreviventes corrompidos, que impelia a feitura de mitos por Tolkien. Smith alegrou-se com a chegada de mais

---

[9] He twinkled his feet as he thought of the meat, / Of the punch and the peppery stew, / Till he tripped unaware on his slanting stair, / And fell like meteors do; / As the whickering sparks in splashing arcs / Of stars blown down like rain / From his laddery path took a foaming bath / In the Ocean of Almain. [N. T.]

um poeta ao TCBS, e no final de março já mandara os poemas para Gilson. Para John Ronald e Rob, despachou cópias de sua própria obra, uma longa peça arthuriana chamada "Glastonbury", que escrevera para o Prêmio Newdigate anual da Universidade de Oxford, e descreveu como "o mosaico mais TCBSiano de estilos e épocas".[10]

Houve outra tentativa abortada de organizar uma reunião do TCBS, dessa vez em Oxford, onde Tolkien seria o anfitrião em St John Street. Parecia ser, talvez, o único meio de garantir seu envolvimento, mas, pouco antes da data combinada, G.B. Smith escreveu dizendo que o "Conselho de Oxford" estava cancelado: ele estava em casa, licenciado por doença, apanhado em uma tentativa turbulenta de sair da Infantaria Leve de Oxfordshire e Buckinghamshire para ele e Tolkien poderem ser soldados juntos.

O batalhão o aceitara como "excedente" em dezembro de 1914 porque sua cota de oficiais estava preenchida. Certamente não haveria vaga para Tolkien quando este terminasse o *Schools*. Assim, Smith decidira transferir-se para outro batalhão junto com Wade-Gery, seu favorito entre os oficiais. "Suponho ter sua aprovação?", escreveu ele a Tolkien na segunda-feira de Páscoa. Um conhecido do Departamento de Guerra arranjou a transferência para o 19º Batalhão de Fuzileiros de Lancashire, que treinava em Penmaenmawr, na Baía de Conwy no norte de Gales. Quando estava tudo acertado, Smith teve de enfrentar mais uma semana com o batalhão atual, durante a qual, disse, "frequentemente pensava no TCBS, provavelmente ao som de uma Corte Marcial".

Avisou, porém, que não podia haver garantia de serviço para Tolkien em seu novo batalhão, mas aconselhou-o: "Você pode ter certeza de ter algum posto no Exército, creio, a não ser que até junho tudo tenha desabado". Se a guerra ainda estivesse em andamento, disse Smith, ele podia recomendar batalhões onde sua vida

---

[10]O título "Glastonbury" estava prescrito no enigma que precedia a competição Newdigate, cujo vencedor recebia cerca de £300. (Entre os outros aspirantes a poeta que competiram com uma peça "Glastonbury" estava Aldous Huxley.) [N. A.]

não corresse grande risco, e Tolkien poderia poupar até £50 por ano para sua noiva. "Não posso deixar de pensar que depois as suas perspectivas seriam melhores", acrescentou, "a não ser que consiga de imediato apanhar alguma coisa boa [um emprego civil] em junho, e nesse caso eu o aconselho a aceitá-la e deixar para lá o velho país. Você sempre pode entrar para um corpo de defesa voluntário para aliviar a mente".

Smith e Wade-Gery faziam parte de um conjunto de "outras luzes literárias de Oxford" que, como Rob Gilson expressou, "haviam ido em bloco para serem oficiais dos Fuzileiros de Lancashire". Talvez o movimento refletisse a disposição de "se enfiar na lama juntos" entre gente de todas as esferas da vida, bem diferente do rancor e da luta de classes industrial que precederam a guerra. Pois o batalhão a que Smith estava se juntando era conhecido informalmente como *3rd Salford Pals* [3º Companheiros de Salford], e acabara de se formar em um subúrbio industrial de Manchester.[11] Seu contingente vinha de cidades do campo carvoeiro de Lancashire Oriental. Os homens da Universidade de Oxford assumiram seus devidos lugares de oficiais entre os banqueiros e homens de negócios de Eccles, Swinton e Salford. Os batalhões de *"Pals"*, como os de Birmingham aos quais se haviam juntado Hilary Tolkien, T.K. Barnsley e Ralph Payton, emergiram do orgulho provinciano e das amizades próximas nas cidades e vilarejos ingleses, em especial no norte: em geral os recrutas eram arregimentados em massa de um só lugar, e grupos de amigos eram estimulados a entrarem juntos. Podia ser um processo fortuito: o *3rd Salford Pals* compunha-se de homens que estavam destinados a outra unidade de Salford, mas haviam perdido o trem.

Os Fuzileiros de Lancashire tinham uma bela reputação que remontava ao desembarque de Guilherme de Orange na Inglaterra, em 1688, e na Guerra dos Sete Anos sua infantaria havia destroçado a carga da cavalaria francesa, supostamente invencível, em Minden. Depois das Guerras Napoleônicas, o Duque de

---

[11] O 19º Batalhão dos Fuzileiros de Lancashire normalmente é referido aqui como *"3rd Salford Pals"* para distingui-lo dos três outros batalhões de Fuzileiros de Lancashire que entram nesta história. [N. A.]

Wellington o descreveu como "o melhor e mais distinguido" dos regimentos britânicos. Mais recentemente, durante a Guerra dos Bôeres, os Fuzileiros de Lancashire haviam sofrido as mais pesadas baixas no desastroso ataque a Spion Kop, mas tinham prosseguido para aliviar Ladysmith. Quando G.B. Smith se juntou ao 19º Batalhão, o regimento acabara de gravar outra vez seu nome nos livros de história, de modo sangrento e trágico. Quando começava o período letivo em Oxford, no domingo, 2 de abril de 1915, o ataque britânico-Anzac[12] foi lançado em Galípoli contra os aliados turcos da Alemanha e da Áustria-Hungria. O dia foi um prenúncio das 37 semanas vindouras: um combate desastrosamente desigual, com tropas britânicas e Anzac vadeando para a costa sob penhascos cruéis encimados por arame farpado e posições de metralhadoras. Ainda assim, a desgastada palavra "herói" estava sendo reforjada em fogos galvanizantes. Na vanguarda do ataque, os Fuzileiros de Lancashire remaram na direção de um granizo de projéteis em "W Beach", no Cabo Helles. Ao saltarem dos barcos, mais de 30 quilos de equipamentos arrastaram muitos feridos à morte por afogamento. Chegando à costa, outros foram a pique no arame farpado, que um bombardeio naval prévio não conseguira romper. Naquele dia a praia foi conquistada, mas 260 dos 950 Fuzileiros atacantes foram mortos e 283 foram feridos. Porém, aos olhos de muitos na pátria o regimento se cobriu de glória, e acabou conquistando seis Victoria Crosses,[13] número histórico, por aquela manhã na praia.

Tolkien logo decidiu que de fato tentaria seguir Smith para o 19º Batalhão de Fuzileiros de Lancashire. Seus motivos não foram registrados, mas, se conseguisse, iria à guerra com seu amigo mais íntimo. Também estaria cercado de homens de Oxford que partilhavam sua perspectiva literária, e (um fator que não pode ser subestimado) o treinamento ocorreria em Gales, uma terra cuja língua nativa rapidamente se juntava ao finlandês como inspiração para sua invenção de línguas e feitura de lendas.

---

[12]Anzac = Forças Armadas da Austrália e Nova Zelândia. [N. T.]
[13]A Victoria Cross é a condecoração britânica mais prestigiosa, concedida por valentia em presença do inimigo. [N. T.]

No dia dos desembarques de Galípoli, Wiseman escreveu a Tolkien para dizer que já lera seus poemas, que Gilson lhe repassara algumas semanas antes. G.B. Smith recomendara os versos, mas até ele mesmo os ver Wiseman não estava nada convencido de que seu velho amigo dos Grandes Irmãos Gêmeos havia se tornado poeta. "Não posso imaginar de onde você tira todas as suas palavras espantosas", escreveu. Chamou "O Homem da Lua" de "magnificamente espalhafatoso" e achava que "Duas Árvores" era de longe o melhor poema que lera em muito tempo. Wiseman até chegara ao ponto de começar a compor um acompanhamento para "*Wood-sunshine*" para dois violinos, violoncelo e fagote. Arrancando uma comparação do mundo em guerra, descreveu o final de outro poema, "*Copernicus and Ptolemy*" [Copérnico e Ptolomeu] como "semelhante a um bombardeio, sistemático e bem planejado, com bombas asfixiantes". Os poemas de Tolkien o haviam surpreendido, disse ele. "Explodiram sobre mim como um raio do céu azul".

QUATRO

As costas de Feéria

O mês de abril de 1915, que trouxe a primeira primavera da Grande Guerra, pode ter sido "o mês mais cruel" que T.S. Eliot tinha em mente quando escreveu *The Waste Land*:[1] um tempo agradável, rebuliço de vida em toda a parte, e o horror enervante de notícias e boatos que falavam de milhares de jovens morrendo em todas as frentes. Mais perto de casa, zepelins atingiam a costa de Essex exatamente onde o conde anglo-saxão Beorhtnoth e a tropa de sua casa tinham sido derrotados por corsários vikings quase dez séculos antes. Tolkien, que agora estudava aquele antigo embate entre os teutões continentais e seus primos das ilhas, no poema em inglês antigo *A Batalha de Maldon*, já estava familiarizado com os versos pronunciados por um dos súditos de Beorhtnoth quando a sorte se voltou contra os ingleses:

> Hige sceal þe heardra, heorte þe cenre,
> mod sceal þe mare þe ure maegen lytlað.

Como Tolkien traduziu mais tarde: "A vontade será mais severa, o coração mais ousado, o espírito maior, conforme nossa força diminui". Pode ser antigo, mas esse resumo do antigo código heroico setentrional respondia eloquentemente às necessidades dos dias de Tolkien. Ele contém a consciência de que a morte pode vir, mas seu foco obstinado está em realizar o máximo com a força que resta: havia mais a recomendá-lo, em termos de moral pessoal e estratégica,

---

[1] Poema traduzido como *A Terra Inútil*. [N. T.]

que o tom autossacrificante e semimístico do já famoso poema de Rupert Brooke, *The Soldier* [O Soldado], que implicava que o valor do soldado para sua nação era maior na morte que na vida:

> Caso eu morra, pensa de mim só isto:
> Que há algum canto em um campo estrangeiro
> Que é para sempre a Inglaterra.[2]

G.B. Smith admirava a poesia de Brooke e acreditava que Tolkien deveria lê-la, mas os poemas que Tolkien escreveu quando voltou a se acomodar na St John Street, 59 no final do mês dificilmente poderiam ser mais diferentes. Na terça-feira, 27 de abril, ele se pôs a trabalhar em dois poemas "de fadas", terminando-os no dia seguinte. Uma delas, "You and Me and the Cottage of Lost Play" [Tu e Eu e o Chalé do Brincar Perdido], é um poema de amor de 65 versos dedicado a Edith. Assombrosamente, ele sugere que, quando se encontraram pela primeira vez, já se haviam conhecido em sonhos:

> Tu e eu já vimos essa terra
> E muito ali a gente andava
> Há tanto tempo, em nossa infância,
> Tua mecha negra, a minha flava.
>
> Seria em sonhadoras sendas
> Na brancura do inverno frio,
> Ou no crepúsculo azulado
> De caminhas bem aninhadas
> No torpor das noites de estio,
> Que em Sono tu e eu nos perdíamos
> E ali a gente se encontrava —
> No penhoar tua mecha negra,
> E a minha, emaranhada e flava?[3]

---

[2]If I should die, think only this of me: / That there's some corner of a foreign field / That is for ever England. [N. T.]

[3]You and me — we know that land / And often have been there / In the long old days, old nursery days, / A dark child and a fair. / Was it down the paths of firelight dreams / In winter cold and white, / Or in the blue-spun twilit hours / Of little early tucked-up beds / In drowsy summer night, / That You and I got lost in

AS COSTAS DE FEÉRIA

O poema recorda os dois sonhadores chegando a um chalé estranho e místico cujas janelas dão para o mar. É claro que isto é bem diverso do entorno urbano em que ele e Edith de fato haviam se conhecido. Era uma expressão de gostos que haviam reagido tão intensamente a Sarehole, Rednal e férias na costa, ou que haviam sido moldados por esses lugares. Mas Tolkien já estava sendo impelido em direções opostas, rumo à beleza nostálgica e rústica, e também rumo ao sublime desconhecido e indomado. Curiosamente, as atividades das demais crianças sonhadoras no Chalé do Brincar Perdido aludem aos estímulos tolkienianos de construção de mundos, pois, enquanto algumas dançam e brincam, outras traçam "planos / De fazerem casas, vilas de fadas, / Ou moradas nas árvores".

Certamente há aí uma dívida à Terra do Nunca de *Peter Pan*. Tolkien assistira no teatro à obra-prima de J.M. Barrie em 1910, aos 18 anos de idade, e depois escreveu: "Indescritível, mas nunca a esquecerei enquanto viver." Era uma peça dirigida diretamente ao coração de um órfão, com um elenco de crianças separadas das mães pela distância ou pela morte. Um claro-escuro ora sentimental ora cínico, ora brincalhão ora extremamente sério. *Peter Pan* dava um golpe de punhal na própria mortalidade — tendo por herói um menino que se recusava a crescer e declarava que "Morrer será uma aventura tremendamente grande". Mas o idílio de Tolkien, a despeito de toda a sua alegria despreocupada, está perdido no passado. O tempo reafirmou-se, para pesar e perplexidade dos sonhadores.

> Ao cabo, o Amanhã chegou,
> P'ra nos levar, com mão cinzenta;
> E nunca mais a gente achou
> Chalé e a encantadora senda
> Que junto ao mar nós percorremos,
> Por velhas praias, por jardim,
> Mas onde estão, qual foi seu fim —
> Tu e Eu jamais descobriremos.[4]

Sleep / And met each other there — / Your dark hair on your white nightgown, / And mine was tangled fair? [N. T.]

[4] And why it was Tomorrow came / And with his grey hand led us back; / And why we never found the same / Old cottage, or the magic track / That leads

O poema associado que Tolkien escreveu ao mesmo tempo, "*Goblin Feet*" [Pés de Gobelim], nos põe em uma trilha mágica semelhante, cercada por um crepuscular zumbido de morcegos e besouros e folhas suspirando. Uma procissão de gente de Feéria aproxima-se, e o poema resvala para uma sequência extática de exclamações.

> Oh! as luzes: Oh! os brilhos: Oh! os pequenos sons tilintantes:
> Oh! o sussurro de seus pequenos trajes silenciosos:
> Oh! o eco de seus pés — de seus pezinhos felizes:
> Oh! suas lanternas balançando em pequenos globos de luz estelar.⁵

Porém "*Goblin Feet*" volta-se em um instante da alegria crescente para a perda e a tristeza, mais uma vez capturando um anseio bem tolkieniano. O espectador mortal quer seguir o bando feliz, ou melhor, sente-se compelido a segui-lo; mas, assim que o pensamento se forma, a tropa desaparece virando uma curva.

> Preciso seguir em seu encalço
> Descendo o curvo caminho das fadas
> Onde há muito passaram os coelhos,
> E onde cantam qual prata
> Em movente anel ao luar
> Reluzindo com as joias que têm sobre si.
> Desvanecem fazendo a curva
> Onde luzem pálidos os vagalumes
> E o eco de seus pés andantes está morrendo!
> Oh! isso me golpeia o coração —
> Deixa-me ir! Oh! deixa-me partir!
> Pois as pequenas horas mágicas estão voando.
> Oh! o calor! Oh! o zumbir! Oh! as cores na treva!
> Oh! as asas de gaze das abelhas douradas!

---

between a silver sea / And those old shores and gardens fair / Where all things are, that ever were — / We know not, You and Me. [N. T.]
⁵O! the lights: O! the gleams: O! the little tinkly sounds: / O! the rustle of their noiseless little robes: / O! the echo of their feet — of their little happy feet: / O! their swinging lamps in little starlit globes. [N. T.]

Oh! a música de seus pés — de seus dançantes pés de gobelim!
Oh! a magia! Oh! o pesar quando ela morre.[6]

O encantamento, tal como o conhecemos pela tradição dos contos de fadas, tende a se esquivar dos olhos invejosos e dedos possessivos — apesar de não haver implicação de julgamento moral em "*Goblin Feet*". Feéria e o anseio mortal que ela evoca parecem dois lados da mesma moeda, um fato da vida.

Em um terceiro poema, mais trivial, que se seguiu em 29 e 30 de abril, Tolkien levou mais longe a ideia da exclusividade das fadas. "*Tinfang Warble*" [Tinfang Trinado] é um cântico breve, pouco mais que um experimento sonoro, talvez escrito para ser musicado, com um eco ("*O the hoot! O the hoot!*") do coro exclamativo de "*Goblin Feet*". Em parte, a figura de Tinfang Trinado descende, na tradição literária, de Pã, o deus flautista por natureza; em parte provém de uma longa linhagem de pastores em poemas pastorais, exceto por não ter rebanho. Agora a apresentação das fadas nem tem mais o impulso comunitário do bando marchante do poema anterior. Ou ela ocorre em prol de uma única estrela reluzente, ou então é inteiramente solipsista.

Sozinho a dançar,
Na pedra a pular,
Qual cervo corria
Na grama sombria,
Seu nome é Tinfang Trinado!

A estrela chegou,
Sua luz se toldou
E agora treme e azuleia.

---

[6]I must follow in their train / Down the crooked fairy lane / Where the coney-rabbits long ago have gone, / And where silverly they sing / In a moving moonlit ring / All a-twinkle with the jewels they have on. / They are fading round the turn / Where the glow-worms palely burn / And the echo of their padding feet is dying! / O! it's knocking at my heart — / Let me go! O! let me start! / For the little magic hours are all a-flying. // O! the warmth! O! the hum! O! the colours in the dark! / O! the gauzy wings of golden honey-flies! / O! the music of their feet — of their dancing goblin feet! / O! the magic! O! the sorrow when it dies. [N. T.]

Não toca p'ra mim,
Não toca p'ra ti,
Nem p'ra ninguém flauteia.[7]

Tinfang Trinado é um fiapo de vulto que mal se vislumbra. Enquanto isso, quase tudo que se relaciona com os vultos marchantes de "*Goblin Feet*", um tanto açucarados e vitorianescos, é em miniatura; a palavra "pequeno" se transforma em refrão tilintante. É claro que Tolkien estava fazendo esses poemas sob medida para Edith, a quem normalmente se dirigia por "pequena", e cujo lar chamava de "pequena casa". No final da vida declarou a respeito de "*Goblin Feet*", talvez com um quê de autoparódia: "desejo que a pequena coisa infeliz, representando tudo que vim (quase de imediato) a desgostar com fervor, possa ser enterrada para sempre." Não obstante, apesar de esses "duendes" de 1915 quase nada terem em comum com os Eldar na obra madura de Tolkien, eles representam (com a distante exceção de "*Wood-sunshine*", de 1910) o primeiro irromper de Feéria nos escritos de Tolkien. Na verdade, a ideia de que as "fadas" ou Elfos eram fisicamente diminutos persistiu por alguns anos em sua mitologia, que jamais descartou a ideia de que eles somem e evanescem à medida que se fortalece o domínio dos mortais.

Os poemas de Tolkien de abril de 1915 não eram especialmente inovadores em seu uso de paisagens e vultos de fantasia; na verdade, baseavam-se nas imagens e ideias da tradição de fadas da literatura inglesa. Desde a Reforma [Protestante], Feéria sofrera importantes revoluções nas mãos de Spenser, de Shakespeare, dos puritanos, dos vitorianos e mais recentemente de J.M. Barrie. Seus habitantes tinham sido nobres, arteiros, solícitos, diabólicos; minúsculos, altos; rudemente físicos ou etéreos e belos; silvestres, subterrâneos ou marinhos; totalmente remotos ou constantemente intrometidos nos assuntos humanos; aliados da aristocracia ou amigos dos pobres trabalhadores. Essa longa tradição deixara as palavras *elfo*,

---

[7]Dancing all alone, / Hopping on a stone, / Flitting like a fawn, / In the twilight on the lawn, / And his name is Tinfang Warble! // The first star has shown / And its lamp is blown / To a flame of flickering blue. / He pipes not to me, / He pipes not to thee, / He whistles for none of you. [N. T.]

gnomo e *fatal fada* com associações diversas e, às vezes, contraditórias. Não admira que Christopher Wiseman ficasse confuso com o "*Wood-sunshine*" de Tolkien, confundindo (como confessou a Tolkien) "elfos com gnomos, com cabeças maiores que o corpo".

Em "*Goblin Feet*", gobelins e gnomos são intercambiáveis, assim como eram nos livros "Curdie" de George MacDonald, que Tolkien adorava quando criança ("uma estranha raça de seres, chamada de gnomos por alguns, de *kobolds* por outros, de gobelins por outros"). No início, o léxico qenya de Tolkien também os juntava e os relacionava com a palavra élfica para "toupeira", evidentemente porque Tolkien pensava no *gnomus* de Paracelso, uma criatura elemental que se move através da terra como um peixe nadando na água. Bem logo, porém, ele atribuiu os termos *gobelim* e *gnomo* a membros de raças distintas, em pé de guerra. Usou *gnomo* (grego *gnōmē*, "pensamento, inteligência") como membro de um clã de elfos que incorpora uma profunda compreensão científica e artística do mundo natural, desde o ofício de joalheiro até a fonologia: seu equivalente em qenya era *noldo*, relacionado com o verbo "saber". Graças à mania britânica, surgida mais tarde, dos gnomos ornamentais de jardim (que só foram chamados assim a partir de 1938), agora a menção a *gnomo* provoca um sorrisinho, e Tolkien acabou abandonando essa palavra.

Porém, mesmo em 1915 *fada* era um termo problemático: demasiado genérico e com conotações cada vez mais diversas. O antigo professor de Tolkien na King Edward's, R.W. Reynolds, logo o alertou de que o título que propunha para seu volume de versos, *The Trumpets of Faërie* [As Trombetas de Feéria] (seguindo o nome de um poema escrito no verão), era "um pouco preciosista": a palavra *faërie* fora "um tanto deteriorada ultimamente". Talvez Reynolds não pensasse nas tendências recentes em contos de fadas, e sim no uso de *fairy* com o significado de "homossexual", que datava de meados da década de 1890.

Por enquanto, porém, o destino da palavra ainda não estava selado, e Tolkien se atinha a ela com combatividade. Não estava só: Robert Graves chamou sua coleção de 1917 de *Fairies and Fusiliers* [Fadas e Fuzileiros], aparentemente sem intenção de fazer trocadilho. Os soldados da Grande Guerra tinham sido criados com as antologias e contos de fadas originais de Andrew Lang, como *The Princess and the Goblin* [A Princesa e o Gobelim] de George MacDonald, e as ações de Feéria haviam-se valorizado com o sucesso de *Peter Pan*, uma história de aventuras e juventude eterna que tinha agora relevância adicional para rapazes no limiar da idade adulta, encarando batalhas. Tinfang Trinado tinha um paralelo visual contemporâneo em uma pintura que encontrou um mercado de massa no Exército de Kitchener. *Piper of Dreams* [Flautista dos Sonhos] de Estella Canziani, que acabou sendo o tardio canto do cisne da tradição vitoriana de quadros com fadas, representa um menino sentado a sós em uma floresta primaveril, tocando para uma revoada semivisível de fadas. Reproduzido pela Medici Society em 1915, vendeu um número nunca antes visto de 250 mil exemplares antes do fim do ano. Nas trincheiras, *Piper of Dreams* transformou-se, conforme certa avaliação, em "uma espécie de talismã".

Uma visão mais cínica é que "a guerra chamou as fadas. Assim como outros consumidores ociosos, foram obrigadas a fazer trabalho essencial de guerra". Uma peça de teatro de 1917 tinha "vozes de fadas chamando: '*A Grã-Bretanha precisa de seu auxílio*'". Ocasionalmente, o gosto dos soldados pelo sobrenatural podia ser usado para animar algum exercício que de outro modo seria árido e árduo, como Rob Gilson descobriu em certo dia de campo, extremamente frio, com seu batalhão: "Havia um 'esquema' fantástico envolvendo um Curandeiro que, diziam, realizava encantamentos na Igreja de Madingley. As Companhias C e D representavam uma coluna volante enviada por uma força a oeste para capturar o mago". Em geral, porém, as fadas foram poupadas do esforço de recrutamento e os magos foram isentados das manobras militares. Feéria ainda constava das vidas dos soldados, mas deixavam-na agir sobre a imaginação de forma mais tradicional e indefinível. Apesar de George MacDonald ter insistido contra tentativas de fixar o significado do conto de fadas, declarando que "eu acharia mais fácil pensar em descrever o rosto humano abstrato, ou declarar o que deve entrar na constituição de um ser humano", Tolkien fez a tentativa 24 anos mais tarde em seu texto "Sobre Estórias de Fadas", onde afirmou que Feéria proporcionava meios de recuperação, escape e consolação. A rubrica pode ser ilustrada se a aplicarmos à Grande Guerra, quando Feéria permitiu ao soldado recuperar o sentido de beleza e maravilha, escapar mentalmente dos males que o confinavam e encontrar consolação das perdas que o afligiam — mesmo da perda de um paraíso que jamais conhecera, exceto pela imaginação. Para desanuviar os abrigos das trincheiras, um filantropo enviou cartazes especialmente ilustrados do poema de Robert Louis Stevenson "*The Land of Nod*" [A Terra de Nod], com sua versão meio assombrosa e meio atraente da terra das fadas. Para levantar fundos a favor dos órfãos da guerra marítima, foi publicado um *Navy Book of Fairy Tales* [Livro da Marinha de contos de fadas] em que o Almirante Sir John Jellicoe observava que "Infelizmente muitos de nossos marujos e fuzileiros navais (ao contrário das fadas mais afortunadas) são mortos durante o processo de matar o gigante". Feéria como versão da Velha Inglaterra podia evocar o lar ou a infância, e inspirar patriotismo, enquanto Feéria como terra dos mortos ou dos eternamente jovens podia sugerir uma vida após a morte menos austera e remota que o paraíso judaico-cristão.

Os novos poemas de Tolkien, lidos como a imaginação de um jovem à beira do serviço militar de guerra, parecem acerbamente melancólicos. Ele estava diante do abandono de esperanças nutridas há muito tempo. Sua educação universitária iria terminar em poucas semanas, mas a guerra, cada vez mais extensa, lhe tirara qualquer oportunidade imediata de se instalar com Edith. As esperanças de carreira acadêmica precisavam entrar em compasso de espera. À medida que os rumores vinham chegando da linha de frente, também ficava cada vez mais claro que (parafraseando o famoso subtítulo de *O Hobbit*) ele não podia ir lá e ter certeza de voltar outra vez.

O ímpeto de criatividade não passara, mas por fim Tolkien adotou um registro bem diferente em "Kôr", um soneto sublime e grandioso. Kôr era o nome de uma cidade em *Ela*, de Henry Rider Haggard (1887), a história de Ayesha, uma mulher abençoada e amaldiçoada com juventude aparentemente eterna. Haggard fora um favorito na biblioteca da King Edward's; durante a greve escolar fingida de 1911 os sub-bibliotecários exigiram a proibição de

"Henty,[8] Haggard, *School Tales* etc. [...] que podem ser lidos em um só fôlego". (No ano seguinte Tolkien presenteara a biblioteca da escola com outro relato haggardesco de "raça perdida", *The Lost Explorers* [Os Exploradores Perdidos] de Alexander Macdonald.) O poema de Tolkien de 30 de abril tinha o subtítulo "Em uma Cidade Perdida e Morta", e de fato a Kôr de Haggard também está deserta, um memorial deixado por uma grande civilização que floresceu 6 mil anos antes de os aventureiros modernos toparem com ela, mas está agora totalmente perdida da memória:

> Não sei como hei de descrever o que vimos, magnífico mesmo em sua ruína, quase além do poder da percepção. Pátios e pátios obscuros, fileiras e fileiras de enormes colunas — algumas delas (especialmente nos portais) esculpidas do pedestal ao capitel — espaços e espaços de salas vazias que falavam à imaginação com mais eloquência que qualquer rua apinhada. E acima de tudo o silêncio morto dos mortos, o sentido de total solidão, e o espírito meditativo do Passado! Quão belo era, e, no entanto, quão triste! Não ousávamos falar em voz alta.[9]

As versões de Kôr de ambos os homens são habitadas apenas por sombras e pedra; mas, enquanto a de Haggard é vista, com simbolismo evidente, sob a Lua cambiante, a cidade de Tolkien se estende sob o Sol que arde continuamente.

> Colina enorme, negra e de altos muros,
> Num mar de azul os seus olhos se espraiam
> Sob azul céu, em cujo solo escuro
> Qual perla em porfírico piso raiam

---

[8]G.A. Henty (1832–1902), romancista inglês. [N. T.]
[9]I know not how I am to describe what we saw, magnificent as it was even in its ruin, almost beyond the power of realisation. Court upon dim court, row upon row of mighty pillars — some of them (especially at the gateways) sculptured from pedestal to capital — space upon space of empty chambers that spoke more eloquently to the imagination than any crowded streets. And over all, the dead silence of the dead, the sense of utter loneliness, and the brooding spirit of the Past! How beautiful it was, and yet how drear! We did not dare to speak aloud. [N. T.]

Marmóreos templos, rútilos salões;
E sombra parda à meia-luz se adensa
Nas belas barras sobre os paredões
Lançada pelas árvores imensas
Qual pilares pétreos sob o domo alto
Com capitéis e fustes de basalto.
Morosos dias esquecidos colhem
Sombras quietas, contando ricas horas;
Não há voz; as alvas torres marmóreas
Quentes, mudas, ardem e se recolhem.[10]

A mudança é significativa. O narrador de Haggard vê a cidade como símbolo da transitoriedade, um *memento mori*, um escárnio da arrogante ambição de seus construtores: Tolkien mantém em delicado equilíbrio a grandiosidade e o vazio de sua Kôr. Mesmo vazia, sua cidade se ergue como tributo duradouro a seus habitantes inominados — um ânimo que antecipa Moria em *O Senhor dos Anéis*. A vida, por muito que agora esteja ausente de Kôr, mantém seu significado. O niilismo é substituído por uma visão consoladora.

A Kôr de Tolkien difere da de Haggard de outros modos mais tangíveis. É fortificada e construída no topo de uma vasta colina negra, e se ergue junto ao mar, lembrando um quadro que ele fizera antes em 1915: *Tanaqui*, de nome misterioso. É claro que Tolkien já tinha sua própria visão de uma cidade bem diversa da de Haggard; mas agora seu emprego do nome "Kôr" em vez de "Tanaqui" pode ser visto como desafio direto à visão desesperada que Haggard tem da mortalidade, da memória e do significado.

A cidade de Kôr consta também do léxico do qenya, mais uma vez situada em uma elevação costeira. Aqui, porém, uma

---

[10] A sable hill, gigantic, rampart-crowned / Stands gazing out across an azure sea / Under an azure sky, on whose dark ground / Impearled as 'gainst a floor of porphyry / Gleam marble temples white, and dazzling halls; / And tawny shadows fingered long are made / In fretted bars upon their ivory walls / By massy trees rock-rooted in the shade / Like stony chiselled pillars of the vault / With shaft and capital of black basalt. / There slow forgotten days for ever reap / The silent shadows counting out rich hours; / And no voice stirs; and all the marble towers / White, hot and soundless, ever burn and sleep. [N. T.]

característica mais importante a torna bem e verdadeiramente apartada de Haggard. A Kôr de Tolkien não se localiza no continente africano, e sim em Feéria: é "a antiga cidade construída sobre as rochas de Eldamar, de onde as fadas marcharam rumo ao mundo". Outros verbetes antigos mostram as palavras *inwë* para "fada" e *elda* para "fada da praia ou *Solosimpë* (flautista costeiro)".

Eldamar, escreveu Tolkien, é "a praia rochosa em Inwinóre (Feéria) Ocidental, de onde os Solosimpeli têm dançado ao longo das praias do mundo. Nessa rocha foi construída a cidade branca chamada Kôr, de onde vieram as fadas para ensinar canções e santidade aos homens". Em outras palavras, Eldamar é a "areia das fadas" de "Tu e Eu e o Chalé do Brincar Perdido". No entanto, a cidade "coroada de contrafortes", de escala sobre-humana, não pode ser obra de fadas como a Sininho de J.M. Barrie. Barrie e seus antecessores vitorianos não foram mais que um ponto de partida para Tolkien, assim como Haggard o fora. Essas são fadas propensas a dançar em praias, porém não apenas capazes de construir monumentos duradouros, mas também encarregadas de uma missão espiritual. Abarcam a grande divisória entre a inocência e a responsabilidade.

Mas por que Kôr é "uma Cidade Perdida e Morta" no poema? A resposta consta de anotações que Tolkien acrescentou ao seu pequeno esboço e prosa sobre as viagens atlânticas de Éarendel, um esboço que claramente precedeu as grandes obras adâmicas em que Tolkien conferia nomes. Referia-se a uma "cidade dourada" em algum lugar atrás do Vento Oeste. Agora ele acrescentou: "A cidade dourada era Kôr, e [Eärendel] apanhara a música dos Solosimpë e volta para encontrá-la, descobrindo somente que as fadas partiram de Eldamar". Em outras palavras, Kôr fora abandonada pelos Elfos quando estes "marcharam rumo ao mundo".

É um lampejo melancólico da história que, alguns anos depois, comporia uma parte dramática do épico mitológico de Tolkien. Talvez a ideia devesse algo ao fato de que, em 1915, os lugares que costumava visitar estavam virtualmente vazios dos seus pares, que rumavam para o outro lado do mar para combater. Se é assim, a visão de Tolkien encapsulava reconstruções mitológicas e observação contemporânea em um único símbolo multifacetado.

Se esses poemas de abril eram um súbito florescimento de primavera, então o léxico qenya era raiz, tronco e ramo. É impossível,

AS COSTAS DE FEÉRIA

e quem sabe sem sentido, dar datas exatas de composição do léxico, que foi obra em progresso durante grande parte de 1915 e acrescentava palavras novas sem ordem perceptível. Era um labor diligente, que consumia muito tempo, e deve ter sido posto de lado quando o *Schools* se aproximava. Porém em 10 de maio Tolkien ainda meditava em sua mitologia e pintou um quadro intitulado *The Shores of Faëry* [As Costas de Feéria], mostrando a cidade branca de Kôr em seu rochedo negro, emoldurada por árvores das quais a Lua e o Sol pendem como frutos.

Dali Tolkien teve que se voltar a um trabalho menos sedutor: a preparação, há muito deixada de lado, para os dois ensaios do *Schools* que ele bem preferiria nem fazer. Havia *Hamlet*, *Antônio e Cleópatra*, *Trabalhos de Amor Perdidos* e *Henrique V* de Shakespeare; e mais literatura "moderna" como as obras de Christopher Marlowe, John Dryden e Samuel Johnson, nenhuma das quais se adequava ao seu gosto dissidente.[11] Sua preparação para esses ensaios foi perfunctória, e viu o futuro professor de Inglês de Oxford tomando emprestadas da biblioteca introduções a Dryden e Keats, bem como cartilhas sobre Shakespeare e poesia, ainda na véspera da sua primeira apresentação.

A ansiedade sobre seus exames era muito menor que o medo do que estava além deles. Escrevendo de Penmaenmawr, no começo de junho, G.B. Smith lhe assegurou que a guerra terminaria em alguns meses, já que a Itália estava apoiando a Grã-Bretanha e a França com todas as forças. Smith, que compartilhava o interesse do amigo pelo idioma e pelo mito de Gales e lhe pedira para enviar uma gramática galesa, acrescentou: "Não se preocupe com *Schools*, e não se preocupe sobre vir para cá". Quatro semanas seria tempo mais do que suficiente para descobrir um lugar destinado a Tolkien no mesmo batalhão.

---

[11] Na biografia de Tolkien, Humphrey Carpenter exagera a ojeriza de Tolkien por Shakespeare com base em uma polêmica de um bombástico debate escolar. Tolkien não gostava de *ler* Shakespeare, mas era capaz de apreciar assistir a *Hamlet*, e, como Tom Shippey argumentou, sua própria obra foi influenciada por *Macbeth*. Chegou a culpar Shakespeare por abastardar a tradição das "fadas" com *Sonho de uma Noite de Verão*, mas "*Goblin Feet*" demonstra que em 1915 Tolkien ainda não se rebelara por completo contra a abordagem shakespeariana. [N. A.]

Na quinta-feira, 10 de junho, Tolkien iniciou seus exames. Restavam apenas oito homens e dezessete mulheres em toda a universidade para suportarem a agitação anticlimática de resumir em dez sessões o trabalho de três anos sobre língua e literatura inglesas (ou pouco menos, no caso de Tolkien). Em meio à provação, Smith escreveu dizendo que o Coronel Stainforth, seu oficial comandante (ou "CO" [de *Commanding Officer*]) parecia ter certeza de que encontraria um posto no 19º Batalhão de Fuzileiros de Lancashire para Tolkien, se este escrevesse solicitando a posição. *Schools* terminou na semana seguinte, e a vida de aluno de Tolkien estava no passado. Agora se tratava de alistamento, treinamento e guerra.

Smith enviara uma nota sobre "assuntos marciais" — conselhos sobre o *kit* a ser comprado, e mais um léxico faceto explicando o processo de requerimento. O verbete mais importante no *Dicionário Militar Conciso de Smith* dizia: "*Preocupação*: É o que deve ser evitado. Mantenha-se perfeitamente calmo, e tudo se ajeitará". A política funcionou para G.B.S., que já era tenente. De Brough Hall, perto de Catterick Bridge em Yorkshire, aonde os Salford Pals haviam se deslocado no dia do solstício de verão, Smith mandou a sugestão encorajadora: "Não tenha medo de trazer um ou dois livros, e um pouco de tinta, mas que sejam portáteis". Agora Smith estava apenas alguns quilômetros ao norte de Rob Gilson e dos Cambridgeshires, que tinham marchado da sua cidade-base para Lindrick Camp, perto de Fountains Abbey, em 19 de junho. As cartas de Gilson, porém, haviam secado, e provavelmente ele não se dava conta da proximidade.

Finalmente Tolkien estava alcançando os amigos e acertando o passo com aquele mundo em movimento, cedendo às pressões às quais resistira por quase um ano. De modo pouco surpreendente, não desperdiçou tempo e, em suas próprias palavras, "entrou às pressas" para o exército. Em 28 de junho, requereu no escritório de recrutamento de Oxford um comissionamento temporário como oficial "pela duração da guerra". O Capitão Whatley, do OTC da universidade, patrocinou seu requerimento, e um oficial do Corpo Médico do Exército Real o declarou apto. O formulário destacava que não havia garantia de alocação a qualquer unidade específica, mas, notando a preferência de Tolkien, um burocrata militar rabiscou "*19/Lancs Fusiliers*" no canto superior.

Tolkien liberou o "*Johnner*", seu alojamento na St John Street, e se despediu de Oxford, talvez para sempre. Quando os resultados da Escola de Inglês foram publicados, na sexta-feira, 2 de julho, ele soube que seu comprometimento com a filologia fora justificado, e que, se sobrevivesse à guerra, seria capaz de seguir suas ambições acadêmicas. Junto com duas mulheres e um bolsista americano de Yale, ele obtivera *Honours* de Primeira Classe. No sábado, os resultados foram publicados em *The Times*, e no dia seguinte Smith mandou os parabéns por "uma das mais altas distinções que um inglês pode obter". Mais uma vez, instou para que Tolkien escrevesse ao Coronel Stainforth.

Depois de passar algum tempo com Edith em Warwick, Tolkien foi a Birmingham, onde passou parte das três semanas seguintes com a tia materna May Incledon e seu marido Walter em Barnt Green, logo além do limite sul de Birmingham — uma casa que ele associava à segurança da infância e às primeiras brincadeiras linguísticas com as primas Marjorie e Mary. Viajando a pé e andando de ônibus entre Edgbaston e Moseley, certo dia estava imerso em pensamentos sobre sua mitologia, e em 8–9 de julho redigiu no *Book of Ishness* [Livro de *Ishness*] um poema intitulado "*The Shores of Faëry*" [As Costas de Feéria], na página oposta à sua pintura de maio, de mesmo nome. Ele descreve o cenário de Kôr. Eärendel aparece ali e, pela primeira vez fora do léxico quenya, são nomeados objetos essenciais e permanentes do legendário: as Duas Árvores, a montanha de Taniquetil e a terra de Valinor.

> A Leste da Lua
> A Oeste do Sol
> Ergue-se uma colina solitária
> Com sopé no Mar verde-pálido
> Suas Torres são brancas & silentes
> Além de Taniquetil em Valinor
> Ali não vai estrela senão uma só
> Que caçava com a Lua
> Pois ali crescem nuas as Duas Árvores
> Que trazem a flor de prata da Noite;

Que trazem o globo fruto do Meio-Dia
Em Valinor.
Ali são as Costas de Feéria
Com sua Praia de seixos ao luar
Cuja espuma é música prateada
No chão opalescente
Além das grandes sombras marinhas
Na margem da Areia
Que se estende infinda
Dos pés dourados de Kôr
Além de Taniquetil
em Valinor.
Oh, a Oeste do Sol, a Leste da Lua
Está o Porto da Estrela
A torre branca do Errante,
E a rocha de Eglamar,
Onde Vingelot está atracado
Enquanto Earendel mira ao longe
A magia e a maravilha
Entre aqui e Eglamar
Fora, fora além de Taniquetil
Em Valinor — ao longe.[12]

"*The Shores of Faëry*" é essencial. Tolkien pretendia tornar esse poema na primeira parte de uma "Balada de Eärendel" que integraria plenamente o navegante em seu mundo inventado embrionário. Em uma cópia, mais tarde, anotou que aquele era o "primeiro poema de

---

[12]East of the Moon / West of the Sun / There stands a lonely hill / Its feet are in the pale green Sea / Its towers are white & still / Beyond Taniquetil in Valinor / No stars come there but one alone / That hunted with the Moon / For there the Two Trees naked grow / That bear Night's silver bloom; / That bear the globed fruit of Noon / In Valinor. / There are the Shores of Faëry / With their moonlit pebbled Strand / Whose foam is silver music / On the opalescent floor / Beyond the great sea-shadows / On the margent of the Sand / That stretches on for ever / From the golden feet of Kôr / Beyond Taniquetil / In Valinor. / O West of the Sun, East of the Moon / Lies the Haven of the Star / The white tower of the Wanderer, / And the rock of Eglamar, / Where Vingelot is harboured / While Earendel looks afar / On the magic and the wonder / 'Tween here and Eglamar / Out, out beyond Taniquetil / In Valinor — afar. [N. T.]

minha mitologia". O passo fundamental à frente foi que ali Tolkien finalmente fundiu a linguagem e a mitologia na arte literária: a fusão que haveria de se tornar manancial e marca de sua vida criativa.

"Assim que a Guerra de 1914 explodiu sobre mim", Tolkien escreveu mais tarde, "fiz a descoberta de que as 'lendas' dependem do idioma ao qual pertencem; mas um idioma vivo depende igualmente das 'lendas' que ele transmite pela tradição." A descoberta conferia nova vida à sua criação: "Logo, apesar de ser um filólogo por natureza e ofício (ainda assim um filólogo sempre interessado primeiramente na estética do que nos aspectos funcionais dos idiomas) e ter começado com os idiomas, vi-me envolvido na invenção de 'lendas' do mesmo 'gosto'".

Durante anos, fora incapaz de reconciliar o rigor científico que aplicava aos aspectos estritamente linguísticos da filologia com seu gosto pelo transcendental, habitado por dragões, e pelo sublime que surgia em literaturas antigas. Foi como aluno, disse ele mais tarde, que "a reflexão e a experiência me [revelaram] que esses não eram interesses divergentes — polos opostos de ciência e romance —, mas integralmente relacionados".

O *Kalevala* mostrara que a feitura de mitos podia desempenhar um papel na restauração de uma língua e de uma cultura nacional, mas pode ser que houvesse um catalisador mais imediato. Durante a Grande Guerra, um processo semelhante ocorria em vasta escala, de forma totalmente improvisada. Pela primeira vez na história, a maioria dos soldados era alfabetizada, porém mais do que nunca eram mantidos na ignorância. Compensavam isso com opiniões e boatos, que se estendiam desde o prosaico até o fantástico: histórias sobre uma fábrica alemã de processamento de cadáveres, um soldado canadense crucificado, e os selvagens trogloditas da Terra de Ninguém que, segundo o relato, eram desertores de ambos os lados. A história de Primeira Guerra Mundial muitas vezes se ocupa de avaliar a verdade e o impacto dos "mitos", aparentemente mais plausíveis, que dela surgiram: os "leões liderados por asnos" ou o "saque da Bélgica". Desde o início houve também mitos de intercessão sobrenatural. Tropas britânicas exaustas, recuando de Mons, aparentemente teriam visto um anjo montado em um cavalo branco, brandindo uma espada chamejante; ou uma tropa de arqueiros celestiais; ou três anjos no firmamento.

Os "Anjos de Mons" haviam proibido o avanço alemão, diziam. O incidente originara-se como uma obra de ficção, "*The Bowmen*" [Os Arqueiros], de Arthur Machen, em que os arqueiros ingleses de Agincourt[13] retornam para combater o avanço alemão de 1914; mas rapidamente assumira a autoridade de um fato. Ao mesmo tempo em que a guerra produzia mitos, a vasta avalanche de cartas, diários e poesia da Grande Guerra enriquecia as línguas da Europa com novas palavras, frases e até registros, sutilmente alterando e definindo as percepções do caráter nacional que eram tão importantes para o esforço patriótico. Tudo isso era um exemplo vivo do inter-relacionamento da língua com o mito.

Se a concepção primitiva de uma terra imortal deve algo a *Peter Pan*, como ocorria no mundo de sonhos infantil de "*You and Me and the Cottage of Lost Play*", a Valinor de Tolkien era menos aleatória que a Terra do Nunca, uma versão de Feéria que Barrie audaciosamente subtraíra de todos os gêneros populares de histórias infantis para dormir, com piratas e sereias, índios peles-vermelhas, crocodilos e duendes. No entanto, Valinor era ainda mais ampla em sua abrangência. Ali os Elfos viviam lado a lado com os deuses, e ali iam as almas mortais após a morte para serem julgadas e receberem tormento, vagar na penumbra ou felicidade elísia.

O léxico quenya traduz *Valinor* como "Asgard", o "lar dos deuses" onde os nórdicos se banqueteavam depois de serem mortos em combate. Sem dúvida Tolkien elaborava o conceito de que os vikings germânicos haviam baseado sua Asgard mítica no mito "verdadeiro" de Valinor. No lugar dos Æsir nórdicos, ou deuses, estão os *Valar*.

No mesmo espírito, "*The Shores of Faëry*" pretende mostrar um vislumbre por trás de uma tradição germânica tão fragmentária e enigmática quanto a de Éarendel. A nau do navegante em "*The Shores of Faëry*" chama-se *Vingelot* (ou *Wingelot, Wingilot*), o que é explicado pelo léxico como a forma quenya para "flor-de-espuma". Mas Tolkien escolheu o nome "para se assemelhar a e 'explicar o nome do navio Guingelot de Wade", como escreveu mais tarde. Wade, como Éarendel, surge em toda a parte nas

---

[13]Local de uma batalha decisiva onde, em 1415, os ingleses derrotaram os franceses na Guerra dos Cem Anos. [N. T.]

lendas germânicas, como herói associado ao mar, como filho de um rei e uma sereia, e como pai do herói Wayland ou Völund. O nome de sua nau teria se perdido na história, não fosse uma anotação que um antiquário do século XVI fez em sua edição de Chaucer: "A respeito de Wade e sua nau *Guingelot*, assim como suas estranhas façanhas nela, como o assunto é longo e fabuloso, passo por cima dele". Tolkien, tendo lido a nota atormentadora, visava agora a recriar a história "longa e fabulosa". O grande linguista e folclorista alemão Jakob Grimm (que mencionou Wade quase ao mesmo tempo que Éarendel) argumentara que Guingelot deveria, sim, ser alocada a Völund, que "montara um barco com o tronco de uma árvore, e navegara sobre os mares", e que "forjara para si um traje alado, e alçou voo através do ar". A partir deste emaranhado de nomes e associações, Tolkien começara a construir uma história de clareza singular.

No domingo, 11 de julho, Christopher Wiseman escreveu a Tolkien anunciando que iria se fazer ao mar. Em junho ele vira um anúncio de recrutamento da Marinha Real, dizendo que buscavam matemáticos como instrutores; agora estava prestes a partir para Greenwich para aprender navegação básica "e o significado dessas palavras misteriosas, *bombordo* e *estibordo*". Wiseman proclamou-se totalmente enciumado com a Primeira Classe de Tolkien — ele próprio só alcançara o grau de *senior optime*, equivalente a uma segunda classe: "Agora sou o único a desonrar o TCBS", disse ele. "Escrevi pedindo misericórdia [...]".

Por trás do tom despreocupado, Wiseman sentia séria falta dos amigos. Desejava que pudessem se reunir, nem que só uma vez, por toda uma quinzena. Isso era claramente impossível. Smith lhe escrevera repetidas vezes sobre uma desagradável sensação de estar ficando mais velho. "Não sei se é só o peso adicional do seu bigode, mas presumo que deve haver algo por trás", comentou Wiseman. Também ele sentia que todos estavam sendo lançados na maturidade, Gilson e Tolkien ainda mais depressa que Smith e ele próprio. "Parece que isso acontece através da percepção de nosso tamanho diminuto e impotência", meditou, desconsolado. "Começamos a fracassar pela primeira vez, e a ver a força motriz necessária a impormos nosso selo no mundo".

Quando chegou a carta de Wiseman, Tolkien tinha ingressado recente e dolorosamente nesse processo de diminuição. Na sexta-feira, 9 de julho, o Departamento de Guerra escrevera dizendo-lhe que se tornara segundo-tenente, com efeito a partir da quinta-feira seguinte. O mais novo recruta de Kitchener também recebeu uma carta caligráfica impressa endereçada "A nosso fiel e bem-amado J.R.R. Tolkien[,] Saudação" e assinada pelo Rei George, confirmando a nomeação e delineando seus deveres de comando e serviço. Mas os planos de Tolkien haviam dado errado. "Foi alocado ao 13º Batalhão de Serviço dos Fuzileiros de Lancashire" anunciava a carta do Departamento de Guerra. Quando Smith ouviu sobre isso, quatro dias mais tarde, escreveu de Yorkshire: "Fui simplesmente atropelado por sua notícia horrível". Culpava-se por não frear Tolkien na corrida desabalada deste para se alistar. De modo não muito convincente, disse que a alocação podia ser um engano, ou de curto prazo; mas, da forma como tudo ocorreu, ele tinha razão ao supor que Tolkien correria menos perigo no 13º Batalhão de Fuzileiros de Lancashire que no 19º.

Tolkien não iria encontrar-se com o 13º de pronto. Primeiro tinha que fazer um curso de oficiais em Bedford. Recebeu a verba regulamentar de 50 libras para uniforme e *kit* restante. Smith delineara suas necessidades ao discorrer sobre "assuntos marciais": uma cama de lona, travesseiro, saco de dormir e cobertores; um suporte de banho e higiene, um espelho de barbear de aço e uma caixa de sabão; ganchos para mastro de barraca e talvez um pano de solo. Além disso devia equipar-se com dois ou três pares de botas e um de sapatos; um relógio decente; um cinto Sam Browne,[14] um impermeável, um embornal leve e um cantil; e, o mais caro de tudo, um binóculo e uma bússola prismática. "Tudo o mais me parece desnecessário", dissera Smith. "Pretendo que minha mesa e cadeiras sejam caixas de sabão compradas no local, e também quero comprar um honesto balde de lata". Estava claro que os confortos físicos iriam ser poucos e raros.

---

[14]Cinto largo sustentado por uma tira mais estreita passando sobre o ombro direito. [N. T.]

CINCO

Andarilhos surpreendidos pela noite

O Segundo-Tenente J.R.R. Tolkien apresentou-se ao Coronel Tobin na folhosa De Parys Avenue em Bedford, na segunda--feira, 19 de julho de 1915. O breve curso foi sua primeira prova de vida militar por 24 horas desde aquele acampamento varrido pelos ventos junto com o King Edward's Horse em 1912. Estava em alojamento confortável, dividindo uma casa com seis outros oficiais, assistindo a palestras militares e aprendendo a exercitar um pelotão. A despeito do choque de sua indicação, Tolkien manteve viva a esperança de se juntar aos "luminares literários de Oxford". Na verdade, como Smith observou, ele foi "filosófico" a respeito de sua alocação ao 13º Batalhão de Fuzileiros de Lancashire. Revelou--se que o Coronel Stainforth o receberia com prazer nos Salford Pals. Tolkien teria de assumir a posição designada antes de requerer formalmente uma transferência, escreveu Smith, recomendando *"tato, tato, tato"*. Tudo dependia do comandante do 13º Batalhão e de ele ter oficiais suficientes. "Se ficarmos frios sempre estaremos bem", disse Smith. "Afinal, de que importa esse exército idiota para um membro do TCBS que tem uma primeira classe em Oxford?"

Já no primeiro fim de semana do curso em Bedford, Tolkien tirou licença e voltou para Barnt Green. Ali, no sábado, 24 de julho, escreveu o poema decididamente infeliz *"The Happy Mariners"* [Os Felizes Marinheiros], em que uma figura aprisionada em uma torre de pérola escuta dolorosamente as vozes de homens que passam navegando rumo ao mítico Oeste. O poema se assemelha aos versos evocadores de Keats em sua "Ode a um Rouxinol", sobre "mágicas janelas dando para a espuma / de perigosos mares, perdidos em terras de feéria".[1] Mas as terras de feéria estão muito além do alcance, e a magia só faz atormentar. Na verdade, o poema segue um arco semelhante ao de "*Goblin Feet*", com o mar tomando o lugar da estrada mágica e os marinheiros passando como a tropa de fadas que o observador é incapaz de seguir. Porém agora Tolkien deixou de lado todas as delicadezas vitorianas e escreveu sobre o chamariz do encantamento usando imagens ao mesmo tempo originais e assombradoras.

> Conheço uma janela em torre ocidental
> Que se abre para mares celestiais,
> E o vento que esteve soprando através das estrelas
> Vem aninhar-se em suas cortinas agitadas.
> É uma torre branca erguida nas Ilhas do Crepúsculo
> Onde a Tarde se põe sempre à sombra;
> Reluz como uma agulha de pérola solitária
> Que reflete raios perdidos e luzes que minguam;
> E o mar envolve, molhando-a, a escura rocha onde se ergue,
> E barcos de fadas passam rumo a terras crepusculares
> Carregados e rebrilhando na treva
> Com centelhas guardadas de fogo oriental
> Obtidas pelos mergulhadores em águas do sol ignoto:
> E quem sabe seja uma lira de prata a ressoar
> Ou vozes de marujos grises ecoando,
> Boiando entre as sombras do mundo
> Em chalupa sem remos e com panos recolhidos,
> Pois amiúde parece vir som de pés, ou canção,
> Ou reluzir crepuscular de um gongo a vibrar. —
>
> Ó felizes marinheiros em longa jornada
> Àqueles grandes portais nas costas d'Oeste
> Onde saltam, ao longe, fontes consteladas,
> E, batendo-se nas portas da Noite, com cabeças de dragão,
> Caem luzindo nas profundezas numa espuma de estrelas.
> Enquanto eu, a sós, vigio atrás da lua

---

[1] Magic casements, opening on the foam / Of perilous seas, in faery lands forlorn. [N. T.]

ANDARILHOS SURPREENDIDOS PELA NOITE

De minha torre branca e ventosa,
Não perdeis momento nem esperais uma hora,
Mas, entoando fragmentos de secreta melodia,
Atravessais sombras e perigosos mares
Passando por terras sem sol rumo a prados de fadas,
Onde as estrelas, no muro jacinto do espaço,
Se enredam, rebentam e entretecem.
Seguis Eärendel pelo Oeste —
O Navegante Luzente — a ilhas abençoadas,
Enquanto apenas daquela borda sombria
Retorna um vento para agitar estas vidraças de cristal,
E murmurar magicamente sobre chuvas áureas
Que caem sempre naqueles obscuros espaços.[2]

Esses últimos versos, em que um vislumbre do paraíso vem trazido pelo ar através de chuvas intermitentes, leem-se quase como premonição de Casadelfos, como se lê no final de *O Senhor dos Anéis*:

E a nau saiu para o Alto Mar e passou para o Oeste, até que por fim, em uma noite de chuva, Frodo sentiu uma doce fragrância no ar e ouviu o som de cantos que vinha por sobre a água. E então lhe

---

[2] I know a window in a western tower / That opens on celestial seas, / And wind that has been blowing through the stars / Comes to nestle in its tossing draperies. / It is a white tower builded in the Twilit Isles / Where Evening sits for ever in the shade; / It glimmers like a spike of lonely pearl / That mirrors beams forlorn and lights that fade; / And sea goes washing round the dark rock where it stands, / And fairy boats go by to gloaming lands / All piled and twinkling in the gloom / With hoarded sparks of orient fire / That divers won in waters of the unknown sun: / And, maybe, 'tis a throbbing silver lyre / Or voices of grey sailors echo up, / Afloat among the shadows of the world / In oarless shallop and with canvas furled, / For often seems there ring of feet, or song, / Or twilit twinkle of a trembling gong. — // O! happy mariners upon a journey long / To those great portals on the Western shores / Where, far away, constellate fountains leap, / And dashed against Night's dragon-headed doors / In foam of stars fall sparkling in the deep. / While I, alone, look out behind the moon / From in my white and windy tower, / Ye bide no moment and await no hour, / But chanting snatches of a secret tune / Go through the shadows and the dangerous seas / Past sunless lands to fairy leas, / Where stars upon the jacinth wall of space / Do tangle, burst, and interlace. / Ye follow Eärendel through the West — / The Shining Mariner — to islands blest, / While only from beyond that sombre rim / A wind returns to stir these crystal panes, / And murmur magically of golden rains / That fall for ever in those spaces dim. [N. T.]

pareceu que [...] a cinzenta cortina de chuva se tornava toda em cristal prateado e rolava para longe, e contemplou praias brancas e, além delas, uma longínqua paisagem verde sob um breve nascer do sol. É notável ver tal momento de visão, ou visão parcial, estabelecido décadas antes que fosse escrito o romance épico de Tolkien. Por outro lado, no contexto do que pusera por escrito em julho de 1915, "*The Happy Mariners*" contém muitos aparentes enigmas. Alguns deles só são explicáveis com a ajuda da primeira forma em prosa plenamente desenvolvida da mitologia de Tolkien, "O Livro dos Contos Perdidos". Sua narrativa introdutória, escrita no inverno de 1916–17, menciona "o Adormecido na Torre de Pérola que fica ao longínquo oeste das Ilhas do Crepúsculo", que foi despertado quando um dos companheiros de Eärendel, na viagem a Kôr, fez soar um grande gongo. Detalhes adicionais ressurgem em um trecho escrito durante os dois anos seguintes à Grande Guerra. Ali o mundo era visualizado como um disco chato cercado pela "Muralha das Coisas", azul e profunda. A Lua e o Sol passavam por essa muralha, em seus percursos diurnos, através da Porta da Noite, esculpida em basalto com grandes formas de dragões. As "centelhas de fogo oriental" trazidas por mergulhadores das "águas do sol ignoto" seriam explicadas como a antiga luz solar, espalhada durante tentativas noturnas de pilotar o Sol recém-nascido por baixo das raízes do mundo. Como observa Christopher Tolkien, "*The Happy Mariners*" era aparentemente a canção do Adormecido na Torre de Pérola mencionado no mesmo trecho.

Mas a história deste jamais foi elaborada, e nessa etapa precoce não está nem um pouco claro que o próprio Tolkien soubesse exatamente que lugar suas imagens poderiam assumir dentro de sua mitologia, assim como não soubera exatamente quem era Eärendel quando primeiro escreveu sobre ele. É possível que em "*The Happy Mariners*" esses detalhes estejam sendo vistos à época em que primeiro emergiram na sua consciência, e que depois ele tenha partido para "descobrir" seu significado.

Aqui a função poética de Eärendel é bem diversa do que fora em "*The Voyage of Éarendel the Evening Star*", escrito dez meses antes. Então Tolkien celebrara o ousado voo crepuscular do navegante estelar, e o poema o seguira pelo firmamento noturno. Mas o narrador de "*The Happy Mariners*" aparentemente está confinado em sua torre e não pode navegar na esteira de Eärendel; o crepúsculo é um véu paralisante. Quem sabe essas diferenças de ponto de vista reflitam a mudança de situação e humor do próprio Tolkien, entre desafiar a corrida às armas em 1914 e comprometer-se agora, em 1915, como soldado. Lida assim, a afirmativa de que os invejáveis marujos "não perdem momento e nem esperam uma hora" parece menos opaca, implicando que Tolkien, ao começar seu treinamento para a guerra, estaria expressando parte de sua própria ansiedade sobre o futuro através do vulto na torre de pérola.

A guerra já grassava por um ano, tendo ceifado até 131 mil vidas britânicas e 5 milhões de europeias; e havia um impasse na Frente Ocidental, onde a Alemanha acabara de acrescentar o lança-chamas ao arsenal de novas tecnologias. Paralelos entre a vida de Tolkien e sua arte são discutíveis, mas certamente a guerra teve um impacto prático sobre ele como escritor. Recém-engajado no serviço militar, e com a perspectiva da batalha tornando-se de repente cada vez mais real, ele agiu para trazer à luz sua poesia.

Ele e Smith deviam fazer parte de uma antologia anual de poesia de Oxford que estava sendo coeditada por T.W. Earp, que Tolkien conhecera no Exeter College. Cada um deles apresentara vários poemas; "*Goblin Feet*" fora escolhido para ser incluído com dois poemas de Smith. Tolkien também mandara cópias de suas obras ao antigo professor R.W. Reynolds. "Dickie" Reynolds estivera nos bastidores durante a evolução pública do TCBS na escola, como presidente das sociedades literária e de debates, e também no comitê da biblioteca. Homem moderado, com humor bizarro, mas larga experiência, antes de se tornar professor ele tentara advogar no tribunal, e fora secretário da Fabian Society.[3] Mas, na década de 1890, ele participara da equipe de críticos literários de W.E. Henley, no prestigioso *National Observer*, que publicara obras de escritores renomados, incluindo W.B. Yeats, H.G. Wells, Kenneth Grahame, Rudyard Kipling e J.M. Barrie. Tolkien não confiava inteiramente nas opiniões de Dickie Reynolds, mas respeitava o fato de que o professor tinha sido crítico literário em um

---

[3]Sociedade pró-socialismo não revolucionário fundada em 1884. [N. T.]

jornal londrino, e, durante o curso em Bedford, Tolkien o procurou buscando conselhos sobre como conseguir publicar toda uma coleção. Normalmente um poeta podia esperar construir sua reputação publicando um poema aqui e outro ali, em revistas e jornais, mas a guerra mudara tudo isso, disse Reynolds. Tolkien devia, isso sim, tentar publicar seu volume.[4]

Tolkien agarrou-se avidamente a outras oportunidades para licenças de fim de semana e visitas a Edith, percorrendo os 80 quilômetros de Bedford a Warwick em uma motocicleta que comprara junto com outro oficial. Quando o curso terminou, em agosto, viajou a Staffordshire e se juntou ao seu batalhão, de 2 mil soldados, acampado com as outras quatro unidades da 3ª Brigada de Reserva em Whittington Heath, nos arredores próximos de Lichfield. À parte as viagens de juventude com o OTC, essa foi sua primeira experiência de acampamento militar em plena escala, debaixo de lona. Formado em Hull no mês de dezembro anterior, o 13º Batalhão de Fuzileiros de Lancashire era uma "unidade para buscar alistamento", criada para recrutar novos soldados como reposição daqueles perdidos por outros batalhões na linha de frente; como tal, não seria a unidade em que Tolkien iria combater. Ele era um dos cerca de cinquenta oficiais que estavam no batalhão quando chegou, mas passou a maior parte do tempo com o punhado pertencente ao pelotão onde foi alocado. Ao contrário de G.B. Smith e Rob Gilson, que tiveram a sorte de estarem com oficiais comandantes de quem genuinamente gostavam, Tolkien não achou agradáveis os oficiais de maior patente. "Os cavalheiros são inexistentes entre os superiores, e mesmo os seres humanos são bem raros", escreveu ele a Edith.

O pelotão compreendia cerca de sessenta homens de todas as patentes. Era dever do subalterno repassar o que aprender às "outras patentes" e prepará-los para a batalha. Naquele estágio o

---

[4]Parece que Tolkien tinha uma encomenda aberta para os poemas que planejava incluir. Intrigantemente, Reynolds disse a Tolkien: "Em geral, creio que devo aconselhá-lo a aceitar a oferta de seu amigo. Porém, nem preciso adverti-lo de que tem de estar preparado para o livro ser um fracasso total". Não há indicação de qual teria sido essa oferta de publicação. [N. A.]

treinamento era básico e físico. "Marchamos a toda velocidade e transpiração todos os dias quentes de verão", escreveu Tolkien, contrariado, quando chegou o inverno e os exercícios foram substituídos por gélidas palestras ao ar livre. Assim era a vida militar no início do século XX, e ela aguçou a ojeriza de Tolkien pela burocracia. "O que a torna tão exasperante", disse ele mais tarde sobre a vida no acampamento, "é o fato de que todas as suas piores características são desnecessárias e devem-se à estupidez humana que (como os 'planejadores' se recusam a ver) é sempre aumentada indefinidamente pela 'organização'". Em outros assuntos ele foi comicamente preciso, declarando que "a guerra multiplica a estupidez por 3 e sua potência por si mesma: assim, os dias preciosos de uma pessoa são regidos por $(3x)^2$, onde x = crassidão humana normal". O pensador diligente, meticuloso e imaginativo sentia-se como ""quem está comendo o pão que o diabo amassou" e desabafava seus sentimentos em cartas, em especial ao Padre Vincent Reade, sacerdote do Oratório de Birmingham. Em retrospecto, porém, como Tolkien contou a seu filho Christopher em 1944, aquela foi a época em que travou conhecimento com "homens e coisas". Apesar de o exército de Kitchener consagrar antigas fronteiras sociais, ele também desbastava a divisão de classes quando lançava homens de todos os níveis da vida, juntos, em uma situação desesperada. Tolkien escreveu que a experiência lhe ensinou "uma profunda simpatia e compaixão pelo 'tommy',[5] especialmente pelo soldado simples dos condados agrícolas". Permaneceu profundamente grato pela lição. Por muito tempo estivera sentado em uma torre, não de pérola, mas de marfim.

A vida no exército não conseguiu desafiar Tolkien intelectualmente. Sua mente inevitavelmente vagava para além do serviço a ser cumprido — se houvesse um: "Não é o trabalho duro que incomoda muito", comentou, mas a "perda de tempo e militarismo do exército". Rob Gilson encontrou tempo entre seus deveres para trabalhar em desenhos de bordado para mobília em Marston Green, o lar de sua família perto de Birmingham; G.B. Smith trabalhou em sua poesia, especialmente seu longo "Funeral de Sófocles". Tolkien

---

[5]Nome dado ao soldado raso britânico. [N. T.]

lia em islandês e continuava a fazer foco em suas ambições criativas. Mais tarde recordou que a maior parte do "trabalho inicial" no legendário fora executada nos campos de treinamento (e em hospitais, mais adiante na guerra) "quando o tempo permitia".

A vida no acampamento parece ter ajudado Tolkien a estender os limites de seu mundo imaginário de modo bem direto. Até então, a poesia mitológica de Tolkien fitara Valinor por cima do oceano ocidental. Agora começou a nomear e descrever as terras mortais do lado de cá do Grande Mar, começando por um poema que descrevia um acampamento de homens "Nos vales de Aryador / Junto à praia do interior". "*A Song of Aryador*" [Uma Canção de Aryador], escrito em Lichfield em 12 de setembro, habita as horas de penumbra que Tolkien já preferia como sendo o tempo em que o mundo encantado é mais nitidamente percebido. Mas agora o abismo entre as fadas e o gênero humano parece mais vasto que nunca. Nenhuma tropa de gobelins passa caminhando alegremente, e não se vislumbra nenhuma fada flautista fazendo música extática. Somente, depois de o sol se pôr, "e o planalto se cobriu / Com o povo sombrio que nos feitais tuge".

A despeito das montanhas, talvez a cena deva algo à situação de Tolkien, e até (com exageros poéticos) à topografia de Whittington Heath, no vale do Tame, com um bosque e um lago, e os distantes altos de Cannock Chase a oeste e os Peninos ao norte. Aquele fora outrora o coração da Mércia, o reino anglo-saxão que incluía tanto Birmingham como Oxford, e com o qual Tolkien sentia especial afinidade. Lichfield foi a sede de seu bispado, e Tamworth, a poucos quilômetros de distância, a sede dos reis mércios. Com seu subtítulo anglo-saxão *Án léop Éargedores*, "*A Song of Aryador*" pode ser uma descrição dos pais fundadores da antiga Mércia.

A imaginação de Tolkien, no entanto, voou até bem antes dos mércios e mais ao longe. Contemplava a obscura era dos antepassados deles nos ermos da Europa, pois era ali que sua história imaginária se encaixava no tempo lendário dos povos germânicos: o ponto de fuga onde nomes de significado meio esquecido, como *Éarendel*, reluziam como faróis distantes.

Aryador não é exatamente um desses nomes historicamente atestados que intrigavam Tolkien; mas quase é. O léxico qenya diz que é o "nome de um distrito montanhoso, a habitação do Povo de

Sombra", o que nada acrescenta às frases enigmáticas do poema de Whittington Heath. Um dos primeiros fragmentos de élfico que a maioria dos leitores de *O Senhor dos Anéis* aprende é o elemento *-dor* "terra", visto nos nomes *Gondor* e *Mordor*. Retirando-o de *Aryador* resta-nos *Arya-*. O léxico qenya oferece uma etimologia complexa que deriva esse elemento de uma raiz do eldarin primitivo; mas, ao mesmo tempo, é impossível deixar de perceber a semelhança com um nome do mundo real: *ariano*. Muito tempo antes de a palavra ser mal aplicada por Hitler como expressão da superioridade racial nórdica, *ariano* era o termo filológico do século XIX para o protoindo-europeu, a língua ancestral de muitos idiomas europeus e asiáticos. O consenso linguístico diz que a palavra *ariano*, no mundo real, aplica-se corretamente só aos indo-iranianos; mas alguns encontraram resquícios dessa palavra nos nomes de outros povos indo-europeus, como *Eriu* "Irlanda". Supõe-se que a palavra derive (através do sânscrito) do nome pré-histórico de uma nação — um nome de significado desconhecido que o põe na mesma categoria atormentadora que *Éarendel*. Um ano antes, Tolkien havia "redescoberto" o navegante estelar por trás desse nome, e desde então inventara uma língua em que o nome tinha significado. Agora, de modo semelhante, implicava que um topônimo em élfico era a fonte inicial do *ariano* sânscrito. Nesse processo, ele "redescobriu" os habitantes de *Aryador*, que presumivelmente devem ser vistos como falantes da língua ancestral indo-europeia.

Muitos anos mais tarde, quando *O Senhor dos Anéis* o tornara famoso, Tolkien expressou sua perplexidade e irritação diante das muitas "suposições sobre as 'fontes' da nomenclatura e com as teorias ou concepções acerca de significados ocultos" propostas por leitores entusiasmados. "Estas me parecem não mais que divertimentos particulares", disse ele, desprezando-as como "não [tendo] valor para a elucidação ou a interpretação de minha ficção". As verdadeiras fontes de seus nomes, queria enfatizar, eram suas próprias línguas inventadas, os produtos em andamento de décadas de ofício meticuloso. Sem dúvida suas afirmativas eram verdadeiras em 1967, e refletiam sua prática criativa das duas, três ou quatro décadas passadas. Também refletem o fato de que inevitavelmente ocorrem semelhanças fortuitas entre um grande vocabulário inventado e palavras de idiomas reais. Mas as evidências sugerem que pelo menos em 1915 Tolkien criou uma parcela pequena, mas significativa, de suas palavras em qenya especificamente para mostrar um parentesco com antigas palavras registradas ou reconstruídas. Os nomes de Eärendel e sua nau Wingelot já foram citados; Tolkien também afirmou que originalmente derivou o nome do "néctar" dos deuses, *miruvōrë*, do gótico *midu "hidromel" (o asterisco indica que se trata de uma forma não registrada, deduzida pelos filólogos) e *wopeis* "doce". Outros exemplos possíveis podem ser trazidos do léxico qenya. O tema *ulband-* "monstro, gigante" deve ter literalmente o significado de "ser desagradável", e, de acordo com as leis regulares de mudança fonética, descende de um negativo do primitivo eldarin UL- e um derivado de VANA-, raiz de palavras para "beleza". Mas na forma o qenya *ulband-* assemelha-se muito ao gótico *ulbandus* "camelo". Os filólogos não sabem de onde veio *ulbandus*, exceto que o termo *elefante* veio da mesma palavra perdida. No mundo linguístico fictício de Tolkien, os ancestrais comuns dos godos e dos anglo-saxões haviam emprestado a palavra do qenya. O feixe de designações — criatura feia, gigante, monstro, camelo, elefante — implica toda uma história de relatos de viajantes e transmissão equivocada. Mais tarde Tolkien escreveria sobre isso em um poema cômico, "*Iumbo, or ye Kinde of ye Oliphaunt*" [Jumbo, ou a espécie do Olifante]:

> É desmedido o índico olifante,
> Montanha semovente, grão mamífero
> (Mas os que creem que ele tem corcova
> Erradamente o tomam por camelo).[6]

Em outro ponto do léxico, tomando um exemplo mais mundano, o tema OWO, donde o qenya *oa* "lã" sugere a palavra indo-europeia reconstruída *owis, donde o latim *ovis* "carneiro" e o inglês *ewe* "ovelha".

Não parece que sejam coincidências; a Tolkien certamente não faltava imaginação, e ele produziu grande número de palavras

---

[6]The Indic oliphaunt's a burly lump, / A moving mountain, a majestic mammal / (But those that fancy that he wears a hump / Confuse him incorrectly with the camel). [N. T.]

em qenya sem homônimos próximos no mundo real. Tinha um motivo para espalhar tais palavras por todo o seu idioma élfico. Assim como no caso de *Arya-*, as palavras do mundo real que incluía eram frequentemente aquelas cujo significado original já não se conhece. Jakob Grimm fizera grande caso do Irminsûl, um misterioso totem germânico. Em seu papel de filólogo profissional, Tolkien supôs mais tarde que o antigo elemento germânico *irmin* era um termo mitológico importado pelos migrantes anglo-saxões e aplicado às "obras de gigantes" que encontraram na Grã-Bretanha, donde o nome da estrada romana Ermine Street. Mas os verbetes do léxico qenya *irmin* "o mundo habitado" e *sūlë* "pilar, coluna" sugerem que Tolkien estava se aproximando de uma explicação fictícia do *Irminsûl*. Os filólogos derivaram as palavras grega e sânscrita para "machado", *pelekus* e *parasu*, de uma fonte não indo-europeia perdida; mas Tolkien "redescobriu" essa fonte na palavra qenya *pelekko*. Tolkien também semeou em sua língua inventada palavras que os indo-europeus não tomaram emprestadas, como *ond* "pedra", que, como lera na infância, era virtualmente a única palavra reconstruída do idioma perdido da Grã-Bretanha pré-celta.

Tolkien tencionava que o qenya fosse uma língua que os povos iletrados da Europa pré-cristã ouviram, e da qual emprestaram, quando cantavam suas epopeias não registradas. Elfos e deuses haviam caminhado nessas epopeias, e também anões, dragões e gobelins; mas apenas fragmentos de suas histórias foram anotados quando chegaram a alfabetização e o cristianismo. Tolkien, tendo em mãos seu léxico de uma civilização fictícia e olvidada, estava agora desenterrando os fragmentos e restaurando-os à vida.

A característica mais marcante de "*A Song of Aryador*" é que aquele povo tribal parece profundamente desconfortável naquela *Aryador*, a terra de onde implicitamente iriam derivar seu nome. Não são nativos e sim pioneiros: intrusos em combate com suas cercanias naturais; andarilhos surpreendidos pela noite, a despeito de suas tentativas para fazerem do lugar o seu lar. De fato, como explica o léxico qenya, aquele não é realmente o lar deles, mas sim "a habitação do Povo de Sombra". Os mortais junto à margem do lago, no poema, parecem não perceber essa débil presença de fadas, mas "*A Song of Aryador*" enfoca uma época ainda mais antiga, quando os humanos não tinham chegado.

Os homens acendem minúsculas fagulhas
Muito embaixo, junto aos rios monteses,
Onde moram entre as faias na costa,
Mas os grandes bosques nas alturas
Veem a luz ocidental que se esvai
E sussurram ao vento coisas de outrora,

Quando o vale era ignoto,
E as águas rugiam a sós,
E o povo de sombra dançava descendo toda a noite,
Quando o Sol fora para longe
Por grandes florestas inexploradas
E os bosques se enchiam de raios vagantes de luz.

Havia então vozes nas charnecas
E som de sinos fantasmagóricos
E marcha do povo de sombra nas alturas.

Nas montanhas junto à costa
Na Aryador olvidada
Havia dança e badalar;
Havia o povo de sombra a cantar
Velhas canções de deuses d'outrora em Aryador.[7]

Esse povo de sombra claramente é o dos Elfos, talvez cantando hinos aos Valar, os "deuses d'outrora" de Valinor além do oceano ocidental, mas desde então eles parecem ter sido forçados a se esconder pela intrusão dos Homens.[8] De modo semelhante, no

---

[7] Men are kindling tiny gleams / Far below by mountain-streams / Where they dwell among the beechwoods near the shore, / But the great woods on the height / Watch the waning western light / And whisper to the wind of things of yore, // When the valley was unknown, / And the waters roared alone, / And the shadow-folk danced downward all the night, / When the Sun had fared abroad / Through great forests unexplored / And the woods were full of wandering beams of light. // Then were voices on the fells / And a sound of ghostly bells / And a march of shadow-people o'er the height. / In the mountains by the shore / In forgotten Aryador / There was dancing and was ringing; / There were shadow-people singing / Ancient songs of olden gods in Aryador. [N. T.]
[8] Tolkien deu mais informações sobre o Povo de Sombra no "Livro dos Contos Perdidos" alguns anos mais tarde; ver p. XXX adiante. [N. A.]

mito irlandês, os feéricos Tuatha Dé Danann se recolheram para baixo da terra quando os celtas invadiram. O "povo de sombra" de Tolkien incorpora o espírito do mundo natural. Os intrusos humanos em Aryador são alienígenas ali, cegos às suas maravilhas ou simplesmente amedrontados com elas.

"Estou realmente zangado comigo mesmo pelo modo como, todo este tempo, tratei seu convite à crítica", escreveu Rob Gilson, espontaneamente, em setembro, rompendo meses de silêncio. "Porque sinto que presentemente é uma das melhores coisas que o TCBS possa fazer. Algum dia quero presentar um livro de desenhos da mesma forma". Gilson recebera a primeira leva de poemas de Tolkien de G.B. Smith na primavera, mas passara-os a Christopher Wiseman duas semanas depois sem comentários. Provavelmente não foi impedido por preguiça nem reticência, e sim por distração. Nessa época Gilson estava no limiar de um dos atos definidores de sua breve vida. Em anos recentes passara longas férias com a família de um cônsul americano aposentado, Wilson King, que era amigo do diretor em Birmingham. Os King o haviam acolhido como amigo caro, mas há muito Gilson desenvolvera uma paixão secreta por Estelle, a filha inglesa de Wilson King. Em abril de 1915 ele finalmente revelara seus sentimentos e a pedira em casamento. Porém ela recuou surpresa e confusa, e seu pai avisou Gilson que ele não contemplaria a noivado dela com um mero subalterno sem perspectiva imediata e com uma guerra para combater.

Tolkien, parece certo, não sabia de nada disso: o TCBS não partilhava tais confidências. Só contara aos outros sobre Edith Bratt quando finalmente se tornaram noivos, mais de quatro anos depois de se apaixonarem. Uma vez ele dissera a Wiseman que não podia suportar "uma vida compartimentalizada" em que TCBS e Edith não tivessem conhecimento um do outro. Esforçou-se por apresentar os amigos à noiva, e eles a receberam com espalhafato. (Wiseman certa vez chegou a escrever a Tolkien que o TCBS, "é claro, inclui sua senhorita".) Mas, na realidade, o amor romântico representava uma ameaça ao círculo coeso. Desde sua declaração fracassada a Estelle, Rob Gilson cortara as comunicações com ela; mas suas cartas ao TCBS aparentemente também cessaram, e Tolkien apelara em vão por uma resposta às suas próprias cartas ao escrever a Gilson com notícias de seu alistamento, ainda em julho de 1915.

Agora, após um verão longo e difícil, debatendo se deveria renovar a proposta a Estelle, Gilson estava acamado no hospital na Sunderland industrial, na costa nordeste, recuperando-se de gripe e profundamente deprimido. Viera com seu batalhão para um curso de tiro, mas os Cambridgeshires haviam partido para o sul da Inglaterra. Em Birmingham, sua madrasta ouvira falar de Dickie Reynolds sobre *Oxford Poetry 1915*. Gilson estava ávido por notícias dos velhos amigos e escreveu: "Confesso que muitas vezes senti que o TCBS parecia muito remoto. Esse é o caminho do desespero". Pediu que Tolkien mandasse mais dos seus poemas, acrescentando: "Tenho oceanos de tempo em mãos".

Tolkien, então, mandou-lhe um segundo maço de poemas, e Gilson, sentindo-se reanimado pelo espírito do TCBS, prometeu criticá-los. Ficara sabendo abruptamente que iria ter baixa do hospital, e tiraria licença em Marston Green. Decidiu-se a visitar Tolkien em Lichfield, e mandou telegramas convocando Smith e Wiseman também. "Em épocas como esta, quando estou alerta, é tão óbvio que o TCBS é uma das coisas mais profundas em minha vida", disse ele a Tolkien, "e mal consigo compreender como posso me contentar em deixar passar tantas oportunidades". Wiseman veio de Greenwich, onde começara seu curso de navegação, e Smith viajou desde a Planície de Salisbury, onde os Salford Pals tinham agora seu acampamento. Como chegaram primeiro, Smith e Gilson — agora bem mais esbeltos que nos dias de escola e faculdade — visitaram a catedral e o lugar natal do Dr. Johnson.[9] Tolkien juntou-se a eles, e por fim Wiseman também, e os quatro se hospedaram no George Hotel para uma noitada daquela "conversa deleitosa e valorosa que sempre ilumina um conselho do TCBS", como Smith se expressou. Os quatro reuniram-se pela última vez. Era sábado, 25 de setembro de 1915. No norte da França, como antegosto da batalha que estava reservada a três do TCBS, o exército britânico em Loos (incluindo os primeiros voluntários de Kitchener) lançou um ataque tão desastroso

---

[9]Samuel Johnson (1709–1784), pensador e dicionarista. [N. T.]

que, quando os atacantes se viraram para recuar, os metralhadores alemães que haviam ceifado 8 mil homens pararam de disparar, finalmente vencidos pela compaixão.

No domingo à tarde os amigos se dirigiram a Marston Green e depois seguiram seus respectivos caminhos. Por uma peculiaridade da organização militar, quando Gilson se reuniu ao seu batalhão na Planície de Salisbury uma semana depois, desorientado e infeliz, ele encontrou sua unidade a ponto de se mudar para a aldeia de Sutton Veny, a somente oito quilômetros subindo o Vale do Wylye a partir de Codford St Mary, onde estava Smith. Um fim de semana chuvoso juntos, fazendo compras e comendo, animou-o imensamente. Foram a Salisbury e depois ao bonito vilarejo de Westbury, que, para grande prazer deles, estava "quase sem soldados". Gilson escreveu para casa:

> A chuva parou bem quando chegamos lá, e a tardinha foi linda. Caminhamos até o alto dos bastiões da Planície, e nos sentamos com uma vista maravilhosa a toda a volta — cinzentos e azuis e verdes embaçados, com árvores molhadas lá embaixo no vale, tudo borrado e nebuloso. Fiz um pequeno desenho de um capão — uma linha estreita de árvores azuis com um grupo preto de construções por trás, e os troncos finos e retos fazendo um desenho encantador diante do céu à luz fugidia. G.B. Smith escreveu um poema a respeito algum tempo atrás, creio que a única coisa dele que está sendo publicada em *Oxford Poetry 1915*, por isso dei o desenho a ele. Ele leu Herrick para mim enquanto eu desenhava, e nos afastamos a muitas milhas da guerra.

O poema de Smith sobre o capão era *"Songs on the Downs"* [Canções nas colinas], uma reflexão sobre a estrada romana que atravessava a Planície, na qual "Os anos caíram como folhas mortas / Não chorados, não contados e não detidos [...]". O humor de Smith era febril e irrequieto, e, refletindo sobre sua maioridade iminente, ele escreveu sombriamente a Tolkien: "Os passos que dei na direção da idade adulta foram simplesmente passos que me afastaram dos abençoados dias de escola, e rumo ao desconhecido absoluto, seja uma carreira de negócios ou um crânio esfacelado".

Ele e Gilson fizeram planos para uma reunião do TCBS em Bath, uma curta viagem de trem dos acampamentos da Planície de Salisbury. Fizeram um reconhecimento da cidade enquanto Smith entoava comentários em longos "períodos gibbonianos",[10] divertindo-se com sua herança do século XVIII e antegozando os prazeres de uma reunião dos quatro ali. Smith era alguém que tendia febrilmente a tais oásis. "Sinto que inevitavelmente representaremos cenas de *Os Rivais* em cada esquina", declarou ele. Enquanto isso, queria que Tolkien mandasse cópias de seus poemas recentes para ele mostrá-los ao Capitão Wade-Gery, o antigo professor de Clássicos que estava agora nos Salford Pals. Gilson e Smith tramavam o futuro literário de Tolkien e instaram para que ele mandasse seus poemas a uma editora como a Hodder & Stoughton ou a Sidgwick & Jackson.

A vida de Tolkien estava bem afastada desse tipo de companheirismo, e em meados de outubro seu batalhão mudou-se mais uma vez, deixando Lichfield e rumando para o planalto amplo e varrido pelos ventos de Cannock Chase, ao norte de Birmingham. Quando irrompeu a guerra o Conde de Lichfield permitira que o exército usasse o Chase,[11] de sua propriedade. Aqueles dias, antes de ser recoberto com plantações de reflorestamento, era quase vazio de árvores, com uma beleza rude e desolada. Mas um vasto e desgracioso complexo militar fora enxertado na face da charneca onde o ribeirão Sher Brook a deixava rumo ao norte. Às margens rasas do ribeirão, o exército estabelecera o Acampamento Rugeley e seu vizinho, o Acampamento Brocton, que juntos eram bastante grandes para processarem 40 mil homens ao mesmo tempo. Austeros barracões de quartel foram dispostos em retas paralelas em torno de um complexo de campos de desfile, acima dos quais se erguia uma torre de água quadrada e uma estação elétrica cujas quatro chaminés despejavam fumaça no céu. Prisioneiros alemães eram mantidos atrás do arame, vigiados pelas torres de guarda.

---

[10] De Edward Gibbon (1737–1794), historiador inglês autor de *A História do Declínio e Queda do Império Romano*. [N. T.]
[11] Área reservada a caçadas. [N. T.]

Montes de cascalho se espraiavam na charneca em redor, como extremidades de campos de tiro de rifle. As obras de construção ainda estavam em andamento quando o batalhão de Tolkien chegou, e continuaram até fevereiro.

Os batalhões da 3ª Brigada de Reserva faziam ali seu treinamento de tiro, patrulhamento, exercícios físicos, guerra com gás e outras disciplinas, incluindo sinalização. Concertos e reuniões em apertados barracões da ACM proporcionavam aos soldados rasos alguma vida social, mas sempre que possível buscavam escapar para os pubs das aldeias em redor do Chase; o tédio e a bebida, no entanto, demonstravam ser uma mistura inevitavelmente turbulenta, e a disciplina era reforçada com treinos e ordens unidas, ou confinamento na sala da guarda. O quartel de inverno era acre de fumos de carvão e fumaça de tabaco, que se misturavam de modo opressivo com o cheiro de graxa de botas, suor, cerveja, óleo para rifles e pisos molhados.

Como subalterno na Companhia de Oficiais da brigada, Tolkien estava em situação muito melhor. No Acampamento Penkridge, ele compartilhava um pequeno barracão de oficiais aquecido por uma estufa. Nas horas livres podia tentar fechar os ouvidos para o som de botas marchando, ordens berradas, cornetas, tiros de rifle e o vento constante, para trabalhar em seu léxico qenya, em expansão, ou em seus escritos cada vez mais ambiciosos. Mas durante o dia não havia como escapar do tempo frio e úmido do Chase. Foi um período sombrio para Tolkien. "Estes dias cinzentos, desperdiçados repassando sem parar tópicos monótonos, as minúcias enfadonhas da arte de matar, não são nada agradáveis", escreveu ele. Um dia típico era fisicamente desagradável e mentalmente enervante:

> O tipo usual de manhã para se ficar em pé congelando e depois trotar para se aquecer simplesmente para congelar mais uma vez. Terminamos com um lançamento de bombas falsas de uma hora. Almoço e tarde enregelante [...] ficamos de pé em grupos gelados ao ar livre ouvindo sermões! Chá e outra disputa renhida – lutei por um lugar perto do fogão e fiz um pedaço de torrada na ponta de uma faca: que dias!

Enquanto isso, Tolkien evidentemente não conseguira uma transferência para o batalhão de Smith, ou desistira de tentar. Edith estava adoentada e em Warwick. A guerra enchia-o de temor pelos amigos e pela própria Inglaterra.

O Conselho de Bath não ocorreu. Em um impulso, Smith e Gilson tomaram um trem para se encontrarem com Wiseman em Londres porque Tolkien não podia estar presente. Gilson escreveu: "Nunca antes senti tão nitidamente a natureza quadrangular do TCBS. Remova um deles, e é como recortar um quarto da tela da Madonna del Granduca". Assistiram com prazer a *The Big Drum* [O Grande Tambor] de Pinero, porém só Wiseman realmente *gostou* da peça. "Ri um pouco, em geral nos lugares certos", escreveu ele, "enquanto Rob e G.B.S. riam nos lugares errados, já que têm percepção dramática superior".

Smith e Gilson haviam ficado acordados até tarde com Wiseman na casa deste em Wandsworth, lamentando o estado do teatro moderno. Londres estava repleta de soldados libidinosos retornados da Frente Ocidental, procurando uma "diversãozinha" e deixando em seu rastro "bebês de guerra". O conclave de Routh Road culpou George Bernard Shaw e Henrik Ibsen por destruírem o pudor vitoriano e nada colocarem em seu lugar para evitar a queda livre da moral. Gilson propôs que o feminismo iria ajudar, banindo a visão de que "a mulher era apenas um aparelho para o prazer do homem". Mas suas reais esperanças de reforma se prendiam ao próprio TCBS.

Smith declarou que, através da arte, os quatro teriam de deixar o mundo melhor do que o tinham encontrado. Seu papel seria "expulsar da vida, das letras, do palco e da sociedade as mexidas e os anseios pelos aspectos desagradáveis e pelos incidentes da vida e da natureza que capturaram os gostos mais amplos e piores em Oxford, em Londres e no mundo [...] para reestabelecer a sanidade, a limpeza e o amor pela beleza real e verdadeira no peito de todos". Smith escreveu a Tolkien no dia seguinte: "Na noite passada tive a ideia de que você poderia escrever um drama romântico extremamente bom, com todo o 'sobrenatural' que quisesse introduzir. Alguma vez pensou nisso?"

Nenhum daqueles jovens idealistas parece ter hesitado diante da vasta tarefa evangelizadora que estavam se impondo. Gilson disse a Tolkien que, sentado em Routh Road, onde a inspiração do Conselho de Londres do ano anterior pairava sobre eles, "de repente vi o TCBS em um clarão de luz como grande reformadora moral

[...] da Inglaterra purificada de sua doença repugnante e insidiosa pelo espírito do TCBS. É uma enorme tarefa, e não havemos de vê-la realizada durante nossas vidas". Wiseman, que era muito modesto acerca de suas próprias habilidades artísticas, foi um pouco mais reservado. "Você e G.B.S. receberam cedo suas armas, e as estão afiando", escreveu. "Não sei qual é a minha, mas você há de vê-la algum dia. Não vou me contentar com uma Comissão Civil no TCBS". Enquanto isso havia a guerra de verdade a encarar. Se a Alemanha vencesse, declarou Wiseman, repassando velhas lembranças de escola para uma erupção de coragem de menino, "TCBS fica na velha Inglaterra e trava o combate, como começou a fazer nas partidas de Richards".

A despeito da linguagem de cruzados, o manifesto cultural e moral do TCBS não envolvia dizer às pessoas o que deviam fazer. Isso fica claro diante do que Smith e Tolkien estavam escrevendo. A poesia de Smith sempre exibira um ansiar misantrópico por solidões de vento e mar; agora exultava ocasionalmente com a guerra como purgante, que lavaria o que era velho e rançoso e revelaria um mundo novo e melhor. Sua crítica mais mordaz estava dirigida aos "filhos da cultura" confiantes, jogadores de golfe, e seu "riso polido", talvez uma diatribe de classe contra os semelhantes a T.K. Barnsley e Sidney Barrowclough. Porém o que Smith fundamentalmente expressava em sua poesia era o desejo de escapar da sociedade, não de mudá-la. Os poemas de Tolkien eram ainda menos didáticos e carregados de moral, e, no entanto, Smith estava pleno de louvores pelo conjunto que recebera pouco antes da reunião na Routh Road. "Jamais li nada parecido com eles, nem de longe", escreveu ele em resposta, "e certamente nada melhor que os melhores. 'The Happy Mariners' é um esforço magnífico". Se era esse o brilho do armamento na guerra contra a decadência, então a estratégia do TCBS era no mínimo indireta: de inspiração, não de confronto.

A Grande Guerra foi uma época de enorme sublevação, em que as antigas ordens foram realmente jogadas de lado; o desejo de um mundo mais novo e melhor estava em toda a parte e assumia muitas formas. Para os revolucionários que estavam tramando a queda da Rússia czarista, novo queria dizer novo. Para Tolkien, Smith e Gilson (nenhum dos quais partilhava muito do liberalismo progressista e científico de Wiseman), novo queria dizer uma variedade do antigo. Cada um deles tinha seu Parnaso pessoal e nostálgico: o período anglo-saxão, o século XVIII, a Renascença italiana. Nenhuma dessas eras fora utópica, mas a distância lhes conferia uma clareza reluzente. O século XX, em comparação, aprecia uma selva envolta em névoa, e agora a civilização de fato parecia ter perdido o caminho. Pode ser que Tolkien estivesse expressando esse sentimento em *"The Happy Mariners"*, que anseia por um tempo e um lugar diferente, o Oeste imortal. Mas aquele não era o impulso escapista que parece ser à primeira vista. O Oste da imaginação de Tolkien era a terra central de uma espécie de revolução: uma revolução cultural e espiritual. Assim com muitas de suas ideias principais, esse pensamento parece ter surgido primeiro em seu primitivo léxico qenya. Ali escrevera que fora de Kôr, a oeste além do oceano, que "vieram as fadas para ensinar canções e santidade aos homens". Canções e santidade: as fadas tinham o mesmo método e missão que o TCBS.

"Kortirion among the Trees" [Kortirion entre as árvores], um longo poema de novembro de 1915, a mais ambiciosa obra de Tolkien até então, lamenta o declínio das fadas. O léxico qenya chama *Kortirion* de "a nova capital das Fadas após seu recuo do mundo hostil para Tol Eressëa": para a "Ilha Solitária", implicitamente a ilha da Grã-Bretanha. Aryador pode ter emprestado de Whittington Heath algumas características topográficas, mas Kortirion *é* Warwick, em uma pré-história mítica: "a cidade da Terra dos Olmos, / Alalminórë nos Reinos das Fadas", e Alalminórë é glosado como "Warwickshire" no léxico qenya. No entanto, o léxico nos diz que Kortirion derivava seu nome de Kôr, a cidade de onde os Elfos vieram, atravessando o mar ocidental, em sua missão ao "mundo hostil". Assim, a história élfica de Tolkien apresenta um duplo declínio, primeiro de Kôr através do mar para Kortirion, depois de Kortirion através dos anos para Warwick.

Isso forneceu uma elegante "explicação" para a presença, na tradição dos contos de fadas, de duas versões aparentemente contraditórias de Feéria. *Os Contos da Cantuária* mencionam ambas. O Mercador de Chaucer mostra Plutão e Prosérpina como rei e rainha da terra das fadas, que é, portanto, uma terra dos mortos; e ali Chaucer aproveitava uma tradição em que Feéria é um

Outro Mundo como a Avalon arthuriana, a Annwn galesa ou a terra irlandesa da juventude eterna, Tír na nÓg. No entanto, a Mulher de Bath recorda que, nos dias do Rei Arthur, toda a Grã--Bretanha estava "repleta de feéria"[12] e a rainha élfica dançava em muitos prados; porém agora, diz ela, "ninguém mais consegue ver nenhum elfo";[13] aí, então, Chaucer se baseava na tradição rival, de uma terra das fadas que outrora florescia abertamente em nosso próprio mundo mortal, mas desde então se desvanecera da visão geral. A ideia de Tolkien era que cada uma das duas tradições podia representar uma etapa diferente da história élfica. Quando os elfos habitavam abertamente aqui nas terras mortais, eles (ou pelo menos alguns deles) eram exilados de uma Feéria do Outro Mundo, isolada por perigosos mares encantados. O duplo declínio na história élfica de Tolkien tem seu paralelo em dois níveis de nostalgia. Da Kôr original e esplêndida, agora vazia, Kortirion era meramente um memorial consolatório, construído na derrota. De Kortirion, a moderna Warwick quase nada sabe:

Ó urbe morta sobre uma colina,
Velha memória desbotando em seu portão,
Com roupa gris, seu coração declina;
E só o castelo aguarda em posição,
Pensando como, entre os grandes olmeiros,
A Deslizante Água sai dos reinos,
Vara os prados, rumo ao ocidental oceano —
E ainda desce por quedas ruidosas
Chegando sempre ao mar, ano após ano;
Depois que Kortirion Fadas criaram
Incontáveis anos ao mar rumaram.[14]

---

[12]No original, "*fulfild of fayerye*". [N. T.]
[13]No original, "*kan no man se none elves mo*". [N. T.]
[14]O fading town upon a little hill, / Old memory is waning in thine ancient gates, / Thy robe gone gray, thine old heart almost still; / The castle only, frowning, ever waits / And ponders how among the towering elms / The Gliding Water leaves these inland realms / And slips between long meadows to the western sea — / Still bearing downward over murmurous falls / One year and then another to the sea; / And slowly thither have a many gone / Since first the fairies built Kortirion. [N. T.]

O longo "Kortirion" deu a Tolkien o espaço para elaborar ao máximo as suas imagens. As árvores se prestam a extraordinárias metáforas estendidas: os troncos e a folhagem são vistos como mastros e velas em naus que zarpam para outras costas, e as folhas de outono, soltas pelo vento, são assemelhadas a asas de aves:

[...] Então se foi sua hora,
Em asas d'âmbar chega sua hora
Por vale baço elas vão embora
Qual aves cruzam lagoa enevoada.[15]

A imagem antecipa a canção de despedida de Galadriel em *O Senhor dos Anéis*: "Ah! como ouro caem as folhas ao vento, longos anos inumeráveis como as asas das árvores!" Os Ents da Floresta de Fangorn estão bem longe, mas em "Kortirion" a árvore e a folha já são muito mais que objetos de beleza: contam as estações, navegam ou saem voando, enredam as estrelas.

Neste poema de 1915, Tolkien tocou a primeira nota do modo que é subjacente a todo o seu legendário: uma nostalgia melancólica por um mundo que se esvai. A primavera e o verão representam o passado perdido, quando os elfos andavam abertamente na Inglaterra. O inverno é o precursor da mortalidade:

O triste outubro o tojo aformoseia
Com lustre fulvo de enredada teia,
E o olmo sombrio, então, começa a morrer;
Funestas folhas a empalidecer
Co'as lâminas geladas
Do Inverno, e lanças azuladas
Cobrindo o sol e todos os recantos
Justo no Dia de Todos os Santos.[16]

---

[15] Then their hour is done, / And wanly borne on wings of amber pale / They beat the wide airs of the fading vale / And fly like birds across the misty meres. [N. T.]
[16] Strange sad October robes her dewy furze / In netted sheen of gold-shot gossamers, / And then the wide-umbraged elm begins to fail; / Her mourning multitudes of leaves go pale / Seeing afar the icy shears / Of Winter, and his blue-tipped spears / Marching unconquerable upon the sun / Of bright All-Hallows. [N. T.]

Preocupações mais imediatas, talvez, também aparecem no poema de Tolkien. O verão ao qual "Kortirion" remete pode ser visto como símbolo ao mesmo tempo da infância e do passado pré--guerra, e o inverno, com seu exército que se aproxima, como o futuro singularmente letal que cabe à geração de Tolkien. Seja como for, o poema confessa que o outono/inverno "é a estação mais cara ao meu coração, / Mais adequada à cidadezinha esmaecida". Isso parece um paradoxo, mas a "adequação", a concordância entre símbolo e significado, era essencial à estética de Tolkien, como se pode ver na cuidadosa concordância entre som e sentido em suas línguas inventadas. Outro jovem poeta-soldado, Robert Graves, disse durante a Grande Guerra que não conseguia escrever sobre a "Inglaterra em traje de junho" quando "As cerejas estão fora de estação, / O gelo agarra ramo e raiz". Mas na verdade "Kortirion" descobre a beleza no modo como o outono incorpora a evanescência da juventude ou da elficidade.

A metáfora dominante das estações também fornece uma nota de consolo, sugerindo não apenas perda e morte, mas também renovação e renascimento. Com efeito semelhante, as fadas da Kortirion minguada cantam uma "melancólica canção de coisas que foram, e ainda poderiam ser". Assim, não é a tristeza que finalmente prevalece em "Kortirion", e sim uma aceitação que se aproxima do contentamento.

Esse humor está mais aparente no sentido de enraizamento do poema. Em contraste a Éarendel ou ao vulto invejoso de "*The Happy Mariners*", a voz que canta um hino a Kortirion conclui que não há desejo de aventura:

> Não quero o deserto ou o rubro paço onde mora
> O sol, nem grandes mares, nem mágicas ilhas,
> Ou pinheirais que vão montanha afora;
> [...][17]

O sentimento é central ao caráter de Tolkien. Mais tarde, quando havia deixado para trás os anos de passeios forçados, poucas vezes

---

[17] I need not know the desert or red palaces / Where dwells the sun, the great seas or the magic isles, / The pinewoods piled on mountain-terraces / [...]. [N. T.]

viajou a não ser na imaginação. Eram a paisagem e o clima, não a natureza política de um estado, que atiçavam sua ideia de nacionalismo. O espírito do lugar, tão potente na mitologia de Tolkien, parece ter emergido pronto no momento em que o poeta subalterno era arrebatado para uma vida ao ar livre e em movimento: seu olhar adquiriu maior nitidez, mas também seu anseio pelo lar, que Warwick viera a representar. Rascunhos esparsos para esse poema mais recente (relacionado com o exército do inverno) sugerem que ele pode ter iniciado o poema logo depois de chegar no Acampamento Penkridge, com seu ermo cinzento, seu enfado e seu trabalho árduo. Mas Tolkien criou a cidade de Kortirion, assombrada pelos Elfos, a partir da vida real quando, após as inoculações do exército, passou uma semana de geada e céus límpidos em Warwick com Edith. Quando retornou ao acampamento, mandou a ela uma cópia do poema, e depois redigiu mais uma, despachando-a em fins de novembro para Rob Gilson, para que circulasse no TCBS.

"Agora tenho 21 anos de idade, e não posso me furtar a pensar se alguma vez hei de fazer 22", escrevera G.B. Smith da Planície de Salisbury em meados de outubro. "Nossa partida para a França está quase à vista. O Rei vai nos inspecionar em breve. Espero que ele fique devidamente impressionado com este membro do TCBS". Os Salford Pals estavam esperando para saírem, junto com outros onze batalhões, incluindo o de Ralph Payton e Hilary Tolkien, que pertenciam todos a uma mesma vasta divisão do exército acampada em torno de Codford St Mary. Em novembro Smith trabalhou com afinco para terminar seu próprio longo poema, "O Funeral de Sófocles",[18] antes do embarque. Apressou-se em ir para casa, em West Bromwich, para se despedir da mãe viúva, e jantou em Codford pela última vez com Gilson, que escreveu: "É impossível nós lhe contarmos todas as esperanças e desejos e orações que o primeiro TCBSita a partir leva consigo [...]. Sinto que este é um dia memorável na história TCBSiana".

O dia já chegara para alguns que haviam pertencido ao TCBS antes do Conselho de Londres. Em setembro Sidney Barrowclough

---

[18] "*The Burial of Sophocles*". [N. T.]

zarpara para Salônica com a Real Artilharia de Campo, o ponto de reunião para as tropas britânicas que combatiam nos Bálcãs. T.K. Barnsley, que mudara suas ambições do ministério metodista para a profissão de soldado, já estava nas trincheiras com o corpo de elite dos Coldstream Guards, tendo-se transferido dos Warwickshires em agosto. Smith, esperando sua partida como o primeiro do TCBS "quadrangular", escreveu a Tolkien:

> Agora estamos tão comprometidos em levar o assunto até o fim que qualquer raciocínio ou pensamento a respeito nada fará senão desperdiçar tempo e solapar a resolução. Muitas vezes pensei que devíamos sofrer a prova de fogo: nossa hora quase chegou. Se emergirmos, emergiremos vitoriosos; do contrário espero que terei orgulho de morrer pelo meu país e pelo TCBS. Mas quem sabe o que se esconde na negra escuridão entre agora e a primavera? É a hora mais ansiosa de minha vida.

Em 21 de novembro de 1915, sob chuva e vento mordente, o Tenente G.B. Smith desfilou à testa de seu pelotão nas colinas de Wiltshire, e depois tomou o trem para Southampton. Após uma noite de travessia para Le Havre, escoltados por um destroier britânico, Smith e os Salford Pals desceram marchando do navio de tropas *Princess Caroline*, escurecido em blecaute, para o solo francês ocupado.

Em 2 de dezembro, após uma semana de marchas em rota, G.B.S. escreveu da frente dizendo que visitara as trincheiras "sem perigo para o corpo ou a alma". Estava animado, mesmo que um pouco assoberbado. Para ele, muito mais inquietante que as trincheiras era o fato de que em algum lugar da viagem ele perdera seu grande poema "O Funeral de Sófocles". A censura militar o impedia de precisar sua posição, mas de fato ele estava em Albert, perto do Rio Somme, em uma área que se tornaria sombriamente familiar a Tolkien e famosa na história.

Desde que se juntara ao exército em julho, Tolkien desvira sua atenção de Kôr e o Outro Mundo além do mar e focara em Kortirion e nas terras mortais, onde os elfos são um "povo de sombra" minguante e esquivo. Mas o poema do tempo da guerra de Tolkien, "*Habbanan beneath the Stars*" [Habbanan sob as estrelas], era povoado por vultos de homens e não se passava nem na Inglaterra nem em Aryador. Mais tarde ele recordou que fora escrito no Acampamento Brocton em dezembro de 1915, ou então no mês de junho seguinte, no imenso campo de trânsito em Étaples na costa francesa. De qualquer maneira, parece apropriado que o poema descreva um acampamento de homens.

> Plangente violão se ouviu,
> E os ecos de longes toadas,
> Pois homens lá fazem ciranda
> Ao fogo rubro, e há alguém que canta —
> E tudo em volta é noite.[19]

O léxico qenya descreve Habbanan simplesmente como "uma região nos arredores de Valinor", e antes dos "Contos Perdidos" do pós-guerra não há outro esclarecimento de seu significado.

Mas no mundo de Tolkien há uma dimensão espiritual e religiosa, nunca ausente apesar de raramente gritante, que era notadamente destacada em seus conceitos originais. Lado a lado com termos para diferentes tribos élficas, no léxico, há palavras para "santo", "mosteiro" e "crucifixão", "freira", "evangelho" e "missionário cristão". Existe até um aforismo em qenya, *perilmë metto aimaktur perperienta*, "Deveras suportamos coisas, mas os mártires suportaram até o fim" — uma perspectiva interessante vinda de um membro da geração da Grande Guerra. Os Valar que regem Valinor, ou "Asgard", só são deuses aos olhos pagãos: na realidade são anjos sob "Deus Todo-Poderoso, o criador que habita fora do mundo". Apesar de Tolkien mais tarde ter refinado esse elemento religioso, e de tê-lo tornado praticamente invisível ao olho desatento em *O Senhor dos Anéis*, jamais o removeu de sua concepção da Terra-média.

A dimensão religiosa ajuda a explicar como os elfos puderam chegar a "ensinar canções e santidade aos homens". A convicção de Tolkien nessa época parece não ter diferido muito da visão que

---

[19] There is a sound of faint guitars / And distant echoes of a song, / For there men gather into rings / Round their red fires while one voice sings — / And all about is night. [N. T.]

mais tarde propôs em seu ensaio "Sobre Estórias de Fadas": que, apesar de os mitos e os contos de fadas contradizerem o relato cristão, não eram mentiras. Porque eram obra de seres humanos "subcriando" como emulação do seu próprio Criador, ele sentia que tinham de conter sementes da verdade. A ideia não era inteiramente nova, e fora expressa ao reverso por G.K. Chesterton em seu ensaio de 1908 *The Ethics of Elfland* [A Ética da Terra dos Elfos]: "Sempre senti a vida primeiro como história: e se existe história existe um contador de histórias". Antes de Cristo, na Aryador de Tolkien surpreendida pela noite, o mito e Feéria teriam sido tão próximos daquela verdade quanto poderiam conseguir os povos vagantes da Europa. Assim, a missão religiosa élfica pode ser vista como metáfora do impacto esclarecedor das estórias de fadas.

No entanto, em termos literais os Elfos vêm de Kôr, que é próximo à terra dos Valar: viveram ao lado dos anjos. A síntese tolkieniana das crenças sobrenaturais humanas é impressionantemente ambiciosa. Habbanan, que também faz divisa com Valinor, é o lugar "onde todas as estradas terminam, não importa quão longas", deste lado do próprio Céu. É talvez uma visão para consolar os que estão diante da morte: o purgatório cristão visto através de uma lente feérica.

> De súbito, notou meu coração
> Que quem cantava essa canção
> Quem falava às estrelas claras
> Com a música de violas raras,
> Eram Seus felizes rebentos
> Vagando em prado venturoso,
> Onde Seus puros indumentos
> Cobrem regaço glorioso.[20]

---

[20]There on a sudden did my heart perceive / That they who sang about the Eve, / Who answered the bright-shining stars / With gleaming music of their strange guitars, / These were His wandering happy sons / Encamped upon those aery leas / Where God's unsullied garment runs / In glory down His mighty knees. [N. T.]

SEIS

Tempo demais adormecido

Tolkien sempre fora fascinado por códigos e alfabetos, e na adolescência inventara diversos próprios — o começo de uma paixão de toda a vida. Uma vez chegado ao exército, decidiu especializar-se em sinalização, onde a criptografia desempenhava um pequeno papel. O treinamento seria mais interessante, e ele estaria jogando com seus pontos fortes, pondo à disposição do exército suas aptidões incomuns. Conscientemente ou não, ele também incrementava suas chances de sobreviver à guerra, que seriam bem pequenas encabeçando uma patrulha de rotina ou um pelotão atacante na Terra de Ninguém. É estranho pensar que sem tais decisões as crianças poderiam jamais ter ouvido falar de Bilbo Bolseiro, nem tampouco, na verdade, de Ursinho Pooh: em outro lugar do exército, um subalterno chamado A.A. Milne também optou por ser sinaleiro, de modo bem consciente, para salvar a pele. Mas Milne também se referiu à sinalização como "de longe o trabalho mais interessante na infantaria, com a grande vantagem de que somos o único oficial do Batalhão que sabe qualquer coisa a esse respeito, e por conseguinte mandamos em nós mesmos — uma coisa excelente para um civil no exército".

No fim de dezembro de 1915, quando o 13º Batalhão de Fuzileiros de Lancashire se havia deslocado do Acampamento Penkridge para o vizinho Acampamento Brocton, Tolkien estava ocupado com exercícios criptoanalíticos e escrevinhava seus trabalhos nas costas de envelopes. Mas é claro que a sinalização não envolvia apenas fazer e quebrar códigos. O aspecto mais mecânico do trabalho envolvia meios de transmitir a mensagem codificada, e assim Tolkien aprendeu como sinalizar a um observador com bandeiras de semáforo, ou com "pontos" e "traços" de código Morse produzidos com uma lanterna à noite ou com um heliógrafo de dia. Para trabalho a mais longa distância, ou para ocasiões em que piscar uma luz era inadequado ou perigoso, precisava dominar o uso e a manutenção de um telefone de campanha. Os outros dois itens em seu arsenal eram bem menos sofisticados: foguetes e pombos-correios. Também aprendeu a ler mapas e participou das manobras militares usuais em Cannock Chase. Era um lugar áspero para se chamar de lar no meio do inverno, e ele ficou muito infeliz.

Os temores de Rob Gilson, de ser mandado à França ou a Flandres, haviam sido expulsos antes do Natal por boatos de que estavam de partida para o Egito e pela entrega de um conjunto para o deserto. "Imagine o regozijo geral ao despertarmos de nosso longo pesadelo sobre trincheiras frias, úmidas, lamacentas e, pior que tudo, ao som de ragtime", escreveu ele a Tolkien no *Boxing Day*.[1] Mas naquele dia os Cambridgeshires tinham recebido ordens para deixarem de lado os capacetes de sol e as esperanças. "O mundo todo parece cinzento outra vez. É pior do que nunca, por causa do sonho ensolarado que interveio".

Gilson logo se recuperou. Sua longa angústia por causa de Estelle King havia terminado. Sua madrasta, Donna, ao saber que Estelle queria vê-lo antes da partida, pusera-os face a face pela primeira vez desde sua desastrosa proposta em abril. No final de novembro Gilson renovara seu pedido e ela correspondera ao seu amor. Orgulhoso e atabalhoado, ele queria desesperadamente contar aos amigos, mas controlou-se a pedido de Estelle, cujos pais ainda proibiam um noivado formal. No entanto, ela ficou sabendo de tudo sobre o TCBS, e, quando *"Kortirion among the Trees"* chegou a Gilson na Planície de Salisbury, ele prometeu que algum dia mostraria a ela os poemas de Tolkien. À entrada de 1916 ele lhe disse: "Que ano maravilhoso! Eu não esperava nada senão miséria e encontrei...! Queria ser poeta, e então seria capaz de me expressar".

---

[1] O primeiro dia de semana após o Natal, na Inglaterra, em que tradicionalmente se presenteiam os fornecedores — carteiro, padeiro etc. [N. T.]

No mesmo dia Christopher Wiseman, então oficial naval com duas listras douradas no braço, apresentou-se para o serviço na Escócia, onde se juntou ao navio HMS *Superb* em Invergordon, em 2 de janeiro. "Então mergulho no meio de 870 outros mortais, dos quais nada sei, e que nada sabem de mim e não se importam", escrevera ele a Tolkien. Sua chegada foi mais alarmante do que ele temia. O navio de guerra estava atracado com seu esquadrão no Estuário de Cromarty, onde uma explosão misteriosa acabara de afundar um cruzador blindado, matando mais de trezentos marujos. Entre suspeitas de que um submarino alemão estava à caça no Estuário, os grandes navios foram cercados com suas redes antitorpedo, suspensas a 12 metros de distância dos flancos das naves. Para subir a bordo do *Superb*, Wiseman teve de escalar uma escada de corda e passar pela longarina que atravessava a brecha protegida.

Gilson foi promovido a tenente e zarpou rumo à França em 8 de janeiro de 1915 — coincidentemente no mesmo dia em que Estelle King tomou o navio para a Holanda como enfermeira voluntária. Ele escreveu a ela: "Queria ser capaz de descrever ou desenhar para você o lindo nascer do sol que observamos do trem hoje de manhã — como um dos Bellinis na National Gallery, com a Planície de Salisbury estendendo-se diante do céu, emoldurada por uma encantadora linha negra aveludada [...]. Faz muito tempo que não sinto com tanta força a pura beleza das coisas. Por ora, realmente parece-se mais com férias". Prometeu que, quando a guerra terminasse, eles viajariam juntos à sua amada Itália. Levava consigo um Novo Testamento e a *Odisseia*, ambos em grego.

Tolkien acabara de fazer 24 anos. No espaço de sete semanas, todos os seus três amigos mais caros haviam partido à guerra. No meio de tudo fora publicado *Oxford Poetry 1915*, contendo seu poema *"Goblin Feet"*. Foram impressos mil exemplares, e aquilo significou a primeira vez em que um texto escrito por ele chegou a um público maior que a escola ou a faculdade.

Um crítico do *Oxford Magazine* refletiu que agora nem Pope nem Tennyson tinha o domínio: "Os ídolos caíram [...]. O pedestal ergue-se vazio". Alguns dos poetas exploravam novos modos de expressão como o *vers libre*, e novos assuntos como as motocicletas e (no caso de T.W. Earp do Exeter College) os guindastes mecânicos, observou com aprovação o resenhista anônimo, e ele estava contente de ver que as antigas convenções de poesia amorosa, a linguagem de "olhos de cristal e lábios de cereja", foram exauridas. Da França, G.B. Smith opinou vigorosamente que o resenhista devia ser fuzilado. "A verdade é", disse ele a Tolkien, "que tudo aquilo que é prosaico e barulhento é considerado engenhoso hoje em dia". Garantiu a Tolkien que "*Goblin Feet*" era esplêndido de se ler, porém acrescentou que estava longe de ser a sua melhor obra. Mais de duas semanas depois, em 12 de janeiro, Smith ainda amaldiçoava Earp, aquele "sujeito terrível". Àquela altura Gilson repassara "*Kortirion*" para ele. Smith vivia em um abrigo de trincheira e fora incluído em um batalhão de soldados profissionais para sua instrução;[2] sentia-se perdido e incompetente, dizia ele, mas animou-se com o "grande e nobre poema" de Tolkien. Ele escreveu:

> Trago seus últimos versos [...] comigo como um tesouro [...]. Você sabe tão bem como eu, meu caro John Ronald, que não dou a mínima se o Bosch[3] jogar meia dúzia de explosivos potentes em toda a volta e em cima deste abrigo onde estou escrevendo, contanto que as pessoas sigam fazendo versos sobre "*Kortirion among the Trees*" e outros tópicos tais — na verdade é por isso que estou aqui, para mantê-los e preservá-los [...].

Depois de dezoito meses de antecipação, Rob Gilson teve seu primeiro gosto das trincheiras em 2 de fevereiro, alguns quilômetros ao sul de Armentières, na baixada de canais e álamos perto da fronteira belga. "É um lugar estranho e de aspecto melancólico — terra baldia e árvores e casas estraçalhadas", disse ele a Estelle. "De início o que mais me impressiona é o espantoso gasto de trabalho humano apenas para uns se esconderem do caráter satânico dos outros. Nunca compreendi isso em minha imaginação. É uma das

---

[2] A unidade à qual Smith foi alocado temporariamente, na Floresta de Thiepval no Somme, era a 2ª Manchesters, onde mais tarde serviu e morreu o poeta Wilfred Owen. [N. A.]
[3] Os soldados aliados, especialmente os franceses, referiam-se aos alemães como *boches*. [N. T.]

visões mais tristes que jamais vi". Em certo ponto Gilson teve uma visão absurda de si mesmo mais moço — o aluno culto e fastidioso que achava que "o verdadeiro sentido da vida" era viajar pelas igrejas da Normandia com um caderno de esboços — enxergando o soldado que se tornara, rastejando de barriga no chão em um campo francês, em uma úmida noite de inverno. Bem no meio da Terra de Ninguém, precisou abafar uma gargalhada.

Na mesma semana, a 80 quilômetros de distância, Smith (agora de volta ao seu próprio batalhão) enfrentava a patrulha sem o alívio da comédia nem da novidade. Passara metade das dez semanas desde sua chegada à França nas trincheiras ou logo atrás delas, mas aquele era o pior trecho de linha que os Salford Pals haviam experimentado. Cem metros da trincheira da linha de frente, junto com todo o arame farpado que a protegia, tinham sido detonados durante um pesado bombardeio pouco antes que eles chegassem. Tiveram que postar homens em buracos de obus para vigiarem a linha, enquanto saíam repetidas vezes, encobertos pela escuridão, para instalar novos arames. As patrulhas inimigas espreitavam todas as noites, e houvera confrontos: um oficial que liderava um grupo de patrulha britânico, em 2 de fevereiro, atacara com granadas e tiros, mas fora ferido. No dia seguinte o oficial de bombardeio do batalhão levou outro grupo e não voltou.

"Um bom amigo meu foi ferido em patrulha e capturado pelos alemães. Deus sabe se ele ainda está vivo", escreveu Smith ao se preparar para partir à Terra de Ninguém naquela noite. Face a face com a morte, ele insistiu com Tolkien:

> Meu caro John Ronald, publique de todo jeito. Sou um admirador arrebatado, de todo o coração, e meu principal consolo é que, se eu morrer hoje à noite — vou sair em missão daqui a alguns minutos — ainda restará um membro do grande TCBS para expressar o que sonhei e no que todos concordamos. Pois a morte de um dos seus membros não pode, tenho certeza, dissolver o TCBS. Agora a morte está tão perto de mim que sinto — e tenho certeza de que você sente, e todos os outros três heróis sentem, como ela é impotente. A morte pode nos tornar repugnantes e indefesos como indivíduos, mas não pode acabar com os quatro imortais! [...]

Sim, publique — escreva à Sidgwick & Jackson ou a quem quiser. Tenho certeza de que você foi escolhido, como Saul entre os Filhos de Israel. Apresse-se antes de sair para esta orgia de morte e crueldade [...].

Deus o abençoe, meu caro John Ronald, e possa você dizer as coisas que tentei dizer, muito tempo depois de eu não estar aqui para dizê-las, se for esse o meu destino.

As patrulhas saíam com os rostos enegrecidos, armadas de porretes e facas como ladrões, e engatinhavam a talvez 40 metros por hora até terem transposto o trecho da Terra de Ninguém que lhes fora designado. Smith voltou em segurança, naquela noite, com todos os seus três homens, sem ter visto nem ouvido nada do inimigo, e viveu para liderar outras patrulhas. Mais tarde uma bandeira turca foi hasteada acima da trincheira inimiga: claramente os alemães haviam sabido pelo seu prisioneiro que estavam enfrentando os Fuzileiros de Lancashire, e pretendiam desconcertá-los com uma lembrança de suas perdas infrutíferas em Galípoli. Mas o amigo capturado de Smith, Alfred Charles Dixon, de 19 anos, nunca mais foi visto; morreu no dia seguinte dos ferimentos recebidos durante o confronto na Terra de Ninguém e foi sepultado atrás das linhas alemãs.

No espaço de uma semana Tolkien escreveu a Smith anunciando que apresentara sua coleção de poemas, *The Trumpets of Faërie* [As Trombetas de Feéria], à Sidgwick & Jackson. Smith o advertiu para não ficar esperançoso demais e, quando percebeu que "*Kortirion*" não fora apresentado, pressionou-o para mandá-lo. "Lembro-me de como fiquei perplexo com seus primeiros versos", escreveu Smith. "Tenho o prazer de dizer que agora vejo que minha crítica deles foi justa".

"*Kortirion*" foi levado a sério por todo o TCBS. Até o mais hesitante, Rob Gilson, sugeriu que tinha "demasiadas pedras preciosas", mas disse que o poema frequentemente o animara durante horas de rotina monótona. Mas Christopher Wiseman compartilhava de todo coração a opinião de Smith. "Fico imensamente fortalecido com ele", escreveu em fevereiro no *Superb*, que estava então com a Grande Frota em Scapa Flow. "Você parece ter saído de cavernas subterrâneas repletas de estalactites iluminadas com arame de magnésio [...]. Eu costumava ter medo de que você jamais escrevesse nada diferente de poesia extravagante, por muito que fosse engenhosa, e por muito que fosse belo o efeito [...]. Mas Kortirion me parece tão 'John Ronaldiano' como sempre, porém menos 'extravagante'".

Antes dessa descoberta, em outras palavras, Tolkien estivera labutando com demasiado artifício rumo ao estranho e ao pouco familiar. Wiseman tinha razão sobre a descoberta. Há diferenças qualitativas entre "*Kortirion among the Trees*" e — tomando um quarteto de poemas de 1915 que marcam quatro pontos da bússola tolkieniana — o formal "*Why the Man in the Moon came down too soon*"; o feérico "*Goblin Feet*"; o heráldico "*Shores of Faëry*"; e o psicológico "*Happy Mariners*". O primeiro dos quatro é uma apresentação de virtuosismo métrico e verbal, construída em torno de uma pequena brincadeira: uma acabada peça de entretenimento ligeiro. O segundo é uma peça feérica genérica que, consciente de si mesma, se destaca do fluxo geral: parece um ato que desafia as experiências estilísticas e os temas cotidianos que dominavam *Oxford Poetry 1915*. O terceiro certamente é espantoso, porém menos como peça literária e mais como pintura simbolista (que é como começou), com emblemas fortes e nomes estranhos isentos da mediação de comentários ou caracterizações. O quarto, paralisado, temeroso e introspectivo, sugere um estado mental profundamente perturbado. Cada um desses poemas pode ser descrito, à sua maneira, como "extravagante".

"*Kortirion*" segue, até certo ponto, cada uma dessas quatro direções, mas em geral evita suas armadilhas. Assim como o anterior "*Man in the Moon*", é tecnicamente brilhante, porém não é verdade que "havia nele mais forma que conteúdo", como R.W. Reynolds disse sobre o poema posterior: sua estrutura expansiva permite que seu núcleo simbólico seja explorado por todos os ângulos, e dá espaço de respiro para a meditação e a modulação do sentimento. "*Kortirion*" é uma peça genérica de escrita feérica como "*Goblin Feet*", mas também abarca a tradição mais ampla da descrição inglesa de paisagens. Assim como "*The Shores of Faëry*", pinta misteriosos povos e lugares, mas as pinceladas são intimistas e naturalistas, o convite para explorar é mais sedutor, e o local é real. Finalmente, assim como "*The Happy Mariners*", "*Kortirion*" pode ser visto como uma janela para um estado psicológico, mas agora a claustrofobia foi banida, a mente se expande e o humor se aproxima da reconciliação com a realidade, "um obcecante contentamento sempre próximo" com o ano que se esvai.

Compreensivelmente, Tolkien ficou ferido ao ver que seu melhor amigo aparentemente classificava a maior parte de sua obra como "extravagante". Acusou Wiseman de falta de empatia com suas inspirações primárias: a glória da noite, da penumbra e das estrelas. Wiseman respondeu que Tolkien deixava de apreciar "a grandiosidade do brilho do meio-dia". Falavam em metáforas: a imaginação de Tolkien era inflamada por vastos mistérios e remota beleza, mas Wiseman estava encantado com o empenho humano que desenredava os enigmas do universo. O argumento traçava uma linha divisória entre o Tolkien medievalista, místico e católico e o Wiseman racionalista, humanista e metodista. Mas Wiseman apreciava o combate. "Velhos dias, Harborne Road e Broad Street de novo", escreveu ele. "Uma grandiosa discussão antiga! [...] Foi essa abertura no discurso que manteve o TCBS junto por tanto tempo". Agora ele confessava reservas, há muito suprimidas, acerca de todo o projeto de Tolkien:

> Você está fascinado por criaturas pequenas, delicadas, belas; e quando estou com você também estou. Portanto empatizo com você. Porém, emociono-me mais com coisas enormes, de movimentos lentos e onipotentes, e se tivesse maiores dons artísticos faria você também sentir o frêmito. E, tendo sido conduzido pela mão de Deus à zona limítrofe da beira da ciência que o homem conquistou, posso ver que há números tão enormes de coisas maravilhosas e belas, que realmente existem, que em meu estado mental normal não sinto necessidade de buscar coisas que o homem usou antes que aquelas pudessem preencher um certo espaço no total dos seus desejos.

Tolkien não ficou nem um pouco apaziguado. Retrucou que sua própria obra expressava seu amor pela criação de Deus: os ventos, as árvores e as flores. Seus Elfos também eram um modo de expressá-lo, primariamente porque eram *criaturas*, coisas criadas. Apanhavam uma verdade mística acerca do mundo natural que escapava à ciência, disse ele, insistindo em que "os Eldar, os Solosimpë, os Noldoli são melhores, mais quentes, mais belos ao coração do que a matemática das marés ou os vórtices que são os ventos". Wiseman retrucou:

> Digo que não são. Nem são bons, quentes ou belos. O que é bom, quente e belo é que você cria um e o cientista cria o outro. A obra completa é vaidade; o processo do trabalho é eterno. Essas criaturas vivem para você porque você ainda as está criando. Quando tiver terminado de criá-las, serão para você tão mortas quanto os átomos que compõem nosso alimento vivo, e só viverão quando você ou eu atravessarmos mais uma vez o seu processo de criação. Como o odeio quando você começa a falar das "conquistas da ciência"! Então você se torna exatamente igual ao tolo inartístico da rua. As "conquistas" desaparecem quando são feitas; só são vitais na feitura. Assim como a fuga[4] não é nada na página; só é vital quando se esforça para sair.

Mas traçou uma linha sob a altercação, escrevendo: "Sinto muito mesmo se feri você. A forma precisa de anormalidade que sua obra assumiu pareceu-me ser um defeito que, até onde pude ver, você estava eliminando gradativa e conscientemente. E agora eu disse demais. Na verdade, todos dissemos demais".

Christopher Wiseman não estava sozinho ao duvidar do valor de Feéria. Fosse o que fosse o credo do TCBS, ele não se baseava em fascínio pelo sobrenatural. Rob Gilson confidenciou a Estelle King que lhe faltavam "as cordas que deveriam vibrar com débil e fantástica música das fadas". Pensava que tal música fugia do tema real elaborado pela melhor arte: "Gosto de dizer e ouvir dizer e sentir vigorosamente que a glória da beleza e da ordem e do feliz contentamento com o universo é a presença de Deus [...] Amo

---

[4]Wiseman referia-se à fuga como forma musical. [N. T.]

mais os homens que estão tão certos disso que conseguem pôr-se de pé e proclamá-lo ao mundo. É por isso que amo tão intensamente Browning [...]. Os céus sabem que eu mesmo não possuo essa grande certeza".

    G.B. Smith estava muito atento à visão de Tolkien, e a compartilhava em certa medida (apesar de sua antipatia confessa ao romantismo), assim como compartilhava o deleite com Arthur e o ciclo galês de lendas, o *Mabinogion*. Smith não via demarcação entre a santidade e Feéria. Um dos seus poemas, "*Legend*" [Lenda], fala de um monge que retorna de um passeio matinal durante o qual escutou, encantado, um pássaro cantando "música mais divina / Do que fizeram os maiores harpistas":

> Cantou de praias abençoadas e douradas
> Onde estão os antigos heróis obscuros,
> Ilhas distantes de glória no ocaso,
> Situadas além do mar ocidental.
>
> Cantou de Cristo e Mãe Maria
> Escutando sete anjos
> A tocar em suas douradas cordas de harpas
> Nas distantes cortes do alto Céu.[5]

De volta ao mosteiro, nenhum dos outros monges o reconhece. Depois que ele se retira para uma cela, eles descobrem que ele se desfez em pó: havia saído a passeio cem anos antes e se perdera em um Outro Mundo atemporal. Mas a canção do pássaro também é a de Tolkien: as praias de Feéria podem não ficar no Céu, mas são iluminadas por ele.

    Wiseman enganava-se ao pensar que Tolkien era no fundo um antirracionalista. Havia uma cepa de curiosidade e disciplina científica em seu trabalho, no desenvolvimento do qenya com base em rigorosos princípios fonológicos. Apesar de isso se passar atrás do

---

[5] Sang of blessed shores and golden / Where the old, dim heroes be, / Distant isles of sunset glory, / Set beyond the western sea. // Sang of Christ and Mary Mother / Hearkening unto angels seven / Playing on their golden harp-strings / In the far courts of high Heaven. [N. T.]

cenário, nas páginas de um léxico, era a razão pela qual Tolkien queria fazer mitos: dar vida à sua língua. Wiseman também estava errado quando supunha que o olhar de Tolkien se desviava da humanidade. Ao perseguir o elo entre língua e mitologia, Tolkien agia de acordo com sua revelação, inflamada pelo *Kalevala* e talvez pela guerra, de que a língua humana e as crenças humanas estavam intimamente ligadas entre si.

A mitologia que cercava os poemas de Tolkien ainda não tomara forma; não admira que eles parecessem estranhos e desconexos um do outro, como incursões inconclusivas em um complexo subterrâneo insondavelmente vasto. Nenhuma das muitas cartas do TCBS que discutem sua obra menciona "epopeia" ou "mitologia" antes de 1917. Porém, Wiseman àquela altura sabia o bastante, pelo próprio Tolkien, para não se frustrar com denominações inventadas dos clãs de Feéria como "os Eldar, os Solosimpë, os Noldoli". Em seu conjunto, os poemas insinuavam o panorama geral, se olhados de soslaio; mas em conversas Tolkien podia revelar ainda mais sobre a mitologia que esboçara em seu léxico.

Cada língua retira sua força vital da cultura que expressa, e o inglês recebeu um enorme arranque de eletricidade das novas tecnologias e experiências da Grande Guerra. Palavras antigas receberam novos significados; palavras novas foram cunhadas; frases estrangeiras foram abastardadas. *Air raids* [ataques aéreos] eram combatidos com balões cativos ou *blimps*, uma palavra-valise[6] (opinou Tolkien) formada de *blister* e *lump*[7] em que "a vogal *i*, não *u*, foi escolhida por causa de seu significado diminutivo — típico do humor de guerra". Os soldados, que tinham apelido para todos e tudo, utilizavam essa linguagem alterada em sua forma mais concentrada. Smith informalmente usou *Bosch* (francês *Boche*) para "alemão"; mas Gilson apreciava seu papel de defensor do inglês inflexível, proclamando desde seu lugar *cushy* [confortável] na *front line* [linha de frente]: "*Eu* pretendia evitar por completo a gíria das trincheiras quando cheguei aqui — ela é especialmente

---
[6]Resultante da fusão de duas palavras. [N. T.]
[7]"Bolha" e "caroço". [N. T.]

ofensiva —, mas nunca esperei convencer todo o rancho a fazer a mesma coisa. Quando alguém daqui se refere a 'hunos'[8] ou 'boches' ou *strafing* [metralhar], ele é severamente reprimido". A Grã-Bretanha era *Blighty* (do hindi), e um *blighty* era um ferimento suficientemente grave para levá-lo para casa. Os sinalizadores usados para observação e comunicação, *Very lights* [luzes de Very], eram inevitavelmente batizados de *Fairy lights* [luzes de fadas]. Tolkien estava cercado de criadores de palavras. Mas a gíria dos soldados, que abarcava morte, bebida, comida, mulheres, armas, o campo de batalha e as nações combatentes, brotava da ironia e do desprezo pelo que era intolerável; era tão crua e desgraciosa como a própria vida no acampamento.

O qenya vicejava no mesmo solo, mas não no mesmo humor. Nada podia ser mais distante dos aspectos práticos que Tolkien estava aprendendo, feios e inflexíveis, a invenção de uma língua pela alegria de seus sons. Era um prazer solitário e acanhado, mas, na verdade, ele descobriu que não era o único membro do exército de Kitchener empenhado no "vício secreto". Certo dia, sentado em uma apresentação militar "em uma tenda suja e úmida repleta de mesas de cavalete, cheirando a gordura rançosa de carneiro, apinhada de criaturas (em grande medida) deprimidas e úmidas" (como recordou em uma conferência sobre a invenção de línguas), ele estava explorando os remotos confins do tédio quando um homem próximo murmurou, como em sonho: "Sim, acho que hei de expressar o caso acusativo com um prefixo!" Tolkien tentou arrancar do soldado algo mais sobre aquela gramática particular, mas ele demonstrou ser "fechado como uma ostra".

Também Tolkien costumava manter em segredo seu passatempo, ou então fazia pouco caso dele; assim, escreveu a Edith: "[...] estive lendo mais uma vez antigas notas das palestras militares — e me entediando com elas após uma hora e meia. Dei alguns retoques na minha absurda língua das fadas [...]". Mas o qenya era assunto sério para ele, e os "retoques" que lhe deu em março significavam que era capaz de escrever poesia no idioma: a façanha culminante. Tentara fazê-lo em novembro, mas não produzira mais

---

[8]Outro apelido para os soldados alemães. [N. T.]

que uma quadrinha parafraseando os versos de "*Kortirion among the Trees*" em que as folhas caindo são assemelhadas a asas de aves. Agora expandira-a a um total de vinte versos.

Tendo trazido o qenya a essa etapa de sofisticação, e tendo apresentado sua poesia aos editores, Tolkien trouxera seu projeto mitológico a um divisor de águas. Sem dúvida ponderava seu próximo lance, mas sabia que o embarque não devia estar distante, e assuntos pessoais requeriam sua atenção antes de partir da Inglaterra. Este, portanto, pode ser um ponto apropriado para inspecionar, se bem que de modo tentativo, o estado da mitologia ao tempo em que Tolkien partiu para a guerra.

Enu, a quem os homens se referem como *Ilūvatar*, o Pai Celestial, criou o mundo e habita fora dele. Mas dentro do mundo habitam os "deuses pagãos" ou *ainur*, que aqui, com seus auxiliares, são chamados *Valar* ou "povo feliz" (no sentido original de "abençoados com boa sorte"). Poucos deles são nomeados: notadamente *Makar*, o deus da batalha (também conhecido por *Ramandor*, o gritador); e os *Sūlimi* dos ventos; *Ui*, que é rainha das *Oaritsi*, as sereias; e *Nïeliqi*, uma garotinha cujo riso faz brotar narcisos e cujas lágrimas são gotas de neve. O lar dos Valar é *Valinor* ou "Asgard", que fica no sopé do elevado *Taniqetil* encimado de neve, na borda ocidental da terra plana.

Junto a Valinor está a praia rochosa de *Eldamar*, outrora lar dos *Eldar* élficos ou *Solosimpë*, as fatas da praia ou flautistas da costa. A casa real das fadas, os *Inweli*, era encabeçada por seu antigo rei *Inwë*, e sua capital era a cidade branca de *Kôr* nos rochedos de Eldamar. Agora ela está deserta: Inwë conduziu as fadas, dançando, pelo mundo afora para ensinarem canções e santidade aos homens mortais. Mas a missão fracassou e os Elfos que permaneceram em *Aryador* (Europa?) estão reduzidos a um furtivo "povo de sombra".

Os *Noldoli* ou Gnomos, mais sábios das tribos de fadas, foram conduzidos de sua terra de *Noldomar* para a Ilha Solitária de *Tol Eressëa* (Inglaterra) pelo deus *Lirillo*. As outras fadas retiraram-se do mundo hostil para a ilha, que agora se chama *Ingilnōrë* por causa de *Ingil* (ou *Ingilmo*), filho de Inwë. Em *Alalminōrë* (Warwickshire), a terra dos olmos no coração da ilha, construíram uma nova capital, *Kortirion* (Warwick). Ali a deusa *Erinti* vive em um círculo de olmos, e tem uma torre que as fadas vigiam. Ela veio de Valinor com Lirillo e seu irmão *Amillo* para habitar na ilha entre as tribos élficas no exílio. Agora os flautistas feéricos assombram as praias e as cavernas marinhas repletas de ervas, na ilha; mas um deles, *Timpinen* ou *Tinfang Trinado*, toca flauta nos bosques. O nome *Inwinórë*, Feéria, foi usado por Tolkien tanto para Eldamar como para Tol Eressëa. Os Elfos são imortais, e bebem um líquido chamado *limpë* (enquanto que os Valar bebem *miruvōrë*). Em geral são diminutos, alguns em extremo: um cogumelo é conhecido como "dossel de fada". *Nardi* é uma fada floral, e também *Tetillë*, que vive em uma papoula. Seres como esses, ou as ninfas marinhas, são aparentados com as "fadas" que construíram Kôr? É impossível julgar a partir da evidência do qenya nessa etapa. O *qenya* é apenas uma dentre diversas línguas élficas; o léxico lista também dúzias de palavras em outra, o *gnômico*.

Mitos celestes aparecem proeminentes lado a lado com a saga do exílio élfico para a Ilha Solitária/Inglaterra. Valinor é (ou era?) iluminada pelas *Duas Árvores* que traziam os frutos da Sol e do Lua. A própria Sol, *Ur*, surge de seus brancos portões para navegar no firmamento, mas este é o campo de caça de *Silmo*, o Lua, de quem outrora a Sol fugiu mergulhando no mar e vagando através das cavernas das sereias. Também é caçado pelo Lua *Eärendil*, timoneiro do astro matutino ou vespertino. Foi outrora um grande navegante que singrava os oceanos do mundo em sua nau *Wingelot*, ou Flor-de-espuma. Em sua viagem final, passou pelas Ilhas do Crepúsculo com sua torre de pérola para alcançar Kôr, de onde zarpou ao firmamento por sobre a borda do mundo; sua esposa terrena *Voronwë* é agora *Morwen* (Júpiter), "filha da treva". Outros astros em *Ilu*, os delgados ares além da terra, incluem a abelha azul *Nierninwa* (Sirius), e ali estão também constelações como *Telimektar* (Órion), o Espadachim do Firmamento. O Lua também é imaginado como o palácio cristalino do Rei Lunar, *Uolë·mi·Kūmë*, que certa vez trocou sua riqueza por uma tigela de pudim de Norwich frio depois de cair na terra.

Além dos prodígios também há monstros naquelas páginas: *Tevildo*, o odioso, príncipe dos gatos, e *Ungwë·Tuita*, a Aranha da Noite, de cujas teias na obscura *Ruamōrë* Earendel certa vez escapou por pouco. *Fentor*, senhor dos dragões, foi morto por *Ingilmo* ou pelo herói *Turambar*, que tinha uma espada possante chamada *Sangahyando*, ou "fendedora de multidões" (e que é comparado ao Sigurðr do mito nórdico). Mas há outras criaturas perigosas: *Angaino* ("atormentador") é o nome de um gigante, enquanto *ork* significa "monstro, ogro, demônio". *Raukë* também significa "demônio", e *fandor* "monstro".

As fadas conhecem a tradição cristã com seus santos, mártires, monges e freiras; têm palavras para "graça" e "abençoado", e nomes místicos para a Trindade. Os espíritos dos homens mortais vagam fora de Valinor, na região de *Habbanan*, que no abstrato talvez seja *manimuinë*, Purgatório. Mas há vários nomes para o inferno (*Mandos, Eremandos* e *Angamandos*) e também *Utumna*, as regiões inferiores das trevas. As almas dos abençoados habitam em *iluindo* além das estrelas.

É curioso — especialmente em contraste com seus famosos escritos posteriores — que a vida do próprio Tolkien esteja diretamente mitologizada nesses conceitos precoces. Ele deixou sua discreta assinatura em sua arte, e às vezes o léxico é um *roman à clef*. Os únicos lugares nomeados da Ilha Solitária são aqueles que eram importantes para ele quando começou a trabalhar nisso: Warwick, Warwickshire, Exeter (*Estirin*), que deu nome ao seu *college*, e a própria Oxford (*Taruktarna*). Possivelmente vemos John Ronald e Edith em Eärendel e Voronwë, mas Edith certamente também está representada por Erinti, a deusa que adequadamente preside sobre "amor, música, beleza e pureza" e vive em Warwick, enquanto Amillo é igualado a Hilary Tolkien. John Ronald talvez estivesse declarando suas próprias ambições literárias como Lirillo, deus da canção, também chamado *Noldorin* por ter trazido os Noldoli de volta a Tol Eressëa.[9] Os escritos de Tolkien, talvez fosse essa a alusão, assinalariam uma renascença para Feéria.

---

[9]Fevereiro, mês do nascimento de Hilary Tolkien, é chamado de *Amillion* por causa de Amillo; mas Tolkien precisou dividir janeiro em duas partes para poder nomear a segunda metade, *Erintion*, em homenagem ao aniversário de Edith (21 de janeiro) e a primeira metade, *Lirillon*, em homenagem ao seu (3 de janeiro). [N. A.]

A guerra também se intromete. Makar, o deus das batalhas, parece ter sido um dos primeiros Valar a receberem nomes. Além de descrever o mundo natural, o qenya proporciona um vocabulário para tempos de guerra. Quase tudo isso concorda com a ideia de que a mitologia tem lugar no mundo antigo (*kasien* "elmo"; *makil* "espada"); mas uma parte recende claramente ao século XX. Seria fácil enumerar características das trincheiras: *londa-* "ressoar, golpear"; *qolimo* "um inválido"; *qonda* "fumaça sufocante, neblina"; *enya* "dispositivo, máquina, mecanismo"; *pusulpë* "saco de gás, balão". É totalmente anacrônico *tompo-tompo* "ruído de tambores (ou canhões)"; uma onomatopeia, sem dúvida, do grave ribombo repercussivo e do recuo da artilharia pesada, mas não, pensaríamos, uma palavra que Tolkien poderia usar em sua mitologia feérica.

É especialmente notável como o qenya, nesse estágio, iguala os alemães à barbárie. *Kalimban* é "'Barbaria', Alemanha"; *kalimbarië* é "barbárie", *kalimbo* é "um homem selvagem, não civilizado, bárbaro — gigante, monstro, trol", e *kalimbardi* é glosado como "os alemães". Há um forte sentimento de desilusão nessas definições, muito isentas da atração que Tolkien sentira pelo "ideal 'germânico'" quando aluno. Ele vivia em um país atormentado pelo medo, pelo pesar e pelo ódio, e àquela altura pessoas que ele conhecia tinham sido mortas pelos alemães.

O conceito dos alemães demoníacos era popular, não menos entre algumas mentes militares. Para muitos era cada vez mais difícil manter a isenção mental, especialmente quando em 1916 a Alemanha adotou a matança de soldados inimigos como estratégia-chave em uma nova "guerra de atrito". Em 21 de fevereiro foi desencadeado um ataque furioso contra Verdun, uma fortaleza que se revestia de especial significado simbólico na consciência nacional francesa por impedir o acesso a Paris pelo leste. Não importava se Verdun fosse capturada ou não, haviam aconselhado o Kaiser: ao tentar defendê-la, a França despejaria suas tropas e "sangraria até a morte". Milhares e mais milhares de ambos os lados já estavam morrendo no cerco impiedoso.

Sabendo que a qualquer instante já seria chamado a combater em além-mar, Tolkien não podia esperar mais para se casar com

Edith: julgou a situação "intolerável". Eram sombrias as perspectivas para ambos. Conforme ele resumiu mais tarde: "Eu era um rapaz jovem, com um bacharelado regular e capaz de escrever poesia, algumas libras minguadas por ano (£20 – 40) e sem perspectivas, um Segundo Ten. que recebia 7/6 por dia na infantaria, onde as chances de sobrevivência estavam severamente contra você (como um subalterno)".[10] Vendeu sua participação na motocicleta que possuía junto com outro oficial, e foi se encontrar com o Padre Francis Morgan em Birmingham, para fazer arranjos financeiros adicionais. Quando chegou o momento de lhe contar que iria casar-se com Edith, assunto da interdição de seu tutor seis anos antes, faltou-lhe a coragem. Adiou até duas semanas antes do evento, e a oferta conciliadora do Padre Francis, de um casamento no Oratório, chegou tarde demais. Também se preocupava com a forma como os amigos iriam reagir. Mas G.B. Smith, escrevendo de volta para dar os melhores votos aos dois, tranquilizou-o: "Puxa, John Ronald, nada jamais poderia separá-lo do TCBS!" Wiseman censurou-o brandamente por imaginar que os três iriam desaprovar, e declarou que "ao contrário, o TCBS aprova de coração, na plena crença de que você provavelmente não é 'tolo' em tais assuntos". Gilson ficou desconcertado quando ouviu, e escreveu para casa: "A iminência da data é uma completa surpresa para mim, como todos os movimentos dele quase sempre são". Mas estava genuinamente contente pelo amigo: "Regozijo-me muitas vezes por sua causa, por você ser capaz de, desta forma, se erguer acima deste lodaçal da existência".

A Estelle King, Gilson confidenciou sua comiseração pela sorte de Tolkien, explicando que o amigo perdera ambos os pais e sempre "tivera uma espécie de vida de errante". Tolkien contemplava esse mesmo fato quando voltou a Oxford para sua cerimônia de graduação, longamente retardada, na quinta-feira, 16 de março de 1916. Naquele dia começou um novo poema, continuando-o quando voltou a Warwick: *The Wanderer's Allegiance* [A fidelidade do errante]. À parte sua correspondência, ele é o mais

---

[10]Em termos reais de hoje, até 1.480 libras por ano e cerca de 14 libras por dia. [N. A.]

abertamente pessoal dentre os escritos publicados de Tolkien. A mitologia estava suspensa. Talvez não seja coincidência que Tolkien tenha experimentado naquela direção mais convencional em meio à discussão com Wiseman sobre a "excentricidade" do restante de sua poesia.

Um prelúdio retrata uma paisagem não identificada de pomares, prados e relva, colonizada pelos "antepassados de mau pai": isso, se Wiseman interpretou corretamente, deve ser lido literalmente como descrição dos ancestrais paternos de Tolkien na antiga Germânia.

Ali os narcisos entre as árvores ordenadas
Balançavam na primavera, e os homens tinham risos graves e
    longos,
Cantando ao trabalharem em dias felizes
Iluminando o entardecer com canção de beber.
Ali o sono vinha fácil graças ao zumbir das abelhas
Que afluíam nos jardins dos chalés apinhados de flores;
No amor da ensolarada graça dos dias
Ali fluíam ricamente suas vidas em horas resolvidas [...][11]

Mas as raízes de Tolkien na Saxônia estão no passado remoto, e ele é um "errante incerto" na Grã-Bretanha, onde a cena se desloca para Warwick e Oxford.

Na torre de menagem de Warwick, do século XIV, os condes normandos jazem como em feliz devaneio, silenciosamente repreendidos pelas estações que passam.

A vigilância não lhes perturba o sonho esplêndido,
Por muito que a radiância risonha dance rio abaixo;
E, estejam envoltos em neve ou fustigados por chuvas ventosas,
Ou se março rodopiar o pó pelas ruelas sinuosas,

---

[11]There daffodils among the ordered trees / Did nod in spring, and men laughed deep and long / Singing as they laboured happy lays / And lighting even with a drinking-song. / There sleep came easy for the drone of bees / Thronging about cottage gardens heaped with flowers; / In love of sunlit goodliness of days / There richly flowed their lives in settled hours [...]. [N. T.]

O Olmo se vestir e despir de um milhão de folhas
Como momentos aglomerados em abarrotado ano,
Ainda o velho coração deles, impassível, não chora nem lamenta,
Sem compreender esta maré maligna,
A grande tristeza de Hoje, ou o temor do Amanhã:
Débeis ecos murcham em seus paços sonolentos
Como fantasmas: a luz do dia se insinua por seus muros.[12]

Aqui o "Amanhã" não é apenas o tempo, como fora em "*You and Me and the Cottage of Lost Play*", mas sim a pavorosa perspectiva da batalha que Tolkien e seus pares enfrentavam. Contra essa terrível convulsão, os "antigos senhores que há tempo demais jazem em sono" representam uma continuidade enganosa, uma inércia que rola descuidada através dos anos mutáveis. Eles são complacentes, inadaptáveis e incapazes de vigilância. Podemos ter um vislumbre da raiva partilhada por muitos da geração de Tolkien, cujo mundo parecia ter sido condenado ao desastre pela negligência de seus ancestrais.

Mas, se era assim, Tolkien estava consciente de que também ele estivera sonhando. "*The Wanderer's Allegiance*" assume uma visão totalmente diferente de "*Kortirion among the Trees*", onde proclamara sua sensação de "contentamento sempre próximo" em Warwick. Pois em seu novo poema ele escreveu:

Aqui, outrora muitos dias mansamente se arrastaram junto a mim
Nesta cara cidade de antigo olvido;
Aqui, todo enredado em sonhos, outrora dormi longo sono
E não ouvi eco da aflição do mundo.[13]

---

[12] No watchfulness disturbs their splendid dream, / Though laughing radiance dance down the stream; / And be they clad in snow or lashed by windy rains, / Or may March whirl the dust about the winding lanes, / The Elm robe and disrobe her of a million leaves / Like moments clustered in a crowded year, / Still their old heart unmoved nor weeps nor grieves, / Uncomprehending of this evil tide, / Today's great sadness, or Tomorrow's fear: / Faint echoes fade within their drowsy halls / Like ghosts; the daylight creeps across their walls. [N. T.]
[13] Here many days once gently past me crept / In this dear town of old forgetfulness; / Here all entwined in dreams once long I slept / And heard no echo of the

Agora ele percebera a urgência do momento, como demonstram sua formatura oficial, sua tentativa de publicação e seu casamento. Após o casamento Edith iria ficar tão perto dele quanto possível, e deixaria Warwick: "*The Wanderer's Allegiance*" dá adeus à cidade e seus sonhos.

Tolkien não era um mero nostálgico. A passagem do tempo era tema de um constante debate interno: parte dele lamentava o que se fora e parte dele sabia que a mudança era necessária. Na Oxford desse poema, o passado conquista uma condição ideal, não embalsamado e semiesquecido, mas vitalmente animado e pleno de significado para o dia de hoje.

> Teus mil pináculos e torres entrelaçadas
> Iluminam-se com ecos e os fogos cintilantes
> De muitas companhias de sinos que repicam
> Despertando pálidas visões de dias majestosos
> Que os anos ventosos espargiram por vias distantes;
> E em teus salões ainda canta teu espírito
> Canções de antiga memória em tuas lágrimas presentes,
> Ou esperança de dias vindouros, meio tristes com muitos temores.[14]

Contrastando com a inércia de Warwick, Oxford demonstra real continuidade, baseada em erudição acadêmica e a perpétua renovação de sua filiação.

No nível pessoal, as lembranças da vida de estudante se impõem. Tolkien, cujas estadas em Warwick eram privadas, domésticas e circunscritas, fora o mais sociável dos oxonianos: compreensivelmente, usava a universidade para simbolizar o companheirismo perdido e a tragédia da guerra. O passado está presente de modo enervante, de forma que em um momento visionário são varridos para longe os anos ou meses pregressos:

---

world's distress. [N. T.]

[14]Thy thousand pinnacles and fretted spires / Are lit with echoes and the lambent fires / Of many companies of bells that ring / Rousing pale visions of majestic days / The windy years have strewn down distant ways; / And in thy halls still doth thy spirit sing / Songs of old memory amid thy present tears, / Or hope of days to come half-sad with many fears. [N. T.]

Ó antiga cidade de estada demasiado breve,
Vejo cada uma de tuas janelas agrupadas a arder
Com lamparinas e velas de homens que partiram.
As estrelas nebulosas são tua coroa, a noite é teu traje,
Mui mágica, sem par, tu possuis
Meu coração, e os dias antigos voltam à vida [...][15]

Apesar do seu elegante uso de material autobiográfico para fins simbólicos, "*The Wanderer's Allegiance*" não alcança pleno sucesso. Wiseman opinou a Tolkien que o poema não estava "bem de acordo com seu padrão normal" e disse que o trecho sobre Oxford era indigno da "maior cidade, exceto Londres, no Império da Inglaterra". Um defeito mais sério é que sua tentativa de localizar o consolo e a esperança na cidade universitária parece ser apenas um desejo, considerando que sua contraparte belga, Louvain, fora praticamente destruída. A afirmativa otimista final soa um tanto estridente:

Eis que, apesar de não correr o riso por tuas trilhas
Enquanto a guerra leva precocemente teus muitos filhos,
Nenhuma maré do mal pode afogar tua glória,
Trajada em triste majestade, tendo os astros por coroa.[16]

O errante promete fidelidade ao conhecimento, à lembrança vivente e à vigilância, mas (compreensivelmente) investe-os de um caráter inexpugnável pouco realista.

Wiseman sentia haver uma "aparente falta de conexão" entre as seções do poema, e disse: "No final permaneço suspenso entre os ancestrais tolkienianos que se enraízam na Alemanha e os feudalistas normandos do Castelo, enquanto o autor, como sei às minhas

---

[15] O aged city of an all too brief sojourn, / I see thy clustered windows each one burn / With lamps and candles of departed men. / The misty stars thy crown, the night thy dress, / Most peerless-magical thou dost possess / My heart, and old days come to life again [...]. [N. T.]
[16] Lo! though along thy paths no laughter runs / While war untimely takes thy many sons, / No tide of evil can thy glory drown / Robed in sad majesty, the stars thy crown. [N. T.]

custas, ainda é um errante incerto". Mas Oxford e Warwick parecem simbolizar duas reações à mudança temporal — reações que agora parecem ser mutuamente incompatíveis, mas que haviam coexistido alegremente na antiga Saxônia. Sem cultura livresca, os remotos ancestrais saxões de Tolkien tinham cantado as "Canções de antiga memória" agora lembradas em Oxford (pelo menos no departamento de Inglês); ao mesmo tempo tinham escutado o pulsar das estações sem derivarem para um cochilo estático como os nobres de Warwick. O poema descreve uma queda rumo à divisão do ser.

O que não está mencionado é a situação da Saxônia na Grande Guerra, o destino dos parentes de Tolkien dali, ou como sua ancestralidade afetou a fidelidade patriótica de Tolkien à Inglaterra (com sua aristocracia normanda). O poema nunca se põe a tratar desses assuntos, mas inevitavelmente eles esvoaçam em torno dele.

Tolkien ficou em Warwick depois de completar o poema. Na quarta-feira, 22 de março de 1916, ele e Edith se casaram na igreja católica romana de Santa Maria Imaculada, perto do Castelo de Warwick. Corria a Quaresma: portanto, só puderam participar do Rito de Matrimônio, e não da Missa Nupcial, a que, do contrário, teriam assistido. Passaram uma semana em lua de mel na aldeia de Clevedon varrida pelo vento, no Estuário do Severn, durante a qual visitaram as cavernas de Cheddar. Quando voltaram a Warwick, Tolkien encontrou uma carta da Sidgwick & Jackson que o informava de que haviam decidido não publicar *The Trumpets of Faërie*. Agora ele enfrentava a possibilidade de ser morto sem que ninguém ouvisse todas as suas extraordinárias palavras.

Enquanto isso, Edith teve poucas oportunidades de ver seu novo marido. Um mês depois do seu casamento ele estava em Yorkshire, frequentando um curso em uma escola de sinalização administrada pelo Comando do Norte do exército em Farnley Park, Otley, e ficou ausente durante várias semanas de treinamento e provas. Em assuntos práticos, seu desempenho era medíocre: usando uma lanterna, conseguia sinalizar seis palavras por minuto, mas a velocidade média estava entre sete e dez palavras. Porém teve bom resultado na prova escrita e na leitura de mapas, e em 13 de maio recebeu um cerificado provisório que lhe permitia instruir sinaleiros do exército. Tolkien partiu para Warwick no mesmo dia, tendo recebido apenas dois dos quatro dias de licença que requisitara. Agora Edith estava deixando a cidade em definitivo. Os deveres de Tolkien no batalhão significavam que não podiam morar juntos, mas haviam decidido que Edith encontraria aposentos tão perto quanto possível do acampamento dele. Portanto ela se mudou, com a prima Jennie Grove, para a casa da Sra. Kendrick em Great Haywood, um bonito vilarejo em um belo trecho do Rio Trent, logo abaixo do sopé norte de Cannock Chase. Do outro lado do Trent ficava a elegância senhorial do Parque Shugborough, sede dos Condes de Lichfield. Uma antiga e estreita ponte para cavalos de carga, com catorze arcos, passava ali por cima da correnteza, onde esta recebia as águas do Rio Sow. Em Great Haywood os recém-casados receberam uma bênção nupcial na igreja católica romana de São João Batista, diante de uma congregação dominical que (em meio à atmosfera nacional de torpeza moral que o TCBS tanto detestava) parecia convencida de que até então eles estiveram vivendo em pecado.

No Somme, o sofrido tormento da lama de inverno dera lugar a uma incongruente renascença de anêmonas, papoulas, campainhas e prímulas. Em algum momento roubado de tranquilidade, G.B. Smith escrevera:

> Agora a primavera chegou às colinas da França,
> E todas as árvores são delicadamente belas,
> Como quem não atenta à voz dos grandes canhões, por acaso
> Vinda vale abaixo em um ar vagante [...][17]

Smith mandara trazer de casa um exemplar da *Odisseia*, e a vida compartimentalizada continuava em suas cartas a Tolkien, que se delongavam quase somente na poesia pela qual combatia, não na própria vida de trincheira — apesar de ele ter mencionado um escape por pouco, no Primeiro de Abril, quando um aeroplano

---

[17] Now spring has come upon the hills in France, / And all the trees are delicately fair, / As heeding not the great guns' voice, by chance / Brought down the valley on a wandering air [...]. [N. T.]

depositara duas bombas ali perto. A razão não era a censura: normalmente suprimiam apenas detalhes dos movimentos das tropas. Smith simplesmente preferia (como muitos soldados) manter o horror e a exaustão fora de suas cartas. Mas ansiava pela companhia dos velhos amigos: "Desejo que fosse possível outro conselho [...]. Todo o TCBS está sempre em meus pensamentos, é por eles que sigo em frente, e na esperança de um reencontro recuso-me a ter o espírito rompido", ele escrevera algum tempo antes. Um conselho dos quatro continuava impossível, mas veio então a oportunidade de um reencontro com Tolkien.

Na semana após o fim do curso de sinalização de Tolkien, um telegrama anunciou que Smith estava de volta em casa. Os dois rapidamente combinaram de se encontrar, e, no último sábado de maio de 1916, um trem trazendo Smith chegou à estação de Stafford. Haviam se passado oito meses desde a última vez em que os amigos se encontraram em Lichfield. Smith passou a noite em Great Haywood, e também a maior parte do domingo, esticando ao máximo que podia o esplêndido reencontro. "Nada podia ter sido mais reconfortante, nem mais encorajador e inspirador, do que ver mais uma vez um TCBSiano em carne e osso, e perceber que ele não mudara nem um pouco", escreveu Smith voltando ao seu batalhão na França. "A mim não duvido que você tenha achado diferente: mais cansado e menos vigoroso: mas tampouco, creio firmemente, mudei em qualquer detalhe vital. O TCBS não se esquivou ao seu claro dever: jamais se esquivará dele: sou grato além das palavras por isso".

O claro dever do TCBS incluía a renúncia ao prazer, e talvez à própria vida, como Smith escreveu em seu poema de primavera:

> Alguns ainda há cujo feliz coração sofre
> Tudo que o ódio pode trazer de suas reservas ilegítimas,
> Dizendo a si mesmos, para que tome fôlego a própria Inglaterra,
> Que essa é toda a felicidade deste lado da morte.[18]

---

[18]There be still some, whose glad heart suffereth / All hate can bring from her misbegotten stores, / Telling themselves, so England's self draw breath, / That's all the happiness on this side death. [N. T.]

Aquela era uma sociedade fundada em riso, travessuras de escolar e entusiasmos juvenis. Às vezes a felicidade parecia viver no passado, na sala de chá da Barrow's Stores, no cubículo da biblioteca da King Edward's ou mesmo na Sala do Diretor, prestando exames enquanto o mestre caminhava para lá e para cá, em silêncio, atrás de suas costas, e o cheiro de alcatrão flutuava vindo da New Street. "Os dias de verdade", assim os chamou um abatido Wiseman, "quando sentíamos que éramos alguém, e tínhamos algo para justificar o sentimento, quando era possível realizar alguma coisa, como ganhar uma partida ou representar em uma peça ou passar em uma prova, as coisas mais importantes que podem ser feitas [...]". Sem dúvida Tolkien, ocupado com criação e recém-casado, sentia-se bem diferente acerca do valor de sua vida depois de sair da escola. Ainda assim, via o TCBS como um "oásis" em um mundo inóspito.

Porém o Clube do Chá era agora muito mais que um refúgio. Além de hilaridade e boa conversa, o TCBSianismo viera a significar fortaleza e coragem e aliança. Smith, demonstrando seu fraco por frases bombásticas, certa vez comparara os quatro ao exército russo, combatendo forças alemãs e austro-húngaras vastamente superiores ("o mais magnífico espetáculo que a Europa viu por gerações", como dizia). Mas o TCBS não absorvera o dever patriótico em sua constituição apenas porque seus membros eram todos patriotas. A guerra importava porque estava sendo travada "para que tome fôlego a própria Inglaterra": para que as inspirações dos "dias reais" de paz pudessem sobreviver.

Uma faceta do seu dever não estava tão clara. Em algum momento o TCBS decidira que podia mudar o mundo. Essa visão nascera no campo de rúgbi, nas animadas conquistas de Wiseman e Tolkien, os Grandes Irmãos Gêmeos. Crescera durante a batalha para arrebatar o controle da vida escolar da grosseria e do cinismo — um embate prolongado do qual o TCBS emergira vitorioso. A expulsão do TCBS de "Tea-Cake" Barnsley e dos membros insípidos, obcecados com ironia, deixara o Conselho de Londres livre para reafirmar o senso de missão da sociedade. Tolkien lhes dissera que tinham um "poder para abalar o mundo", e (à exceção ocasional de Gilson, mais cauteloso) todos acreditavam nisso.

Agora sentiam que para eles a guerra era apenas a preparação para a tarefa reservada. Era um "labor subterrâneo" do qual emergiriam enriquecidos, disse Gilson. "Tenho fé", arriscou ele, "de que o TCBS possa por ele mesmo — jamais para o mundo — agradecer a Deus algum dia por esta guerra". Smith observou que "a Providência insiste em fazer cada TCBSiano travar sozinho suas primeiras batalhas", e Wiseman sublinhou a virtude fortificante do esquema divino. "Realmente vocês três, em especial Rob, são heróis", escreveu ele. "Felizmente não somos senhores por inteiro de nosso destino, de modo que aquilo que fazemos hoje nos tornará melhores para nos unirmos na grande obra que está por vir, qualquer que seja ela".

Tudo isso poderia soar como uma grande fanfarronada, não fosse por duas considerações. Aqueles jovens eram membros prendados de uma geração prendada; e incluíam em sua "república" de iguais um gênio cuja obra, desde então, alcançou um público de milhões. Quando as ordens chegaram na sexta-feira, 2 de junho, instruindo-o a viajar para Folkestone e embarcar para além-mar, Tolkien já acreditava que os terrores vindouros poderiam lhe servir na obra visionária de sua vida — se sobrevivesse.

Não houve fanfarra quando ele deixou Cannock Chase. Em contraste com seus amigos, que haviam marchado desde os campos de treinamento com todas as suas divisões de mais de 10 mil homens, Tolkien foi sozinho: seu batalhão de treinamento ficou na base e enviou homens à medida que, e quando, os batalhões combatentes dos Fuzileiros de Lancashire precisassem de reforços.

Tolkien recebeu 48 horas para sua "última licença". Ele e Edith voltaram a Birmingham, onde no sábado passaram juntos a última noite, no Hotel Plough and Harrow em Edgbaston, logo descendo a rua desde o Oratório e o Padre Francis. A casa na Duchess Road onde ele e Edith haviam se encontrado como pensionistas ficava a minutos de distância. Era visível, do outro lado da rua, a casa da Highfield Road onde ele morara com Hilary depois que o contato com Edith fora proibido.

No final do domingo, 4 de junho de 1916, Tolkien partiu para a guerra. Não esperava sobreviver. "Uma dezena de oficiais subalternos estavam sendo mortos por minuto", recordou ele mais tarde. "Despedir-me de minha esposa naquele momento... foi como uma morte".

SEGUNDA PARTE
Lágrimas inumeráveis

SETE

Esporas e campânulas

Para Tolkien foi a hora mais sombria da guerra até então. Foi também para os Aliados. A França estivera sangrando em Verdun por quinze semanas impiedosas. Enquanto isso, a Irlanda fermentava após a Revolta da Páscoa fracassada, contra o domínio britânico. Mas no sábado, 3 de junho de 1916, os jornais proclamaram o maior golpe até então na autoconfiança britânica. A Grande Frota finalmente se defrontara com a marinha alemã em batalha, e, como parecia no começo, havia levado a pior.

De forma culpada, Christopher Wiseman chegara a apreciar a vida a bordo de seu vasto encouraçado de guerra, grande parte da qual passara ancorado em Scapa Flow. A raça da Marinha desprezava os de terra firme como ele; era abstêmio, enquanto muitos oficiais pareciam viver para beber; e falavam sem mexer os lábios. Mas havia passeios ocasionais à vila de Kirkwall em Orkney ou, caso o tempo permitisse, rodadas de golfe na minúscula ilha de Flotta. Certa vez, cedendo à sua paixão pela arqueologia, Wiseman liderou uma expedição para explorar o monte pré-histórico de Maes Howe. Ensinar também estava se tornando uma espécie de passatempo, apesar de os treinandos aspirantes aos seus cuidados, pitorescamente conhecidos por "*snotties*" [ranhentos], demonstrarem ser intratáveis. Ensinava-lhes matemática, mecânica e navegação, mas como verdadeiro TCBSiano também tentava preencher a lacuna em sua educação literária. "O *Snotty*" contou ele a Tolkien, "é o rapaz mais burro que existe, e, contudo, o mais convencido. No entanto, gosto muito de todos [...]". Às vezes o *Superb* varria o Mar do Norte até a Noruega, mas os alemães nunca estavam à vista: o bloqueio naval estava funcionando, e o único perigo parecia ser o tédio.

Mas, em 31 de maio de 1916, o 101º dia da Batalha de Verdun, a Frota de Alto Mar alemã arriscou-se a sair do porto e a Grande Frota britânica mordeu a isca, saindo a todo vapor de Scapa Flow para encontrá-la ao largo da costa da Dinamarca. Wiseman foi destacado para supervisionar a mesa de telemetria do *Superb*. Logo à tardinha, o *Superb* disparou várias salvas contra um cruzador leve a mais de dez quilômetros de distância, e viram-se chamas irrompendo a meia nau. Certamente fora um sucesso palpável, e eles pensaram que o navio alemão havia afundado. Mas não: ele depois foi visto, ainda inteiro, por navios à popa. Uma hora depois, o *Superb* abriu fogo novamente e acertou o navio na terceira e na quarta salva, e o inimigo se afastou em chamas. O comandante da artilharia, que podia ver a batalha com os próprios olhos, duvidou de muitos cálculos de Wiseman; mas a neblina e a fumaça do confronto implicavam que as frotas combatiam meio às cegas, e a matemática teve o que lhe tocava.

Se o *Superb* tivesse sido atingido, os conveses, que não tinham compartimentos estanques, rapidamente teriam se alagado da popa à proa, como Wiseman sabia muito bem: "Ninguém dos conveses inferiores escaparia em caso de torpedo", disse ele. Assim, foi sorte dele e de seus 732 companheiros de tripulação que o navio estivesse no centro da frota e nunca se expusesse ao fogo inimigo, apesar de o *Superb*, entre suas duas sequências de ataque, ter passado perto dos destroços da nau capitânia *Invincible*, um dos três cruzadores de combate britânicos perdidos na Jutlândia. Havia homens na água gélida, agarrando-se aos destroços, acenando e aplaudindo as embarcações que chegavam. Mas os navios avançavam a plena velocidade em uma vasta manobra que envolvia toda a Grande Frota, e os homens foram sugados para o fundo ou deixados a boiar no rastro. Até a frota alemã se desvencilhar, após o cair da noite, tendo perdido apenas um de seus cruzadores de combate, mais de 6 mil marujos britânicos haviam perecido. Tudo isto foi uma reviravolta nas profundas convicções de que a Grã-Bretanha reinava sobre as ondas, mesmo tendo ela mantido a dianteira na corrida armamentista naval contra a rivalidade alemã, durante o prelúdio da guerra.

A notícia da Jutlândia, na véspera da partida de Tolkien para a França, foi um profundo golpe no moral.

Quando seu trem, vindo da estação londrina de Charing Cross, chegou a Folkestone à 1 hora da segunda-feira seguinte, Tolkien encontrou uma cidade transformada do tranquilo porto que vira em 1912, acampado com a King Edward's Horse. Agora ela zumbia de atividade, e seus hotéis estavam repletos de soldados. Ele passou ali a noite de segunda-feira, e no dia seguinte, 6 de junho, embarcou em um navio de tropas que atravessou o Canal sob escolta de um destroier. Fitou as aves marinhas que davam voltas sobre as águas cinzentas, e viu a Inglaterra desaparecendo, a Ilha Solitária de sua mitologia.

Em algum lugar no interior, além das costas francesas à frente, Rob Gilson estava naquele dia fazendo um esboço em miniatura do seu batalhão, valendo-se de um descanso ao lado de uma longa estrada ladeada de árvores, com o sol amarelo se pondo atrás deles. Os Cambridgeshires haviam se movido para o sul desde as terras baixas de Flandres, rumo à ondulada Picardia, a antiga região percorrida pelas curvas do Somme; G.B. Smith estava ali perto. Christopher Wiseman, àquela altura de volta a Scapa Flow, estava em um programa mais gelado, pois naquele dia conduzia um grupo de *snotties* até Hoy, a mais alta das ilhas Órcades. Um desastre acometera o Alto Comando Britânico. Lord Kitchener, o homem cujo grito de agrupamento impulsionara a geração deles ao serviço militar, zarpara no mesmo dia rumo à Rússia, e seu navio atingira uma mina logo depois de deixar Scapa Flow. Os homens de Wiseman deviam buscar documentos confidenciais que pudessem ter chegado à costa, mas nada encontraram; os *snotties* estavam mais interessados em recolher ovos de papagaios-do-mar: para grande consternação de seu líder, eles não se importaram nem um pouco com os penhascos de 60 metros de Hoy.

Em Calais, os soldados que voltavam da licença eram enviados diretamente aos seus batalhões, mas os recém-chegados eram mandados a Étaples, o depósito-base da Força Expedicionária Britânica. "*Eat-apples*",[1] como a chamavam os *Tommies* insulares, era uma

---

[1] "Come-maçã". [N. T.]

verdadeira prisão, notória por seu regime defensivo. Encravada entre as areias da costa e os pinheiros, consistia em uma extensão de depósitos e dos acampamentos de barracas administrados por cada divisão do exército, britânica, canadense, sul-africana, australiana ou neozelandesa. Agora, transferido para fora de seu batalhão de treinamento, Tolkien se acomodou naquela primeira noite com outros homens destinados à 32ª Divisão, à qual pertencia o 19º Batalhão de Fuzileiros de Lancashire de G.B. Smith. Mas foi um falso começo. No dia seguinte ele foi alocado à 25ª Divisão e ao 11º Batalhão de Fuzileiros de Lancashire, que em maio enfrentara combates pesados e custosos na Crista Vimy. Possivelmente a alocação estava ligada ao fato de que o oficial de sinalização do 11º Batalhão, o Tenente W.H. Reynolds, se distinguira por seu trabalho excepcional em Vimy e estava prestes a ser promovido acima do nível de batalhão, criando assim uma vaga. Mas para Tolkien foi um golpe nas esperanças nutridas havia muito tempo. Somando-se ao azar, o *kit* que comprara tão caro a conselho de Smith desaparecera na viagem, obrigando-o a montar todo um novo conjunto de equipamentos, inclusive uma cama de campanha e um saco de dormir, para noites debaixo de lona no tempo gelado do que revelou ser um mês de junho extremamente hibernal.

    Foi enviada uma mensagem para avisar ao 11º Batalhão de Fuzileiros de Lancashire que ele estava ali aguardando ordens. A sensação de nervoso entusiasmo evaporou-se, e Tolkien afundou no tédio. Agora dormia no topo empoeirado onde estavam acampados os recrutas da 25ª Divisão, escrevendo cartas. Para lograr o censor, Tolkien adotou um código de pontinhos que permitia a Edith localizá-lo, e enquanto ele esteve na França ela acompanhou seus movimentos em um grande mapa, alfinetado na parede em Great Haywood. Ele foi equipado com um capacete contra gás (um saco de flanela tratado quimicamente, com oculares de vidro e uma válvula para a boca), o capacete de lata recém-compulsório e um rifle para treinamento. Todos os dias ele marchava em uma coluna de mais de 50 mil homens até a vasta depressão arenosa conhecida como Arena de Touros [*Bull Ring*], onde era exercitado sem piedade junto com centenas de outros oficiais. Nos dias em que não chovia a cântaros, as tropas voltavam brancas de pó. A estrada para a Arena de Touros passava pelas linhas de muitos hospitais e por um enorme cemitério militar. Mais tarde Tolkien recordou que sua visão de um acampamento purgatório, o poema "*Habbanan beneath the Stars*", podia ter-se originado ali.

Da aguda nostalgia emergiu um novo poema, "*The Lonely Isle*", descrevendo sua travessia marítima desde a Inglaterra, à qual os versos são dedicados.

Ó ilha reluzente situada no cerco do mar e a sós —
Um brilho de rocha branca através de ensolarada névoa;
Ó vós todas, alvas cavernas que ressoam com o gemido
De longas águas verdes nas baías do sul;
Vós, vozes murmurantes e incessantes da maré;
Vós, espumas emplumadas onde navegam os espíritos da praia;
Vós, aves brancas a voar da costa sussurrante
E conclaves chorosos da praia de prata,
Com voz de mar, asas de mar, lamentável hoste
Que chora sempre as praias sem porto,
Que roça com triste assobio estas águas grises
E rodopia em torno de meu solitário caminho de ida —

Sempre me aparece tua margem proibida,
Brilho de rocha branca sobre mares divisores,
E estás coroada em glória através de névoa de lágrimas,
Tuas praias todas plenas de música, tuas terras de conforto —
Velhos lugares de muitas crianças trajadas de flores,
Até que o sol atravesse seu arco de horas,
Quando, no silêncio, fadas de coração anelante
Dançam às doces canções que suas harpas e violas tecem.
Através dos grandes ermos e em treva à parte
Anseio por ti e tua bela cidadela,
Onde, ecoando pelos olmos luzentes no ocaso,
Em alta torre interna dobra um sino:
Ó ilha brilhante, solitária, adeus![2]

---

[2] O glimmering island set sea-girdled and alone — / A gleam of white rock through a sunny haze; / O all ye hoary caverns ringing with the moan / Of long green waters in the southern bays; / Ye murmurous never-ceasing voices of the tide; / Ye plumed foams wherein the shoreland spirits ride; / Ye white birds

G.B. Smith escreveu lamentando por ter sido encurtado o esperado verão com Edith em Great Haywood, e por Tolkien não vir se juntar a ele nos Salford Pals. "Rezo por você o tempo todo e em toda parte", acrescentou, "e que você sobreviva, e nós sobrevivamos à provação de fogo destes acontecimentos sem perdermos nossos poderes nem nossa determinação. Assim todas as coisas hão de ser para o melhor. Enquanto isso, confie em Deus e mantenha a pólvora seca, e tenha a certeza de que para três outros homens você é mais que eles mesmos".

Em meados de junho ficara evidente que algo de grande estava acontecendo nos conselhos dos chefes de estado-maior. Boatos sobre espiões abundavam. Mas o que estava planejado parecia ser do conhecimento público: no fim do mês seria lançada uma "exibição" em algum lugar próximo à cidade de Albert no Somme. Os sinais agourentos apareciam em uma carta de Gilson que agradecia a Tolkien por um bilhete que chegara quando ele estava voltando de uma equipe de trabalho em trincheiras, na noite do solstício de verão. Um colega oficial amigo tinha sido atingido por fragmentos de obus enquanto estava em uma equipe de trabalho, e pensava-se que estava à morte. Gilson percorrera um longo caminho desde seus dias de debatedor na escola, quando certa vez afirmara que "a guerra já não era de importância principal, e [...] era uma competição científica de cálculos, não de valentia pessoal" — fazendo com que tudo soasse um tanto isento de sangue. Agora escrevia a Tolkien: "Nunca senti mais forçosamente que nas últimas semanas a verdade de suas palavras sobre o oásis do TCBSianismo. Neste momento a vida é um verdadeiro deserto: um deserto de fogo.

---

flying from the whispering coast / And wailing conclaves of the silver shore, / Sea-voiced, sea-winged, lamentable host / Who cry about unharboured beaches evermore, / Who sadly whistling skim these waters grey / And wheel about my lonely outward way — // For me for ever thy forbidden marge appears / A gleam of white rock over sundering seas, / And thou art crowned in glory through a mist of tears, / Thy shores all full of music, and thy lands of ease — / Old haunts of many children robed in flowers, / Until the sun pace down his arch of hours, / When in the silence fairies with a wistful heart / Dance to soft airs their harps and viols weave. / Down the great wastes and in a gloom apart / I long for thee and thy fair citadel, / Where echoing through the lighted elms at eve / In a high inland tower there peals a bell: / O lonely, sparkling isle, farewell! [N. T.]

O TCBS jamais desprezou a provação, e não acho que a tenham subestimado, ultimamente a minha cresceu em intensidade. Ainda assim estou bastante animado, e mais grato do que consigo dizer pelos sopros de ar frio e fresco que os vários membros do TCBS me têm proporcionado de tempos em tempos". Gilson passara semanas entrando e saindo das trincheiras perto de Albert. Agora, que a notícia da Jutlândia fora reformulada de modo mais favorável e a Rússia ganhava extensas vitórias na Frente Oriental, ele começava a perceber "que finalmente a guerra está se movendo — rumo ao fim". Encontrou tempo para se admirar com o amplo céu semeado de nuvens ou com o gênio gótico responsável pela catedral de Amiens, onde conseguira se apossar de várias horas felizes. Mas não vira sinal de Smith, apesar de saber que este estava tentadoramente próximo. A licença pela qual esperava desde março fora adiada indefinidamente, e ele estava exausto. Wiseman confidenciara a Tolkien que temia pela sanidade de Rob. Sua verdadeira corda de salvamento fora a correspondência, não com o TCBS e sim com Estelle King na Holanda, mas já fora repreendido duas vezes pelo censor por revelar demais sobre a situação militar. "Agora sinto-me como quem mal sabe sobre o que escrever, exceto sobre o tempo", ele contou a ela. Em suas cartas quase diárias, muitas vezes lamentou a indiferença que a guerra lhe incutira, mas era claramente um verniz frágil. "Quando se trata de seres humanos individuais", escreveu ele, "mal posso suportar o horror desta guerra. Homens que conhecemos e com quem vivemos e trabalhamos por dezoito meses sendo levados em padiolas, sangrando. Dá-me a ideia de 'paz a qualquer preço' [...]. É tudo a sangue-frio e horrível".

Em 25 de junho, Gilson contou ao pai que ao menos podia refutar com alguma confiança uma certa fofoca: que a paz seria declarada no dia 26. A realidade incomunicável era bem diferente. Em 24 de junho a massa da artilharia britânica desencadeara um bombardeio sem precedentes contra 27 quilômetros de trincheiras alemãs ao norte do Rio Somme. Ele prosseguira por todo o dia, reduzindo-se à metade da intensidade durante a noite, mas redobrando por noventa minutos na manhã seguinte. E assim continuaria todos os dias: o prelúdio à maior batalha que o mundo já vira.

"Muitas vezes penso", contou Gilson ao pai, "sobre a caminhada extraordinária que se poderia fazer ao longo de toda a linha entre os dois sistemas de trincheiras, aquela estreita faixa de 'Terra de Ninguém' que se estende dos Alpes até o mar [...]". Mas, de toda a linha, era justamente ali, em torno do Rio Somme, que os Aliados concentravam seu poderio. Os invasores alemães haviam marchado pela região em 1914, mas quando fracassara sua tentativa de cercar Paris eles haviam recuado às colinas baixas a leste de Albert, cortando fundo na greda uma inflexível linha dupla de trincheiras. Os franceses haviam cavado diante dela um conjunto de trincheiras semelhante, porém menos extravagante, mas agora haviam-se retirado para concentrar forças ao sul do rio, e os exércitos de Kitchener haviam ocupado a lacuna. Os voluntários não estavam prontos para o combate, mas Sir Douglas Haig, comandante em chefe britânico, concordara em comprometer aqueles meios-soldados em um ataque decisivo antes que o exército francês fosse aniquilado em Verdun. Ali onde as linhas britânica e francesa se encontravam no Somme cairia o golpe do martelo.

Finalmente chegaram as ordens do 11º Batalhão de Fuzileiros de Lancashire convocando seu novo subalterno, e Tolkien partiu da Étaples soprada pelo vento na terça-feira, 27 de junho de 1916, dois dias antes da ofensiva planejada. O frio fora de estação dera lugar a um calor de verão, entremeado com pancadas de chuva e trovão. Ele dormiu no trem perto de Abbeville, mas quando este finalmente entrou em Amiens o ataque planejado para a quinta--feira tinha sido adiado por causa do tempo. Tolkien comeu uma refeição servida em uma cozinha de campanha na praça, deu as costas à grande catedral e seguiu marchando pela estrada, rumo ao norte, entrando nos ondulantes trigais e nas terras de pomares da Picardia, onde as centáureas e as papoulas ainda estavam em flor, coloridas de azul e vermelho, e cresciam matricária, camomila e absinto. Mas os céus se abriram, a estrada se transformou em rio, e ele estava ensopado quando topou com seu batalhão.

Os cerca de oitocentos homens do 11º Batalhão de Fuzileiros de Lancashire estavam alojados em celeiros em Rubempré, um grupo de fazendas antigas, porém robustas a nordeste de Amiens, a 21 quilômetros da frente. Parecia ser o local mais limpo e confortável na área do exército britânico atrás da linha de frente do Somme, mas Tolkien precisou montar seu novo acampamento no chão de uma casa de fazenda. Depois, no mesmo entardecer, outro batalhão da mesma brigada chegou marchando, cansado e enlameado, e chegou a ser mandado para outro lugar, pois não restava espaço. Clarões de fogo de artilharia iluminavam áreas do céu durante toda a noite, acompanhados apenas por incessantes baques surdos.

Às 7 horas da manhã seguinte, quinta-feira, 29 de junho, acompanhados por intenso fogo de artilharia longe no leste, os homens estavam ao ar livre para uma última tentativa de treiná-los para a batalha. Primeiro fizeram exercícios físicos durante uma hora, depois tiveram uma hora de treinamento para o uso da baioneta, ordem-unida e marcha em velocidade. Cerca de um quarto dos novos homens eram quase tão recém-chegados ao 11º Batalhão de Fuzileiros de Lancashire quanto Tolkien, e quatro outros oficiais só haviam chegado um dia antes. O oficial comandante, Tenente-Coronel Laurence Godfrey Bird, assumira menos de duas semanas antes. A maior parte dos restantes já estavam na França por nove meses, e eram mineiros ou tecelões das coesas cidades de Lancashire: Burnley, Oldham, Bolton, Wigan, Preston e Blackburn. Mineiros do norte de Lancashire também dominavam em um segundo batalhão da brigada, que era composta de quatro, enquanto um outro batalhão fora recrutado mormente entre os trabalhadores de colarinho branco de Wirral, Cheshire. Era uma comunidade migrante exilada do lar, sem mulheres nem crianças nem idosos, e a vasta maioria havia aderido nos dois primeiros meses da guerra, muitos deles usando tamancos de moinho. Haviam embarcado na Inglaterra no dia da ofensiva de Loos, e a tradição afirmava que estavam destinados àquela batalha, mas se perderam em trânsito.

Tolkien sentia afinidade com esses homens da classe trabalhadora. Afinal, passara partes significativas da infância em áreas urbanas deterioradas de Birmingham, ou entre gente trabalhadora nas aldeias dos arredores da cidade. Mas o protocolo militar não lhe permitia fazer amigos entre as "outras classes". Tinha de se encarregar deles, discipliná-los, treiná-los e provavelmente censurar suas cartas — o tipo de trabalho que seria realizado por qualquer oficial disponível, fosse ou não comandante de pelotão. Se possível, esperava-se que ele inspirasse seu amor e lealdade. Porém, assim como antes, ele compartilhava os alojamentos e as refeições (e a vida social) com os cerca de trinta oficiais restantes, especialmente os da companhia à qual fora alocado, a Companhia "A", que incluía diversos subalternos como líderes de pelotão, sob as ordens de um capitão. A brigada — a 74ª — fora "enrijecida" pelo acréscimo de um batalhão do exército regular dos Reais Rifles Irlandeses, e um punhado dos oficiais do 11º Batalhão de Fuzileiros de Lancashire também tinham sido soldados de carreira antes da guerra. Os oficiais mais velhos "eram, em muitos casos, soldados profissionais desenterrados da reforma", observa Humphrey Carpenter em sua biografia de Tolkien, "homens de mente estreita e histórias intermináveis sobre a Índia ou a Guerra dos Bôeres". Tolkien não achou tão agradáveis aqueles veteranos de campanha: tratavam-no como a um escolar inferior, disse ele. Nenhum dos oficiais que conhecera em Lichfield e Cannock Chase fora postado no 11º Batalhão, e descobriu que tinha pouca coisa em comum com muitos dos jovens subalternos dali. A opinião confirmada de Tolkien passou a ser que "o trabalho mais impróprio a qualquer homem [...] é mandar em outros homens" e, queixou-se, "Nem mesmo um homem em um milhão é adequado para tal, e menos ainda aqueles que buscam a oportunidade".

O batalhão devia deslocar-se a curto prazo em caso de uma súbita mudança de planos, mas as nuvens desceram, os ventos vinham em rajadas, e nenhum ataque aconteceu. Os homens não tiveram chance de se sentarem e meditarem no que lhes estava reservado nos dias seguintes, e oficiais especialistas ministravam instruções de tiro com metralhadora, ou bombardeio, ou (no caso de Tolkien) sinalização. No dia seguinte, 30 de junho, o quadro se repetiu. Vários oficiais e homens receberam prêmios por atos de bravura na Crista Vimy, mais atrás. A brigada levantou acampamento e, encoberta pela escuridão, fez uma marcha de três horas e meia rumo ao tremeluzente horizonte leste, parando à 1 hora da manhã em uma aldeia maior, Warloy-Baillon, a 11 quilômetros da linha de frente. Durante a tarde, fortes ventos dispersaram as nuvens de chuva, e circulava a notícia de que o grande assalto já estava marcado para a manhã seguinte. O batalhão de Tolkien estava sendo poupado para ataques de acompanhamento. Porém ficou claro que o de G.B. Smith não estava.

"Meu caro John Ronald", escrevera ele cinco dias antes, em uma carta que veio ter com Tolkien junto a seu novo batalhão, "a maior das sortes em tudo o que lhe possa acontecer durante os próximos meses, e que possamos viver para além deles e ver um tempo melhor. Pois, apesar de eu não dar grande valor às minhas próprias forças, dou grande valor ao trabalho combinado do TCBS. E, por termos sido amigos, Deus o abençoe e mantenha para voltar à Inglaterra e à sua esposa.
"E depois disso o Dilúvio. Se jamais houve uma hora em que aquele velho humor impagável do TCBS teve a oportunidade de sobrepujar todos os obstáculos que são lançados em seu caminho, agora ela chegou [...]. Eu teria escrito mais, mas não tive tempo. E você não deve esperar mais no futuro [...]. Adeus no TCBS".

No mesmo dia Rob Gilson escrevera ao pai e a Estelle King, descrevendo um jardim deserto e coberto de vegetação que vira, "Esporas e campânulas e centáureas e papoulas de todos os matizes e tipos crescendo em uma massa emaranhada".[3]

Era, comentou ele, "Uma das poucas coisas realmente lindas que a devastação da guerra produz. Há muitas visões grandiosas e imponentes. Os canhões disparando à noite são belos — se não fossem tão terríveis. Têm a grandiosidade das tempestades. Mas como nos agarramos aos vislumbres de cenas pacíficas. Seria maravilhoso estar outra vez a 100 milhas da linha de fogo". Gilson não escreveu despedidas. Caminhando entre as barracas, atrás das ruínas de Albert, em uma daquelas noites úmidas e lamacentas, ele contou a um amigo: "Não adianta atormentar as pessoas com cartas de despedida; não é como se fôssemos filhos pródigos. Os que sobreviverem poderão escrever tudo o que é necessário".

---

[3]Gilson referia-se, talvez, ao castelo de Bécourt, perto de La Boisselle, onde seu batalhão passou muito tempo nos preparativos do Somme. O jardim dali é descrito em termos semelhantes por C.C.R. Murphy em *History of the Suffolk Regiment* [História do Regimento de Suffolk]. [N. A.]

OITO

Joeirar amargo

O dia 1º de julho de 1916 amanheceu com leve névoa, mas com todos os sinais de um glorioso dia de verão. A esperança imperava. Por trás da linha de frente, uma grande cavalaria estava postada como se viesse dos antigos livros ilustrados, pronta a cavalgar através da brecha que a infantaria iria fazer. O exército pronto ao combate crescera enormemente desde suas perdas em Loos no ano anterior. Três vezes maior que qualquer exército que a Grã-Bretanha jamais pusera em campo, aquele era o exército de Kitchener, levado até ali pelo otimismo e entusiasmo. Recém-chegados em Warloy, onde Tolkien dormia, foram despertados com um susto pelo espantoso estampido da artilharia — "fogo de tambor", assim o chamavam — quando os canhões ao leste lançaram seu bombardeio matutino. Ele prosseguiu por mais de uma hora, e perto do fim de algum modo redobrou sua fúria. Um observador do Real Corpo Aéreo, bem alto acima da frente do Somme, disse que era "como se Wotan,[1] em um paroxismo de raiva, estivesse usando o mundo oco como tambor, e sob as pancadas dele sua crosta estava estremecendo".

A mil metros da linha alemã, Rob Gilson e seu batalhão passaram a noite dentro e em volta do pequeno *château* na Floresta de Bécourt, crivada de trincheiras, onde seu amigo capitão fora atingido pela explosão de um obus duas semanas antes. Mesmo ali, a despeito do incessante bombardeio britânico, a guerra parecia

---
[1] O deus germânico também conhecido como Odin. [N. T.]

remota. Chamavam cucos, cantavam rouxinóis, os cachorros latiam para os canhões; flores selvagens e de jardim cresciam em profusão. Uma leve chuva tamborilava através das folhas, e os soldados a apanhavam nos capacetes para beber. *"Jerry"*[2] dificilmente teria sobrevivido ao implacável bombardeio de uma semana, e amanhã seria um passeio no parque. Durante o desjejum no pátio, a animação aumentou ainda mais com a ajuda de uma dose do melado rum do exército no chá dos soldados. O ordenança de Rob, Bradnam, empacotou os pertences do chefe, e às 5 horas Gilson saiu marchando da floresta com seu pelotão, ao longo das trincheiras. Vestido não como oficial, e sim como um dos seus homens, para não ser abatido de pronto, Gilson, como todos os demais, carregava 30 quilos de equipamento. Os Cambridgeshires arranjaram-se em trincheiras atrás de outra unidade, de Grimsby. O pelotão de Gilson, composto principalmente de homens da Ilha de Ely, estava na quarta e última "onda" de seu batalhão.

Às 7h20 da manhã, dez minutos antes da "hora zero", todos os canhões da artilharia aceleraram para sua taxa máxima de disparos, em um bombardeio-furacão. O ar ficou pardo com o pó de greda dos campos revolvidos, e vermelho com os tijolos pulverizados dos vilarejos e fazendas. Então, dois minutos antes do momento, o chão cambaleou. O Tenente Gilson e seus homens tinham sido alertados para esperar algo assim; tinham sido mantidos na retaguarda para protegê-los da concussão. No lado oposto da Terra de Ninguém, um pouco à esquerda de Gilson, a terra explodiu centenas de metros para o ar azul e enfumaçado quando 24 toneladas de amonal explosivo (nitrato de amônio misturado com alumínio) foram detonados sob as trincheiras inimigas, onde estas formavam uma saliência fortemente protegida. Torrões de terra e fragmentos de greda, do tamanho de carrinhos de mão, choveram do céu.

Pela primeira vez em uma semana todos os canhões pararam. Na Terra de Ninguém, longas fileiras de homens ergueram-se de onde estavam acocoradas no chão. Notas de gaitas de fole começaram a soar ali perto. A artilharia britânica estendeu a mira para que a infantaria pudesse entrar na linha de frente além em

---

[2]Apelido para os alemães, derivado de *German*, "alemão" em inglês. [N. T.]

segurança. Depois retomou o bombardeio. O guincho e rugido assaltava-os de todos os lados. Gilson esperou que a terceira onda dos Cambridgeshires partisse. Conferiu o relógio e, dois minutos e meio após a hora zero, soprou no apito e acenou para que seu pelotão avançasse cerca de 400 metros até a linha de frente. Algo estava errado. Agora o espaço acima da sua trincheira estava zumbindo com balas, e obuses do tamanho de tambores de óleo de dois galões voavam pelo ar, girando com um sinistro *vuf, vuf, vuf.* Homens ansiosos, espantados porque o inimigo pulverizado estava atirando de volta, entreolharam-se; mas tinham vergonha de demonstrar medo. Gilson espalhou os soldados de seu "querido pelotão idiota e agrícola" ao longo de uma extensão de trincheiras de cem metros, conferiu o relógio e acenou para subirem pelas escadas.

Os obuses de morteiro das trincheiras alemãs, ou "salsichas", que davam cambalhotas acima deles, haviam dado o nome ao Vale Sausage,[3] a depressão rasa que Rob Gilson e os Cambridgeshires deveriam transpor. À esquerda, além da elevação onde ficava a vila esmagada de La Boisselle, ocupada pelo inimigo, corria paralela outra depressão, o Vale Mash. Mais à frente, outra crista entrincheirada se estendia do terreno alto ocupado pelos alemães, e depois havia o longo vale que continha a Floresta Blighty,[4] que tinha esse nome por causa do número de feridos que regularmente saíam dali rumo ao lar. Ali G.B. Smith e os Salford Pals deviam prosseguir cruzando a Terra de Ninguém, três quilômetros à esquerda de Gilson seguindo a linha. Espremidos nas trincheiras entre os dois TCBSitas havia um total de dezoito batalhões: milhares de homens de Tyneside e Devon, de Yorkshire, da Escócia, de Nottingham e outros lugares. Nas trincheiras emaranhadas e na turba de corpos, em meio à nuvem assassina da artilharia, e no sigilo e confusão do assalto, esses três quilômetros bem poderiam ser 1 milhão.

Os Cambridgeshires estavam *in extremis*. Em uma hora e meia, o pelotão de Rob Gilson deveria avançar quase três quilômetros, Vale Sausage acima, até um ponto fortificado inimigo; no plano este

---
[3] *Sausage*, "salsicha" em inglês. [N. T.]
[4] *Blighty*, "maldita" em inglês. [N. T.]

levava seu nome regimental: Reduto Suffolk. O ponto fortificado ficava logo além de um bosque no horizonte, mas, quando Gilson se desvencilhou da trincheira, é duvidoso que pudesse enxergar além da cortina de explosões de obuses britânicos, atrás da linha de frente alemã. Essa cortina — a barragem — movia-se em etapas, logo à frente dos soldados que avançavam. Isso estava nos planos. Mas os corpos que já se espalhavam pela extensão da terra baldia à frente, até a borda branca da cratera recém-detonada, não estavam — nem o fogo de metralhadora que cortava o ar vindo de La Boisselle. A artilharia não conseguira destruir nem expulsar dali os defensores alemães.

Rob Gilson predissera parcialmente o problema. "Estou admirado pelo pouco dano material que faz um único obus, digamos um de 4,2 polegadas", escrevera ele para casa. "Se explodir em campo aberto faz um buraco bem raso e pequeno, e joga um pouco de terra para os lados [...]. Mas não parece ter um raio muito maior que 2 jardas,[5] e um deles pode explodir bem diante do parapeito, ou até em cima dele [...] sem causar o menor dano [...]. Por outro lado, se acontece de um obus explodir bem em uma trincheira, o dano que causa aos homens é pior do que eu imaginava".

Assim que a barragem cessou em sua linha de frente, os alemães saíram correndo das escavações em que estavam acocorados, com medo, durante toda a semana, e tomaram as armas. A Terra de Ninguém tinha ali até 550 metros de largura, mas os soldados das três ondas dianteiras dos Cambridgeshires haviam começado a tombar na primeira centena de metros. Caíam "exatamente como o trigo diante da ceifadora do fazendeiro", recordou um dos homens de Gilson. As balas faziam os homens rodopiarem e os derrubavam em posições estranhamente desajeitadas; era a sensação de ser atingido por metade de uma casa. Os obuses do inimigo lidavam com os que as balas tinham errado. Mas o avanço prosseguiu, de algum modo: homens de cabeça curvada como quem caminha rumo a uma ventania. À altura em que Gilson levou seu pelotão para fora, os metralhadores haviam encontrado seu alcance e trabalhavam com eficiência aumentada.

---

[5]Equivalente a quase dois metros. [N. T.]

Rob Gilson descrevera a Terra de Ninguém como "a barreira mais absoluta que pode ser construída entre homens". Os detalhes do que acontecia dentro dela parecem ser um mistério quase indeterminável. Porém, um amigo capitão, ferido por uma bala dez minutos depois do assalto, disse que viu Gilson levando seus soldados avante "com perfeita calma e confiança". Para Bradnam, ordenança de Rob, o tempo e a distância se estenderam: conforme recordou, Gilson ainda estava andando para a frente por volta das 9 horas, e avançara várias centenas de metros (o que o teria levado além da linha de frente alemã) quando o próprio Bradnam foi atingido e deu um grito; mas as ordens eram cruelmente claras: nada podia deter o avanço. Então o velho Major Norton, adorado por Gilson, foi tirado de ação. Sua companhia perdeu o líder, e o major passou uma mensagem a Gilson no meio da Terra de Ninguém, para que assumisse. Foi o que fez, e avançava de novo, como se estivesse em desfile, quando ele e seu sargento-major, Brooks, foram mortos por uma explosão de obus. Um soldado que voltou rastejando contou ao ferido Bradnam que seu tenente estava morto. Outro disse mais tarde que encontrou Gilson de volta na trincheira da frente, como se tivesse sido arrastado (ou tivesse ele mesmo se arrastado) até ali; mas não havia sinal de vida.

Bem longe dali, o pai de Rob Gilson, o diretor, preparava-se para seu papel oficial no Dia do Esporte anual do King Edward's. Molly, irmã de Rob, serviria chá aos pais dos alunos. Sua madrasta, Donna, que normalmente entregava os prêmios, faltaria naquele ano para "folgar em uma tarde tranquila e encantadora" em casa.

"Espero nunca me ver comandando a companhia quando estivermos nas trincheiras", dissera Gilson certa vez. Uma tal responsabilidade não lhe assentava bem, mas em seus minutos finais ele teve de liderar os homens que amava, e que o amavam também, rumo à aniquilação virtual. Muitas vezes dissera aos colegas oficiais que preferia morrer "em um grande acontecimento, e não por um obus ou uma bala perdida nas trincheiras". Mas era um gentil esteta em meio ao horror absoluto. Seu amigo Andrew Wright, também oficial dos Cambridgeshires, contou ao pai de Gilson: "Foi o triunfo final, mais não o primeiro, da determinação sobre sua natureza sensível — só é bravo aquele que sai para enfrentar tudo com pleno conhecimento da [sua própria] covardia". Gilson não viveu para ver a plena escala do desastre daquele dia. Mais de quinhentos Cambridgeshires foram feridos ou mortos. Dos dezesseis oficiais que o batalhão pusera em campo, Gilson e mais três morreram, outros dois nunca foram encontrados, e apenas um, Wright, emergiu ileso. Em toda a parte, a Terra de Ninguém estava pontilhada de corpos. Uma dúzia de Cambridgeshires conseguiram atravessar até a beira de um dos redutos inimigos, mas foram apanhados no sopro de um lança-chamas e morreram horrivelmente. Outros chegaram atrás das linhas alemãs, mas foram isolados sem esperança. Mais tarde, no mesmo dia, os metralhadores alemães varreram a Terra de Ninguém metodicamente, em ziguezagues, para dar cabo dos voluntários feridos e abandonados dos exércitos de Kitchener.

No domingo, 2 de julho de 1916, Tolkien assistiu à missa diante de um altar portátil em um campo de Warloy. O padre do batalhão, Mervyn Evers, era homem da Igreja da Inglaterra, vivaz, mas avesso aos católicos romanos. Os católicos da brigada, como Tolkien, eram atendidos pelo capelão que estava com os Reais Rifles Irlandeses. Corria o boato de que os britânicos haviam tomado todo o sistema de linhas de frente alemãs, mas não vieram notícias oficiais. Durante todo o sábado a estrada principal havia levado uma procissão incessante de tropas e caminhões carregados destinados à frente. Também havia tráfego na direção contrária, incluindo alguns prisioneiros alemães, mas parecia que tudo o que tivesse rodas estava sendo usado para trazer homens feridos ao hospital temporário em Warloy. O êxodo prosseguiu ininterrupto no domingo, segundo dia da batalha. Muitas vezes estava tudo tranquilo, a não ser pelo zumbido dos aviões (dois deles travaram um inconclusivo combate a curta distância acima da aldeia), mas de vez em quando a artilharia distante irrompia em fuzilarias ensurdecedoras. À tarde veio a primeira palavra oficial sobre o progresso até então: foi dito que era "um tanto obscuro".

Por todos aqueles dias Tolkien e os Fuzileiros de Lancashire foram mantidos em estado de prontidão para o combate. Surgiu um boato de que iriam para as trincheiras perto do vilarejo de Thiepval, ocupado pelos alemães, mas quando a brigada saiu de Warloy na segunda-feira, 3 de julho, foi para Bouzincourt, uma aldeia cinco quilômetros atrás da frente. Enquanto partiam, ao crepúsculo, passou arrastando-se uma exausta Divisão Highland, alquebrada pela batalha, com homens de barba por fazer e empapados de lama, que se agarravam uns aos outros para terem apoio. Cinco quilômetros não eram longe o bastante. Logo antes do amanhecer, com Tolkien deitado em uma cabana, um canhão de campo alemão bombardeou Bouzincourt. Agora ele estava na Frente Ocidental, e foi a primeira vez que ficou sob fogo. A minúscula vila de fazendeiros franceses não foi atingida — por sorte, pois os soldados ocupavam todas as casas, porões, celeiros e pomares. Quando irrompeu uma tempestade, os homens do batalhão de Tolkien ficaram ensopados no campo onde estavam deitados. Choveu ainda mais forte por todo o dia seguinte, 4 de julho, que passaram quase todo confinados, pois ninguém tinha permissão para sair do abrigo das árvores do vilarejo, de medo da observação inimiga. Mas uma crista próxima oferecia uma vista de camarote da linha de batalha, na encosta a leste do outro lado do vale arborizado do Rio Ancre, onde eram visíveis obuses explodindo entre as trincheiras alemãs. O céu não era mais amigável. Na frente, disse Tolkien, "Balões cativos [...] pendiam inchados e ameaçadores em vários horizontes". Os homens chegavam às centenas para receber ataduras nos ferimentos, mas alguns estavam horrivelmente mutilados. A divisão de Rob Gilson tivera as mais pesadas perdas no primeiro dia da Batalha do Somme, mas ao longo da frente britânica houvera 57 mil baixas: dos 100 mil que entraram na Terra de Ninguém, 20 mil haviam morrido e o número de feridos era o dobro disso. No segundo dia houve mais 30 mil baixas.

Em meio ao treinamento e à instrução, o batalhão de Tolkien fornecia grupos de trabalho para cavar túmulos no cemitério, que se expandia repentinamente. Na noite anterior, unidades de sua divisão haviam assumido a linha que era de Gilson; mas o que fora feito dele, e onde estava G.B. Smith? Tolkien revisou as cartas deles: o voto de Smith de que todos pudessem sobreviver à "provação de fogo"; as alusões lapidares de Gilson sobre sua própria provação cruciante; e o alerta de Smith, de 25 de junho, sobre a correspondência: "você não deve esperar mais no futuro". Na tarde da quarta-feira, 5 de julho, finalmente chegaram as ordens: os quatro batalhões da brigada de Tolkien seriam necessários para auxiliar outra divisão que sofrera pesadamente nos combates em La Boisselle. Finalmente aquele vilarejo fora tomado, mas novas tropas eram necessárias para fazer uma incursão mais profunda no território inimigo. Partiram comandados pelo Tenente-Coronel Bird na hora do almoço em 6 de julho, mas foram deixados para trás todas as classes que não eram necessárias ao combate. O oficial de sinalização do 11º Batalhão de Fuzileiros de Lancashire, W.H. Reynolds, foi para operar as comunicações no quartel-general de trincheira, mas Tolkien não foi com ele. Em vez disso, permaneceu estacionado em Bouzincourt, junto com o grupo de sinalização que operava as comunicações para toda a 25ª Divisão. Assim, ainda estava lá quando G.B. Smith chegou em 6 de julho.

Smith recebera suas ordens para o Grande Empurrão uma semana após seu retorno da licença de maio na Inglaterra, e na véspera da travessia de Tolkien. Desde então mal saíra das trincheiras. No dia em que Tolkien saiu de Étaples, os homens de Smith haviam partido de Warloy rumo à sua estação de combate, cantando. As ordens eram para que esperassem passar o assalto inicial, emergindo então para consolidar os ganhos britânicos, pegando em picaretas e pás para se entrincheirarem. Mas, depois de 24 horas enfiados em abrigos encharcados na floresta a oeste do Ancre, tinham-lhes dito que o ataque fora cancelado, e eles retornaram aos alojamentos para esperar.

Na noite anterior ao ataque programado, mudaram-se para abrigos mais avançados, perto de um pontão que atravessava as várzeas do rio em Authuille, dormiram inquietos por quatro horas e se levantaram às 5 da manhã. Às 6 horas recomeçou o bombardeio, de intensidade ensurdecedora, sacudindo o solo. Atravessaram a ponte logo após a "hora zero". Então subiram a encosta, passando por brigadas de artilheiros nus da cintura para cima que mourejavam para alimentar os enormes canhões, e alcançaram as trincheiras que penetravam na beira sul da Floresta Blighty.

Várias centenas de metros além da floresta, pequena e muito devastada, subindo por um aclive constante, ficava a linha de frente britânica, um trecho conhecido por Ravina Boggart Hole. Do outro lado da Terra de Ninguém, onde Smith patrulhara em certa noite de maio, estava a Saliência Leipzig, muito fortificada, no sopé da Crista Thiepval. Àquela altura ela já deveria ter sido invadida e deixada bem atrás pelo avanço. Os Salford Pals simplesmente iriam caminhar pelo terreno aberto, vindos da floresta, e descer até a Saliência com suas picaretas e pás. Mais tarde iriam prosseguir por cerca de três quilômetros para refortificarem outro baluarte inimigo conquistado.

Mas, assim que Smith chegou sob as árvores, começaram a passar por ele feridos caminhando e padiolas. Mais avante a floresta estava repleta de cadáveres. O batalhão à frente já começava a se amontoar, e os trabalhadores e negociantes de Salford e os homens da Universidade de Oxford fizeram uma pausa. Seus olhos ardiam com o gás lacrimogêneo; seus ouvidos estavam repletos do *pim* das balas e do estalido dos galhos caindo. Smith, então oficial de inteligência do batalhão, tentou compreender a situação a partir de uma trincheira na borda oposta da floresta. Por cima de toda a desolação destruída através da qual as trincheiras de comunicação britânicas corriam rumo à Ravina Boggart Hole, as metralhadoras inimigas matraqueavam, a partir do terreno alto a leste.

A ideia de uma marcha ordenada avante foi finalmente rejeitada, mas depois de três horas de batalha o avanço dos Pals recomeçou. A primeira companhia foi mandada à floresta, em arremetidas, mas um pelotão depois do outro se desfez no solo. O grupo seguinte saiu por baixo de uma cortina de fumaça, correndo de uma cratera de obus para a outra, mas nenhuma notícia voltou do caos. Vieram ordens para avançar, em vez disso, ao longo das trincheiras lotadas. Isso foi feito por homens que incluíam o antigo pelotão de Smith, na maioria carvoeiros, mas mandaram de volta a mensagem de que sua linha de frente estava apinhada de mortos e feridos, e não havia como passar. Além disso, a artilharia alemã agora voltara sua atenção para a Ravina Boggart Hole. Os Pals receberam ordens para voltarem aos confins da Floresta Blighty, que sofreu uma chuva de obuses pelo resto do dia.

Espantosamente, alguns Salford Pals já haviam desafiado as probabilidades para chegarem à Saliência Leipzig, partes da qual já estavam em mãos britânicas. Ali ficaram presos o dia todo, com bolsões de homens de outros batalhões, combatendo desesperadamente as tropas alemãs com bombas e baionetas. Só puderam ser trazidos de volta quando caiu a noite, quando os sobreviventes do batalhão de Smith se retiraram da Saliência e da floresta. Voltando pelo caminho que tinham percorrido naquela manhã, acharam a área toda espargida com armas de fogo, granadas e munição descartadas. Em toda a parte havia homens sentados, alquebrados, ou deitados em silêncio na escuridão. Depois do segundo dia sob fogo de canhão nas trincheiras ao redor de Authuille, o pelotão de Smith e outros foram mandados de volta para ocuparem a Ravina Boggart Hole por mais 24 horas, sob bombardeio intermitente, porém intenso.

Somente metade do batalhão retornara aos seus alojamentos no vilarejo na madrugada de 4 de julho. G.B. Smith teve a sorte de não comandar mais um pelotão: quatro oficiais dos Pals foram mortos e sete, feridos. Trinta e seis soldados "comuns" estavam mortos ou desaparecidos, e mais de 230 tinham sofrido ferimentos. A maioria tombara na primeira manhã, e antes mesmo de chegarem à sua própria linha de frente.

Para Tolkien, o alívio de ver o amigo são e salvo na quinta-feira, 6 de julho, foi avassalador. G.B.S. chegou sozinho antes dos Salford Pals, que vieram no começo da manhã seguinte. Foram dias carregados. O grupo divisional de sinalização em Bouzincourt foi atingido por obuses na noite de sexta-feira, e seu cabeamento ficou inutilizado. Enquanto isso Smith, recuperando-se de suas 60 horas de provação sob fogo, foi envolvido na reorganização apressada do seu batalhão exaurido, formando apenas duas companhias; mas entre suas tarefas naquele vilarejo da Picardia, guarnecido e cheirando a morte, os dois TCBSitas de Oxford passaram juntos todo o tempo que podiam. Esperando notícias de Rob Gilson, conversaram sobre a guerra, passearam em um campo de papoulas intacto ou se abrigaram, na sexta-feira, da chuva intensa que caiu o dia todo; e à verdadeira moda TCBSiana discutiram poesia e o futuro. Mas no sábado os Salford Pals partiram para as trincheiras, bem a leste do outro lado do Ancre, onde iriam reforçar o contínuo assalto britânico a Ovillers, o ponto fortificado alemão de onde se enxergavam os vales Sausage e Mash e a Floresta Blighty. Depois de rever mais uma vez o velho amigo, Smith partiu.

O 11º Batalhão de Fuzileiros de Lancashire voltou mancando a Bouzincourt na manhã da segunda-feira, 10 de julho de 1916, e desabou em seus alojamentos. Após poucas horas de sono, os homens foram acordados e o batalhão se mudou para Senlis, outro vilarejo apinhado um quilômetro e meio mais longe da frente, para descansarem em alojamentos mais confortáveis e fazerem um balanço. Haviam encontrado La Boisselle lotada de corpos mortos, centenas onde quer que se olhasse, e muito mais numerosos no cáqui britânico que no cinza-de-campanha alemão. Em vários ataques às linhas alemãs ao sul de Ovillers, haviam acrescentado à matança 56 dos seus próprios homens, mortos ou desaparecidos; o dobro desse número era de feridos. Mesmo contando os que havia ficado em Bouzincourt, somente restava uma dúzia de soldados da Companhia "C".

Apesar de o ataque em plena escala já ter dado lugar a muitas escaramuças menores, a chance de ferimento ainda era alta, e a chance de ser morto era considerável. Para quem era oficial estava claro que as probabilidades eram muito desfavoráveis. Um subalterno estava morto, um fora deixado para sucumbir às feridas em um abrigo alemão, e um (que simplesmente transportava suprimentos) fora atingido no joelho. Frederick Dunn, o capitão de 23 anos da Companhia "A", tivera a cabeça atravessada por um tiro. Assim estavam os fatos diante de Tolkien, que rumava pela primeira vez para as trincheiras da Frente Ocidental.

As ordens de movimentação vieram em 14 de julho, após uma noite interrompida por barulho súbito e trovejante. Tendo em mente seu aliado francês, o Alto Comando Britânico planejara um golpe decisivo para o Dia da Bastilha: quando o amanhecer alcançou Tolkien em Senlis, 22 mil soldados estavam varrendo a segunda linha alemã desde as posições britânicas meridionais no Somme. O 11º Batalhão de Fuzileiros de Lancashire partiu em marcha no meio da manhã, atravessando Bouzincourt e descendo para o vale do Ancre. A estrada era ladeada por soldados descansando, e fervilhava de homens, carretas, cavalos e mulas em movimento. O antigo e o novo confluíam: para cada veículo motorizado havia cerca de duas carretas ou carroças puxadas por cavalos, e três cavalos de montaria. "Aquela estrada parecia um desfile", escreveu Charles Carrington, subalterno dos Royal Warwickshires cujas experiências dos dias seguintes são estreitamente relacionadas com as de Tolkien. "Os homens mais quietos se deitavam, porém, os mais jovens, oficiais e soldados, corriam para lá e para cá como crianças para ver o que pudessem". Mais adiante, para o lado de Albert, grandes peças de artilharia ribombavam em depressões ou bosques ou casas arruinadas. No topo da basílica da cidade, danificada pela guerra, reluzia uma estátua dourada da Virgem Maria, meio derrubada, com o Cristo criança nos braços estendidos. A superstição afirmava que quando ela caísse a guerra iria terminar.

A brigada de Tolkien contornou a borda norte da cidade, atravessou o rio e acampou junto a um talude, onde o rio emergia de uma floresta no sopé da longa colina de greda que se elevava até o terreno alto dos alemães. Em torno da estrada romana que corria de Albert para o nordeste, havia um panorama de acampamentos sem barracas onde os soldados faziam chá ao redor de pilhas de rifles, ou corriam em tarefas, ou pilhavam sem rumo para achar lembranças em meio ao detrito espalhado dos exércitos. Alguns até conseguiam dormir, apesar de ali o solo ser intermitentemente bombardeado. Ali o terreno estava marcado de cicatrizes, e o pano de fundo rural e interiorano fora arrancado.

Com o minguar da tarde, o batalhão de Tolkien e os regulares dos Reais Irlandeses ficaram sabendo de que iriam participar de uma "exibição", como dizia o eufemismo dos soldados. Deixaram o restante da 74ª Brigada junto ao talude, e subiram pela estrada movimentada flanqueada por árvores chamuscadas e estropiadas, virando à esquerda a sotavento de uma crista e topando com o quartel-general entrincheirado de suas duas brigadas irmãs divisionais. Além da crista cinzenta ficava a Terra de Ninguém. Ali ainda jaziam corpos do 1º de julho. À direita rebrilhava uma vasta cratera branca onde Rob Gilson vira a enorme mina explodindo no começo da batalha. À esquerda a colina de Ovillers avançava como um dedo, partindo do planalto de greda por trás dela.

"Alguma coisa na composição dessa colina, em sua forma ou no modo como recebe a luz, lhe dá uma estranheza que outras partes do campo de batalha não têm", escreveu John Masefield em seu levantamento da área em 1917, *The Old Front Line* [A velha linha de frente]. A elevação não parece especialmente proeminente, mas dali os invasores alemães conseguiam inspecionar o campo de batalha desde Bécourt, onde os Cambridgeshires haviam lançado seu ataque, até a Saliência Leipzig, onde morreram tantos Salford Pals. Tentando tomar a colina de Ovillers no dia do Grande Empurrão, 5 mil homens haviam sido mortos ou feridos. Dois dias depois, a contagem subira para mais metade desse número. Enquanto Tolkien se encontrava com G.B. Smith em Bouzincourt, o 11º Batalhão de Fuzileiros de Lancashire se juntara a um terceiro assalto, que se desfez em manobras custosas e inconclusivas. Em dias recentes, com La Boisselle em mãos britânicas, Smith presenciara o combate no interior da posição fortificada no topo da própria colina.

Ovillers continuou sendo um obstáculo poderoso, defendido com ferocidade. Na face sul da colina, logo baixo do cume e em meio aos destroços de um vilarejo francês, com sua igreja incendiada, havia sido escavado um labirinto de trincheiras guardado por metralhadoras ocultas. Ao amanhecer daquele Dia da Bastilha, a guarnição de Ovillers rechaçara batalhões que avançavam do noroeste, do sul e do sudeste. Apesar de o ataque nada mais ser que uma distração do assalto principal, mais adiante na linha de frente, Ovillers aparecera (como disse o *Times*) "como um vulcão em violenta erupção". Agora a 7ª Brigada, parte da divisão de Tolkien, renovava seu assalto às defesas do sudeste, mas ela estava exausta da batalha e esvaziada. O 11º Batalhão de Fuzileiros de Lancashire e os Reais Irlandeses estavam sendo enviados para ajudarem.

Quando caiu o crepúsculo em 14 de julho, Tolkien e seus companheiros caminharam com dificuldade até La Boisselle. Ele trazia, costurado dentro do uniforme, o regulamentar pacote de primeiros socorros, contendo uma atadura de campo estéril para o caso de ser ferido. Por baixo dos pés, o solo era de argila, rígido, porém encharcado pelas chuvas e revolto pelo tráfego. O cair da noite inevitavelmente trouxe movimentos na direção oposta: os feridos sendo evacuados do campo de batalha. A lua era brilhante, e o céu estava repleto de projéteis explosivos e sinalizadores. Podiam-se entrever muitas pequenas cruzes de madeira à medida que a antiga linha de frente britânica ficava para trás. Era, escreveu Carrington, "uma nova terra [...] um deserto de greda despedaçada — valetas, buracos, crateras, morros e cristas, secos e esparsamente tomados por ervas daninhas, e tudo entrelaçado com feixes enferrujados de arame farpado". O vilarejo propriamente dito de La Boisselle fora obliterado, porém os obuses ainda lhe caíam em cima com um guincho crescente, um rugido e um baque. Então, de repente, o aspecto das trincheiras se transformou: a lama revolvida no chão foi substituída por ripados retos, e as paredes se erguiam até quatro metros e meio de altura, sendo que cada compartimento de tiro estava equipado com sua própria escada. Era um monumento à engenharia alemã, e mostrava poucos sinais de danos após o grande bombardeio.

Os Fuzileiros de Lancashire entraram no labirinto, e seguiram ladeira acima através das trincheiras alemãs à direita da estrada romana. Agora a estrada corria por cima de um aterro, mas não era mais ladeada de árvores: estas tinham sido explodidas e não existiam mais. O progresso foi lento e em fila única. Durante o percurso, passaram por uma área aberta que continha uma carreta de ambulância danificada. Era terra recém-conquistada dos alemães, e a alto custo. Assim, foi na aproximação de Ovillers que Tolkien encontrou pela primeira vez os perdidos do Somme: anunciados por seu fedor, sinistramente arqueados ou de bruços, ou pendurados no arame, até que um lampejo de claridade os revelasse, os mortos inchados e putrefatos.

Tendo deixado a antiga linha de frente um quilômetro e meio para trás, viraram à esquerda para dentro de uma trincheira que atravessava a estrada, mergulhava no Vale Mash e voltava a subir bem na direção de Ovillers, uma silhueta baixa de sebes e ruínas diante do céu negro. Logo a trincheira se apinhou com soldados ansiosos, acotovelados com um grupo de engenheiros reais que escavava.

A colina à frente irrompeu em luz e barulho pouco antes da meia-noite de 14 de julho de 1916, quando a 7ª Brigada atacou. Os Fuzileiros de Lancashire observavam, esperando na reserva e prontos a entrar no terreno capturado para resguardá-lo de quaisquer contra-ataques. Mas a brigada foi rechaçada. Veio abruptamente uma ordem para que as tropas de reserva se unissem em um segundo ataque às 2 horas. Mal houve tempo para os Fuzileiros se alinharem à direita dos sobreviventes do ataque anterior, e já foram lançados ao assalto com baionetas em riste.

O primeiro objetivo, a trincheira que guardava o perímetro sudeste de Ovillers, ficava a 110 metros morro acima, diante de uma trincheira paralela que era precariamente mantida pelos britânicos. Mas as duas estavam na verdade interligadas na extremidade leste por uma terceira trincheira perpendicular, onde soldados alemães espreitavam além da curva. Assim, os atacantes teriam de atravessar uma área aberta que era controlada pelo inimigo em dois lados, e varrida por até seis metralhadoras.

No entanto, os Fuzileiros de Lancashire não chegaram a entrar na área fatal. Primeiro tiveram de transpor um percurso de obstáculos. Os fazendeiros haviam cortado o aclive em terraços, os alemães o tinham entremeado de arame farpado, e os britânicos o tinham arado outra vez com enormes buracos de obus. Os Fuzileiros caminharam rumo a uma tempestade de balas e um caos de enredamentos no arame, e a custo alcançaram sua própria trincheira avançada.

Um subalterno, lancastriano de 30 anos de idade, morreu conduzindo seu pelotão na carga daquela noite. Cinco oficiais foram feridos. Tolkien, ao que parece, estava ali para se engalfinhar com o sistema de comunicações, confuso e inadequado: um serviço mais seguro, mas certamente não periférico. Naquela guerra de homens e máquinas, a infantaria tinha pouca importância, a artilharia um tanto mais, e a palavra mais do que tudo: sem comunicações rápidas e acuradas, ninguém podia esperar o domínio da situação. Um vasto sistema de cabos subterrâneos fora instalado antes da Batalha do Somme, mas é claro que ele não ultrapassava a linha de frente. Além do seu alcance, os soldados trabalhavam em uma zona de mistério, onde milhares deles simplesmente desapareciam. O trabalho do sinaleiro era lançar alguma luz sobre o mistério, ajudando a estabelecer um sistema de comunicação no campo de batalha, e a usá-lo.

Na prática tratava-se de uma tarefa quase desesperada, como Tolkien aprendeu em Ovillers. Já havia linhas de superfície que se estendiam até La Boisselle, e telefones de campo. Os sinaleiros do batalhão carregavam rolos de fios prontos para montar novas estações telefônicas no território capturado. Porém as linhas de superfície eram facilmente interceptadas, e vibradores em Morse podiam ser ouvidos a 300 metros, com o sinal vazando no terreno calcário. O telefone era tido como último recurso, a ser usado com "sinais de chamada de estação" que Tolkien teve de memorizar ("AE" para os Fuzileiros, "CB" para a brigada e assim por diante). Bandeiras, lâmpadas e sinalizadores simplesmente atraíam o fogo dos baluartes inimigos. A maior parte das mensagens era mandada por estafetas, mas estes, temerários, relutavam em atravessar áreas perigosas sob fogo. Ordens dos generais no QG do corpo levavam pelo menos oito horas para chegar às tropas atacantes.

Os três batalhões recuaram; não haveria mais ataques naquela noite. O sábado, 15 de julho, amanheceu cinzento e enevoado sobre o aclive até Ovillers, semeado de vultos caídos. Os Fuzileiros deixaram uma companhia garantindo a trincheira dianteira e se retiraram a uma distância mais segura. À tarde voltaram a La Boisselle para montar grupos de carga para sua própria brigada, que agora assumia o cerco.

A luz do dia só reforçou o sentimento de horror que pairava sobre a desolação. O artista Gerald Brenan, comparando-o a "uma região traiçoeira e caótica recentemente abandonada pela maré", recordou que o solo entre os dois vilarejos estava "despedaçado por obuses e salpicado de cadáveres, alguns dos quais jaziam ali há três semanas [...] No primeiro ataque em 1º de julho fora impossível resgatar os feridos, e era possível ver como eles se tinham aglomerado em buracos de obus, puxado sobre si as lonas impermeáveis e morrido daquela forma. Alguns deles — eram rapazes da região norte — haviam tirado suas Bíblias". A floresta de arame farpado na direção de Ovillers estava apinhada de corpos de rostos roxos e enegrecidos. "As moscas zumbiam obscenamente sobre a terra úmida", recordou Charles Carrington; "mórbidas papoulas escarlates cresciam escassas junto aos morros de greda branca; o ar era espesso e pesado, com explosivos fétidos e acres e o fedor doentio da decomposição".

Mas havia boatos de uma grande ruptura causada pela cavalaria, na Floresta Alta a leste, e pelo menos a artilharia inimiga não estava mais bombardeando La Boisselle. Os abrigos alemães também eram bastante seguros, se não houvesse um golpe direto na entrada. "O nosso se comparava bem desfavoravelmente [...] um buraco escavado na borda da trincheira, com um pedaço de ferro corrugado para ser usado, enquanto o deles tinha degraus que desciam uns 15 metros, e eram até iluminados com luz elétrica", escreveu mais tarde Evers, o padre dos Fuzileiros. "Quando se comparam as instalações deles com as nossas, perguntamo-nos como, em sã consciência, conseguimos ganhar a guerra!" Ali uma guarnição havia-se escondido sob o grande bombardeio: um cheiro fétido de suor, papel molhado e comidas estranhas impregnava as salas subterrâneas, e estas eram imundas. Tolkien encontrou um espaço em um daqueles abrigos e lá fez sua cama.

Seu batalhão foi chamado a sair outra vez, naquela tardinha, para se alinhar como reservas nas trincheiras à direita da estrada romana. Os regulares dos Reais Irlandeses já estavam à frente, garantindo a trincheira avançada britânica. O ataque estava previsto para as 10 horas, mas depois foi adiado em três horas. Havia uma suspeita de chuvisco no ar. A resistência alemã parecia não ter sofrido arranhões, e a carga demonstrou ser uma virtual repetição da noite anterior. Porém dessa vez os Fuzileiros assistiram ao *Sturm und Drang*[6] da retaguarda. Entre as ordens que Tolkien passou adiante, havia uma mandando cinquenta homens da Companhia "A" irem ao despejo de munições perto de La Boisselle para recolherem bombas para a linha de combate. Mas os problemas de sinalização se repetiram, e passou uma hora ou mais até a notícia de que o ataque fracassara alcançar a divisão, lá em

---

[6]Em alemão, "tempestade e ímpeto", a rigor o nome de um movimento literário romântico alemão. [N. T.]

Bouzincourt. Nenhum dos seus objetivos fora alcançado, e seu único êxito — distrair os alemães para um batalhão britânico atacá-los por trás — quase se transformou em desastre.

Um batalhão à direita, os Warwickshires, chegara sem oposição a uma trincheira que corria a nordeste desde Ovillers — o último elo alemão com reforços e rações; mas, quando o sol turvo nasceu em 16 de julho, os Warwickshires estavam desamparados.

"Para buscar ajuda precisamos retornar pelos mil metros de capim grosseiro, impassável de dia, que tínhamos atravessado correndo à noite", escreveu em uma memória Charles Carrington, que era um dos oficiais do batalhão desamparado. Os homens da Guarda Prussiana já atiravam emboscados e jogavam bombas neles, tentando aliviar a guarnição atacada.

Durante todo o dia mormacento, a brigada de Tolkien tentou alcançar os Warwickshires desde sua posição diante de Ovillers. Não era possível atravessar terreno aberto com uma carga à luz do dia, então os Fuzileiros de Lancashire trouxeram bombas que os Reais Irlandeses lançaram do canto protegido de sua trincheira nos defensores alemães. Mas o inimigo tinha tetos e abrigos profundos, e suas bombas retaliatórias desgastaram os Reais Irlandeses.

O batalhão de Tolkien finalmente rompeu o impasse ao findar do dia, enviando homens adicionais com uma torrente de rifles e granadas de mão. Pouco antes do pôr do sol apareceu uma bandeira branca, seguida por um soldado trajando cinza-de-campanha. Assim rendeu-se a guarnição de Ovillers: 2 oficiais e 124 soldados, todos sem ferimentos. Os Fuzileiros avançaram até chegarem aos Warwickshires desamparados, e voltaram de Ovillers com troféus: metralhadoras e outros materiais.

Ao tempo em que os últimos bolsões de resistência foram expulsos, no dia seguinte, Tolkien estava dormindo. Fora substituído uma hora após a meia-noite e chegara a Bouzincourt às 6 horas, após cerca de 50 horas em combate.

Em meio às suas próprias provações em Ovillers, cinco dias antes, G.B. Smith lhe enviara um cartão-postal de campanha — o tipo oficial com várias mensagens rotineiras impressas, para serem canceladas conforme conviesse — declarando simplesmente "Estou muito bem". Chegando a Bouzincourt, Tolkien encontrou uma carta dele. Smith voltara de Ovillers exatamente quando Tolkien entrava, e no sábado ele vira no jornal o nome de Rob entre as listas de mortos. "Estou seguro, mas de que importa isso?", disse ele. "Por favor fiquem comigo, você e Christopher. Estou muito cansado e terrivelmente deprimido com esta pior das notícias. Ninguém se dá conta, no desespero, do que o TCBS era de verdade. Ó meu caro John Ronald, o que é que vamos fazer?"

NOVE

"Alguma coisa se quebrou"

A ofensiva do Somme fora um segredo tão amplamente compartilhado que o nome "Albert" estava na boca de todos, lá na Inglaterra, bem antes de 1º de julho de 1916. A notícia do ataque rompeu a tarde daquele sábado terrível, mas não havia indicação de baixas nem sugestão de desastre. Na quinta-feira seguinte Cary Gilson voltou com a esposa de uma viagem a Londres e encontrou um cartão-postal de campanha de múltipla escolha do filho que afirmava: "Estou muito bem. Carta segue na primeira oportunidade". Naquela tarde o diretor escreveu uma resposta provocadora, mencionando um amigo da família que "nunca manda nada além de cartões, e nunca risca nada, de modo que cada missiva anuncia sua perfeita saúde, o fato de que está ferido e foi transportado a um hospital de base etc". Refletindo a visão geral de que o 1º de julho fora um ponto de inflexão, acrescentou: "Os alemães estão com o lobo diante da porta". Mas àquela altura uma família depois da outra ouvira da perda ou do ferimento de um filho. Os Gilson sabiam que Rob estivera nos arredores de Albert. Na sexta-feira, 6 de julho, Donna, madrasta de Rob, mal ousava ir para casa porque tinha a certeza de que um telegrama do Departamento de Guerra estaria esperando por ela. No sábado chegou uma carta que destruiu todas as esperanças. Arthur Seldon, um dos melhores amigos de Rob entre os oficiais do Batalhão Cambridgeshire, mandou pêsames pela morte dele.

Cary Gilson dominou ou mascarou seu pesar com expressões de sacrifício glorioso, e ocupou-se fazendo mais indagações e escrevendo um obituário. Molly, irmã de Rob, lançou-se ao trabalho de guerra, enfaixando ferimentos no hospital montado na Universidade de Birmingham. Porém os meios-irmãos de Rob, Hugh (de seis anos de idade) e John (que ainda não fizera quatro), choraram amargamente quando souberam que seu amado "Roddie" se fora. Donna foi esmagada pela perda de seu "maior amigo". Rezou para que Estelle King, que estava justamente voltando da Holanda, não tivesse visto os jornais. A carta de Seldon dizia que Rob "era amado por todos com quem entrava em contato". O leal Bradnam declarou que ele fora "amado por todos os homens do pelotão e, posso dizer, da companhia, pois era um excelente oficial e um bom líder". O velho Major Norton disse que Gilson fora para ele como um filho, e acrescentou: "Estou quase contente de ser incapaz de voltar à minha companhia, creio que sentiria falta dele a toda hora".[1] Wright, o subalterno que partilhara barracões e alojamentos com Gilson durante dezoito meses, escreveu que a amizade deles fora "tudo para mim em uma vida que não posso amar" e disse: "Eu ansiava por um tempo em que eu cresceria a incomensurável maturidade em dias de Paz".

Para Tolkien, assim como para os amigos de Gilson nos Cambridgeshires, a perda pessoal se acumulou com o horror e a exaustão da batalha. Naquele exército não havia aconselhamento por luto ou estresse pós-traumático; eram ossos do ofício. Mas por acaso Tolkien teve uma breve trégua depois de chegar de volta em Bouzincourt, após o ataque a Ovillers. Naquela noite, na segunda-feira, 17 de julho de 1916, ele acampou em Forceville, na estrada que levava à elegante cidade interiorana de Beauval, aonde a 25ª Divisão se deslocou para descansar a 24 quilômetros da frente. Depois de uma inspeção realizada pelo comandante divisional, em 19 de julho, Tolkien sentou-se para jantar com os demais oficiais da Companhia "A" — os que restavam. O homem

---

[1] Os Gilson enviaram ao ordenança 50 libras que Rob lhe deixara (o equivalente a quase 2 mil libras nos dias de hoje); mas Bradnam não mencionara quão severo era seu próprio estado, e morreu no fim da primeira semana de agosto depois de duas amputações de partes da perna. O Major Philip Morton morreu em Rouen alguns dias depois, como velho soldado de 52 anos de idade. [N. A.]

que comandava a companhia quando Tolkien se juntara a ela já havia morrido. Dois subalternos feridos tinham sido removidos de Ovillers quatro noites antes (Waite, um advogado de Lincolns Inn, levara algumas balas no abdômen e no quadril). Restavam Fawcett-Barry, um carreirista do exército marcado como próximo comandante da companhia; Altham, o oficial de inteligência, do quartel-general do batalhão; o Capitão Edwards, oficial das metralhadoras, também do quartel-general e com apenas 19 anos de idade; e mais os recém-chegados — Tolkien, Loseby e Atkins. Parece que Tolkien foi o oficial do rancho naquele dia. O jantar e o uísque foram servidos pelos ordenanças Harrison, Arden e Kershaw.

O ordenança realizava serviços domésticos para o oficial: fazer a cama, arrumar e lustrar, e proporcionar o melhor à sua mesa. Era um arranjo prático, não simples luxo. Sem dúvida os oficiais levavam uma vida mais confortável que as demais patentes, mas tinham pouco tempo livre dos treinamentos, da condução de grupos de trabalho e dos "dias de folga", censurando as inevitáveis cartas que os homens mandavam para casa (um dever profundamente divisivo e impopular). Um ordenança cheio de expediente podia ganhar muita gratidão e respeito. Tolkien, que achava difícil a intimidade com os colegas oficiais, desenvolveu profunda admiração pelos ordenanças que conheceu. No entanto, o ordenança não era primariamente um empregado, e sim um soldado raso que trabalhava como mensageiro para oficiais em ação. Como tal, precisava ao mesmo tempo estar em forma e ser inteligente, para não deturpar as ordens ou os relatórios. Como qualquer outro soldado raso, ele também combatia em campo. Um dos ordenanças da Companhia "A", Thomas Gaskin, homem da classe operária nativo de Manchester, estava entre os 36 Fuzileiros mortos ou desaparecidos em Ovillers. Tolkien guardou uma pungente carta da mãe de Gaskin, que queria saber do filho.

O 11º Batalhão de Fuzileiros de Lancashire sofrera 267 baixas em uma quinzena. Se continuasse assim, a unidade deixaria de existir em mais um mês, não fossem os novos recrutamentos e uma extensa pausa no combate; mas o batalhão teve de ser reorganizado em Beauval por causa de suas perdas.

"ALGUMA COISA SE QUEBROU"

Ao mesmo tempo, Tolkien foi nomeado oficial de sinalização do batalhão (e provavelmente tenente em exercício). Seu antecessor partiu para trabalhar com a brigada, e Tolkien foi encarregado de toda a comunicação da unidade, com uma equipe de oficiais subalternos e soldados rasos, prestando serviços de mensageiros, cabeamento e operação de telefonia, e para ajudá-lo a montar estações de sinalização aonde quer que o batalhão se deslocasse. Era uma pesada responsabilidade em tempos difíceis. Precisava conhecer as localizações e os códigos de chamada de todas as unidades coordenadas; estar atualizado com os planos e as intenções do Tenente-Coronel Bird, o oficial comandante; e manter a brigada informada sobre quaisquer movimentos de unidades ou problemas de sinal. Mas todas essas informações tinham de ser mantidas em segredo rigoroso. Os primeiros soldados que penetraram em Ovillers haviam feito uma desagradável descoberta entre os papéis do inimigo: uma transcrição literal da ordem britânica para atacar o vilarejo em 1º de julho. A sinalização tornou-se foco de nova paranoia, e sofreu severo escrutínio dos níveis superiores. Houve palestras para oficiais e checagens para comandantes de batalhão acerca do uso ineficiente da sinalização no Somme.

Tolkien assumiu seu novo papel na sexta-feira, 21 de julho de 1916, bem a tempo de enfrentar um desafio ainda maior em sua primeira experiência daquele estilo de vida na Frente Ocidental, o serviço de trincheira. Naquele domingo foi lançada a fase seguinte da ofensiva do Somme, um ataque furioso e tragicamente custoso contra Pozières, subindo pela estrada romana desde Albert, por voluntários australianos que lutavam pelo Rei e pela pátria. Em 24 de julho a unidade de Tolkien, por sua vez, foi chamada às trincheiras no norte da frente do Somme. Ali, perto de Auchonvillers — que inevitavelmente recebera das tropas o apelido de "Ocean Villas" [Mansões do Oceano] —, mais uma grande mina fora detonada no início do Grande Empurrão, mas não fora ganho nenhum terreno. Tolkien estava na antiga linha de frente diante de Beaumont-Hamel, uma posição alemã aninhada em um profundo corte. A sudeste o terreno descia íngreme rumo ao Ancre, e mais além, a três quilômetros de distância, o Reduto Schwaben se debruçava sobre o campo de batalha, na extremidade alta da

Crista Thiepval. Os Fuzileiros foram recebidos por tiros de canhão enquanto se instalavam. No abrigo do quartel-general do batalhão, Tolkien trabalhou ao lado de Bird, de seu ajudante Kempson, de Altham, o oficial de inteligência, e de John Metcalfe, que se tornara um dos capitães mais jovens do exército depois que fugira de casa para se alistar, e que agora agia como imediato de Bird. Durante os cinco dias seguintes Tolkien operou comunicações com o posto de comando da brigada, em um vilarejo a dois quilômetros e meio de distância, e os engenheiros reais vieram instalar um novo cabo. Os Fuzileiros estavam ocupados, especialmente depois do anoitecer, escavando abrigos fundos e alargando as trincheiras para serem usadas em um ataque posterior. Os grupos de trabalho foram avistados certa noite, e os obuses choveram em torno deles.

O 11º Batalhão de Fuzileiros de Lancashire foi retirado de "Ocean Villas" na manhã de 30 de julho, e foram para a reserva divisional em um bosque próximo à aldeia de Mailly-Maillet. As honras de combate regimentais foram comemoradas no Dia de Minden, 1º de agosto, o aniversário da Batalha de Minden em 1759, em que os Fuzileiros de Lancashire haviam ajudado a derrotar os franceses. Cada soldado recebeu uma rosa — e houve boxe entre competidores vendados, uma paródia do Somme, adequada, apesar de não proposital. Após uma semana quente e agitada (os soldados consertavam as trincheiras durante a noite), foram retirados da reserva no sábado, 5 de agosto, para um acampamento alguns quilômetros mais atrás, e no dia seguinte Tolkien pôde assistir a uma missa na igreja católica romana do vilarejo de Bertrancourt.

Na manhã de segunda-feira Tolkien recebeu ordens para ir com outro subalterno, o Segundo-Tenente Potts, e cinco sargentos-majores, para montar o quartel-general do batalhão em trincheiras ainda mais ao norte, perto da arruinada *sucrerie*, ou usina de açúcar de beterraba, e a nova vala comum entre Colincamps e as trincheiras alemãs em Serre. Deram com a linha de frente propriamente dita, gravemente detonada e impossível de ser atravessada à luz do dia, já que fora virtualmente obliterada no início do Somme. Ainda assim, o batalhão teve de seguir o grupo avançado

"ALGUMA COISA SE QUEBROU"

de Tolkien, e puseram-se a trabalhar com picaretas e pás em meio a um bombardeio intermitente que matou quatro homens. Mas, em 10 de agosto, um dia chuvoso, os Fuzileiros marcharam de volta para Bus-lès-Artois, onde haviam parado no caminho de Beauval para seu primeiro período de serviço nas trincheiras. Vista daquele ponto, a guerra parecia muito longínqua; os trigais ondulavam até longe, e jardins e pomares escondiam as aldeias em redor. Assim como antes, foram alojados em barracões em uma floresta na borda norte da aldeia. Porém por duas noites Tolkien sentou-se sob as árvores molhadas, perdido em seus pensamentos.

Um bilhete de G.B. Smith chegara até ele cerca de duas semanas antes, volúvel em sua brevidade. Ele estivera relendo um poema de Tolkien sobre a Inglaterra (provavelmente "*The Lonely Isle*"): um dos melhores, dizia ele. Mas o bilhete de Smith não trazia referência à morte de Gilson, nem qualquer indicação do que Tolkien escrevera como resposta à notícia. A impressão é de pensamentos inexprimíveis ou segregados, e de vitalidade exaurida.

Depois disso ele repassara uma breve carta de Christopher Wiseman a respeito da morte de Rob. Os dois concordavam: pesado na balança da vida, Gilson, apesar de todos os seus defeitos, era como ouro em comparação à impura massa do povo. Nas palavras de Smith: "uma vida assim, mesmo que sua realização não tenha sido nada, mesmo que tenha passado quase sem ser vista, mesmo que nenhum princípio diretor a tenha dominado e demarcado, mesmo que a dúvida e a desconfiança, a tempestade e a tensão tenham sempre ardido na sua mente em desenvolvimento, à vista de Deus e de todos os homens é digna do nome de um valor inconcebivelmente mais elevado que as dos tagarelas ociosos que preenchem o mundo com ruído e não o deixam mais vazio quando se vão. Pois a nobreza do caráter e da ação, uma vez que tenha sido enviada ao mundo, não retorna vazia".

Tolkien respondera em tom semelhante. Presumivelmente referindo-se àqueles mesmos "tagarelas ociosos", os jornalistas e seus leitores que Smith execrava, ele escreveu que "Nenhum filtro de emoção verdadeira, nenhum raio de real sentimento pela beleza, pelas mulheres, pela história ou por seu país jamais os atingirá outra vez". Evidentemente estavam todos os três dominados pela raiva que vem com o luto. O alvo que haviam escolhido era inteiramente concordante com os preceitos do TCBS. Afinal de contas, o TCBS lutara contra a classe grosseira e de cabeça oca na escola, e o Conselho de Londres expulsara T.K. Barnsley e seus amigos irônicos. Foi nesse espírito que Smith escreveu:

Não fosse aquele fogo poético
Ardendo no coração oculto,
Não fosse o coro a plena voz
Cantando em lugar apartado,

O homem nascido de mulher,
Com toda a sua imaginação,
Seria menos que o orvalho da manhã,
Menos que a menor das coisas.[2]

Ao mesmo tempo, a propaganda de guerra e seus consumidores eram regularmente demonizados pelos soldados da Grande Guerra. O sentimento nascia de uma combinação de fatores: o saber que a propaganda era falsa, a suspeita de que em casa jamais compreenderiam a realidade das trincheiras, e a amargura de que os amigos e heróis morriam enquanto os aproveitadores e seus otários estavam confortáveis e a salvo. Esse estado de espírito encontra sua expressão mais famosa em "Blighters" de Siegfried Sassoon, uma maldição mortal dos chovinistas de cabaré ("Eu adoraria ver um tanque descendo pela plateia, / Cambaleando ao som de melodias de ragtime [...]"). Smith expressou uma variante apocalíptica em "*To the Cultured*" [Aos cultos]:

O que somos nós, o que sou eu?
Pobres criaturas rudes, cuja vida
É "deprimente" e "cinza",

---

[2]Save that poetic fire / Burns in the hidden heart, / Save that the full-voiced choir / Sings in a place apart, // Man that's of woman born, / With all his imaginings, / Were less than the dew of morn, / Less than the least of things. [N. T.]

É um combate desolador
Contra a morte e contra a vergonha
E teu riso cortês,
Até que — o mundo se desfaça
Em fumaça e chama,
E alguns de nós morram,
E alguns sigam vivendo
Para o construir de novo.[3]

Uma olhadela para o outro lado do Canal, para aqueles ricos "cultos" e aqueles "tagarelas ociosos", bastava para confirmar que, apesar de Rob Gilson estar morto, seu valor lhe sobrevivera. Wiseman encontrou consolo adicional em um dos sentimentos de Gilson, de que "a integridade do TCBS era todo o seu valor para ele mesmo": em outras palavras, seu ponto forte era simplesmente a melhor espécie de companheirismo. De fato, é difícil fugir à impressão de que a referência constante às iniciais impessoais "TCBS", na correspondência entre os quatro, era um modo de ocultar o afeto mútuo que aqueles jovens sentiam entre si. Porém o sentimento de Gilson ia na contramão da visão que também haviam partilhado, da "grande obra" que acabariam realizando juntos. Era na verdade o sentimento de um "Tomé duvidoso",[4] como Smith descreveu Gilson, e implicava que aquilo que o TCBS realizasse em vida não importava nem um pouco.

Tolkien remetera a carta de Wiseman de volta para Smith, acrescentando seus próprios grifos e anotações. Agora ele descobria que discordava destas. Mal conseguia expressar grande parte do que lhe passara pela mente desde então. Sentia-se faminto, solitário e impotente, e oprimido pelo "cansaço universal de toda esta guerra". A despeito dos boatos, ele não fazia mais ideia do próximo movimento do batalhão do que do paradeiro de Smith; mas, após

---

[3]What are we, what am I? / Poor rough creatures, whose life / Is 'depressing' and 'grey', / Is a heart-breaking strife / With death and with shame / And your polite laughter, / Till — the world pass away / In smoke and in flame, / And some of us die, / And some live on after / To build it anew. [N. T.]
[4]Alguém difícil de convencer sem evidências; expressão oriunda do caráter dubitativo de Tomé, disponível em João 20:24–29. [N. T.]

sua vigília na floresta, Tolkien escreveu uma longa carta em meio ao barulho de diversas refeições no rancho da companhia. "Tenho vários trabalhos para fazer", disse ele antes de assinar. "O Of. Sin. de Bda. está atrás de mim para uma conversa, e tenho dois assuntos para resolver com o OI e uma revista detestável às 6:30 – 6:30 da tarde de um sábado ensolarado"[5] Sua declaração a Smith foi austera. "Sentei solenemente e tentei lhe contar secamente o que penso exatamente", confessou ele. "Fiz com que esta carta soasse muito fria e distante [...]"

Gilson conquistara a grandeza do sacrifício, mas não, escreveu Tolkien, a grandeza da espécie particular que TCBS visualizara. "A morte de qualquer um de seus membros é apenas um joeirar amargo daqueles que não estavam destinados a serem grandes — pelo menos diretamente", disse ele. Quanto à sociedade que compartilhara esses sonhos, a conclusão de Tolkien não era menos desolada.

> Até agora minha principal impressão é de que alguma coisa se quebrou. Sinto-me exatamente o mesmo com relação a vocês dois: mais próximo, na verdade, e com muita necessidade de vocês [...] mas não me sinto um membro de um pequeno corpo completo agora. Sinto honestamente que o TCBS acabou [...] me sinto um mero indivíduo [...]

De fato, Wiseman depositara tal fé no plano divino para os quatro que negara que algum deles pudesse morrer antes de sua realização. Se era o propósito de Deus que o TCBS completasse alguma obra como unidade, escrevera ele em março, "e não posso deixar de pensar que seja, então Ele ouvirá nossa prece e todos havemos de ser mantidos a salvo e unidos até que seja Seu bel-prazer deter esta erupção do Inferno". As piores apreensões de Wiseman, na verdade, estavam focadas em Gilson, mas eram de natureza

---

[5] O oficial de sinalização da brigada era o antecessor de Tolkien no nível do batalhão, o Tenente W.H. Reynolds. O oficial intendente (morto em 1917) era o Tenente Joseph Bowyer, um soldado profissional com o dobro da idade de Tolkien, neto de um fuzileiro de Lancashire da Guerra Peninsular. [N. A.]

totalmente diversa. "Ele sairá disto como homem enorme [...] se puder manter o juízo", acrescentara. "O que mais temo é a insanidade". A expressão *shell shock* [choque pós-traumático][6] já entrara na língua inglesa. De fato, a previsão de Gilson fora mais clara: o TCBS estava diante de uma tarefa enorme, dissera ele: "não havemos de vê-la realizada durante nossas vidas". Mas a declaração de Tolkien em Bus-lès-Artois vinha de encontro às mais solenes convicções de G.B. Smith. Encarando o horror de uma patrulha noturna, em fevereiro, Smith afirmara expressamente: "a morte de um dos seus membros não pode, estou certo, dissolver o TCBS [...]. A morte pode nos tornar repugnantes e indefesos como indivíduos, mas não pode acabar com os quatro imortais!"

G.B. Smith ouvira falar da morte de Rob ao final de uma provação em Ovillers, provavelmente mais infernal que a de Tolkien. Os Salford Pals, reduzidos à metade do batalhão que tinham sido no começo da ofensiva do Somme, haviam tido êxito ao se apoderarem do canto sudoeste do baluarte alemão, durante três dias e noites de combate com baionetas e lançamento de bombas em trincheiras despedaçadas. Os franco-atiradores inimigos haviam agido sem cessar, fazendo muitas vítimas. Smith, como oficial de inteligência, interrogara um grupo de soldados alemães que foram apanhados ao tentarem fugir. O interrogatório não foi rigoroso. "Estavam perdidos, quase cercados, e famintos e sedentos", escreveu ele em seu relatório. Mas outros deveres eram como pesadelos: tinha de juntar cartas e papéis dos Guardas Prussianos feridos e mortos (alguns haviam morrido até duas semanas antes, no grande bombardeio), e examinar discos de identidade para ter informações sobre os desdobramentos do inimigo. E as trincheiras que os Pals ocuparam estavam abarrotadas de cadáveres.

"De verdade, temo que não tenhamos possibilidade de nos encontrar", escrevera Smith em sua nota taciturna sobre "*The Lonely Isle*". Naquele ponto ele estivera a uns 50 quilômetros de distância do Somme, e prestes a se deslocar a outro lugar por uns tempos. Imediatamente após Ovillers, os Salford Pals haviam

---

[6]Literalmente "choque de projétil". [N. T.]

marchado para o norte, mas no final de julho tinham deixado a brigada e prosseguido para serem retreinados pelos engenheiros reais como batalhão "pioneiro". Homens rijos, mormente recrutados nas minas de carvão, há muito tempo eles tinham sido marcados para isso: os pioneiros realizavam o trabalho pesado de uma divisão de infantaria. Smith (apesar de Tolkien não saber disso) já estava de volta, estabelecido em Hédauville, não longe de Bouzincourt. A metade dos Pals operava uma ferrovia de suprimentos na floresta a oeste do Ancre, perto de onde tinham passado a noite antes do Grande Empurrão. A outra metade escavava novas trincheiras do lado oposto do rio, até a ponta leste da Floresta Blighty, onde centenas de seus amigos e companheiros haviam sido alvejados no primeiro dia da grande batalha. Os homens trabalhavam sob fogo de canhão esporádico.

Agora Smith queria ver Tolkien desesperadamente. "Hoje à noite não consigo dormir por causa das lembranças de Rob e da última vez que o vi", escreveu ele em 15 de agosto. "Queria ser capaz de encontrar você — busco-o em toda a parte". Três dias depois ele recebeu o obituário de Tolkien sobre o TCBS. Discordou dele em quase todos os pontos. Por mera coincidência, naquele dia a divisão de Tolkien mudou seu quartel-general para Hédauville. Seus batalhões iam assumir das unidades combatentes da divisão de Smith um trecho de três quilômetros da linha de frente. Desse modo, na tarde seguinte, no sábado, 19 de agosto, o 11º Batalhão de Fuzileiros de Lancashire entrou marchando em Hédauville e armou suas barracas ao sul da aldeia, a caminho das trincheiras. Smith saiu em busca de Tolkien, mas lhe disseram que este saíra em missão.

A 25ª Divisão trouxera todos os seus oficiais de sinalização dos batalhões naquela quarta-feira para uma semana de instrução, durante a qual aprenderam o que estavam fazendo errado: as mensagens eram prolixas demais, os telefonemas muito compridos, as estações no campo de batalha eram demasiado visíveis; confiavam demais nos mensageiros e de menos nos pombos. Mas havia boas notícias para Tolkien e os demais oficiais de sinalização dos batalhões. Em meio às enormes perdas no Somme, alguns deles tinham substituído comandantes mortos das companhias, mas essa prática estava sendo interrompida como parte da atual reorganização das comunicações.

Como não encontrara o amigo, Smith decidiu de imediato comunicar pelo correio sua justificada ira. "Quero que você considere esta carta, um tanto violenta, como uma espécie de ode triunfal às gloriosas lembranças e à atividade incessante de R.Q.G., que, apesar de ter partido dentre nós, ainda está conosco por inteiro", escreveu ele. Estava respondendo à longa carta de Tolkien — com o acréscimo de algumas anotações "um tanto secas e, talvez, rudes". "Com certeza vamos nos encontrar em breve, pelo que espero enormemente. Não tenho bem certeza se vou apertar sua mão ou agarrá-lo pela garganta [...]".

A oportunidade para descobrir isso surgiu naquele dia. Tolkien estava em Acheux, a menos de cinco quilômetros de distância, e os dois finalmente acabaram se encontrando. A instrução de sinalização reteve Tolkien quando seu batalhão foi para as trincheiras, e do sábado até o dia final do curso ele pôde se encontrar com Smith todos os dias. Havia três assuntos em pauta: a "grandeza" de Rob Gilson, a finalidade do TCBS, e se o clube sobrevivera à morte de seu integrante. Smith estava furioso, pois Tolkien concluíra que o amigo deles "não estava destinado a ser grande", e respondera com a pergunta: "Quem sabe se Rob já não propagou uma essência tão longe quanto jamais havemos de propagar [...]?" (As cartas dos companheiros Cambridgeshires a Cary Gilson, francamente arrasadas, sugerem que isso não era mero sentimentalismo: o filho do Diretor claramente afetara com profundidade muitos amigos.) "Ele era certamente um Tomé duvidoso", acrescentou Smith, "mas [...] não imagino que jamais chegarei a ver alguém parecido".

Interpretara mal o argumento de Tolkien. A morte impedira o amigo deles de levar sua "santidade e nobreza" e suas qualidades inspiradoras ao grande mundo. "Sua grandeza, em outras palavras, é agora uma questão pessoal nossa", dissera Tolkien, "mas apenas toca o TCBS naquela faceta precisa que talvez [...] fosse a única que Rob sentia: 'Amizade à enésima potência'".

A essência do TCBSianismo era mais que amizade, recordou ele a Smith. "O que eu quis dizer, e penso que Chris quis dizer, e

estou quase certo de que você quis dizer, foi que ao TCBS havia sido concedida alguma centelha de fogo — certamente como um conjunto se não individualmente — que estava destinada a acender uma nova luz ou, o que é a mesma coisa, reacender uma antiga luz no mundo; que o TCBS estava destinado a testemunhar por Deus e pela Verdade de um modo ainda mais direto do que pela entrega de suas várias vidas nesta guerra [...]"
Tanto ele como Smith já haviam começado a buscar essa meta através de seus esforços literários. Smith também acreditava no "fogo poético"; mas Tolkien estava simplesmente convencido de que este fogo não deveria permanecer "no coração oculto" como no poema de Smith.

Tão logo depois da morte de Gilson, de forma muito compreensível, os sonhos de realizações futuras bem pouco importavam a Smith. "Quanto ao joeirar do TCBS", disse ele, "realmente não dou a mínima. Isso só se refere à sua capacidade executiva [...]". O grupo era de caráter espiritual, "uma influência sobre o estado do ser", e como tal transcendia a mortalidade; era "tão permanentemente inseparável como Thor e seu martelo". A influência, disse ele, era "uma tradição que daqui a quarenta anos ainda será tão forte para nós (se estivermos vivos, e se não estivermos) como é hoje [...]".

Na verdade, talvez fosse isso que Tolkien desejasse ouvir. Sua carta de Bus-lès-Artois não é a fria avaliação de realidades brutais que pretende ser. É, isso sim, a carta de um homem devoto tentando intensamente encontrar um padrão divino por trás de um desperdício ostensivamente disparatado e cruel. Mas sua lógica parece imperfeita: afinal, se Rob Gilson não estava destinado a ser grande, por que sua morte haveria de pôr fim ao sonho TCBSiano de alcançar a grandeza como unidade? Ademais, a carta sofre uma dramática reviravolta. Imediatamente depois de declarar "Sinto honestamente que o TCBS acabou", Tolkien acrescentara uma ressalva: "mas não estou totalmente certo de que este não seja um sentimento não confiável que talvez desapareça como mágica quando nos reunirmos novamente [...]". Ademais, reconhecia ele, "o TCBS pode ter sido tudo o que sonhamos — e seu trabalho ao final ser feito por três, dois ou um sobrevivente [...] A isso agora prendo minhas esperanças [...]". Isso indica que o que Tolkien queria, em seu isolamento e luto e dúvida, não era a concordância de que o TCBS terminara, mas sim a reafirmação de que ainda estava vivo.

Pelo menos para Smith a discussão pusera fim à dúvida: estava decidido acerca do valor de Rob e do papel do TCBS, e estava contente com isso. Porém, apesar de afirmar que tão pouco se importava com os aspectos "executivos" do TCBS, ele de fato viera escrevendo algumas coisas desde a última vez em que se encontrara com Tolkien. Entre seus poemas estão duas breves elegias a Gilson: reflexos do luto, mas também reações à inspiração que igualmente inflamara Tolkien desde o Conselho de Londres. Uma peça declara uma visão rude da providência divina: a morte de Gilson é "um sacrifício de sangue derramado" a um Deus cujos propósitos são inteiramente impenetráveis e que "só pode ser glorificado / Pela paixão do próprio homem e pela dor suprema". A outra revela a nostalgia urgente de Smith:

> Contemos tranquilas histórias de olhos bondosos
> E cenhos plácidos onde se assentavam paz e erudição:
> De jardins enevoados sob céus do anoitecer
> Onde quatro caminhavam outrora, com passos sossegados.
>
> Não falemos de todo o suor e sangue,
> De todo o ruído e porfia e poeira e fumaça
> (Nós, que vimos a Morte jorrando como enchente,
> Onda após onda, a saltar e correr e quebrar).
>
> Ou sentemo-nos tranquilos, nós três juntos,
> Em torno de ampla lareira de brilho rubro,
> Sem dar atenção ao tempo tormentoso
> Que voa por sobre a árvore que nos cobre.
>
> E ele, o quarto, tão silente jazendo
> Em alguma tumba distante e não cuidada,
> Sob a sombra de uma árvore esmagada,
> Há de deixar a companhia dos bravos infelizes,

E se aproximar de nós em prol da lembrança,
Pois um olhar, uma palavra, um feito, um amigo,
Estão unidos com laços que o homem jamais partirá
Ao seu coração para sempre, até o fim.[7]

Assim, "o quarto" podia retornar, mesmo então, para estar presente nos conclaves de "nós três juntos" e, na visão de Smith, o TCBS podia permanecer inteiro. Há ali, também, algum vislumbre consolador de uma reunião dos espíritos dos mortos, como Tolkien a visualizou em "*Habbanan beneath the Stars*"? Nesse caso a impressão se confunde com outra muito mais parida: que "a companhia dos bravos infelizes" não reside no Céu, no Inferno ou no Purgatório, mas sim aqui na Terra, nos túmulos dos campos de batalha do Somme. Tal leitura sugere que em Smith, assim como em muitos dos seus contemporâneos, espreitavam àquela altura as sementes de um desespero racionalista. Enquanto isso, as antigas crenças estavam intactas. Com a bênção silenciosa de Gilson, o TCBS podia continuar contando suas histórias, não de guerra, mas de paz e dos bons velhos dias.

Esses dias estavam se tornando cada vez mais remotos. O pai de Rob respondera a uma carta de pêsames de Tolkien com a notícia de que Ralph Payton também morrera. W.H. Payton, o irmão mais velho, o antigo "*Whip*" do TCBS, estava a salvo na Birmânia, trabalhando para o Serviço Civil Indiano, mas "o Bebê" fora morto em 22 de julho. O 1º Batalhão de Birmingham,[8] que

---

[7]Let us tell quiet stories of kind eyes / And placid brows where peace and learning sate: / Of misty gardens under evening skies / Where four would walk of old, with steps sedate. // Let's have no word of all the sweat and blood, / Of all the noise and strife and dust and smoke / (We who have seen Death surging like a flood, / Wave upon wave, that leaped and raced and broke). // Or let's sit quietly, we three together, / Around a wide hearth-fire that's glowing red, / Giving no thought to all the stormy weather / That flies above the roof-tree overhead. // And he, the fourth, that lies all silently / In some far-distant and untended grave, / Under the shadow of a shattered tree, / Shall leave the company of the hapless brave, // And draw nigh unto us for memory's sake, / Because a look, a word, a deed, a friend, / Are bound with cords that never a man may break, / Unto his heart for ever, until the end. [N. T.]

[8]Oficialmente renomeado 14º Batalhão do Regimento Real Warwickshire, fizera parte da divisão de Smith, a 32ª, durante o treinamento; mas seus

"ALGUMA COISA SE QUEBROU"

também abrigava diversos *Old Edwardians*, fora postado a sudeste, ao longo da linha do Somme, a partir de La Boisselle. Assim como Tolkien, eles não tinham participado do ataque de 1º de julho, mas foram postos em ação na esteira da ofensiva do Dia da Bastilha. Ralph, que era tenente encarregado dos metralhadores do batalhão, estivera em um ataque noturno a uma elevação entre a Floresta Alta e a Floresta Delville, em meio às carcaças de cavalos mortos na única carga de cavalaria do Somme. O 1º Batalhão de Birmingham fora praticamente destruído no que já se tornara uma história bem conhecida. O ataque fora preparado às pressas, e a artilharia não conseguiu destruir as defesas alemãs; Quase duzentos homens do batalhão foram chacinados; Payton nunca foi encontrado. Ele, humorista um tanto tímido e nervoso, assumira o ônus de administrar a sociedade de debates da King Edward's após a morte de Vincent Trought em 1912. Nas reuniões do TCBS estendido, nas Barrow's Stores em Birmingham, antes do Conselho de Londres, ele fora nas palavras de Wiseman "o Barroviano por excelência".

"Queira o céu que de vocês restem bastantes para levar adiante a vida nacional", disse Cary Gilson, que conduzira um minuto de silêncio no *Speech Day* [Dia do Discurso] anual da escola, no final de julho de 1916, em memória dos 42 *Old Edwardians* que foram mortos nos doze meses anteriores. "Permitisse Deus que nós, homens 'além da idade militar', pudéssemos ir resolver esta questão em vez de vocês, jovens rapazes. Vivemos bons tempos: haveria pouca dificuldade em 'nos declararmos'". O diretor agradeceu cordialmente a Tolkien pela comiseração, e disse que Rob lhe deixara vários livros e desenhos.

Christopher Wiseman escreveu a Smith expressando inveja pelas suas "frequentes reuniões com J.R.". Sua carta parece ter sido a última palavra do debate se o TCBS estava vivo ou morto, e merece ser citada extensamente. A morte de Gilson fizera Wiseman refletir sobre a história da clique:

---

caminhos divergiram ao chegarem à França, quando a unidade (com o 16º Real Warwickshire de Hilary Tolkien) se transferiu para outra divisão. [N. A.]

Inicialmente nebulosa e intensamente espirituosa, depois ela se revolta contra Tea-cake e Barrowclough e se cristaliza em um TCBS ainda intensamente espirituoso, porém menos insípido. Por fim a guerra. Agora penso que o TCBS provavelmente seja maior na terceira fase, mas dava a sensação de maior na primeira. Nenhum de nós, naqueles velhos tempos, tínhamos essa horrível sensação de como éramos débeis, ineficazes e impossíveis. Não sei até que ponto J.R. estava nessa panela, mas para você e para mim a revelação parece ter surgido de modo muito desagradável, e se não nos cuidarmos não haveremos de pensar em mais nada. Por outro lado, fizemos bem pouco além de viver em estado de tensão aguda, representar os Rivais, vestir de calças um resquício romano, travar debates em latim e tomar chá na Biblioteca, coisas que, por muito que fossem obras enormes em comparação com nossa ocupação presente, possuíam uma grandeza altamente "artificial". Naqueles dias estávamos de cabeça para baixo; mas não se pode ficar eternamente de cabeça para baixo. Mas creio que ainda temos sobre as outras pessoas a vantagem de podermos ficar de cabeça para baixo quando quisermos.

Wiseman ficou desconcertado pela afirmativa de Tolkien de que não se sentia mais parte de "um pequeno corpo completo", e prosseguiu:

Falando por mim, sei que pertenço a um círculo de três pessoas. No interior desse círculo encontro inspiração real e absolutamente singular [...]. Ora, esse círculo é bem suficiente para mim. É o TCBS. Não vejo que já possa haver algo de completo no TCBS. Podemos nos ter livrado de muitas autoilusões, mas ainda não vejo razão para duvidar de que existe uma realização pela qual lutar e uma recompensa para se obter, contanto que estejamos dispostos a pagar o preço. Não consigo ver que o TCBS esteja alterado. Quem há de dizer que somos menos completos do que éramos? Ou, mesmo que não sejamos, como a completude, o que quer que seja, afeta a grandeza do TCBS? Nos velhos tempos podíamos nos sentar bem juntos e nos abraçar diante do fogo, pensando no que iríamos fazer. Agora estamos parados de costas para a parede, e mesmo assim hesitamos e nos perguntamos se não seria melhor todos ficarmos de

"ALGUMA COISA SE QUEBROU"

costas para paredes diferentes. Rob mostrou a têmpera do aço que contemos. Se ele recebeu a recompensa tão cedo, isso é sinal de que o aço é menos duradouro? Não imagine que Rob nada significa para mim. Provavelmente ele significa mais para mim do que para qualquer um de vocês. Nos sombrios dias do Teacakeanismo ele foi o único elo que eu tinha com o TCBS. Ele costumava enxergar o TCBS mais como ele realmente era, acho que melhor do que qualquer um de nós. Não consigo avaliar quanta coisa aprendi com Rob. Sinto que aprendi algo de você e de J.R., como não podia deixar de aprender. Mas Rob e eu, e principalmente Rob, construíamos completos sistemas de pensamento que agora vejo serem parte integrante de minha atitude diante de quase todas as questões [...]. E nego total e veementemente que, como você disse certa vez, em carta recente, ele jamais entendeu o TCBS tão bem como você ou eu ou J.R. Ele o entendia melhor; pois entendia J.R. melhor. E, se você relatar J.R. corretamente, começo a pensar que ele o compreendia menos, confundindo-o com irmandades pré-rafaelitas e associações de *Old Edwardians* sob William Morris, que ele originalmente apresentou apenas a título de comparação, e que ademais eu sempre pensei e disse que eram indiferentes.

Seja lá como for tudo isso, sei que sou um TCBSita; pretendo conquistar grandeza e, se o Senhor quiser, notoriedade pública em meu país; em terceiro lugar, a qualquer grandeza que eu conquistar você e J.R. estarão ligados de modo indissolúvel, porque não creio que eu consiga ir adiante sem vocês. Creio que agora não estamos indo adiante sem Rob; estamos indo adiante com Rob. Não é nenhum disparate, apesar de não termos razão para supor, que Rob ainda seja do TCBS. Mas acredito que haja algo no que a Igreja chama de Comunhão dos Santos.

Tendo recebido a carta de Wiseman cerca de uma quinzena mais tarde, Smith a repassou a Tolkien com as palavras: "Sobre a constituição do TCBS nada tenho a acrescentar ao que Chris diz aqui, e ao que eu já disse a você. Minha crença nisso não se reduziu". O corolário disso é que, quando se afastaram, pelo menos algumas das dúvidas de Tolkien restaram.

Smith e Tolkien fizeram juntos uma última refeição em Bouzincourt, com Wade-Gery, o professor de Oxford transformado em capitão, que (provavelmente nessa ocasião) presenteou Tolkien com um volume de *The Earthly Paradise* [O paraíso terrestre] de William Morris. Mas não havia como escapar à guerra, e os prenúncios eram ruins, e ainda enquanto comiam foram alvo de fogo inimigo.

DEZ

Numa toca no chão

Muitas vezes diz-se que Tolkien escreveu as primeiras histórias de sua mitologia nas trincheiras. "Isso é pura bobagem", alertou ele cinquenta anos após o ocorrido. "Talvez você conseguisse rabiscar algo no verso de um envelope e enfiá-lo no bolso de trás, mas só isso. Não era possível escrever [...] Ficávamos agachados em meio a moscas e imundície". Depois de se reunir ao seu batalhão, fez revisões em "*Kortirion among the Trees*" durante dois dias, em um abrigo na linha de frente da Floresta Thiepval; mas nenhum dos "Contos Perdidos" que constituem a base para o "Silmarillion", muito posterior, pode ser datado do tempo que Tolkien passou na França, muito menos das próprias trincheiras. O primeiro problema era encontrar a concentração requerida; depois havia o grande risco de perder qualquer coisa que se tivesse escrito de fato. Rob Gilson declarara desde as trincheiras: "Algumas pessoas falam sobre ler livros aqui, mas não compreendem como eles conseguem." O voraz G.B. Smith conseguiu consumir grande número de livros enquanto estava na França, mas após a perda de seu longo poema "O Funeral de Sófocles" na vinda da Inglaterra ele se preocupava constantemente em mandar para casa qualquer coisa que escrevesse. Quando recebeu "*The Lonely Isle*" de Tolkien, também fez uma cópia desse texto e o enviou de volta para ser mantido a salvo em West Bromwich. Compor uma narrativa coerente era impossível em meio à tensão e às interrupções da vida na trincheira. Visualizar os olmos de Warwick deve ter sido um desafio suficiente, pois a Floresta Thiepval estava longe de ser tranquila.

Edmund Blunden falou de suas "medonhas árvores-forca", enquanto Charles Douie escreveu em suas memórias de guerra *The Weary Road* [A estrada exausta]: "A floresta nunca estava em silêncio, pois o barulho dos canhões e dos rifles ecoava infindo entre as árvores, em testemunho da vigília incessante das linhas opositoras. À noite os sinalizadores, enquanto subiam e caíam, mergulhavam a floresta em sombra mais profunda e a tornavam ainda mais escura e ameaçadora".

Em outro ponto Tolkien relembrou que escrevera parte da mitologia "em abrigos de trincheira debaixo de balas", mas deve ter sido pouco mais que ideias, esboços ou nomes rabiscados. As ansiedades da guerra, porém, atiçaram os fogos criativos. Sua mente perambulou em um mundo que começara a se desenvolver em Oxford e nos campos de treinamento, em seu léxico e em seus poemas. Como refletiu mais tarde: "[...] acredito que boa parte desse tipo de trabalho ocorre em outros níveis (dizer inferiores, mais profundos ou mais elevados introduz uma falsa gradação), quando alguém está dando o bom-dia ou mesmo 'dormindo'". Estava cônscio, pelo menos em retrospecto, de que tais atividades constituíam um pequeno abandono do dever, e confessou, culpado: "Isso não contribuiu para a eficiência e a presença de espírito, é claro, e eu não era um bom oficial [...]".

Na Frente Ocidental o presente, por muito que contivesse terrores urgentes, não conseguia obscurecer os lamentáveis destroços do passado em toda a volta, e mesmo o passado recente podia parecer bizarramente antigo. "A Antiga Linha Britânica", observou Edmund Blunden, "já era venerável. Partilhava o passado com as defesas de Troia. As caveiras que as pás remexiam em seu redor eram de certa forma coevas com as das guerras mais distantes; há algo de obstinadamente remoto em uma caveira". Tolkien nunca meramente observava o passado. Ele o recriava em sua própria imaginação caprichosa, não focalizando Troia e sim Kortirion, e quem sabe àquela altura também a grande cidade de Gondolin.

Alguns daqueles velhos ossos que se projetavam das paredes das trincheiras na borda norte da Floresta Thiepval eram, talvez, relíquias de homens conhecidos de G.B. Smith quando ele, pela primeira vez, levou "*Kortirion*" por aquelas mesmas trincheiras "como um tesouro", e partiu em patrulha noturna exortando Tolkien a publicar. Ali a linha mal se movera desde a vigília hibernal de Smith, mas quando Tolkien chegou no dia depois do fim de seu curso de sinalização, na quinta-feira, 24 de agosto de 1916, a um quilômetro e meio dali os alemães finalmente haviam abandonado a maior parte da Saliência Leipzig, a fortificação que derrotara ao Salford Pals em 1º de julho. O 11º Batalhão de Fuzileiros de Lancashire soltou barragens de fumaça como apoio ao ataque (por batalhões da divisão de Tolkien), atraindo o fogo de artilharia dos alemães. Nos dois dias seguintes choveu torrencialmente.

O socorro, na sexta-feira, levou quase cinco horas: só quando o batalhão que chegou havia entrado em fila com todo o seu equipamento, e se arrumado, é que os Fuzileiros puderam passar por eles, espremidos, e sair aos tropeços para as árvores escuras. O processo era "sempre longo e uma prova de paciência", escrevera Gilson, mas "a alegria de sair das trincheiras é totalmente indescritível [...]. A remoção da tensão da responsabilidade, apesar de ser apenas parcial, é como uma grande carga retirada da mente". Alcançaram Bouzincourt à 1h30 da manhã no domingo, 27 de agosto — para serem mandados de volta à linha de frente após uma folga de menos de 28 horas, como Tolkien observou com minúcia, ao romper da aurora da segunda-feira.

Mas agora ele estava do outro lado da antiga Terra de Ninguém, a leste da Saliência Leipzig, em trincheiras que haviam sido conquistadas só horas antes. Seu novo lar estava semeado de corpos de soldados alemães mortos. Nos abrigos havia prisioneiros, muitos deles feridos. Era, nas palavras do capelão Evers, "um trecho apavorante da linha [...] tão ruim quanto um galinheiro, com um mínimo de proteção". Estava sob fogo de canhão, e para piorar uma situação totalmente desoladora a chuva voltou redobrada, transformando o solo abaixo deles em uma cola cinzenta na terça-feira. "Sinto que, se eu sobreviver a esta guerra, a única classificação do tempo que haverá de me importar será seco ou lamacento", escrevera Rob Gilson em março. "Às vezes quase chego a chorar por causa da lama universal e da total impossibilidade de escapar dela [...]". À medida que o verão ia passando, o Somme começava a reverter àquele lodo primevo. Porém os homens tinham à sua disposição uma "alegria extraordinária", como disse Evers: "Quando ficávamos deprimidos, a cura era ir visitar os homens em um abrigo: quanto piores as condições mais alegres eles eram, e saíamos de lá alegres também".

Na sexta-feira, 1º de setembro, Tolkien recuou para as trincheiras de alívio em redor do ossuário de Ovillers, e só chegou ao seu acampamento em Bouzincourt na noite da terça-feira seguinte.

À parte o vinho, que lhe agradou, a França deve ter dado a Tolkien poucas compensações para as misérias da guerra. A língua nativa lhe desagradava, e ele detestava a culinária francesa. Em sua única visita anterior, no verão de 1913, como tutor de dois meninos mexicanos, suas calorosas impressões de Paris haviam sido estragadas pela "vulgaridade, a tagarelice, a cusparada e a indecência" dos franceses nas ruas, e ficara contente de partir para a Bretanha celta, mas a viagem terminara com o atropelamento da tia de um dos meninos, que fora fatalmente ferida por um carro diante dos olhos de Tolkien. Se a história o tivesse colocado na Saxônia, defendendo o Weser contra saqueadores franceses, como os Fuzileiros de Lancashire haviam feito em 1759, sem dúvida ele estaria mais contente.

No entanto, Humphrey Carpenter, descrevendo essa atitude como "galofobia", certamente dá excessiva atenção à hipérbole maldosa (o que faz também com relação às opiniões de Tolkien sobre Shakespeare e Wagner). Mais tarde, o conhecimento de Tolkien da língua francesa estendeu-se às miudezas da pronúncia dialetal do valão oriental, conforme sua protegida e amiga Simonne d'Ardenne. Certamente ele sentia uma ligação continuada com a região da França onde combateu. Em 1945 ele escreveu: "Posso ver claramente agora na minha mente as velhas trincheiras, as casas esquálidas e as longas estradas de Artois, e eu as visitaria de novo se pudesse"[1] É uma nostalgia, não da felicidade relembrada, mas sim de uma intimidade perdida, mesmo com horror, labuta e feiura.

---

[1] "Artois" é um estranho erro para *Picardia*, talvez motivado pelo conhecimento que Tolkien tinha de Bus-lès-Artois. [N. A.]

NUMA TOCA NO CHÃO

Durante cinco dias mormente secos, na segunda semana de setembro de 1916, a 25ª Divisão atulhou as longas estradas com suas colunas poeirentas de tropas e cavalos, e suas fileiras, em movimento pesado, de veículos de apoio, arrastando para oeste sua massa serpenteante. Finalmente era concedido um descanso a Tolkien, depois de dois meses de combates e serviço nas trincheiras. Muitos oficiais faziam tais trajetos a cavalo; mas ele, enquanto esteve na França, acabou caminhando para toda a parte: "marcha sem fim, sempre a pé", como seus filhos se recordam de ouvi-lo dizendo, "às vezes carregando o equipamento dos homens assim como o seu próprio para encorajá-los a seguir em frente".

Em Franqueville, a meio caminho entre a Frente Ocidental e o Atlântico, a divisão descansou e treinou a partir de 12 de setembro. Ao fim da quinzena, Tolkien tinha à sua disposição seis homens recém-treinados em sinalização visual. O que era mais importante, ele se reencontrara com um velho amigo de Cannock Chase.

Era Leslie Risdon Huxtable. Criado em Tiverton, Devon, e quase três anos mais jovem que Tolkien, ele largara os estudos de graduação em Cambridge para se alistar, com o coração ansiando por um regimento de rifles. Em vez disso fora postado, a duas semanas de intervalo de Tolkien, desiludido da mesma maneira, em um treinamento com o 13º Batalhão de Fuzileiros de Lancashire. De Cannock Chase, o Segundo-Tenente Huxtable fizera duas viagens a Otley em Yorkshire para treinamento de sinalização, e agora (ao que parece) fora convocado para ser substituto de Tolkien, pronto para assumir como oficial de sinalização do batalhão caso Tolkien fosse posto fora de ação. Chegou na hora correta: Tolkien tivera um áspero desentendimento com um superior. ("Lamento intensamente saber de suas fricções com outras pessoas", escrevera Smith. "Sei como um oficial pode se transformar em monstro para um subordinado, se for porco o bastante para fazê-lo". O batalhão estava temporariamente nas mãos do Capitão Metcalfe, de 20 anos de idade, pois Bird saíra em licença por dez dias.) "Hux", como Tolkien o chamava, reuniu-se com ele na Companhia "A", e quando os Fuzileiros voltaram a Hédauville perto da frente do Somme, em 26 de setembro, os dois compartilharam uma tenda. Durante o tempo em que descansavam, eventos momentosos e fatídicos haviam ocorrido no campo de batalha.

Em 1945, Tolkien descreveu a Segunda Guerra Mundial como "a primeira Guerra das Máquinas", observando que seu encerramento deixara "todos mais pobres, muitos enlutados ou mutilados, milhões mortos e apenas uma coisa triunfante: as Máquinas". Em contraste, o conflito de 1914–18 foi uma guerra da força humana contra as máquinas, do velho mundo contra o novo. Em setembro de 1916, a batalha do Somme se tornara, como o cerco de Verdun, um pavoroso e quase infrutífero exercício de atrito. Agora parecia inconcebível uma grande ruptura causada pela infantaria avançando contra as metralhadoras entrincheiradas, e, portanto, a meta primária era matar o maior número possível de alemães. Aquele vasto desperdício de vidas jovens deixou uma marca indelével na geração de Tolkien que se recusou a comprometer os próprios filhos em semelhantes banhos de sangue estáticos na guerra seguinte. Mais frequentemente encarregavam disso as máquinas — a Fortaleza Voadora, a bomba aérea, o porta-aviões, a bomba atômica — atiçando-as umas contra as outras, ou contra os civis. Mas a maré da história virou no Somme, com a chegada do tanque.

Os boatos eram dominados por aquele novo monstro que esmagava os arames, sobrepujava as trincheiras e resistia às balas. Fora posto em ação de surpresa em 15 de setembro, e o terceiro "grande empurrão" da ofensiva do Somme varrera os alemães para trás até a linha se estender oito quilômetros bem a leste de Thiepval. Por cima daqueles destroços arruinados que outrora foram um bonito vilarejo de telhas vermelhas, os Fuzileiros que retornavam do oeste podiam ver a artilharia fuzilando dia e noite. Quando chegaram de volta à Floresta Thiepval na quarta-feira, 27 de setembro, a aldeia havia praticamente sucumbido. Alguns da sua guarnição tinham lutado até a morte; outros tinham-se rendido quando um tanque surgira em movimento pesado.

A floresta sofrera com o ataque: desde a última visita de Tolkien ela se tornara um ermo de troncos derrubados e tocos negros dos quais pendiam farrapos de casca. O quartel-general do batalhão era então em uma trincheira da linha de frente, ao norte das árvores, de forma que Bird, oficial comandante, podia ver o que estava acontecendo: ali Tolkien tinha oito mensageiros. A trincheira proporcionou uma vista vigorosa na tarde de quinta-feira, quando ondas de soldados vieram em uma varredura desde Thiepval, no primeiro ataque importante ao Reduto Schwaben.[2] Mais tarde, no mesmo dia, a força de ataque enviou um alerta de que os alemães estavam escapando através das trincheiras em frente, que corriam rumo ao Ancre no oeste. Com ordens de detê-los, três grupos de Fuzileiros se precipitaram através da Terra de Ninguém e de um ponto fraco do arame. Uma metralhadora começou a disparar, derrubando vários homens antes que os demais recebessem ordens de ficarem para trás, mas a primeira patrulha estava na trincheira inimiga, forçando passagem com granadas. Mataram os metralhadores e a incursão capturou o Nariz do Papa, uma saliência de nome jocoso, porém letal, da linha inimiga. Por toda a noite um dos anspeçadas de Tolkien, abandonado ao próprio engenho depois que um obus estilhaçou sua lâmpada, piscou mensagens desde o outro lado da Terra de Ninguém usando uma lanterna tomada dos alemães. Haviam sido feitos mais de trinta prisioneiros; Tolkien, falando alemão, ofereceu um gole d'água a um oficial ferido que fora aprisionado, e este corrigiu sua pronúncia. Ironicamente, alguns dos prisioneiros pertenciam a um regimento saxão que lutara lado a lado com os Fuzileiros de Lancashire na Batalha de Minden. Mas tinham sorte de estarem vivos: os Fuzileiros haviam ouvido poucos dias antes que, durante a "limpeza" de uma trincheira capturada, "Se os guardas [forem] insuficientes, muitas vezes os presos são traiçoeiros — portanto às vezes não se pode fazer prisioneiros".

O capitão que liderara o ataque dos Fuzileiros tombou na manhã seguinte, alvejado na cabeça pela bala de um franco-atirador, quando retornava à própria trincheira depois de entregar mais alguns prisioneiros. A chuva, a neblina e a fumaça toldaram sinais visuais durante todo aquele dia. Tolkien recebeu um acréscimo

---

[2] Os fuzileiros estavam nas mesmas trincheiras que haviam ocupado de 28 a 31 de agosto: novas "paralelas" na extremidade das Avenidas Elgin e Inniskilling. [N. A.]

milagroso ao seu equipamento, um novo telégrafo Morse portátil que podia ser usado livremente, ao contrário do telefone de campo convencional, porque seu sinal não vazava pela terra para todos ouvirem. Porém o "Fullerphone" era um engenho um tanto complicado,[3] e de qualquer maneira a linha que voltava pela floresta foi repetidamente cortada por bombardeio pesado.

É claro que os obuses também encontravam alvos mais penosos. Antes do ataque a Companhia "A" esgueirava-se pelas trincheiras da floresta, a caminho da linha de frente, quando Rowson, subalterno no comando, parou para conversar com o oficial comandante, o Tenente-Coronel Bird (que voltara da licença). Huxtable, vindo com a retaguarda, ouviu suas vozes, mas logo depois veio uma mensagem da cabeceira da coluna dizendo que esta estava sem comando. Um praça que estava com Rowson descreveu como haviam acabado de deixar o oficial comandante quando um obus explodira entre eles: "Fui lançado no ar sem uma única ferida [...]. Assim que me livrei da terra que me cobria procurei pelo oficial, ele não podia ser visto em lugar algum". O obus simplesmente aniquilara Rowson.

Mais ou menos ao mesmo tempo, Tolkien recebeu uma carta da esposa de um sinaleiro, o Praça Sydney Sumner. "Não tenho notícia dele por todo este tempo, mas tivemos notícia do capelão do exército de que ele está desaparecido desde 9 de julho", escreveu ela. "Caro Senhor, não me importo contanto que somente saiba como ele se foi. Sei que nem todos podem ser salvos para voltarem para casa [...]." Responder àquelas cartas deploráveis (Sumner deixara também uma filha com 1 ano de idade) era uma das tarefas mais duras com que os oficiais sensíveis se defrontavam: Tolkien guardou várias delas.

---

[3]Continuou sendo essencial, para perplexidade dos usuários, na Segunda Guerra Mundial: "Qual é a maior alegria de minha vida, / Ainda mais precioso que minha mulher, / Tão reconfortante em meio a toda esta luta? / Meu Fullerphone. / Como amo teus alegres truques; / Mesmo que tua campainha emperre / Me deleitas com débeis estalos de teclas; / Ó Fullerphone [...] / Potenciômetro, é verdade / Que não sei o que fazer contigo. / Mas até tu acrescentas beleza a / Meu Fullerphone." — de R. Mellor, "*Ode to a Fullerphone*" [Ode a um Fullerphone]. [N. A.]

NUMA TOCA NO CHÃO

Não longe das linhas que o batalhão de Tolkien ocupava no final de setembro de 1916 ergue-se o Memorial de Thiepval, inscrito com mais de 70 mil nomes. Muitos deles pertencem a corpos não identificados sepultados sob as singelas pedras brancas de 242 cemitérios que pontilham a paisagem rural do Somme; outros pertencem a soldados que, como Rowson, sumiram sem vestígio.[4]

Após seis dias de repouso, mormente em Bouzincourt, onde mais uma vez compartilhou uma barraca com Huxtable, Tolkien foi mandado de volta a linha com os Fuzileiros, e dali em diante viveu quase constantemente em um abrigo. Afinal de contas, os tanques não tinham trazido a ampla ruptura planejada para setembro, e o engalfinhamento para conquistar trechos de lama cada vez mais devastados prosseguiu à medida que o inverno se aproximava. Agora seu batalhão foi mandado à região alta por trás de Thiepval, a um quilômetro e meio ou mais da antiga linha de frente britânica: uma área erma que, apesar de relativamente intocada pelo canhoneio, era árdua de atravessar e remota das linhas de suprimento estabelecidas. Os sinalizadores sincronizaram os relógios do batalhão, e os Fuzileiros partiram, marchando colina acima até Ovillers, passando pelo que outrora fora sua igreja, e arrastando-se adiante para um labirinto de trincheiras estreitas. Em 6 de outubro Tolkien estabeleceu-se no quartel-general do batalhão diante da Ferme de Mouquet, maldosamente chamada de *Mucky Farm* [Fazenda Imunda], um emaranhado de porões fortificados que fora finalmente conquistado uma semana antes. (Seus telhados podiam ser vistos, reluzindo, desde a Floresta Blighty quando G.B. Smith e os Salford Pals se preparavam para atacar em 1º de julho; haviam recebido um mapa da fazenda supondo que chegariam ali com suas picaretas e pás uma hora e quarenta minutos depois de deixarem a floresta.)

Os Fuzileiros se estabeleceram em uma sequência de três trincheiras, com Huxtable e a Companhia "A" na Trincheira Hessian,

---

[4] Os Gilson ficaram incertos a respeito do local exato da sepultura de Rob durante três meses, até as indagações de seu pai e sua irmã confirmarem que ele fora enterrado no Cemitério de Bécourt. [N. A.]

na linha de frente. Do lado oposto ficava a longa Trincheira Regina, ocupada por fuzileiros navais alemães. À direita e para leste, a Trincheira Regina estava sendo atacada por tropas canadenses. À esquerda, o infindo matraquear dos tiros e o *crump* das explosões denotava a luta contínua pelo Reduto Schwaben. Grupos de rações trazendo mulas repetidas vezes ficaram expostos a fogo de canhão na crista exposta do terreno, onde as trincheiras mal faziam jus ao nome. Dez homens de um grupo de trabalho foram mortos dessa forma, voltando da linha de frente, e o oficial encarregado sucumbiu aos ferimentos no dia seguinte.

Agora, menos de um mês após seu início, a estada de Huxtable no Somme terminou de repente. Em 10 de outubro um obus explodiu na elevação de terra que formava a parede de trás de sua trincheira, fazendo com que ela desabasse sobre ele. Foi retirado, mas estilhaços haviam atravessado sua perna, e um fragmento ficou alojado no osso da panturrilha. Huxtable foi mandado à estação de triagem de vítimas, e de lá para a Inglaterra. Ganhara o que muitos soldados almejavam, um ferimento *Blighty*: mas Tolkien perdera um substituto e um bom companheiro.

No mesmo dia a Companhia "A" e as demais foram trazidas de volta às trincheiras de reserva entre a Fazenda Mouquet e a linha de frente, e postas a trabalhar em escavações, como sempre, para aprofundar, alargar e reforçar as trincheiras. Evacuaram a Trincheira Hessian bem a tempo, pois da quinta-feira, 12 de outubro, os alemães contra-atacaram em toda a extensão da linha. No dia seguinte Tolkien e o quartel-general do batalhão avançaram até o Reduto Zollern, uns 500 metros atrás da Trincheira Hessian. Naquela tardinha e por toda a noite foram recebidos com bombas de gás lacrimogêneo, mas no sábado vieram notícias animadoras: o Reduto Schwaben caíra. Dois dias mais tarde vieram instruções dos generais de que agora queriam a Trincheira Regina.

O tempo mantivera-se bom, exceto por um aguaceiro de um só dia, mas uma geada branca anunciou o começo da segunda-feira, 16 de outubro. Não restava muito tempo antes que o inverno imobilizasse a infantaria. A posse da Trincheira Regina franquearia aos britânicos uma visão panorâmica de estradas, campos e vilarejos ocupados pelos alemães ao norte. Prisioneiros haviam sido interrogados, aviões haviam voado em missões de reconhecimento. Pela primeira vez Tolkien recebera um conjunto novo de designações de unidades em código para confundir a inteligência alemã. Na terça-feira os Fuzileiros, que já contavam menos de quatrocentos, desceram do planalto para ensaiarem o ataque em uma área segura no Posto de Ovillers, logo atrás da antiga linha de frente britânica a oeste do vilarejo de Ovillers. A caminhada de seis quilômetros, subindo pelas trincheiras até a linha de frente, começou depois do anoitecer da quarta-feira, 18 de outubro de 1916.

Era o vigésimo segundo aniversário de G.B. Smith. Ele sobrevivera aos seus piores receios, mas um humor mais obscuro transparecia em suas cartas. Após o reencontro de agosto ele falara do prazer de reler o *Mabinogion*, e alertara Tolkien de que seu título de "Contador de Histórias do TCBS" estava sendo ameaçado por Christopher Wiseman (que mandara relatos de "sua descoberta de Braceletes de Besouros Brasileiros nas selvas de Cumberland"). Mas logo Smith estava lamentando sua própria capacidade perdida de ser lunático: sentia-se assoberbado de arrependimentos e responsabilidades. "Quem sabe esta nota de arrependimento se afogasse se eu sentisse que agora faço coisas que, de algum modo, valem a pena ser feitas", escreveu ele. "Sim, acho que é a pura desocupação que está me destruindo". Suas cartas reduziram-se a pouco mais que notas implorando por algumas palavras do amigo, ou ansiando pelo escape. "Pensamentos de licença já estão começando a perpassar minha fronte plúmbea. Role avante! como dizem em Lancashire. Duas vezes sonhei com ela: certamente após a terceira vez ela acontecerá". Também para Tolkien, de modo atormentador, a licença estava quase ao alcance da mão, mas agora sua provação era mais aguda que a de Smith. Se o mês de agosto fora de "cansaço universal", outubro deve ter sido próximo da exaustão. "Havia ocasiões em que a constante falta de sono levava os homens quase à loucura", relembrou Charles Douie. Com lama e lodo em toda a parte, e ventos que sopravam cada vez mais gélidos, outros "se admiravam de que a carne e o sangue podem suportar algo assim".

A hora zero para o ataque do batalhão de Tolkien à Trincheira Regina, ocupada pelos alemães, foi fixada para logo após a meia--noite da quinta-feira, 19 de outubro de 1916; mas, tendo-se finalmente instalado na Trincheira Hessian com sua carga de bombas e sacos de areia, às 4 horas da manhã, os Fuzileiros tiveram de dar meia-volta e retornar ao Posto Ovillers. Uma chuva torrencial na quarta-feira e torrentes ainda caindo durante toda a manhã de quinta haviam transformado o planalto em um charco. A Terra de Ninguém seria um atoleiro impenetrável. As linhas telegráficas haviam caído e o mau tempo impossibilitava sinais visuais. O ataque foi adiado por 48 horas. No entanto, três patrulhas se atreveram a sair para conferirem que os arames do inimigo haviam sido cortados. Dessa vez tinham mesmo: tão eficazmente que uma patrulha os atravessou sem se dar conta, e outra chegou a entrar na Trincheira Regina antes de fugir sob uma saraivada de bombas.

Na manhã do sábado, 21 de outubro, Tolkien estava mais uma vez escondido com seu equipamento e seus mensageiros em um abrigo onde a Trincheira Hessian mais se aproximava da linha inimiga, que estava a 200 metros colina abaixo, oculta atrás de uma elevação do terreno. As nuvens de chuva haviam sido sopradas para longe por um vento forte e gelado. O mercúrio caíra ao ponto mais baixo desde o começo do Grande Empurrão, e uma geada intensa paralisara aquele outro inimigo, a lama. Tolkien e os demais que estavam no quartel-general receberam uma refeição quente, assim como os homens acocorados e em pé ao longo de cinco quilômetros de trincheira congelada: os Fuzileiros, os três batalhões à sua direita e os cinco à sua esquerda. Estava tudo tão tranquilo quanto a linha de frente jamais poderia ser, porém longe no oeste podia-se ouvir o ruído do combate, em torno do Reduto Schwaben.

Seis minutos após o meio-dia os pesados canhões e morteiros lançaram o bombardeio. As primeiras duas companhias de Fuzileiros emergiram para o barulho e a fumaça, seguidos depressa pela segunda onda: a Companhia "A" com suas picaretas e pás afiveladas às costas, flanqueada pelos granadeiros do batalhão. Os sinaleiros de Tolkien partiram por último, com a terceira onda, acompanhados por homens que arrastavam metralhadoras e pesados morteiros de trincheira. Abruptamente a trincheira abarrotada e estreita ficou quase vazia, e os Fuzileiros sumiam por cima do dorso de baleia da Terra de Ninguém rumo à cortina de obuses que caía diante da Trincheira Regina. Evers, o capelão, seguia com os padioleiros. Depois de um minuto e meio a barragem de artilharia rastejou para longe, caindo diretamente na Trincheira Regina em frente ao quartel-general de Tolkien.

Mais dois minutos e meio, e as explosões de súbito sacudiram a própria Hessian: os grandes canhões alemães tinham despertado. Àquela altura a trincheira estava repleta de homens dos Reais Rifles Irlandeses, que haviam avançado de sua posição de apoio. Sinalizadores subiram do lado oposto da Terra de Ninguém, mas não os vermelhos que os Fuzileiros haviam levado para assinalarem suas posições. Os minutos se escoavam. No flanco esquerdo matraqueou uma metralhadora inimiga.

Então vieram vultos jogando-se por cima do parapeito. Trajavam o cinza-de-campanha do inimigo, mas eram homens desesperados, derrotados. Às 12h20 Tolkien relatou ao quartel-general da brigada que a Trincheira Hessian começara a receber seus primeiros prisioneiros alemães.

Os homens desmoralizados da 73ª e 74ª Landwehr tinham sido tomados de surpresa quando os Fuzileiros chegaram à Trincheira Regina. Muitos não se tinham erguido dos "buracos de pânico" escavados nas paredes de greda onde dormiam, e haviam sido apanhados ainda enrolados em lençóis de chão que os protegiam do frio penetrante. Os sinalizadores de perigo haviam sido lançados, mas a maioria dos alemães se rendera e fora mandada de volta pela Terra de Ninguém, sob o próprio bombardeio de retaliação. Agora os Reais Irlandeses faziam os prisioneiros marcharem diante de armas, saindo da Trincheira Hessian rumo à jaula divisional.

Bem em frente do quartel-general do batalhão um grupo minúsculo de defensores aguentou por algum tempo, mas depois juntou-se à rendição em massa. Do lado direito, rajadas de rifle e explosões de granadas indicavam um bolsão de resistência mais teimoso. Os sinaleiros transmitiram com clarões um pedido para que fossem mandadas mais granadas, e os Reais Irlandeses começaram a carregá-las para o outro lado. Finalmente, os cerca de quinze sobreviventes esfarrapados daquele último posto alemão também estavam de volta na Trincheira Hessian. A outra metade fora morta pelos Fuzileiros: bombardeada ou morta a baioneta, ou metralhada do seu próprio parapeito. Notícias vacilantes vinham chegando da batalha. Um dos mensageiros de Tolkien que trouxeram relatos atravessando o bombardeio alemão foi mais tarde condecorado por bravura. O sinaleiro que arrastava o cesto de pombos do batalhão por cima da Terra de Ninguém foi atingido, mas outro homem resgatou o cesto e soltou um pombo da Trincheira Regina com novas da vitória para o quartel-general divisional. Os Fuzileiros hastearam ali suas bandeiras vermelhas, e às 13h12 Tolkien enviou uma mensagem ao quartel-general da brigada dizendo que haviam conquistado o objetivo e se juntado aos Leais Lancashires do Norte à sua esquerda. Às 13h55 ele relatou que também se haviam conectado com a unidade à sua direita. Durante toda a tarde os demais batalhões atravessaram, e só a divisão de Tolkien fez mais de setecentos prisioneiros. A Trincheira Regina estava atulhada com os corpos dos que não se haviam rendido.

Na Terra de Ninguém jaziam Fuzileiros caídos, a maior parte dos quais fora atingida pela própria artilharia enquanto tentavam se manter próximos da "barragem rastejante": o Capitão Metcalfe e o outro líder de companhia da primeira onda foram ambos feridos antes de alcançarem a linha inimiga. Quarenta e um Fuzileiros de Lancashire estavam mortos ou desaparecidos. O capelão Evers cuidou de muitos dentre os 117 feridos. "Alguns tinham vontade de viver e outros não", disse ele. "Lembro-me de chegar-me a um que não me parecia ter nada de sério e de lhe dizer que eu voltaria logo com um grupo de padioleiros, e quando voltei descobri que ele desmaiara. Outros, que realmente tinham sido atingidos seriamente, mantiveram a coragem e foram carregados de volta a salvo". Finalmente Evers voltou caminhando para a Trincheira Hessian no dia seguinte, coberto de sangue e admirado de ser saudado com vivas pelo batalhão. Estivera fora por toda a noite terrivelmente fria, sob fogo de canhão. Mais tarde ele escreveu: "Há um quadro de guerra que mostra um Cristo de sombra junto de um oficial do RAMC,[5] ajudando um homem ferido — bem, não

---

[5] *Royal Army Medical Corps*, "Corpo Médico do Exército Real". [N. T.]

vi nenhuma visão semelhante, mas mesmo assim estive cônscio da Sua presença durante aquelas horas".

Os Fuzileiros foram rendidos no domingo, lenta e temerosamente, enquanto caía a noite e os obuses rugiam em torno deles. Os oficiais do quartel-general do batalhão saíram a cavalo. A caminho do Posto Ovillers eles deram com vários dos fabulosos tanques, rastejando ruidosos rumo à linha. "Os cavalos ficaram gravemente assustados", disse um oficial ferido que cavalgava com eles. "Nem os cavalos nem os cavaleiros jamais tinham visto, nem ouvido, algum tanque antes".

Para o Segundo-Tenente Tolkien, o 11º Batalhão de Fuzileiros de Lancashire e a 25ª Divisão, a Batalha do Somme acabara; mas o conforto, o sossego e a segurança pareciam bem longínquos. Estavam sendo transferidos do Quinto Exército, que os comandara no Somme, para o Segundo Exército, há tempos associado com Ypres, um nome de mau agouro. A segunda-feira, 23 de outubro de 1916, amanheceu nublada e úmida diante da barraca de Tolkien no acampamento entre Albert e Bouzincourt: tempo úmido no momento justo para uma série de desfiles. A 74ª Brigada foi inspecionada por seu brigadeiro-general em Albert, depois levada de ônibus 15 quilômetros a oeste para inspeção pelo major-general divisional. Pelo menos naquela noite foi possível dormir em um barracão. Na terça-feira houve uma marcha de rota final, 21 quilômetros ao longo de estradas líquidas de Vadencourt a Beauval, onde Tolkien assistira à missa a caminho de Franqueville lá em setembro. Desde que partira de Étaples em junho, havia empacotado seu equipamento e se mudado 45 vezes. Agora, pela primeira vez em cerca de um mês, não estava dormindo embaixo de lona, nem em uma cabana ou um buraco, mas sim sob um telhado de verdade, na Rue d'Épinelte em Beauval.

Na quarta-feira, 25 de outubro, Tolkien sentia-se fraco e indisposto, mas só se apresentou doente depois que os Fuzileiros foram inspecionados e receberam o agradecimento do General Gough do Quinto Exército e do Marechal de Campo Haig, comandante-em--chefe britânico. Na sexta-feira, um dia frio e chuvoso, ele foi até o oficial médico com uma temperatura de 39 graus.

Tinha febre das trincheiras, uma dádiva dos inevitáveis piolhos que haviam procriado nas costuras de suas roupas e se alimentado dele, passando à sua corrente sanguínea uma bactéria, *Rickettsia quintana*. Isso poderia ter acontecido em qualquer ponto, desde duas semanas até um mês antes. Os soldados britânicos tipicamente atribuíam os piolhos às trincheiras alemãs que tiveram que ocupar, talvez com mais justiça que preconceito: afinal de contas, soldados próximos da derrota provavelmente são menos cuidadosos que os vencedores que chegam. Evers relata uma cena do Somme que pode incluir um anônimo Tolkien no papel do oficial de sinalização: "Em certa ocasião passei a noite com o oficial de metralhadores da Brigada e o oficial de sinalização, em um dos abrigos alemães capturados [...]. Instalamo-nos para noite esperando dormir um pouco, mas não era para ser. Assim que nos deitamos, hordas de piolhos se ergueram. Assim, fomos até o oficial médico, que também estava no abrigo com seu equipamento, e ele nos deu um pouco de unguento e nos garantiu que este manteria longe os monstrinhos. Besuntamo-nos todos com a substância, e nos deitamos outra vez com altas esperanças, mas não era para ser, pois, ao invés de desencorajá-los, ela pareceu agir como uma espécie de *hors d'oeuvre*, e os pequenos mendigos atacaram seu banquete com vigor renovado".

O corpo médico de 1916, a despeito de todo o seu trabalho heroico, não servia de grande coisa contra a própria febre das trincheiras, que denominava "pirexia de origem desconhecida". Deixava-se que os sintomas — súbita perda de força e equilíbrio, muitas vezes acompanhada de erupções, dor de cabeça e intensa dor nas pernas e nas costas — seguissem seu curso durante o repouso. Em alguns poucos casos a febre persistente podia levar a colapso cardíaco; mas para Tolkien a *Rickettsia quintana* acabou sendo um salva-vidas.

O exército suspeitava notoriamente de qualquer tentativa de "escapar por doença", mas não havia dúvidas sobre a condição de Tolkien. Ele deixou o 11º Batalhão de Fuzileiros de Lancashire exatamente quatro meses após se juntar a ele, no sábado, 28 de outubro de 1916, e foi transferido para um hospital de oficiais a pouca distância de Beauval, em Gézaincourt. No domingo foi levado no trem-ambulância de Candas a Le Touquet, e para um leito no Hospital Duchess of Westmorland. Naquela noite o 11º Batalhão de Fuzileiros de Lancashire também deixou Candas por trem, com destino a Flandres. Desde sua chegada o batalhão perdera cerca de seiscentos homens: 450 feridos, 60 mortos e 74 desaparecidos. Só os recrutamentos que recebera durante o mesmo período haviam permitido que a unidade seguisse adiante. Mas Tolkien sobrevivera de corpo inteiro e, por enquanto, estava a salvo.

TERCEIRA PARTE

A Ilha Solitária

ONZE

Castelos no ar

A febre persistiu. Tolkien escreveu ao Tenente-Coronel Bird, seu oficial comandante, explicando onde se encontrava, mas passou o dia de Todos os Santos, e após nove dias no hospital em Le Touquet ele foi enviado de trem para Le Havre. Ali, em 8 de novembro de 1916, embarcou na alegria do soldado, o "barco de Blighty". O navio a vapor *Asturias*, um paquete em tempos de paz, estava agora brilhantemente iluminado e pintado de branco, com listras verdes e cruzes vermelhas, para sinalizar aos submarinos inimigos que era um navio-hospital, não um alvo militar. Era grande e confortável, com leitos aconchegantes; e durante a travessia de dez horas, no dia seguinte, foi possível tomar banhos de água do mar. A maioria dos soldados que rumavam ao lar era de feridos que caminhavam, felizes de terem um ferimento "Blighty" pequeno, mas honrado. Os sobreviventes de batalha que haviam sido atingidos mais gravemente jamais passavam além das barracas do "pavilhão de moribundos" da estação de triagem de baixas, em campo. Alguns, especialmente com a chegada do inverno, estavam simplesmente doentes, como Tolkien; mas outros sofriam de algo pior que o delírio febril: tremiam ou se contorciam de modo incontrolável, e tinham um aspecto alheio a este mundo.

A Inglaterra foi vislumbrada, tremeluzente: a Ilha Solitária, "cingida pelo mar e só". O *Asturias*, a vapor, entrou em Southampton, e no mesmo dia um trem levou Tolkien de volta à cidade de sua infância. Naquela noite, quinta-feira, 9 de novembro, ele estava em um leito no Hospital da Universidade de Birmingham. Logo reencontrou-se com Edith, cinco meses após a despedida que fora "como uma morte".

O Primeiro Hospital Geral do Sul (como se chamava oficialmente) fora estabelecido em setembro de 1914 nos grandiosos salões e corredores abobadados da universidade, em Edgbaston, e estava continuamente sendo expandido sob a pressão das baixas de guerra, que eram tratadas pelo Corpo Médico com o auxílio da Cruz Vermelha e dos voluntários da St John Ambulance. Tolkien não foi o único antigo TCBSita repatriado inválido para Birmingham, pois T.K. Barnsley também retornara. Enterrado vivo por um morteiro de trincheira em Beaumont-Hamel em agosto, Tea-Cake fora despachado para a Inglaterra com um tímpano rompido e sofrendo de trauma de guerra. Molly, irmã de Rob Gilson, fazia curativos ali para o cirurgião do exército, o Major Leonard Gamgee. Com alguma reputação, aquele *Old Edwardian* era parente do famoso Sampson Gamgee que inventara e batizara o *gamgee-tissue* [tecido de Gamgee] mencionado por Tolkien como fonte do sobrenome de Sam Gamgi em *O Senhor dos Anéis*.

Tolkien não ficaria ali por muito tempo se dependesse de seu oficial comandante. O Capitão Munday, novo ajudante do 11º Batalhão de Fuzileiros de Lancashire (já que Kempson tivera o ombro perfurado por uma bala no ataque à Trincheira Regina), mandou uma nota a Tolkien para este entregá-la às autoridades militares assim que recebesse alta do hospital. Dizia que o batalhão estava com escassez de oficiais, seus sinaleiros estavam subordinados a um oficial não comissionado, e Tolkien fazia muita falta, acrescentando: "O Ten-Cel Bird deseja que eu afirme que dá muito grande valor aos serviços do Ten Tolkien". O oficial comandante iria ficar muito desapontado; mas não os amigos de Tolkien. "Fique na Inglaterra por muito tempo", exortou G.B. Smith quando ficou sabendo. "Sabe que fiquei horrivelmente temeroso de que você estivesse acabado para valer? Estou deleitado além da medida [...]". Se Wiseman compartilhava esses temores, ele não os expressou, mas ficou igualmente contente quando Smith repassou a notícia. "Se você tivesse me oferecido 500 chances de adivinhar", declarou, "eu jamais teria pensado que você estava na vertiginosa velha Brum,[1] como você a chamou certa vez. Queria ter um dia apenas de folga, e eu iria direto para aí e me encontraria com você." Tolkien, observou ele, não lhe mandara nenhum poema desde que haviam discutido sobre a sua "extravagância" em março. Como era devido, Tolkien despachou alguns de seus poemas e, talvez graças ao incentivo de Wiseman, revisou durante o mês de novembro o longo poema semiautobiográfico que escrevera no meio daquela discussão, "*The Wanderer's Allegiance*", renomeando a sequência como "*The Town of Dreams and the City of Present Sorrow*" [A Vila dos Sonhos e a Cidade do Pesar Presente].

No sábado, 2 de dezembro de 1916, Tolkien foi chamado diante de um comitê médico militar. Sua temperatura estivera normalizada por uma semana, mas ele ainda estava pálido e fraco, e acometido por persistentes desconfortos e dores nas pernas. O comitê predisse que ele estaria apto ao serviço em seis semanas. Na verdade Tolkien pensava em se transferir para os Reais Engenheiros, o que haveria de ser mais seguro que uma unidade de combate. Talvez a ideia tivesse algo a ver com a irmã de seu pai, Mabel, e seu marido Tom Mitton, cuja casa em Moseley Tolkien estava usando como endereço de correspondência, e cujo filho Thomas Edward Mitton era sinaleiro dos Reais Engenheiros. Christopher Wiseman sugerira que Tolkien apelasse para Sir John Barnsley, pai de Tea-Cake, deixá-lo ingressar em sua brigada. A ideia não deu em nada; mas nesse meio-tempo ele estava inapto para o serviço, e o comitê o mandou para casa. Na sua ausência Edith traçara seus movimentos no mapa da parede. Até então qualquer batida em sua porta poderia ter trazido o temido telegrama do Departamento de Guerra. Assim, o retorno a Great Haywood foi um momento de carga emocional, que Tolkien assinalou com uma balada de seis estrofes, "*The Grey Bridge of Tavrobel*" [A Ponte Cinzenta de Tavrobel]. *Tavrobel* ("lar-da-floresta") é o equivalente gnômico de Haywood ("floresta cercada"), mas naquela ocasião quaisquer considerações mitológicas deviam ser secundárias em comparação

---
[1]Apelido da cidade de Birmingham. [N. T.]

com as pessoais.[2] A cena mostra "dois rios fluindo velozes" — o Trent e o Sow — e uma referência à antiga ponte para cavalos de carga que os transpõe em Great Haywood. Outros paralelos com a situação de Tolkien não demandam explicação, à medida que a balada se torna um diálogo de amor e anseio:

> "Ó! Conta-me, pequena donzela,
> Por que sorris ao crepúsculo
> Na velha ponte gris de Tavrobel
> Quando a gente gris volta ao lar?"
>
> "Sorrio porque vens até mim
> Sobre a ponte gris ao crepúsculo:
> Esperei, esperei exausta
> Para te ver de volta ao lar.
>
> Em Tavrobel vai tudo mal,
> E meu jardinzinho murcha
> Em Tavrobel sob a colina,
> Enquanto estás além dos rios."
>
> "Sim, por muito tempo estive longe
> Além do mar, da terra, do rio,
> Sempre sonhando com o dia
> Em que retornaria para cá."[3]

---

[2] Entre os exemplos mais antigos do gnômico estão três desenhos heráldicos das cidades de *Tol Erethrin* (Tol Eressëa): *Taurobel* (variante de Tavrobel). *Cortirion* (Kortirion, ou Warwick) e *Celbaros*, que representa uma fonte e anéis entrelaçados apropriados a Cheltenham, a estação de águas onde Tolkien pediu Edith Bratt em casamento. *Ranon* e *Ecthelin* (sugerindo a palavra gnômica para "fonte") representam "Ronald" e "Edith". [N. A.]

[3] 'O! tell me, little damozelle, / Why smile you in the gloaming / On the old grey bridge of Tavrobel / As the grey folk come a-homing?' // 'I smile because you come to me / O'er the grey bridge in the gloaming: / I have waited, waited, wearily / To see you come a-homing. // In Tavrobel things go but ill, / And my little garden withers / In Tavrobel beneath the hill, / While you're beyond the rivers.' // 'Ay, long and long I have been away / O'er sea and land and river / Dreaming always of the day / Of my returning hither.' [N. T.]

Com uma estrofe final que lamenta "dias de sol" perdidos, "*The Grey Bridge of Tavrobel*" é singelo, porém assombrado. Em contraste, a última leva de poemas de Tolkien fora sem reservas declarada "magnífica" por Christopher Wiseman, que prometera que, caso Tolkien os publicasse, ele poderia providenciar uma nota adequada no *Manchester Guardian*. "Estou convencido", declarou ele desde o *Superb*, "de que você, se sair na imprensa, admirará nossa geração como ninguém ainda a admirou [...]. Na verdade, é presunção minha dizer qualquer coisa sobre os próprios poemas, mas temo que eles matem por completo o bom e velho século XIX [...]. Aonde você vai nos levar é um mistério [...]". Agora Wiseman sentia que G.B. Smith estava ficando para trás, sendo ainda, fundamentalmente, um autor vitoriano. Com certeza, acrescentou, o TCBS era "uma das associações mais extraordinárias que já existiram", com seus dois poetas antitéticos e ele mesmo, que mais provavelmente se tornaria ministro das finanças.

Wiseman estava preocupado com Smith, não somente com a produção poética deste na época, que ele cria estar "um tanto abaixo do padrão normal". Pedira a Tolkien para escrever "e me contar tudo sobre ele"; mas Tolkien não vira Smith desde agosto, e as cartas haviam se tornado cada vez mais breves. Com a conversão do 3º Salford Pals em um batalhão "pioneiro" de operários, eles haviam participado de um ataque, mas em geral tinham apenas construído estradas e escavado trincheiras. Uma unidade assim não precisava de serviço de inteligência, de modo que Smith assumira as monótonas tarefas de oficial de alojamento. Cada vez que o batalhão de deslocava ele ia adiante para arranjar acomodações, e depois encontrava-se com a tropa que vinha marchando atrás. Não admira que ele se queixara de que a "pura desocupação" o estava destruindo. No final de outubro de 1916, quando Tolkien estava internado no hospital em Le Touquet, Smith tornara-se ajudante, responsável por todas as necessidades de pessoal dos Pals. Anunciou o fato com a falsa modéstia de um humorista ("Pois é isso que sou, ai de mim, ai de mim"), mas na prática o cargo de ajudante era pouco emocionante, e em um batalhão de pioneiros significava pouco mais do que despejar ordens de marcha rotineiras. "Subcapas de pele serão cuidadosamente enroladas e afiveladas sobre as mochilas", escrevia ele. "Uma estrita disciplina de marcha deve ser observada, e de nenhum modo pode ser permitido que um homem se extravie [...]. A Ordem do Batalhão n.º 252, parágrafo 3, sobre portar objetos ou pacotes soltos na linha de marcha, também será estritamente obedecida".

Tudo isso era contrário ao espírito que guiava Smith. Era por natureza indisciplinado e apaixonadamente arisco. Certa vez ele escrevera, desesperado: "Minha carreira no Exército não tem sido um sucesso, porque *não consigo* me impor nem executar os ideais do Exército em termos de negócios. O que é *limpo*? O que é *justo*? O que é *severo*? Não sei, nem nunca hei de saber, apesar de ter tentado intensamente, pelo meu senso de dever". Agora ele fazia uma amarga pilhéria: "O Comandante do Corpo está no pátio [...] e seu humilde servo está sentado em sua toca de coelho de Ajudante, e simplesmente estremece. Tenho tanto medo de que ele entre correndo e me pergunte por que não obedeci ao seu XYX/S7/U⁵/3F datado de ontem, ou coisa parecida". O estudante que considerara o "cativante patife" Robin Hood "um dos personagens mais viventes de toda a literatura" e o "admirador arrebatado, de todo o coração" da mitologia de Tolkien estavam aprisionados atrás de uma escrivaninha militar.

O treinamento que Smith recebera, sobre a linguagem de ordens e relatórios militares, o capacitara a descrever com indiferença, em seu relato oficial de inteligência de 1.º de julho, a carnificina de homens com quem vivera e trabalhara por dezoito meses: "Devido a fogo de metralhadora hostil o avanço se realizou em breves arremetidas. As baixas foram pesadas". Na medida em que a poesia comunica sentimentos, aquilo era o oposto da poesia. É claro que o horror cru da guerra também conspirou para dessensibilizar, como Smith sabia ao escrever sobre sua geração:

Que batalharam com mãos sangrentas
Em tempos malignos em terras áridas,
A quem a voz dos canhões
Fala e não atordoa mais [...][4]

---

[4]Who battled have with bloody hands / Through evil times in barren lands, / To whom the voice of guns / Speaks and no longer stuns [...]. [N. T.]

Tudo isso, combinado com a aflição absoluta da vida hibernal no Somme, explica amplamente o declínio da escrita de Smith. Mas a guerra parecia infindável; e, se ele sentia pena de si, é difícil não se unir a ele em compaixão. Em uma de suas peças tardias, ele se dirigiu aos espíritos de Rob Gilson e de outros amigos mortos:

> Formas na névoa, vós me vedes solitário,
> Solitário e triste à baça luz do fogo:
> Quanto falta agora para a última das batalhas?
> (Escutai, esta noite os canhões soam alto!)[5]

Pelo menos os Salford Pals, estacionados durante os dois meses passados logo atrás da linha de frente, não haviam perdido homens em todo aquele tempo. Ele entreteve a mãe viúva com cartas sobre suas experiências a cavalo, e a notícia sobre a segura volta ao lar de seu amigo parece tê-lo alegrado imensamente. Infelizmente sua promoção a ajudante atrasara a próxima oportunidade de escapar, mas em 16 de novembro ele escreveu a Tolkien: "Espero poder ir a Great Haywood, pois minha folga certamente está prestes a acontecer".

Quando a Batalha do Somme finalmente se dissolveu, no final de novembro de 1916, G.B. Smith estava estacionado com os Salford Pals no indescritível vilarejo de Souastre, 14 quilômetros ao norte de Bouzincourt, onde vira Tolkien pela última vez. Os pioneiros passaram os dias curtos e enregelantes com rajadas de chuva, granizo e neve. Na manhã da quarta-feira, 29 de novembro, Smith estava supervisionando o costumeiro trabalho de conserto e drenagem em uma das estradas que saíam do vilarejo, mas organizara para aquela tarde uma partida de futebol entre os homens, e esperava jogar. Caminhava ao longo da estrada quando o ar se fendeu com o guincho dos obuses. Um morteiro alemão disparara em algum lugar a leste, a seis quilômetros de distância ou mais. Dois fragmentos de um obus que explodiu atingiram Smith no braço direito e na nádega.

Ele caminhou até a estação de curativos e, enquanto esperava uma ambulância, fumou um cigarro e escreveu uma carta à mãe,

---

[5]Shapes in the mist, ye see me lonely, / Lonely and sad in the dim firelight: / How far now to the last of all battles? / (Listen, the guns are loud tonight!). [N. T.]

dizendo-lhe que não se preocupasse: seus ferimentos eram leves e logo ele estaria de volta à base em Étaples. Na estação de triagem de baixas ficou a cargo de enfermeiras que conhecia e de quem gostava. Porém após dois dias desenvolveu gangrena gasosa. As bactérias do solo haviam infeccionado seu ferimento na coxa, matando os tecidos e inchando-os com gás. Os cirurgiões operaram para deter o avanço. "Depois disso ele deteriorou depressa", sua mãe Ruth contou a Tolkien. "Ditou uma carta para mim dizendo: estou indo muito bem e vou estar na Inglaterra logo depois do Natal. Ele pensava assim, sem jamais perceber o perigo que corria [...]".

Geoffrey Bache Smith morreu às 3h30 da manhã de 3 de dezembro de 1916, em Warlincourt. Seu oficial comandante disse à Sra. Smith que os que sobreviveram aos terríveis primeiros dias do Somme pensavam que haveriam de viver para verem o fim da guerra.

Smith escreveu seu poema mais aperfeiçoado, "O Funeral de Sófocles" (iniciado antes da guerra e reescrito nas trincheiras depois de se perder a caminho da França) como réplica ao axioma de que os que são amados dos deuses morrem jovens. Ali ele visualizara a perfeição de uma vida completada:

> Ó, sete vezes feliz é aquele que morre
> Após a esplêndida época de colheita,
> Quando fortes celeiros protegem do céu de inverno
> O cereal bem abrigado lá dentro:
> Ali a morte não há de espalhar mais lágrimas
> Do que sobre o cair dos anos.
>
> Sim, sete vezes feliz é aquele
> Que não entra pelas portas silentes
> Antes do tempo, mas a quem suave
> A morte acena, porque
> Há repouso lá dentro para pés exaustos
> Agora que toda a jornada se completou.[6]

---

[6]O seven times happy he is that dies / After the splendid harvest-tide, / When strong barns shield from winter skies / The grain that's rightly stored inside: / There death shall scatter no more tears / Than o'er the falling of the years. // Aye, happy seven times is he / Who enters not the silent doors / Before his time, but

Christopher Wiseman deu a notícia a Tolkien. "Meu caro J.R.", escreveu ele. "Acabo de receber notícia de casa sobre G.B.S., que sucumbiu aos ferimentos recebidos de obuses que explodiram em 3 de dez. Não posso dizer muita coisa sobre isso agora. Imploro humildemente ao Deus Onipotente que eu seja considerado digno dele. Chris". Em resposta a uma carta de pêsames, Ruth Smith pediu a Tolkien que mandasse cópias de poemas de Geoffrey que ele tivesse para que fossem publicados. "Pode imaginar o que essa perda é para mim", disse ela. Após a morte do marido, Geoffrey se tornara seu principal apoio e força, e do mesmo modo ele dependia dela. "Ele nunca saíra de casa até ir para Oxford, e construímos muitos castelos nas nuvens sobre a vida que teríamos juntos depois da Guerra".

Tolkien estivera reunindo forças para um salto. Provavelmente ainda enquanto estava no hospital, fez uma nova lista de palavras em qenya, retiradas de seu léxico, chamando-a de "As Palavras Poéticas e Mitológicas de Eldarissa" (outro nome do idioma). A meio caminho interrompeu-a com um diagrama de habitantes de Feéria, em que toda palavra em qenya é traduzida não somente em inglês, mas também em uma segunda língua inventada, o gnômico ou goldogrin. De acordo com a linguística histórica, sua especialidade acadêmica, Tolkien ficticiamente derivara o qenya de uma língua ancestral mais antiga, através de uma série de mudanças fonéticas regulares e afixos formadores de palavras. Criou o gnômico, irmão do qenya, filtrando a mesma língua originária, o eldarin primitivo, através de diferentes mudanças fonéticas, às vezes aplicando também diferentes elementos morfológicos. Foi assim, em essência, que tanto o alemão como o inglês cresceram a partir da língua comum falada pelos povos germânicos nos primeiros séculos da Era Comum. Porém Tolkien seguiu seu coração, não sua cabeça, encontrando a inspiração de seus dois idiomas inventados em um par de línguas do mundo real que são totalmente sem parentesco. Assim como o qenya refletia a paixão de Tolkien pelo finlandês, o goldogrin refletia seu amor pelo

---

tenderly / Death beckons unto him, because / There's rest within for weary feet / Now all the journey is complete. [N. T.]

galês. O qenya apreciava vogais finais, mas o gnômico as esquecia. O qenya favorecia as oclusivas surdas "duras" *k*, *t* e *p*, mas o gnômico deixava proliferar seus equivalentes sonoros "mais brandos" *g*, *d* e *b*. (Os nomes dos mitos nacionais finlandês e galês, *Kalevala* e *Mabinogion*, ilustram bem essas características.)[7] Esteticamente, o goldogrin soa como se tivesse sido desgastado pelo uso e pela experiência, como convém a um idioma falado no exílio entre as florestas minguantes de nosso mundo mortal, em contraste com o qenya, falado na faustosa e imutável Kôr. Parece adequado que o qenya, a língua da tradição, tenha sido inventado quando Tolkien era aluno e soldado em treinamento, enquanto o gnômico, a língua da aventura, tragédia e guerra, emergiu após o Somme.

A distinção entre os dois idiomas serviu a Tolkien pelo resto de sua vida criativa, apesar de ele constantemente alterar ambas as línguas e suas histórias. Acabou tirando o gnômico dos Gnomos e dando-o aos Elfos-cinzentos do "Silmarillion", renomeando-o *sindarin*. Aos Gnomos, ou Noldor, como se chamavam àquela altura, permitiu então que o tomassem de empréstimo. Mas isso estava no futuro remoto.

Enquanto isso, abaixo das fadas e dos ogros de seu diagrama, Tolkien escreveu *Eärendl*, o nome do marujo do firmamento que pressagiara sua mitologia em setembro de 1914. Desde então Eärendel permanecera como vulto solitário, mais um símbolo que um indivíduo, mas agora Tolkien finalmente lhe dava uma dinastia. Eärendel seria meio homem, porém meio Gnomo (ou *Noldo*): filho de um pai humano, *Tuor*, e uma mãe feérica, *Idril*. O pai de Idril era "rei dos Noldor-livres", *Turgon*, que governava *Gondolin*, a Cidade dos Sete Nomes. No hospital e na licença, após retornar da Batalha do Somme, Tolkien escreveu seu conto "A Queda de Gondolin", um importante ponto de inflexão imaginativo.

---

[7] De fato, sob certas condições, onde uma palavra em qenya tinha um som surdo, a palavra cognata em goldogrin tinha seu equivalente sonoro; assim *Taniquetil*, a montanha de Valinor, era chamada *Danigwethl* pelos Gnomos, e o "lamento" ou salgueiro não se chamava *siqilissë*, e sim *sigwithiel*. Havia, é claro, muito mais diferenças fonológicas entre os dois idiomas. *Sigwithiel* também exibe uma diferença morfológica, pois é construído a partir da mesma raiz de *siqilissë*, SIQI, usando um afixo bem diverso. [N. A.]

Os longos períodos de marcha, ou de observação e espera nas trincheiras, e depois da convalescença no leito, haviam permitido que as ideias de Tolkien fermentassem. Finalmente livre para voltar a escrever, ele o fez com tremenda fluência. Os temas estabelecidos, de mitos celestes e de Valinor e da Ilha Solitária, foram postos de lado por enquanto, à medida que "A Queda de Gondolin" emergia de sua cabeça "quase totalmente formado". Como explosão de poder criativo, ela estabeleceu os parâmetros morais do mundo de Tolkien, consagrando aspectos do bem e do mal em raças feéricas e seres demiúrgicos que se empenham em conflito perpétuo.

Comparada a escritos posteriores — mesmo àqueles compostos imediatamente após a Primeira Guerra Mundial — "A Queda de Gondolin" mostra bem pouco daquele detalhado contexto "histórico" que é uma das características maduras de Tolkien. São nomeados bem poucas terras ou povos. O foco recai intensamente na própria cidade de Gondolin, e especialmente em suas gentes constituintes; mas há somente vislumbres ocasionais da momentosa história dos *Noldoli*, ou Gnomos, e de como esse ramo da raça élfica chegou a estabelecer sua cidade. Ele já via "A Queda de Gondolin" (ou "Tuor e os Exilados de Gondolin", como a chamou inicialmente) como parte de uma narrativa muito maior em que a história dos Gnomos seria contada por completo. Mas àquela altura essa história só emergiu em fragmentos.

Uma terrível opressão acometeu os Gnomos. A maior parte foi escravizada e mantida nos "Infernos de Ferro" pelo tirânico Melko, que infesta o norte com seus gobelins e espiões. Os que não são mantidos como prisioneiros físicos estão confinados em Aryador, cercada de montanhas, e em grilhões mentais. Os Gnomos livres escaparam para o refúgio oculto de Gondolin.

O conto começa em Aryador, local já marcado como terra de mortais primitivos que ignoram o "povo de sombra" das fadas que está no meio deles. Mas o herói Tuor é diferente desde o princípio. Demonstra sinais de inspiração poética, cantando canções rudes, mas poderosas com sua harpa de tendões de urso; porém vai embora assim que se reúne uma plateia. Tuor escapa de Aryador através de um túnel fluvial, e depois segue o rio até o mar. Agora um distinto ar do *Kalevala* finlandês, com seus harpistas e caçadores que habitam florestas à beira de lagos, dá lugar a um modo de romance usado por William Morris em livros como *The Well at the World's End* [A Fonte no Fim do Mundo], onde jovens inexperientes alcançam estatura moral atravessando uma topografia imaginária. Mas as paisagens de Tolkien já fazem as de Morris parecerem desajeitadas e vagas. É difícil não imergir no mundo sensorial que Tuor explora, compartilhando seu pasmo ao se aproximar do mar do qual não tem rumores:

> Vagou ele até que chegou aos penhascos negros perto do mar e viu o oceano e suas ondas pela primeira vez, e naquela hora o sol mergulhou para além da borda da Terra, muito ao longe, no mar, e ele ficou de pé no topo do penhasco de braços abertos, e seu coração encheu-se de um anseio de fato grandíssimo. Ora, alguns dizem que ele foi o primeiro dos Homens a alcançar o Mar e olhar para ele e conhecer o desejo que ele traz [...].[8]

Na verdade, Tuor foi involuntariamente atraído ao mar por Ulmo, demiurgo das profundas, por razões que ficam inexpressas: para enriquecer seu espírito e, no entanto, purgar seu desejo de solidão, quem sabe, ou para assegurar que ele retorne para ali ao final do conto, quando tiver um filho, o futuro navegante Eärendel.

Mas, por enquanto, uma vez que o mar deixou sua marca, Ulmo silenciosamente incita Tuor a viajar terra adentro; mas na Terra dos Salgueiros a desgraça quase o acomete. Tuor sucumbe ao deleite de dar nomes às borboletas, mariposas, abelhas e besouros, e trabalha em suas canções. A tentação de se quedar adquire sua própria voz: "Ora, habitava nesses lugares escuros um espírito de sussurros e ele sussurrava a Tuor no crepúsculo e Tuor estava avesso a partir [...]". Mas prenúncios da Guerra surgem nas descrições da paz, onde "sob os salgueiros as espadas verdes das flores-de-lis estavam desembainhadas e papiros cresciam e caniços em ordem de batalha".

---

[8] He wandered till he came to the black cliffs by the sea and saw the ocean and its waves for the first time, and at that hour the sun sank beyond the rim of Earth far out to sea, and he stood on the cliff-top with outspread arms, and his heart was filled with a longing very great indeed. Now some say that he was the first of Men to reach the Sea and look upon it and know the desire it brings [...]. [N. T.]

É tentador enxergar paralelos com a vida do próprio Tolkien durante 1914 e 1915. (Na abortiva reformulação de "A Queda de Gondolin", em 1951, Tuor tem 23 anos ao partir, a idade de Tolkien quando iniciou sua mitologia e seu serviço militar.) Tuor é um cantor que busca maravilhas, um criador de palavras, e um solitário, assim como Tolkien foi um poeta de inclinação romântica, um inventor de idiomas, e esquivo até com os amigos mais íntimos. Assim como o dever encontrou Tolkien entre a "'sonolência' de Oxford", também encontra Tuor em meio às águas morosas.

Ulmo, percebendo que o "espírito de sussurros" pode frustrar seu plano, revela-se agora em sua majestade, dizendo a Tuor que deve levar uma mensagem secreta aos Gnomos livres de Gondolin. Vários Noldoli escravizados o conduzem clandestinamente até o temor de Melko e seus espiões afastar todos, menos um. Porém, com a ajuda do fiel Voronwë, Tuor encontra a Via de Escape secreta para Gondolin, uma terra feérica como um "sonho dos deuses".

A cidade de Gondolin, construída em uma colina de cume plano, com torres, muros de mármore e brotos das Duas Árvores, foi moldada na imutável Kôr nas rochas de Eldamar. Mas é uma cópia falha. É um lugar de estudo, memória vivente e alerta, como a Oxford de "*The Wanderer's Allegiance*", mas está em risco de se tornar uma "cidade de sonhos" como Warwick. A mensagem de Ulmo é que Gondolin deve se armar e atacar Melko em prol dos Noldoli escravizados, antes que o tirano sobrepuje o mundo. O Rei Turgon recusa-se a arriscar sua cidade a conselho de um dos Valar, que "ocultem sua terra e teçam à sua volta magia inacessível para que nenhum mal chegue a suas costas". Tuor, exausto, recai em repouso contente entre os Gnomos, que descartam o alerta de Ulmo com declarações de que Gondolin há de ficar "de pé por tanto tempo quanto Taniquetil ou as Montanhas de Valinor". "*The Wanderer's Allegiance*", dissera a mesma coisa de Oxford, asseverando que "Nenhuma maré do mal pode afogar tua glória"; mas a primeira história mitológica de Tolkien enfoca a perigosa complacência de tais pretensões.

Se a primeira metade de "A Queda de Gondolin" parece fazer eco à evolução criativa de Tolkien e à sua lenta aceitação do dever no primeiro ano da guerra, certamente a segunda metade reverbera diante de sua colisão com a própria guerra. Os vívidos extremos do Somme, seus terrores e seus pesares, seu heroísmo e suas intensas esperanças, sua abominação e sua ruína, parecem ter conferido um relevo montanhoso à sua visão das coisas. Uma intensa luz iluminou o mundo e lançou sombras pavorosas. Nesse conto a mitologia de Tolkien torna-se, pela primeira vez, aquilo que continuaria sendo: uma mitologia do conflito entre o bem a o mal. A ideia de que o conflito devesse ser perpétuo surgiu diretamente de um ceticismo, sentido por muito tempo, a respeito dos prognósticos brandamente otimistas que prevaleciam durante a Grande Guerra, como Tolkien recordou em ume entrevista quase meio século depois: "Suponho que essa tenha sido de fato uma reação consciente à Guerra — às coisas que me foram incutidas na 'Guerra para encerrar as guerras' —, aquele tipo de coisa, no qual não acreditava na época e acredito menos agora".

Em "A Queda de Gondolin" suas fadas também abandonaram a estatura diminuta que haviam assumido nas tradições shakespeariana e vitoriana. A mudança pode estar relacionada com as palavras de cautela de Wiseman, em março, sobre a predileção de Tolkien por "criaturas pequenas, delicadas, bonitas", ou pode ter sido a resposta a uma necessidade criativa: agora os Elfos teriam um papel a desempenhar na guerra em grande escala. Apesar de ainda serem "pequenos e delgados e ágeis", os Noldoli são da mesma ordem de grandeza que os humanos, sólidos e físicos, capazes de infligir ferimentos e de sofrê-los. Essa reversão a uma visão mais antiga dos elfos também permitiu que Tolkien se inspirasse no antigo motivo da noiva-fada, através do casamento do humano Tuor com Idril de Gondolin, assim trazendo Eärendel, como filho deles, para dentro da história.

Resulta uma história de espiões e conselhos de guerra, como uma versão de conto de fadas da obra de suspense *The Thirty-Nine Steps* [Os trinta e nove degraus], de John Buchan, de 1915, ambientada nos vacilantes anos do pré-guerra. Mas o ciumento Gnomo Meglin, traidor de Gondolin, parece provir dos antigos romances pela via da realidade do campo de batalha: capturado pelo inimigo, ele revela as fraquezas de Gondolin em troca da própria vida. Tuor desempenha um importante papel na defesa da cidade quando os monstros de Melko chegam por sobre a muralha de montanhas, e ele conduz seus refugiados na fuga para o mar. "A Queda de Gondolin" é um dos mais sustentados relatos de batalha de Tolkien. Mas Gondolin atacada não é o Somme, apesar de suas águas atulhadas de cadáveres e sua claustrofobia repleta de fumaça. Menos ainda o conto disfarça os ingleses de Gnomos e os alemães de Gobelins. Antes do Somme, Tolkien incluíra os alemães em seu léxico qenya como *kalimbardi*, palavra associada a *kalimbo*, "um homem selvagem e não civilizado, bárbaro — gigante, monstro, trol". Agora essas palavras apareciam na obra mais recente "*Poetic and Mythologic Words*" [Palavras poéticas e mitológicas] simplesmente como "gobelins", "gobelim, monstro".[9]

Na Inglaterra, a notícia da destruição de Louvain, ou de ataques de submarino a navios mercantes, tornava fácil enxergar os alemães como bárbaros ou até mesmo monstruosos. Cary Gilson escrevera a Tolkien de Marston Green após a morte de Rob: "De que vocês vão vencer — e restaurar a justiça e a misericórdia aos seus lugares nos conselhos da humanidade, disso tenho certeza: e é um privilégio glorioso, quer morramos ou vivamos." Mesmo em meio ao Somme, Tolkien escreveu que a guerra era, "apesar de todo o mal do nosso próprio lado, em uma visão mais ampla o bem contra o mal". Porém no campo de batalha ele enfrentara um inimigo que tinha todas as características da humanidade. Enquanto isso, também os Aliados usavam gás venenoso e sancionavam extraoficialmente a matança de prisioneiros. Mais tarde Tolkien insistiu em não haver paralelo entre os Gobelins que inventara e os alemães que combatera, declarando: "Nunca tive essa espécie de sentimentos sobre os alemães. Sou muito contra esse tipo de coisa".

"A Queda de Gondolin" não é propaganda de guerra, e sim mito e drama moral. Assim como Robert Louis Stevenson em *O Médico e o Monstro*, Tolkien tomou a confusa paisagem moral do mundo

---

[9] O equivalente gnômico *Calumoth*, em "Poetic and Mythologic Words", teve vida curta, mas *Glamhoth* "povo do ódio horrendo" em "A Queda de Gondolin" é certamente seu herdeiro fonestético; e assim a influência do bárbaro *kalimbardi* pode ser acompanhada até chegar ao nome da espada de Gandalf, *Glamdring* "Martelo-do-Inimigo". [N. A.]

real e tentou esclarecê-la com polaridades de bem e mal; mas aplicou o princípio em escala épica. Muito depois, ele explicou sua abordagem em uma carta ao filho Christopher. "Penso nos orques como uma criação tão real quanto qualquer coisa na ficção 'realista'", escreveu ele, "a diferença é que na vida real eles estão em ambos os lados, é claro. Pois o 'romance' se originou da 'alegoria' e suas guerras ainda são produzidas a partir da 'guerra interior' da alegoria na qual o bem está de um lado e várias formas de maldade estão do outro. Na vida real (exterior), os homens estão dos dois lados: o que significa uma aliança diversificada de orques, feras, demônios, homens simples naturalmente honestos e anjos". Assim, pode-se dizer que os Gobelins incorporam "todo o mal do nosso próprio lado" na guerra real, bem como todo o mal do lado alemão. Destroem e pilham, e matam prisioneiros. Os Gnomos de Gondolin, enquanto isso, incorporam virtudes de que nenhuma nação tinha monopólio. Representam (como ele escreveu sobre seus Elfos em geral) "beleza e graça de vida e artefato".

Os batalhões de Gondolin reúnem-se por trás dos estandartes dinásticos do Pilar, da Torre de Neve, da Árvore, da Flor Dourada, da Harpa, da Toupeira, da Andorinha e da Asa Alva, cada um com sua farda heráldica: "aqueles do Arco Celestial, sendo um povo de riqueza incontável, estavam paramentados em uma glória de cores e suas armas eram incrustadas com joias que chamejavam na luz [...]". Os nomes de seus povos recordam os Wolfings, os Hartings, os Elkings e os Beamings[10] de *The House of the Wolfings*, de William Morris: tribos góticas cujos nomes refletem um elo íntimo com a terra que defendem dos gananciosos romanos. Morris virou de cabeça para baixo a visão clássica, de forma que seus godos moradores da floresta sustentam valores civilizados, enquanto a Roma imperial representa a barbárie. A bússola moral de Tolkien tem orientação semelhante. Os Noldoli veem a natureza como algo de valor intrínseco, não simplesmente uma conveniência. Como todos os Elfos de Tolkien, eles também corporificam a tradição mais antiga de feéria, onde são os representantes espirituais do mundo natural, como os anjos são os do céu. Defendem a própria

---

[10] Respectivamente os Povos do Lobo, do Cervo, do Alce e da Árvore. [N. T.]

natureza contra um poder cobiçoso cuja meta é possuir, explorar e despojar.

Tolkien listara diversas criaturas monstruosas em *Poetic and Mythologic Words of Eldarissa* e seu diagrama etnológico: *tauler*, *tyulqin* e *sarqin*, nomes que em qenya indicam estatura semelhante a árvore ou apetite por carne. Todas essas novas raças de monstros acabaram sendo transitórias, exceto duas: os Balrogs e os Orques. Os Orques foram gerados "dos calores e do limo subterrâneo" por Melko: "Seus corações eram de granito e seus corpos deformados; imundos eram seus rostos, que não sorriam, mas sua risada era como metal golpeado [...]". O nome fora tirado do inglês antigo *orc* "demônio", mas apenas por ser foneticamente adequado. O papel de demônio pertence propriamente aos Balrogs, cujo nome em goldogrin significa "demônio cruel" ou "demônio da aflição". São eles as tropas de choque e capitães do campo de batalha de Melko, empunhando chamas, as coortes do Mal.

Orques e Balrogs, no entanto, não são suficientes para efetuarem a destruição de Gondolin. "Da imensidão de sua riqueza de metais e de seus poderes de fogo" Melko constrói uma hoste de "feras como serpentes e dragões de força irresistível, que rastejariam pelos Montes Circundantes e engolfariam aquela planície e sua bela cidde com chama e morte". Obra de "ferreiros e feiticeiros", essas formas (em três variedades) violam a fronteira entre o monstro mítico e a máquina, entre a magia e a tecnologia. Os dragões de bronze, no ataque, movem-se pesadamente e abrem brechas nas muralhas da cidade. Versões fogosas são frustradas pela inclinação lisa e íngreme da colina de Gondolin. Mas uma terceira variedade, os dragões de ferro, carrega Orques dentro de si e se movimenta sobre "ferro tão habilmente encadeados que podiam fluir [...] em torno e por cima de todos os obstáculos diante deles"; derrubam os portões da cidade "por razão do imenso peso de seus corpos" e, sob bombardeio, "suas barrigas ocas ressoaram [...] mas isso de nada valeu, pois não podiam ser quebradas e os fogos rolaram por cima delas".

Porém, quanto mais diferem dos dragões da mitologia, mais esses monstros se assemelham aos tanques do Somme. Um autor de diário de guerra observou, divertido, como os jornais comparavam aqueles novos veículos blindados com "os ictiossauros, *jabberwocks*, mastodontes, Leviatãs, *boojums*, *snarks* e outros monstros antediluvianos e míticos".[11] Max Ernst, que esteve na artilharia de campo alemã em 1916, eternizou na tela tais comparações, em seu icônico quadro surrealista *Celebes* (1921), uma ameaça elefantina encouraçada com olhos inexpressivos e bestiais.

The Times apregoou um relato alemão dessa invenção britânica: "O monstro aproximou-se devagar, manquejando, movendo-se de um lado para o outro, balançando e arfando, mas chegou perto. Nada o obstruía: uma força sobrenatural parecia impeli-lo para a frente. Nas trincheiras alguém gritou 'Vem aí o diabo', e essa palavra percorreu a fileira como um raio. De repente línguas de fogo emergiram do brilho blindado da lagarta de ferro [...] as ondas da infantaria inglesa vieram como uma vaga por trás da carruagem do diabo". Um dos correspondentes do próprio *The Times*, Philip Gibbs, escreveu mais tarde que o avanço dos tanques no Somme fora "como contos de fadas bélicos de H.G. Wells".

De fato há um ar de ficção científica no exército que ataca Gondolin, uma hoste que "só naquele tempo se viu e não há de ser vista de novo até o Grande Fim". Em 1916, Tolkien antecipava o dito de Arthur C. Clarke de que "Qualquer tecnologia suficientemente avançada não pode ser distinguida de magia". Da perspectiva moderna, essa hoste inimiga parece tecnológica, por muito que seja futurista: os "corações e espíritos de fogo ardente" de seus dragões de bronze nos recordam o motor de combustão interna. Mas aos Noldoli a hoste parece produto de feitiçaria. "A Queda de Gondolin", no grandioso projeto de Tolkien que se desdobrava, é uma história contada por um Elfo; e o motor de combustão, visto através de olhos encantados, não poderia aparecer como algo diverso de um coração de metal repleto de chamas.

Melko, o tirano que trava guerra contra Gondolin, é o próprio Diabo. Mas não está sequestrado em um Pandemônio miltoniano,

---

[11] *Jabberwock*, *boojum* e *snark* são monstros criados pela imaginação de Lewis Carroll, autor dos livros de *Alice* (o *boojum* é uma espécie de *snark*). [N. T.]

do outro lado do abismo do Caos. A estrada para seu inferno estende-se rumo ao norte e para baixo, como no mito nórdico. Uma alcunha, *Yelur*, liga-o ao qenya *Yelin* "inverno", visto em anotações do final de 1915 para "*Kortirion among the Trees*" que falam do "feitiço invernal de Yelin" e das "lan[ças] gélidas de ponta azul do inverno que marchavam atrás".[12] O próprio Melko aparentemente não existia na mitologia de Tolkien antes do Somme, mas essa metáfora poética de um senhor da guerra que visa a destruir a luz e a vida é anterior a ele, e ele partilha as mesmas funções hibernais.

O uso que Tolkien fazia de suas fontes sempre foi ousado. Diferente do Satã da tradição cristã, Melko é carcereiro de seres vivos — os Noldoli escravizados que mourejam para ele em seus Infernos de Ferro. Mas, tornando a estada dos Gnomos ali em produto de compulsão, Tolkien também estava reescrevendo tradições sobre submundos regidos por raças feéricas, como os Tuatha Dé Danann irlandeses, de forma que parecem prefigurar a escatologia cristã. É a devastação desse inferno élfico que Ulmo, através da ação de Tuor, espera conseguir.

Os prisioneiros que de algum modo escapam dos Infernos de Ferro são afligidos por "um terror que entorpece", de modo que mesmo quando estão longe do domínio de Melko "parecia estar sempre perto deles [...] e seus corações estremeciam e eles não fugiam nem quando podiam". Meglin, libertado por Melko depois de trair os segredos de Gondolin, retoma sua vida pública em Gondolin como se nada tivesse acontecido, mas não trabalha mais e busca "afogar seu medo e inquietação" em falsa alegria. Também ele já está sujeito ao "feitiço do horror sem fundo" de Melko.

Melko (que é mais conhecido por seus nomes posteriores *Melkor* e *Morgoth*) representa a tirania da máquina sobre a vida e a natureza, explorando a terra e sua gente na construção de um vasto arsenal. Com inevitabilidade brutal, os Gnomos, com sua tecnologia medieval, perdem o embate. O mito de Tolkien sublinha a

---

[12]Na versão acabada de "*Kortirion among the Trees*" isso se transformou em "Inverno, e suas lanças de ponta azul / Marchando invencíveis rumo ao sol / do claro dia de Todos os Santos". [N. A.]

eficácia quase insuperável da máquina contra a mera habilidade das mãos e dos olhos. No entanto, reconhece que a máquina não existiria sem o inventor e o artífice. Melko não sabe como conseguir a destruição da cidade dos Gnomos: de modo arrepiante, é Meglin de Gondolin quem trama o plano das bestas-máquinas rastejantes que vão sobrepujar suas defesas. Os Gnomos são impelidos por "uma avidez inconquistável por conhecimento". Melko tem pouco uso para essa avidez, mas depende do conhecimento deles, e assim faz os Noldoli escravizados escavarem seu minério e trabalhar seus metais, deixando-os encurvados pela labuta. Nos Infernos de Ferro, as artes e ciências superiores são subordinadas ou esmagadas a serviço da indústria mecânica — infinitamente repetitiva e motivada tão somente pelo desejo de mais poder.

Como criação literária, Melko é mais que um símbolo do inverno ou uma abstração da destrutividade e da cobiça. Surgiu em 1916 com notável senso de tempo. Com seus sonhos de dominação do mundo, seus espiões, seus vastos exércitos, seus escravos industriais e seu "feitiço do horror sem fundo", antecipou o totalitarismo que estava prestes a surgir. No prazo de um ano, a Revolução Russa havia estabelecido a primeira ditadura totalitária, com a finalidade de esmagar a vontade individual a serviço da economia e do poder bolchevista. Lenin tornou-se gabarito para Hitler, Stalin, Mao e os demais monstros políticos do século XX. Mas só o que fizeram os ditadores totalitários foi levar ao extremo lógico a desumanização que já era visível na indústria pesada e explorar a ruptura com o passado que a Grande Guerra introduzira. Em sua capacidade de alertar sobre tais extremos, a ficção fantástica leva vantagem sobre o que se chama de realismo. O "realismo" tem uma tendência de reflexo automático para evitar os extremos como sendo implausíveis, mas a "fantasia" os acolhe ativamente. Ela amplifica e esclarece a condição humana. Pode até acompanhar as imaginações calamitosas de pretensos ditadores. Sem dúvida Tolkien não tinha a intenção de fazer previsões políticas, mas ainda assim sua obra anteviu coisas que estavam por vir. Existe um parentesco espiritual entre o infeliz Meglin e Winston Smith, bebendo seu gim da Vitória sob os olhos do Grande Irmão.

DOZE

Tol Withernon e Fladweth Amrod

"Você deveria começar a epopeia", disse Christopher Wiseman a Tolkien no gélido janeiro de 1917. "Porém, quando fizer isso", acrescentou, "trate de montar seu cavalo, não deixe seu cavalo montá-lo". Parece provável que Tolkien já estivesse firmemente controlando as rédeas em "A Queda de Gondolin" e em outra peça breve, "*The Cottage of Lost Play*" [O Chalé do Brincar Perdido], que seria a introdução de todo o ciclo de contos que estava planejado. Para essa seção introdutória, Tolkien inventou uma nova figura de navegante para ser buscador de maravilhas; porém, diferente de Eärendel, não seria ele mesmo maravilhoso.

O recém-chegado não pertencia ao mito, e sim à penumbra pós--mitológica, àquele período à margem da história conhecida que tanto assombrava Tolkien. O papel do navegante era ouvir e relatar à posteridade as histórias contadas sobre Feéria pelas fadas. Porém mesmo da perspectiva de "*The Cottage of Lost Play*" Gondolin e os demais "Contos Perdidos" seriam história antiga; e o navegante agiria como mediador, a meio caminho entre aqueles eventos incomensuravelmente remotos e os dias modernos. A estrutura deve muito aos *Contos da Cantuária*, de Chaucer — porém um precursor mais imediato foi *The Earthly Paradise* [O paraíso terreno], de William Morris, em que marujos nórdicos trocam histórias com os descendentes isolados dos gregos antigos que encontram em uma ilha remota.

De todos os modos o navegante de Tolkien é adequado à sua era ficcional, tendo emergido (de acordo com anotações de fundo) da costa oeste da Europa Germânica e navegado até a Ilha Solitária, a ilha da Grã-Bretanha. É o pai de Hengest e Horsa, os senhores da guerra históricos que conduziram a invasão anglo-saxã. Nesse esquema Tolkien também teceu paralelos com sua própria vida. O nome original do navegante é *Ottor*, que é simplesmente o equivalente em antigo inglês de *Otter* [Lontra]. Esse parece ter sido o nome que Tolkien escolheu para si em animálico, uma língua inventada que partilhara com suas primas Incledon na infância. Ottor também é chamado de *Wǽfre* pelo seu povo, "irrequieto, vagante". Sofreu um profundo anseio espiritual desde que se tornou órfão na infância, e seu passado foi manchado por uma guerra terrível. Na Ilha Solitária casar-se-á com uma donzela-élfica, e o filho mais jovem deles, Heorrenda, fará sua capital em Great Haywood, enquanto Hengest e Horsa serão associados a Warwick e Oxford. De forma crucial, através de Ottor os ingleses aprenderão "a verdadeira tradição das fadas". O nome dado a Ottor na Ilha Solitária é *Eriol*, "O que sonha a sós". Sem inserir nenhum detalhe que se chocaria com sua descrição imaginativa de um mundo antigo, Tolkien deixou sua própria assinatura na tela.

Em certo entardecer tranquilo, chegando a um vilarejo no coração da Ilha Solitária, Eriol encontra o Chalé do Brincar Perdido — *Mar Vanwa Tyaliéva* em qenya —, um lar longe do lar que oferece paz, repouso e alimento para a imaginação. Ele, homem que se saciou de experiência, agora já não mais se aventurará, mas simplesmente escutará a história dos Elfos e Gnomos.

O limiar do chalé conduz de volta à infância, tanto para Eriol como para o leitor, e "todos os que entram devem ser bem pequenos de fato, ou de boa vontade tornar-se gente pequenina". O viandante entra, e para seu espanto encontra-se em uma casa espaçosa, onde os corteses anfitriões élficos, Lindo e Vairë, o tomam por hóspede. É um lugar de alegria, conforto e cerimônia, onde os rituais diários são centrados em banquetes e relatos de histórias.

> No mesmo momento, um grande gongo soou à distância, na casa, com um ruído doce, e seguiu-se um som como o do riso de muitas vozes mescladas com grande tropel. Então, Vairë disse a Eriol ao ver seu rosto cheio de feliz surpresa: "Essa é a voz de Tombo, o Gongo

das Crianças, que fica do lado de fora do Salão do Brincar Recuperado, e ele soa uma vez para convocá-las a este salão nas horas de comer e beber, e três vezes para convocá-las à Sala da Lareira para o contar de contos" [...]

O "Chalé do Brincar Perdido" vem com generosas doses de "magia" e uma população de joviais miniaturas, que poderiam ter saído marchando de um livro infantil vitoriano. Seu bom humor não é tingido pelo riso amoral dos habitantes da Terra do Nunca em *Peter Pan* nem pelo ceticismo terreno que Tolkien mais tarde conferiu aos hobbits. Parece estranho que "as paredes estremecem com gargalhadas" quando uma história está para ser contada, pois o humor nem de longe é a característica dominante dos "Contos Perdidos". A nota de diversão também contrasta estranhamente com os temas mais profundos de exílio e perda no passado de Eriol e na estranha história do chalé.

A casa mágica situa-se em Kortirion, e "*The Cottage of Lost Play*" retorna à ideia das duas versões de Feéria que fora desenvolvida no léxico qenya e em "*Kortirion among the Trees*". Aqui na Ilha Solitária, os Elfos são exilados, e sua capital Kortirion é somente um eco de Kôr, a cidade em Valinor, do outro lado do oceano ocidental, que deixaram faz muito tempo após ouvirem "o lamento do mundo". O chalé que Eriol encontra em Kortirion foi construído em memória de uma casa mais antiga em Valinor, junto ao mar prateado e não longe de Kôr. "Esse era o Chalé das Crianças, ou do Brincar do Sono", explica Vairë, "e não do Brincar Perdido, como foi erroneamente dito em canção entre os Homens — pois nenhum brincar era então perdido e, infelizmente, só aqui e agora é o Chalé do Brincar Perdido".[1]

Os dois chalés, em Valinor e Kortirion, abrangem entre si todo um complexo de relações entre o sonho, a realidade e a história.

---

[1] Esta é uma astuta referência ao poema do próprio Tolkien, de abril de 1915, "*You and Me and the Cottage of Lost Play*", que de fato mostra o chalé original. Tolkien planejava entreter seus poemas mais antigos com o "Livro dos Contos Perdidos" em prosa, e a história de chegada de Eriol à Ilha Solitária também contém referências à canção que fez sobre Kortirion ("*Kortirion among the Trees*") e ao Adormecido na Torre de Pérola em "*The Happy Mariners*". [N. A.]

Outrora "os filhos dos pais dos pais de homens" eram capazes de alcançar o Chalé do Brincar do Sono viajando pela Trilha dos Sonhos, que se estendia (como a ponte de arco-íris Bifrost no mito nórdico) das terras mortais às imortais. Ali brincavam de arco e flecha ou subiam no telhado, como os Meninos Perdidos que seguem Peter Pan na Terra do Nunca de J.M. Barrie. Crianças que se tornassem amigas ali, em suas brincadeiras de sonho, poderiam encontrar-se mais tarde na vida desperta, como amantes ou companheiros próximos.

Visitas em sonho ao velho chalé apresentavam seus perigos, Eriol ouve. Sonhadores que vagaram além do jardim para a própria Kôr, e viram Valinor, lar dos deuses, sofreram um completo alheamento de sua gente, tornando-se silenciosos e "selvagens", e plenos de anseio. É da natureza de Feéria encantar além dos limites mortais. Por outro lado, alguns dos sonhadores vagantes voltaram às terras mortais com as cabeças repletas não de loucura, e sim de encantamento. "De suas enevoadas memórias posteriores", dizem a Eriol, "de seus contos fragmentários e pedaços de canções vieram muitas lendas estranhas que deleitaram Homens por muito tempo e ainda o fazem, talvez; pois dessa gente eram os poetas das Grandes Terras." Tolkien fora inspirado e maravilhado pelas mitologias e tradições populares do mundo antigo, e em especial pelos restos fragmentados das lendas germânicas que encontrara dispersos em *Beowulf*, no *Crist* de Cynewulf e em outros lugares. Agora ideava uma ficção em que esses fragmentos representavam os últimos vestígios de visões vistas na própria Valinor.

Os tempos mudam. Quando os Elfos deixaram Kôr a Trilha dos Sonhos foi fechada, de modo que o Chalé do Brincar do Sono ergue-se agora isolado na costa de Valinor. Lindo e Vairë, exilados na Ilha Solitária, estabeleceram o Chalé do Brincar Perdido como um lugar onde "contos antigos, canções antigas e música élfica" ainda podiam ser celebrados. Mas é também o lar dos contos de fadas, e dali vêm as fadas que visitam "crianças solitárias, sussurrando a elas no crepúsculo logo na hora de dormir, à luz noturna e de velas, ou confortam os que choram" (uma necessidade urgente, note-se, não somente na infância do próprio Tolkien, mas também no mundo dos órfãos da Grande Guerra). Assim a era do mito e o

Chalé do Brincar do Sono cedem lugar à era do conto de fadas e ao Chalé do Brincar Perdido. Porém a visão mais verdadeira dos antigos fazedores de mitos ainda pode retornar. Eriol tem um vislumbre de um futuro radiante em que as estreadas para Valinor "encher-se-ão de filhos e filhas de Homens" e o Chalé do Brincar do Sono estará mais uma vez repleto de vida. Presumivelmente os olhos mortais enxergarão com maior clareza, e o paraíso terrestre será aberto a eles. Espera-se que isso ocorra depois "da Partida Afora e do Reacender do Sol Mágico", a que os exilados de Kortirion erguem suas taças. Tristemente, Tolkien nunca alcançou o ponto em que descreveria esses eventos momentosos em detalhe, antes de suas ideias escatológicas se alterarem por completo, e deixou apenas uma insinuação do consolo universal que estava por vir.

Os leitores de *O Senhor dos Anéis* podem achar familiares dois elementos em *"The Cottage of Lost Play"*. No próprio Mar Vanwa Tyaliéva há mais do que uma insinuação da Valfenda élfica, com seu Salão do Fogo onde se contam contos e cantam canções; e a rainha da Ilha Solitária em "O Livro dos Contos Perdidos", Meril-i-Turinqi, tem em si algo de Galadriel. Vive entre suas donzelas em um círculo cerimonial de árvores em Kortirion, como Galadriel em sua cidade de árvores em Lothlórien. Meril é descendente de Inwë, rei-élfico além do mar, assim como Galadriel de Ingwë, sua contrapartida em etapas posteriores da mitologia. Ambas as rainhas élficas são repositórios de antiga sabedoria, mas também cada uma delas é fonte de uma vitalidade que perdura de forma sobrenatural: Meril através da maravilhosa bebida *limpë* que reparte, Galadriel através do poder de deter o declínio em seu reino. É sintomático, a uma vez da fluidez e da estabilidade dos conceitos mitopeicos de Tolkien, que, enquanto os nomes evoluíam e as interrelações de indivíduos e povos mudavam de modo quase irreconhecível em anos de escrita, reescrita e reformulação, essas corporificações da elficidade essencial — a casa da tradição e a rainha das árvores — tenham recorrido.[2]

---

[2] No "Livro dos Contos Perdidos" a própria Meril tomou o lugar que, em verbetes primitivos do léxico qenya, fora ocupado por Erinti, a Vala do amor, da música,

"*The Cottage of Lost Play*", completado no início de fevereiro de 1917, deixa claro que Tolkien já tinha em mente a ideia de que Eriol ouviria os Contos Perdidos em Kortirion. Em uma nota, os contos deveriam ser anotados por Heorrenda de Hægwudu (Great Haywood), filho de Eriol com a donzela-élfica Naimi, em um "Livro Dourado": os léxicos qenya e gnômico dão traduções desse título. Mas ele também seria conhecido como *i·band a·gwentin laithra*, "O Livro dos Contos Perdidos".

Este título recorda a referência de R.W. Chambers ao "*Conto de Wade* perdido", em um capítulo de seu estudo do poema *Widsith*, em inglês antigo, que focaliza as velhas lendas marinhas das antigas tribos germânicas das terras costeiras no noroeste da Europa (e que também trata de Éarendel). O livro de Chambers pode ser lido como se fosse uma mensagem a Tolkien. Ele se enfurece com os romanos por desdenharem dos germânicos iletrados e deixarem de registrar suas canções e seus contos, e lamenta o fato de que, a despeito do amor do Rei Alfredo pelas velhas baladas, os anglo-saxões anotaram um número insuficiente delas. "Assim foi-se embora esse mundo de canções de espírito nobre e cavalheirescas", diz Chambers. "Portanto é nosso dever coletar com reverência os fragmentos da antiga epopeia teutônica que a fortuna preservou em nossa língua inglesa, e deles aprender tudo o que pudermos sobre aquela coleção de histórias da qual esses fragmentos são o primeiro registro vernáculo". Mas Tolkien pode ter tido a ideia de "contos perdidos" por mais tempo no fundo da mente. Lord Macaulay, no livro que proporcionou a Tolkien o modelo de sua "*Battle of the Eastern Field*", explica-se em termos semelhantes: suas *Lays of Ancient Rome* foram tentativas de recriar como teriam sido os poemas nacionais da Roma primitiva antes que seu caráter local fosse tragado pela cultura da Grécia. De passagem, observa que o esquecimento se apossou também das antigas canções germânicas e inglesas.

Quando Tolkien resumiu suas ambições juvenis em uma carta a Milton Waldman da editora Collins, escrita por volta de 1951, ele

---

da beleza e da pureza, que igualmente vivia em um círculo de olmos vigiado por fadas em Kortirion. Erinti, como já foi observado, era em parte uma representação de Edith Tolkien, que, portanto, tem uma curiosa ligação com Galadriel. [N. A.]

pôs a Inglaterra no coração delas: "Não ria! Mas, certa vez (minha crista baixou há muito tempo), tive a intenção de criar um corpo de lendas mais ou menos interligadas, que abrangesse desde o amplo e cosmogônico até o nível da estória de fadas romântica — o maior apoiado no menor em contato com a terra, o menor sorvendo esplendor do vasto pano de fundo —, que eu poderia dedicar simplesmente à Inglaterra, ao meu país". Mas ao criar essa mitologia para a Inglaterra o jovem Tolkien reagia a um senso particular de nacionalismo que tinha muita coisa em comum com o amor de Macaulay pela antiga Roma, uma unidade cultural autossuficiente, e com o ódio de Chambers pela Roma posterior, um império ganancioso. Ele celebrava as raízes linguísticas e culturais da "inglesidade", sem alardear (nem mesmo lamentar) o Império Britânico. Sua oposição ao imperialismo era entranhada, e se estendia, não apenas ao apoio do *Home Rule*[3] na Irlanda, mas também, pouco tempo depois da guerra, ao horror da ideia, cada vez mais popular, de que o próprio idioma inglês, objeto de seu amor e sua labuta, se tornaria a língua franca universal graças à entrada dos Estados Unidos no palco mundial ao final da Grande Guerra — "como uma ambição", escreveu ele, "a mais idiota e suicida que um idioma poderia nutrir":

> A literatura murcha em uma língua universal, e uma língua desenraizada apodrece antes de morrer. E deveria ser possível erguer os olhos acima do jargão da "língua de Shakespeare" [...] o bastante para perceber a magnitude da perda para a humanidade que resultaria da dominância mundial de qualquer língua falada hoje em dia: nenhuma língua jamais possuiu mais que uma pequena fração das variadas excelências da fala humana, e cada língua representa uma visão diferente da vida [...].[4]

---

[3] Autogoverno autônomo. [N. T.]
[4] Literature shrivels in a universal language, and an uprooted language rots before it dies. And it should be possible to lift the eyes above the cant of the 'language of Shakespeare'. [...] sufficiently to realize the magnitude of the loss to humanity that the world-dominance of any one language now spoken would entail: no language has ever possessed but a small fraction of the varied excellences of human speech, and each language represents a different vision of life [...]. [N. T.]

Nenhum manifesto desencadeou a mitologia de Tolkien; em vez disso, foi uma "visão da vida" particular que estava atada à geografia física, não à geografia política. Ele disse a Waldman: "Deveria possuir o tom e a qualidade que eu desejava, um tanto sereno e claro, com a fragrância do nosso 'ar' (o clima e solo do Noroeste, isto é, da Grã-Bretanha e das regiões europeias mais próximas; não a Itália ou o Egeu, muito menos o Oriente) [...]". No mínimo, remontando às origens comuns das línguas e tradições inglesas e alemãs, e enfocando o declínio e a queda, a mitologia corria na contramão do chauvinismo dos tempos de guerra.

Antes do Somme, Tolkien passara muito tempo jogando com palavras e símbolos e com o lirismo refletivo. Mas algo acontecera à sua ambição de se tornar poeta, nascida no Conselho de Londres em dezembro de 1914. Com os Contos Perdidos ele se voltou para a prosa narrativa, o modo pelo qual seria lembrado em especial. "A Queda de Gondolin" certamente poderia ter sido escrita como versos narrativos — a forma de *Beowulf* e do *Kalevala*, de sua obra mitológica da década de 1920 e de segmentos de sua *História de Kullervo* de 1914. Só se pode adivinhar as razões pelas quais ele então pôs os versos de lado. Talvez tivesse algo a ver com o fato de que a Sidgwick & Jackson rejeitara seu volume de poemas *The Trumpets of Faërie*. Talvez ele sofresse de algum tipo de bloqueio poético: confessou a Wiseman em agosto de 1917 de que naquele ano, até então, só escrevera um poema. Por outro lado, pode ter simplesmente sentido que a prosa era a escolha pragmática, livre das dificuldades técnicas de ritmo e rima. Sabia, afinal de contas, que assim que estivesse apto seria chamado de volta ao combate.

Sua licença terminou em 12 de janeiro de 1917 e, para estar disponível ao serviço, Tolkien foi morar na Monument Road em Edgbaston, e na Wake Green Road em Moseley. Mas sentira-se mal outra vez. Ouvindo isso, Wiseman declarou-se "contente sem reservas" e lhe disse: "Finja-se de doente o mais que puder. Confio na Sra. T [...]" Na verdade Tolkien não tinha necessidade de simular estar doente. À época em que se viu diante de um segundo comitê médico no Hospital da Universidade de Birmingham, em 23 de janeiro, a febre havia voltado duas vezes, apesar de os ataques serem relativamente menores. Não era incomum que a febre das trincheiras recorresse meses, até anos, depois da primeira infecção.

Em seguida a seu retorno do Somme, Tolkien ficou preso entre duas forças potencialmente letais: O Departamento de Guerra e a doença. No momento esta estava dominando; ele ainda estava pálido e fraco, e só conseguia comer pouco, e continuava sentindo dor nos joelhos e cotovelos. Os médicos militares mandaram-no de volta para Edith por mais um mês.

O interlúdio em Great Haywood chegou ao fim na quinta-feira, 22 de fevereiro de 1917. Tolkien voltou à Monument Road e depois a Abbotsford, Moseley. Em 27 de fevereiro um comitê médico examinou Tolkien no Hospital Militar de Lichfield e detectou que sua saúde melhorara pouco. Na dependência do seu retorno ao serviço em além-mar, ele fora destinado ao 3º Batalhão de Fuzileiros de Lancashire, que guardava contra invasão a costa de Yorkshire e a foz do Rio Humber. Assim, ele foi mandado e um hospital de convalescença para oficiais em Harrogate, na borda dos Vales de Yorkshire e longe de casa.

É claro que havia uma importante compensação pelo transtorno, como Edith lhe lembrou: "Cada dia na cama significa mais um dia na Inglaterra". Cada dia também o trazia mais perto da cura. Ao final do mês que passou no Hospital Auxiliar de Furness, apesar de suas juntas ainda lhe causarem dor, foi considerado apto para serviços leves.

Primeiro Tolkien recebeu três semanas de folga, em 95 Valley Drive, onde Edith e sua prima Jennie Grove haviam se alojado no começo de março. Em meados de abril, Wiseman finalmente obteve uma licença em terra e convidou-se turbulentamente à casa dos Tolkien: "Vou irromper em suas solidões literárias, com a permissão da Sra. Tolkien, e com ou sem a sua", declarou. "Portanto, viva o Conselho de Harrogate". Ficou exultante por ver o amigo ainda na Inglaterra, e porque ele provavelmente ficaria ali por mais um bom tempo. "Enquanto isso deixe que todos os empurrões ocorram alegremente na França, e que terminem antes de você voltar para lá", escreveu ele.

Apesar de sua predileção pelo humor, não há motivo para pensar que Wiseman estivesse brincando quando insistiu para Tolkien se fingir de doente. Do TCBS só restavam os Grandes Irmãos Gêmeos, e ele tinha todas as razões para temer que Tolkien pudesse se unir a Rob Gilson e G.B. Smith no canto de algum campo estrangeiro. "Como você disse", escrevera Wiseman no começo do ano, "somos você e eu agora, Greenfield Crescent e gótico, o velho e original. Tudo isso é tão inefavelmente misterioso. Termos visto dois dos gigantes de Deus passarem diante dos nossos olhos, termos vivido e rido com eles, termos sabido deles, termos achado que eram parecidos conosco, e termo-los visto retornarem à névoa de onde saíram".

Fiel a esses sentimentos, Wiseman sugerira que ele e Tolkien, os dois TCBSitas sobreviventes, deveriam se interessar pelo legado criativo de Smith, sua poesia, e pelos esforços de Ruth Smith para conseguir publicá-la. Agora ela perdera seu outro filho, Roger, um subalterno ligado aos Reais Fuzileiros Galeses na frente do Rio Tigre na Mesopotâmia (no atual Iraque), que fora morto em ação em Basra, em janeiro. "Não posso crer na coisa terrível que me acometeu", escrevera a mãe deles a John Ronald. "Perder dois filhos tão excelentes é deveras esmagador". Seu único consolo era o pensamento de que Roger nunca soubera da morte do irmão. Wiseman resumiu a tragédia para Tolkien: "Suponho que muito poucas pessoas tenham dado mais que a Sra. Smith; é indizivelmente triste. Eu deveria escrever a ela, mas não consigo achar as palavras para fazê-lo".

Durante o encontro de Tolkien e Wiseman em Harrogate, em 18 de abril de 1917, as forças alemãs haviam recuado do Somme, porém não derrotadas. Foi uma retirada estratégica que retificou e encurtou sua linha, tornando-a mais fácil de defender. Mas foi uma zombaria dos meses de batalha renhida e pavorosa perda de vidas. Tudo o que a Grã-Bretanha e seus aliados ganharam foi "alguns acres de lama",[5] como disse Wiseman. Tais eventos tornavam ainda mais aguda a luta para resgatar significado emocional, moral e espiritual. Aquele foi o ano em que o exército francês se amotinou e o exército russo entrou em colapso completo.

---

[5] O acre (unidade do sistema imperial) tem aproximadamente 4.047 metros quadrados. [N. T.]

A vida na Inglaterra era uma sombra do que tinha sido no pré-guerra; "o ano da fome" foi como Tolkien chamou 1917. No final de janeiro, a Alemanha retomara a guerra naval irrestrita, que estivera controlada durante boa parte de 1916. Agora os submarinos sitiavam a Grã-Bretanha, atacando não somente as embarcações militares, mas também as mercantes e os navios-hospital. O *Asturias*, que trouxera o Tolkien febril da França em novembro, foi torpedeado sem aviso e afundou diante da costa sul da Inglaterra em 20 de março; tinha liberado sua carga de inválidos, mas 41 tripulantes e funcionários morreram. Em abril, um quarto dos navios que saíam dos portos britânicos tornaram-se vítimas de minas ou submarinos. A campanha submarina também trouxe os Estados Unidos à guerra contra a Alemanha, mas passaria muito tempo até que as tropas dos EUA chegassem à Europa em quantidade decisiva. Em meio à austeridade crescente na Inglaterra, e após cerca de seis meses de licenças quase contínuas fora do exército, Tolkien foi mergulhado de volta na vida militar. Ainda estava muito abatido, e não estava apto a voltar para o 11º Batalhão de Fuzileiros de Lancashire. Em vez disso, foi despachado à Guarnição Humber na costa nordeste.

Tolkien chegou ali na quinta-feira, 19 de abril de 1917, imediatamente após "o Conselho de Harrogate" e logo antes da Batalha de Arras. Pode ter sido inicialmente alocado a Hornsea, onde o 3º Batalhão de Fuzileiros de Lancashire tinha um posto avançado e uma escola de tiro; seja como for, foi nessa cidade costeira que Edith e Jennie Grove se alojaram. Mas, se Tolkien chegou a ser mandado para lá, não ficou muito tempo. O batalhão tinha seu quartel-general em Thirtle Bridge, 24 quilômetros mais ao sul, na península de Holderness, uma região baixa de reentrâncias, montículos e cristas rasas. Holderness tinha uma situação crítica, estendendo-se como um leão marinho guardião entre o Mar do Norte e a foz do Humber, que proporcionara um caminho de entrada aos navios dos primitivos colonizadores anglo-saxões. Séculos mais tarde, Eduardo II iniciou obras defensivas em Hull, e mais tarde Henrique VIII estendeu as defesas até a costa. Com o advento da Primeira Guerra Mundial, foram construídas fortalezas em meio ao estuário largo e barrento, e as margem estavam pontilhadas de postos de vigia, estações de sinalização e baterias. O próprio Acampamento Thirtle Bridge fora instalado em terras de plantação, onde a estrada da costeira Withernsea atravessava um antigo dique de drenagem a caminho da vila de Roos, um quilômetro e meio mais para o interior. A vida ali era notoriamente monótona. A ferrovia passava a quase cinco quilômetros de Thirtle Bridge, em Withernsea, e as esposas visitantes dos oficiais tinham de ser transportadas da estação ao acampamento em pôneis e carroças de duas rodas. Como disse um subalterno: "Aqui uns 60 oficiais e quase 1.500 homens passaram dias laboriosos de trabalho e lazer. Seria difícil dizer qual dos dois foi calculado para nos aborrecer mais". Mais de metade dos oficiais eram inaptos, como Tolkien, e entre eles, em diferentes períodos, havia vários do 11º Fuzlieiros de Lancashire. Fawcett-Barry, antigo comandante da Companhia "A", foi ajudante em Thirtle Bridge por algum tempo, e o Tenente-Coronel Bird, oficial comandante de Tolkien no Somme, agora organizava ali esportes do batalhão, peças de teatro e concertos. Huxtable, amigo de Tolkien, ainda recuperando-se de ser enterrado vivo nas trincheiras, estava alocado ali perto, em Tunstall Hall, mas foi mandado de volta à França em setembro.

Em uma foto de 1917, com Edith à beira-mar, Tolkien está visivelmente magro, e sua calça folgada de oficial parece grande demais. Doze dias após sua alocação, um comitê médico em Hull declarou-o apto para serviços gerais na frente doméstica; mas os médicos diziam que ele ainda precisava "endurecer". Desde o momento em que Tolkien se juntou ao 3º Batalhão de Fuzileiros de Lancashire até o fim da guerra, essa unidade mandou para além-mar cerca de 700 oficiais, incluindo os que tinham sido repatriados como inválidos. Ele teve de se reabilitar para o combate através da velha estafa do treinamento físico. Não está claro com o que mais ele se ocupava, mas os novos recrutas do batalhão precisavam de treinamento em sinalização, e havia patrulhas a realizar ao longo dos penhascos baixos à beira-mar: um trabalho perigoso nas noites de tempestade, pois nenhuma luz podia estar à vista. Os zepelins faziam incursões sobre a costa, e de Thirtle Bridge suas bombas podiam ser vistas explodindo em Hull e nos arredores. Os holofotes os revelavam como charutos de prata, altos no céu.

A paisagem de Holderness, apesar de árida, ficava junto ao mar que assombrava tantos dos escritos de Tolkien. Seus penhascos proporcionam uma defesa precária contra as depredações das ondas famintas. Em Withernsea e ao sul, a terra desaparece mais depressa do que em quase qualquer outro lugar do mundo — quase dois metros por ano. O Mar do Norte ali devorou faixas de área costeira, roendo-a rumo ao oeste, atravessando xistos e argilas desde antes da vinda dos anglo-saxões. Mais de trinta vilas foram engolidas desde o século XII, e de tempos em tempos o mar lança à terra ossos dos túmulos que assaltou. O Humber e o Mar do Norte produziram outras mudanças notáveis na topografia. Uma baixada ao sul chama-se Sunk Island [Ilha Afundada], apesar de que na verdade se erguia das águas do estuário como banco de areia, no reino de Carlos II,[6] antes de se unir à costa. O promontório arenoso de Spurn Point, longo e protuberante, continuamente remoldado pelos elementos, oscila muito lentamente para leste e oeste como um pêndulo geológico.

A mais clara evidência de que a cambiante paisagem de Holderness penetrou no mundo imaginário de Tolkien está contida, de modo característico, em um fragmento de uma língua inventada. G.B. Smith lhe deixara alguns livros de galês, incluindo os quatro ramos do *Mabinogi*, e àquela época Tolkien rascunhava palavras e etimologias de sua própria língua influenciada pelo galês, o gnômico ou goldogrin. Decidiu que seu novo léxico podia ser um artefato criado por Eriol, e escreveu o nome do navegante na capa, abaixo do título *i·Lam na·Ngoldathon*. Porém mais embaixo acrescentou em gnômico a linha de datação "Tol Withernon (e muitos lugares mais), 1917". A data indica que ali, em certo nível, *Eriol* é o *nom de plume*[7] de Tolkien, enquanto *Tol Withernon*, que não ocorre em nenhum outro lugar, evoca Withernsea, a cidade mais próxima de Thirtle Bridge. Ele podia tê-la visto como ponto de desembarque

---

[6]Nascido em 1630, foi rei da Inglaterra, Escócia e Irlanda até 1685. [N. T.]
[7]Pseudônimo do autor. [N. T.]

de Eriol: foi a Holderness, nas indistintas origens da história inglesa, que chegaram os navegantes germânicos que cruzaram o Mar do Norte vindos de Angeln.

A origem de *Withern-* em *Withernsea* é discutível, e não está claro se Tolkien queria que o equivalente em goldogrin fosse significativo. Mas o gnômico *tol* significa "ilha", sugerindo que ele pensava que a terminação de *Withernsea* fosse o nórdico antigo *ey* ou o inglês antigo *ēg īeg*, todos com esse significado. Posto desse modo seria uma interpretação estranha, visto que Withernsea faz parte da terra firme da Grã-Bretanha. No entanto, perto do limite da cidade há uma planície de caniços onde houve um lago até o século XIII; e a tradição local afirmava que outrora o Mar do Norte se estendia até ali, correndo em um canal tortuoso até o próprio Humber e isolando da terra firme a metade meridional da península de Holderness.[8] Talvez vislumbremos em *Tol Withernon* um conceito equivalente, de uma ilha na margem oriental da ilha maior Tol Eressëa.

O poder transformador do mar iria desempenhar um papel-chave na Terra-média, um mundo repetidamente reformado por suas águas nas guerras entre os Valar e Morgoth e na destruição de Númenor, a versão da Atlântida de Tolkien na década de 1930. Mas em 1917 a costa de Holderness, açoitada por vendavais, era um cenário apropriado para mais uma reformulação de "*Sea Chant of an Elder Day*", o poema de tempestade em que Tolkien trabalhara pela última vez dois anos e meio antes. A versão de 1917, escrita enquanto morava em uma casa solitária perto de Roos, proporciona um vislumbre de uma cosmogonia tolkieniana primitiva, notável por sua violência:

> é dos dias o mais velho,
> Mundo em caos, os Grandes Deuses nossa Terra dilaceram
> Na procela e na treva antes de nascermos nós,[9]

---

[8]Geralmente considera-se o segundo elemento de *Withernsea* como derivado de *sǣ*, que significa "lagoa", com referência ao antigo lago que havia ali. [N. A.]
[9]in those eldest of the days / When the world reeled in the tumult as the Great Gods tore the Earth / In the darkness, in the tempest of the cycles ere our birth. [N. T.]

Os versos parecem condizer com a era, quando os conflitos humanos que sacudiam o mundo e os rudes ciclos da natureza poderiam parecer dois aspectos de uma mesma verdade. A guerra era implacável, e na Rússia, onde o Czar abdicara, os revolucionários incitavam os trabalhadores do mundo a se erguerem. Mas este conceito da natureza criada pelo conflito também espelha a laceração e reconstrução de Holderness. Na versão de 1917 do poema marinho, ela se manifesta nas ações do caprichoso espírito marítimo Ossë, que ataca costas, destrói navios e envia

> procela aguerrida [que] vem rugir após as vagas
> E dos ventos soa a trompa, e o mar gris já canta e brada,
> Ira branca ali desperta, sua hoste ergue em guerra,
> Qual tropel de fortes ondas vai bater na margem-muro.[10]

Cônscio da natureza ambivalente do mar, Tolkien lhe atribuíra não um, mas dois espíritos tutelares. O maior dos dois não é Ossë, a despeito de sua força furiosa, mas sim Ulmo (em gnômico *Ylmir*), "o sustentador", que compreende os corações dos Elfos e dos Homens e cuja música obceca quem a ouve. Portanto, renomeou o poema "*The Horns of Ulmo*" [As Trompas de Ulmo], atando-o pela primeira vez à sua mitologia nascente. Outros versos identificavam a canção como o relato de Tuor sobre como ouviu a música de Ulmo no Vale dos Salgueiros.

> Junto ao rio, ao pôr do sol, tem de concha a sua trompa,
> Toca música imortal pro coração sob seu encanto
> No crepúsculo romper-se, se desfazem turvos prados
> Na enorme água cinza, junto às rochas onde há aves.[11]

---

[10] the embattled tempest roaring up behind the tide / When the trumpet of the first winds sounded, and the grey sea sang and cried / As a new white wrath woke in him, and his armies rose to war / And swept in billowed cavalry towards the walled and moveless shore. [N. T.]

[11] In the twilight by the river on a hollow thing of shell / He made immortal music, till my heart beneath his spell / Was broken in the twilight, and the meadows faded dim / To great grey waters heaving round the rocks where sea-birds swim. [N. T.]

Mesmo quando Tuor emerge do encantamento, uma névoa salgada que lembra Holderness recobre o Vale dos Salgueiros, semelhante a Oxford.

> Só farfalham os caniços, mas a névoa sobre os rios
> Fumo é do mar longínquo, resto de salgado sonho.
> É na Terra dos Salgueiros que ouço sopro desmedido
> Que de Ylmir são as Trompas — eu as ouço até morrer.[12]

Durante algum tempo, na primavera de 1917, Tolkien foi encarregado de um posto avançado da Guarnição Humber perto de Thirtle Bridge, em Roos (em uma casa junto à agência dos correios, de acordo com a tradição local), e Edith pôde morar com ele.

"Naqueles dias, seus cabelos eram negros, sua pele clara, seus olhos mais brilhantes do que você os viu, e ela sabia cantar — e *dançar*", ele escreveu ao filho deles, Christopher, após a morte dela em 1971. Quando o serviço permitia, eles passeavam em um bosque próximo, que a tradição de Roos identifica como Dents Garth, na extremidade sul do vilarejo, ao lado da igreja paroquial de Todos os Santos. Ali, ao pé dos freixos, carvalhos, sicômoros e faias, altas flores de umbelas brancas irrompiam de meados de abril até fins de maio. As flores, *Anthriscus sylvestris*, são o que os livros podem chamar de salsa-de-vaca, cerefólio, ou renda da Rainha Anne, entre muitos outros nomes; mas Tolkien referia-se a todas aquelas umbelíferas de flores brancas (e não somente ao *Conium maculatum*, extremamente venenoso) com o nome rural comum de *hemlock* [cicuta].[13] Entre aquelas nebulosas cabeças brancas, Edith dançou e cantou. A cena fixou-se na mente de Tolkien. Poderia ter vindo de um conto de fadas, uma visão

---

[12]Only the reeds were rustling, but a mist lay on the streams / Like a sea-roke drawn far inland, like a shred of salt sea-dreams. / 'Twas in the Land of Willows that I heard th'unfathomed breath / Of the Horns of Ylmir calling — and shall hear them till my death. [N. T.]

[13]Christopher Tolkien observa que seu pai "considerava a restrição de um nome vernáculo a esta ou aquela espécie, dentro de um amplo grupo de plantas que o olho não distingue facilmente, como pedantismo de botânicos popularizantes — que deveriam contentar-se com os nomes no estilo de Lineu". [N. A.]

de fascínio silvestre vislumbrada por um viandante retornado da guerra. Na próxima ocasião em que teve oportunidade para composições maiores, Tolkien pôs a cena no coração de um conto dessa mesma espécie.

Mas enquanto isso, na sexta-feira, 1º de junho de 1917, os oficiais do RAMC em Hull julgaram-no apto para serviços gerais. Dificilmente o momento poderia ser pior. Três dias mais tarde, o 3º Batalhão de Fuzileiros de Lancashire mandou mais de cem homens para diversas frentes. Em 7 de junho, o 11º Batalhão de Fuzileiros de Lancashire (que não estivera em serviço de linha de frente desde sua chegada a Flandres, em outubro) participou de um enorme ataque britânico à Crista Messines, ao sul de Ypres: uma retomada inteiramente triunfante da estratégia do começo do Somme, precedida por três semanas de bombardeio de artilharia e pela explosão de 19 minas enormes. Bowyer, o intendente, foi o único oficial morto no antigo batalhão de Tolkien.

No entanto, Tolkien recebeu ordens de continuar com a Guarnição Humber. Já tinha responsabilidades no 3º Batalhão de Fuzileiros de Lancashire, e havia grande probabilidade de que logo se tornasse oficial de sinalização em Thirtle Bridge. Em julho prestou o exame, mas foi reprovado. Possivelmente a culpa fosse da sua saúde. Em 1º de agosto juntou-se a Huxtable e outros no jantar anual do Dia de Minden do regimento; mas uma quinzena depois sucumbiu outra vez à febre, e foi internado de novo no hospital.

O Hospital de Oficiais de Brooklands, na Cottingham Road na região norte de Hull, era supervisionado por uma mulher que se vangloriava do nome de Sra. Strickland Constable. Enquanto Tolkien esteve internado ali, aeroplanos alemães vieram voando por sobre a costa e zepelins executaram um ataque com bombas contra a cidade. Na Rússia, o governo provisório que expulsara o Czar estava enfrentando uma crise. Em Flandres, a "Terceira Ypres" estava em curso: o lamaçal mortífero de Passchendaele. O 11º Batalhão de Fuzileiros de Lancashire marchara até a linha sob tiroteio intenso que matou o Capitão Edwards da antiga Companhia "A" de Tolkien, que ainda tinha apenas 20 anos.

A temperatura de Tolkien permaneceu alta durante as seis primeiras semanas, e ele foi mantido em Brooklands por três semanas mais. A viagem desde Hornsea foi árdua para Edith, que concebera durante a convalescença hibernal do marido em Great Haywood e já estava grávida há mais de seis meses. A última recaída dele acarretou uma crise, e ela abandonou seu alojamento cada vez mais infeliz na cidade costeira, voltando a Cheltenham com Jennie Grove. Viera àquele lugar durante os três anos anteriores ao noivado em 1913, e queria ter o bebê ali. Christopher Wiseman escreveu, em uma tentativa de consolar Tolkien, mas achou que as palavras eram inadequadas. "É muito mais aflitivo agora, que não posso ajudá-lo nem indiretamente como antes", disse ele, "e, apesar de sermos o TCBS, cada um de nós tem de ver o outro suportando seu fardo sozinho, sem poder dar um dedo para firmá-lo". Tendo deixado (caracteristicamente) de postar a carta no início de setembro, Wiseman ficou sabendo cinco semanas depois que Edith ainda estava em Cheltenham, e John Ronald ainda estava no hospital. "Estou muito ansioso para ter notícias suas, e também de sua senhora", escreveu ele. Mas acrescentou: "Então o Exército não contém tantos tolos como eu supunha. Antes disso eu imaginava que fossem mandá-lo para o exterior, e estou deleitado de ver que não mandaram".

Tolkien enviou a Wiseman o único poema que escrevera naquele ano, "*Companions of the Rose*" [Companheiros da Rosa]. Ainda inédito, é um poema elegíaco sobre G.B. Smith e Rob Gilson; seu título refere-se ao fato de que ambos pertenciam a regimentos que haviam combatido em Minden, celebrado envergando a rosa branca em 1º de agosto. Wiseman, que aprovou o poema, consolou-o: "É claro que não existe legislação que toque a Musa, e ela não esteve inteiramente ociosa porque você empenhou bastante tempo na mitologia".

De fato, quando se sentia suficientemente bem, Tolkien descobriu que o hospital era um refúgio de agradável companhia (que incluía um amigo do regimento), e favorável à escrita. Ali escreveu "O Conto de Tinúviel", a história de amor no coração dos "Contos Perdidos" que fora inspirada por aquele momento de beleza efêmera, mais cedo em 1917, quando fora caminhar com Edith em um bosque de Roos. Foi o segundo conto a ser escrito; afastava-se bastante da vasta guerra que assumira o centro do palco em "A Queda de Gondolin". A ameaça representada por Melko permaneceu em segundo plano, e o palco foi concedido a um romance pessoal. Por volta desta época Tolkien também começou a preparar o terreno para um contraponto mais sombrio dessa história, o "Conto de Turambar". Foi um descendente direto de sua tentativa, nos primeiros meses da Grande Guerra, para recontar a seção do *Kalevala* finlandês que trata de Kullervo, que se mata após inadvertidamente seduzir a própria irmã.[14]

O pano de fundo mitológico desses contos, amplo e complexo, ainda estava em lenta evolução, mormente por um processo de adição e alteração em listas de nomes e léxicos à medida que Tolkien seguia sua musa linguística. À época de sua chegada em Brooklands, provavelmente começara a ampliar o panteão de "deuses" ou Valar para além do minúsculo número ao qual dera nomes antes do Somme. Eram liderados por *Manwë* e *Varda*, e também incluíam *Aulë*, o ferreiro, *Lórien Olofantur* dos sonhos e *Mandos Vefantur* da morte, as deusas *Yavanna* e *Vana*, e possivelmente o caçador *Oromë*, além das divindades marinhas *Ulmo* e *Ossë*. Quanto aos Elfos, àquela altura Tolkien provavelmente decidira que eles haviam surgido primeiro junto a *Koivië-nēni*, as "águas do despertar". Sabia que as Duas Árvores de Valinor, pintadas em maio de 1915, seriam ambas destruídas por Melko e *Tecelã-de-Treva*, claramente a Aranha da Noite que surgira em um esboço primitivo da jornada de Eärendel. Também sabia que a sorte dos Gnomos, na guerra contra Melko, giraria em torno da terrível batalha de *Nínin Udathriol* "lágrimas inumeráveis". A maioria deles se tornaria escravos de Melko, e os que permanecessem livres seriam amplamente destruídos na Queda de Gondolin, deixando um remanescente conduzido por Eärendel. No final o Vala Noldorin lideraria uma hoste de Elfos vindos de Kôr, atravessando o mar em uma demanda para liberar os Gnomos cativos, mas os Orques os avassalariam na Terra dos Salgueiros. Noldorin, sobrevivente do ataque, combateria Melko nas *Lagoas*

---

[14]Tolkien apagou os contos originais e escreveu sobre eles novas versões a tinta, logo depois da guerra. São discutidos no Epílogo adiante, juntamente com o restante do "Livro dos Contos Perdidos" que foi composto na época. [N. A.]

do Crepúsculo com *Tulkas,* outro Vala. Mas isso são fragmentos de história, e é impossível adivinhar o que mais Tolkien revolvia em sua cabeça antes que as narrativas completas assumissem forma nos Contos Perdidos que ele escreveu imediatamente após a guerra.

Tolkien teve alta de Brooklands em 16 de outubro, ainda sensível e acometido de dores nas canelas e nos braços. Um mês mais tarde, na sexta-feira, 16 de novembro de 1917, Edith deu à luz no Royal Nursing Home em Cheltenham. Foi uma provação que a deixou em condição crítica. Mas seu marido não pôde estar lá. No dia em que nasceu seu filho John Francis Reuel, Tolkien apresentava-se a mais um comitê médico em Hull. Sua febre reduzira levemente, mas agora ele foi considerado apto para desempenhar todas as tarefas em Thirtle Bridge.

A Inglaterra estava sitiada, e Tolkien montava guarda na muralha marítima, cronicamente enfermo. Os bolcheviques liderados por Lenin haviam tomado o poder na Rússia e declarado um armistício, permitindo que a Alemanha começasse a transferir um vasto número de soldados da Frente Oriental para a Ocidental. "O fim da guerra parecia tão distante quanto agora", disse Tolkien ao segundo filho, Michael, na treva de 1941. Só conseguiu licença para ir a Cheltenham quase uma semana mais tarde, logo após o grande, mas efêmero, avanço dos tanques britânicos em Cambrai. Àquela altura Edith se recuperava, e o Padre Francis desceu de Birmingham para batizar John. De Scapa Flow, Christopher Wiseman mandou o tipo de voto que só se faz durante uma guerra. "Quando seu filhinho vier tomar seu lugar com o resto de nós que gastamos as vidas combatendo os inimigos de Deus, quem sabe ele descubra que posso lhe ensinar a usar sua espada", escreveu ele. Enquanto isso, acrescentou, "insisto em ser designado tio, ou outra posição semelhante, simbólica de solteirice incurável e benevolência essencial à correta inculcação de alguns ritos e doutrinas do TCBS".

Tolkien vendeu suas últimas quotas patrimoniais das minas sul-africanas para pagar a estada de Edith na casa de repouso, mas não houve aumento de soldo quando ele foi promovido a tenente logo depois. Voltou a Holderness, e Edith então alugou aposentos para si e o bebê na própria Roos.

A saúde dele continuou sendo um problema, e uma febra leve o acometeu mais duas vezes, confinando-o à cama por cinco dias. Mas antes que o ano terminasse Tolkien foi transferido para longe de Roos e Thirtle Bridge, para outra unidade de defesa costeira em Holderness, onde seus deveres seriam menos exigentes e ele poderia receber cuidados médicos contínuos. O Real Corpo de Defesa fora estabelecido em 1916 para aproveitar homens demasiado velhos para o combate. Foi um precursor efêmero da famosa Home Guard da Segunda Guerra Mundial, que também recebia soldados como Tolkien, que estavam em idade de servir, mas não aptos ao combate. Como unidade para os idosos ou enfermos, era um sintoma do dano que a guerra infligira à população britânica. Tolkien foi mandado para Easington, um minúsculo vilarejo agrícola de 300 pessoas aninhado perto da extremidade da península, onde o 9º Batalhão do Real Corpo de Defesa passava dias desolados vigiando o mar. Ali era consideravelmente mais ermo que Thirtle Bridge, 15 quilômetros ao norte. Os penhascos erguiam-se quase 30 metros acima do Mar do Norte, o ar era salgado e a terra, isenta de árvores. Um século antes, os soldados haviam espreitado os navios de Napoleão de Dimlington, um minúsculo assentamento vizinho fundado pelos anglos; mas Dimlington caíra no mar desde então. Perto dali, os penhascos diminuíam e a terra se estreitava em uma longa cauda que se estendia até a foz do Humber: Spurn Point. Uma ferrovia militar passava por ali rumo à bateria de canhões na ponta do promontório, construída para substituir a antiga estrada de que o mar também se apossara.

A maresia reaparece em *"The Song of Eriol"* [A Canção de Eriol], que não é tanto um novo poema quanto uma reconfiguração da antiga abertura de *"The Wanderer's Allegiance"*, que aparentemente tratara dos "antepassados do pai" de Tolkien na Saxônia. Christopher Wiseman fizera algumas críticas ásperas à "aparente falta de conexão" entre as partes do poema. Agora Tolkien destacava a primeira parte das seções mais longas que falavam de Warwick, Vila dos Sonhos, e Oxford, Cidade do Pesar Presente, e realocava os ancestrais alemães à linhagem de Eriol. Assim, sua mitologia sempre faminta tirou um bocado de uma das suas raras peças de poesia autobiográfica.

Não obstante, assim como o período em que foi criada, a emergente história pregressa de Eriol é dominada por um combate armado que abarca a Europa, ou as Grandes Terras, como Tolkien agora se referia ao continente. Assim como acontecera em "*The Wanderer's Allegiance*", a cena se desloca da "ensolarada graça" do idílio rural ancestral para um tempo de conflito devastador.

> Guerras de grandes reis e embate de arsenais,
> Cujas espadas ninguém podia contar, cujas lanças
> Eram numerosas como as espigas de um trigal,
> Rolaram sobre todas as Grandes Terras; e os Mares
>
> Ressoavam com armadas; seus fogos devoradores
> Por trás dos exércitos queimavam campos e vilas;
> E saqueadas ou esmigalhadas ou em piras chamejantes
> Tornaram-se as cidades, onde tesouros e coroas,
>
> Reis e sua gente, suas esposas e doces aias
> Todos foram consumidos [...][15]

A despeito da escala desses exércitos, bem adequada ao século XX, e das paisagens devastadas (sem mencionar a referência anacrônica à guerra naval), o ponto de vista do cantor é medieval. Trata-se manifestamente da Idade das Trevas, quando os povos germânicos que se lançavam cada vez mais para oeste, em ondas de migrações e invasões, estabeleceram seus novos lares em terras que ainda estavam marcadas pelas arruinadas obras de pedra da civilização romana decaída.

---

[15] Wars of great kings and clash of armouries, / Whose swords no man could tell, whose spears / Were numerous as a wheatfield's ears, / Rolled over all the Great Lands; and the Seas // Were loud with navies; their devouring fires / Behind the armies burned both fields and towns; / And sacked and crumbled or to flaming pyres / Were cities made, where treasuries and crowns, // Kings and their folk, their wives and tender maids / Were all consumed [...]. [N. T.]

Agora estão silentes aqueles pátios,
Arruinadas as torres, cuja antiga forma lentamente se desfaz,
E não passam pés sob seus portais partidos.[16]

O sentimento faz eco ao do poema *The Wanderer* [O errante], em inglês antigo, em que "eald enta geweorc idlu stodon", a antiga obra de gigantes erguia-se desolada. Assim como o errante anglo-saxão, Eriol também foi enlutado por uma guerra apocalíptica. Órfão e feito prisioneiro, de algum modo ele ouviu o distante chamado do grande mar e escapou através de "vales devastados e terras mortas" até as praias ocidentais, acabando por chegar à Ilha Solitária.

Mas isso foi muito tempo atrás
E agora conheço as escuras baías e ondas ignotas
Os cabos na penumbra, o arquipélago nebuloso,
E todos os sons de perigo e ermos de sal entre esta ilha
De magia e as costas que conheci outrora.[17]

A extremidade inóspita e envolta em neblina de Holderness parece fazer sentir sua presença aqui, no fim das peregrinações de Eriol, enquanto o mar, sempre ambivalente, perde para ele grande parte do seu brilho, assim como aconteceu com Tuor.

Tolkien viu 1918 como uma provação. À medida que entrou o novo ano e ele fez 26 anos, sentia-se muito mais forte, mas depois o andamento da recuperação desacelerou. O exercício ainda o deixava exausto, e ele tinha um aspecto débil. Dois meses depois foi acometido por um ataque de gripe que o confinou ao leito por cinco dias, apesar de não ser ainda a terrível epidemia da gripe espanhola que deixou milhões de mortos em toda a Europa na segunda metade do ano.

---

[16]Now silent are those courts, / Ruined the towers, whose old shape slowly fades, / And no feet pass beneath their broken ports. [N. T.]
[17]But that was long ago / And now the dark bays and unknown waves I know, / The twilight capes, the misty archipelago, / And all the perilous sounds and salt wastes 'tween this isle / Of magic and the coasts I knew awhile. [N. T.]

Mas em março os oficiais médicos da Guarnição Humber deram fim ao seu tratamento. O Real Corpo de Defesa estava sendo desativado, e na terça-feira, 19 de março, Tolkien foi mandado de volta para "endurecimento" adicional com o 3º Batalhão de Fuzileiros de Lancashire em Thirtle Bridge. Reencontrou-se com Edith, e em 10 de abril foi declarado apto para o combate outra vez. Então, para o desespero de Edith, foi reenviado a Cannock Chase em Staffordshire, ao 13º Batalhão de Fuzileiros de Lancashire.

O Departamento de Guerra precisava de todos os homens que conseguisse. Os alemães haviam lançado sua Ofensiva de Primavera, há muito esperada, em 21 de março, usando toda a vasta mão de obra que fora liberada na Frente Oriental quando os bolcheviques tiraram a Rússia da guerra. Para a Alemanha foi a última aposta antes que pudessem chegar os americanos aos milhões. Por certo tempo pareceu um lance de dados de êxito extraordinário.

Tendo-se retirado do Somme em 1917, agora os alemães atropelaram a linha britânica. Os companheiros de armas de Tolkien do 11º Batalhão de Fuzileiros de Lancashire estavam entre os rechaçados pela maré implacável, com grandes perdas, vendo-se em 26 de março — após um recuo de 26 quilômetros — defendendo a antiga linha de frente do Somme onde estiveram parados bem no início da grande batalha de 1916. E aquele foi apenas o primeiro de cinco imensos ataques da Alemanha.

Fosse lá o que o Departamento de Guerra pretendia para Tolkien, ele foi inicialmente estacionado no Acampamento Penkridge, uma seção avançada do Acampamento Rugeley em uma crista a leste do Riacho Sher, onde estivera por curto tempo durante o treinamento para a França. Ali a aridez da charneca era aliviada por uma plantação de árvores, e na primavera o Chase era mais suportável do que fora da primeira vez em que chegara, em fins de 1915. Mais tarde foi deslocado para Brocton, do outro lado do riacho.

A volta para Staffordshire trouxe um interlúdio relativamente feliz. Edith, o bebê John e Jennie Grove encontraram alojamento em uma casa agradável e espalhada chamada Gipsy Green, em Teddesley Hay, uma propriedade senhorial no sopé ocidental do Chase, e Tolkien pôde ficar com eles. Depois de longo intervalo, tirou outra vez seus cadernos de esboços e desenhou a casa, junto com um quadro de cenas da vida familiar. Em seu léxico gnômico, onde estava rascunhando ideias para mais "Contos Perdidos" durante o ano de 1918, Gipsy Green seguiu-se a Warwick, Great Haywood e Withernsea na topografia da Ilha Solitária, tornando *Fladweth Amrod*, ou Relvado do Nômade "um lugar em *Tol Erethrin* onde *Eriol* permaneceu por algum tempo, próximo de *Tavrobel*". No verão, sua labuta nos versos de G.B. Smith, compartilhada com Christopher Wiseman, deu fruto quando eles foram publicados por Erskine Macdonald como um pequeno volume intitulado *A Spring Harvest* [Uma Colheita de Primavera].

Mas o idílio em Gipsy Green, tal como era, terminou em 29 de junho, quando Tolkien sucumbiu à gastrite no Acampamento Brocton. Foi mandado de volta a Brooklands em Hull; e assim que se recuperasse poderia ser postado a Thirtle Bridge ali perto. Edith provocou-o: "Acho que você jamais deveria sentir-se cansado de novo, pois a quantidade de *Cama* que você teve desde voltar da França, faz quase dois anos, é enorme". A própria Edith não estava nada bem, e recusou-se a se mudar outra vez. Com Jennie, morara em 22 alojamentos diferentes nos dois anos desde que saíra de Warwick, na primavera de 1915, e descobrira que era um "tipo de vida infeliz, vagante, sem lar". E não tinha acabado: o próprio Tolkien recordou o período do nascimento de John até 1925 como "uma longa série nômade de chegadas a casas ou alojamentos que se mostravam horríveis — ou pior: em alguns casos não encontrando nenhum". Mas a decisão desesperada de Edith, de que agora ficaria em Gipsy Green, foi tempestiva: seu marido passou o resto da guerra no hospital.

A gastrite que o acometeu em 1918 pode lhe ter salvado a vida, assim como a febre das trincheiras a salvara antes. Os cruéis empurrões da Frente Ocidental haviam feito suas vítimas. Os soldados tornavam-se escassos e, a despeito da chegada dos americanos, a guerra estava longe de ser vencida. Na sexta-feira, 26 de julho, Tolkien recebeu ordens para embarcar com destino a Boulogne no dia seguinte e se juntar ao seu batalhão na França. A ordem de embarque foi cancelada quase imediatamente após ser emitida. O burocrata responsável do Departamento de Guerra deixara de notar, não apenas que o Tenente Tolkien estava acamado no hospital, mas também que o batalhão onde serviria deixara efetivamente de existir.

Logo após ser perseguido pelos alemães por sobre o antigo campo de batalha do Somme, o 11º Batalhão de Fuzileiros de Lancashire fora mais uma vez deslocado para Ypres, a tempo de servir de destinatário da segunda grande ofensiva alemã de 1918, em 9 de abril. A despeito de pesadas baixas, foram enviados sem sucesso para atacar o Monte Kemmel em 25 de abril (um dia depois de os alemães destruírem a unidade de defesa, o antigo batalhão de G.B. Smith, os Salford Pals). Depois foram mandados para bem longe, em território pouco familiar no setor francês da linha, no Rio Aisne, onde em 27 de maio sofreram o impacto de um dos mais ferozes bombardeios da guerra, e da terceira ofensiva alemã de 1918. Após dois dias de combate e recuo, viraram-se acuados para cobrir a retirada do restante da 74ª Brigada. Nada mais se ouviu deles. Tudo o que restava do batalhão em que Tolkien combatera eram 16 homens que tinham ficado na reserva (liderados pelo Major Rodney Beswick, que estivera com ele na Trincheira Regina). O Batalhão de Fuzileiros de Lancashire foi oficialmente dispersado em agosto.

Em Brooklands, Tolkien conseguiu continuar seu trabalho mitológico, desenvolvendo mais o qenya e o goldogrin. Aperfeiçoou seu espanhol e seu italiano, e — no momento em que os Aliados Ocidentais se juntavam efetivamente à guerra dos Russos Brancos contra os bolchevistas — começou a estudar russo. Mas deveres militares de qualquer espécie estavam além da capacidade de Tolkien. Às refeições seguiam-se dores e desarranjos estomacais. Perdeu 13 quilos, e recuperá-los acabou sendo um esforço lento. O comitê médico da Guarnição Humber decidiu que ele estava fora de perigo, e agora precisava de descanso e pouca coisa mais; mas o Departamento de Guerra encerrara a prática de mandar os oficiais embora para convalescença, visto que decidira que eles não faziam esforços para melhorar.

Ele foi salvo do combate por um último período crucial. As espantosas ofensivas alemãs de 1918 não tinham decidido a guerra a favor do Kaiser. Agora a maré virara visivelmente, com os americanos chegando em números cada vez maiores e a gripe espanhola devastando as tropas alemãs meio mortas de fome. O Somme, e mais, fora rapidamente recuperado por uma armada de tanques. A Grande Guerra corria rumo ao fim.

Agora a obstinada doença de Tolkien finalmente teve impacto no Departamento de Guerra, ou melhor, suas necessidades de mão de obra finalmente estavam diminuindo. Apesar de um bombardeio de burocracia, os elos do serviço eram cortados com velocidade espantosa. No início de outubro, foi permitido a Tolkien perguntar ao novo Ministério do Trabalho de Lloyd George se ele poderia ser empregado fora do serviço militar. Ele não estava mais ligado ao 3º Batalhão de Fuzileiros de Lancashire.

Em 11 de outubro teve alta de Brooklands e foi mandado, atravessando o norte da Inglaterra, para Blackpool e o Hospital de Convalescentes Savoy.

Já estava suficientemente bem para apreciar ali uma refeição italiana formal com vários oficiais, inclusive dois *carabinieri*, no domingo, 13 de outubro, e no dia seguinte um comitê médico o julgou inapto para qualquer atividade militar por seis meses — mas apto para trabalho de escritório. Recebeu alta do hospital de imediato.

A Grande Guerra terminou em 11 de novembro, com cenas de júbilo nas ruas da Grã-Bretanha e "silêncio invulgar" na Terra de Ninguém. Tolkien, que continuaria sendo soldado do Exército Britânico até ser desmobilizado, pediu após o Dia do Armistício para ser alocado em Oxford "com a finalidade de completar sua educação". Como muitos que se veem mais uma vez senhores do próprio destino após longa remissão, ele voltou de imediato aonde fora homem livre pela última vez. Sua ambição antes do alistamento fora começar carreira acadêmica, e nada (certamente não sua mitologia inédita, inacabada e detalhada) mudara sua opinião. Saiu em busca de trabalho, mas nada encontrou, até seu tutor de graduação em Nórdico Antigo, William Craigie, um dos editores do *Oxford English Dictionary*, se oferecer para lhe achar emprego como lexicógrafo assistente. Do ponto de vista dos editores do dicionário, Tolkien seria mão de obra, mas na perspectiva de um soldado desempregado, enfrentando um futuro que jamais parecera menos certo, era uma grande chance (que ele recordou com gratidão em seu discurso de despedida, 41 anos mais tarde, ao final de seu mandato como professor Merton de Língua e Literatura Inglesa). Um *Old Edwardian* em Oxford relatou ao periódico *Chronicle* da escola algum tempo depois: "Estamos felizes de ainda termos Tolkien entre nós — chegam-nos boatos de um dicionário diante do qual todos os dicionários anteriores serão meros vocabulários, e seguimos caminho arrepiados".

Por volta do Natal, Tolkien encontrara uma morada na St John Street, 50, rua acima do "Johnner", o alojamento que partilhara com Colin Cullis, e mudou-se para lá com Edith, John e Jennie Grove. Os estudantes voltavam em massa das forças armadas, apesar de levarem algum tempo para retornarem aos números de antes da guerra, e por enquanto, nas palavras de um historiador, "estavam agudamente cônscios de caminharem nos sapatos de homens mortos". Logo Tolkien estava ganhando tostões extras dando aulas particulares, principalmente para estudantes mulheres, e relendo Chaucer e *Sir Gawain and The Green Knight* [Sir Gawain e o Cavaleiro Verde]. No Exeter College, seu velho amigo T.W. Earp tinha-se (nas palavras de Robert Graves) "imposto a tarefa de manter viva a tradição de Oxford ao longo dos anos mortos", preservando os livros de atas de muitas sociedades que já não tinham membros e estavam sendo refundadas. O Clube de Ensaios tornou-se a primeira plateia pública da mitologia de Tolkien quando ele leu "A Queda de Gondolin".

No mundo real era "o inimigo" que tinha caído: os impérios da Alemanha, Áustria-Hungria e Turquia Otomana. Mas o velho mundo também se fora, deixando ao novo um legado de incerteza, crueldade e sofrimento. Milhões haviam morrido, e muito poucos estavam intocados pelo luto. Muitos dos jovens que estavam ao lado de Tolkien naquelas fotografias em preto e branco, de times de rúgbi ou clubes de jantares na King Edward's School e no Exeter College, haviam desaparecido.[18] Da escola de Tolkien morreram 243; do seu *college*, 141. Da Universidade de Oxford como um todo, quase um

---

[18] Quatro das baixas da King Edward's estavam sentados em frente a Tolkien e Wiseman no retrato feito em 1910 do XV de rúgbi da escola, reproduzido neste volume: H.L. Higgins e H. Patterson, gravemente feridos na França, e John

em cada cinco soldados foi morto, consideravelmente mais do que a média nacional porque tantos haviam sido oficiais juniores.

Mesmo Colin Cullis não sobreviveu por muito tempo à guerra em que foi julgado fisicamente inapto a servir: a pneumonia, trazida pela epidemia de gripe, tirou-lhe a vida logo depois de Tolkien ser desmobilizado. Da King Edward's, Thomas Ewart Mitton, primo de Tolkien, cinco anos mais novo que ele e também poeta, fora morto em um acidente durante seu serviço como sinaleiro em Ypres. Do amplo TCBS de Birmingham, Ralph Payton morrera no Somme em 1916 e o espirituoso "Tea-Cake" Barnsley, recuperado do choque pós-traumático, fora morto em ação com os Coldstream Guards perto de Ypres, em 1917. Rob Gilson se fora.* A perda de tantos amigos continuou sendo, nas palavras dos filhos de Tolkien, "uma tristeza por toda a vida". Foi G.B. Smith que Tolkien lamentou mais profundamente; os dois compreendiam a origem social e a criação materna um do outro; haviam compartilhado uma escola, uma universidade, um regimento e uma página sangrenta da história; haviam sido próximos em sua reverência pela poesia e pela imaginação, e um incentivara o outro a voos criativos.

A guerra também enfraquecera os elos entre os Grandes Irmãos Gêmeos. Ainda em 1916, quando Tolkien estava internado no Hospital da Universidade de Birmingham, Christopher Wiseman esperara pelos dias de paz quando poderia ir a Oxford e estudar Direito no Christ Church. Ele e Tolkien poderiam compartilhar o alojamento, declarou ele; "quem sabe no sempre famoso 'Johnner'". Após a morte de Smith, e a morte de sua própria mãe em agosto de 1917, Wiseman fora abjeto, escrevendo: "Precisamos achar um jeito de nos juntar de algum modo. Não consigo suportar ser separado do sétimo céu que vivi em meus dias mais jovens".

Mas, enquanto Tolkien esteve em Easington, tiveram mais uma "grandiosa discussão antiga" do tipo que costumava revigorar suas caminhadas à escola, subindo a Harborne Road e a Broad Street. Ela tipicamente começava com uma pequena observação e se tornava uma batalha de grandes proporções entre o racionalismo

---

* Drummond Crichton e George Frederick Cottrell, mortos por obuses em Cambrai e Ypres. [N. A.]

e o misticismo. Tolkien achava deprimentes os desentendimentos humanos mais mundanos, e culpava um "choque de panos de fundo" nascido do que ele chamava de "a decadência da fé, a dissolução daquela imensa atmosfera ou pano de fundo de fé que era comum à Europa na Idade Média". Wiseman era desdenhoso: "Essa enorme atmosfera de magia; essa medonha atmosfera de superstição: foi isso que desapareceu." Aquela era uma disputa religiosa, com Tolkien falando pelo mundo católico romano pré-cismático e Wiseman pela Reforma Protestante e seu legado.

Wiseman argumentara que o verdadeiro choque moderno era entre *primeiros planos*, com indivíduos demasiado ocupados com suas próprias vidas para se compreenderem plenamente entre si. "Essa", disse ele, "era toda a glória do TCBS, que apesar do choque entre nossos primeiros planos, que era muito grande, tivéssemos descoberto a semelhança essencial de nossos panos de fundo. O TCBS surgiu, em parte, como protesto contra se assumir primeiros planos artificiais". Apesar de ter usado o tempo passado ao escrever sobre o grupo, foi enfático: "Ainda sou um TCBSita. Amo você, e rezo por você e os seus".

O elo sofrera muitos desgastes. Por grande parte de 1918, os dois perderam de vista os movimentos um do outro, mas em dezembro Wiseman escreveu dizendo que estava indo a Cambridge para lecionar a oficiais juniores. "Assim, o TCBS estará mais uma vez representado em ambas as universidades, e quem sabe possa se reunir de tempos em tempos", disse ele. Expressou uma "ansiedade parental" por Tolkien e Edith e o bebê John, mas o futuro TCBSiano, outrora colossal e abrangendo o mundo, agora parecia ter meramente um tamanho corriqueiro.

Em 15 de julho de 1919, com justificativa de viagem, Tolkien deslocou-se ao vilarejo de Fovant na Planície de Salisbury, alguns quilômetros ao sul do antigo acampamento de treinamento de G.B. Smith em Codford St Mary, para ser desmobilizado. Deram-lhe um caderno de rações, e durante os seis meses seguintes recebeu uma pequena pensão de invalidez por causa de seus persistentes problemas de saúde. No dia seguinte, quase exatamente quatro anos depois de receber sua comissão, foi liberado do serviço militar.

EPÍLOGO

"Uma nova luz"

Certa vez Christopher Wiseman permitira que a fé tomasse o lugar da mera esperança e imaginara que o TCBS seria poupado para coisas melhores que a guerra. Nem Rob Gilson nem G.B. Smith haviam realizado suas ambições de vida, e o elo que todos haviam forjado agora parecia infrutífero. Como Wiseman dissera em uma carta a Tolkien após a morte de Smith, "O que não está feito permanece por fazer; e o amor no vazio se torna estranhamente semelhante a uma zombaria".

No entanto restava outro modo de verem realizadas suas esperanças. O próprio Wiseman certa vez dissera que ele, Smith e Gilson escreviam os poemas de Tolkien. Smith expressara isso com mais tato: "Acreditamos em seu trabalho, nós os outros, e reconhecemos com prazer o nosso dedo nele". Diante da morte ele tirara consolo do fato de que Tolkien sobreviveria, e de que "ainda restará um membro da grande TCBS para expressar o que sonhei e no que todos concordamos". Smith queria que eles transformassem o mundo em um lugar melhor do que o haviam encontrado, para "reestabelecer a sanidade, a limpeza e o amor pela beleza real e verdadeira" através da arte que incorporasse princípios TCBSianos. Além desses amplos contornos, o que Smith sonhou é impossível de se adivinhar — como Wiseman lamentou, ele "nunca viveu para escrever os 'contos'" que planejou — mas pode-se supor que ele enxergasse Tolkien, e não Wiseman nem Gilson, dando voz ao sonho.

O talento artístico de Gilson consistira em registrar a beleza ou a verdade, e não em originá-la. Ademais sua força residia nas relações pessoais. Ironicamente, sua obra mais amplamente circulada foi um treinamento anônimo de pelotão para escavação coordenada de trincheiras, que foi publicado em um manual militar da época da guerra destinado ao corpo de treinamento escolar — uma contribuição significativa para o esforço de guerra, mas certamente não algo que fizesse parte do sonho TCBSiano.

Wiseman insistia em que suas próprias ambições haviam sobrevivido a Smith e Gilson, declarando: "Ainda posso pedir o peso da glória pela qual fazíamos questão de ansiar tão despreocupados nos velhos tempos, prometendo pagar por ele o último tostão que eu tiver". Mas, apesar de escrever um pouco de música vez por outra, ele jamais chegou a encontrar um meio em que pudesse se comparar a Tolkien ou Smith. Não se tornou ministro das finanças, como ameaçara em uma carta a Tolkien em 1916, mas, em vez disso, foi atraído pela direção de uma escola pública metodista, o Queen's College em Taunton, Somerset, assumindo-a em 1926, mais por dever que por prazer. Ali passou adiante as virtudes TCBSianas em menor escala, alimentando em seus alunos o amor da música, aprendendo pessoalmente a tocar oboé e clarineta para ajudar a montar uma seção de sopros de madeira para a orquestra escolar que formou, e ensinando violino para toda uma classe em conjunto.

Quanto a realizar o sonho TCBSiano de acender uma "nova luz" no mundo em geral, só restava Tolkien, como Smith previra. Agora ele tinha um dever para com o velho amigo, e para com a divindade que permitira sua própria sobrevivência, de levar adiante a mitologia que começara a mapear.

Imediatamente após a guerra Tolkien empreendeu a tarefa de completar a série "O Livro dos Contos Perdidos", começando por um grandioso mito de criação do mundo, "A Música dos Ainur". Ali, em especial, pode ser vista a influência do TCBS. Ainda antes do Somme, Wiseman declarara que os Elfos só pareciam vivos a Tolkien porque ele ainda os estava criando, e que o mesmo princípio valia para toda a arte e ciência. "A obra completa é vaidade, o processo do trabalho é perpétuo [...] As 'conquistas' desaparecem quando são feitas; só são vitais na feitura", dissera ele — acrescentando, com característica analogia musical, "a fuga não é nada na página; ela só é vital ao se esforçar para sair [...]". Como se tivesse em mente as palavras de Wiseman, Tolkien agora representava a criação do mundo como um ato continuado, e a música como forma criativa primordial. A canção também é o meio do poder sobrenatural no *Kalevala*; e Tolkien já igualara a música de Ulmo com o próprio som do mar. Mas "A Música dos Ainur" retrata todo o universo como uma obra coral concebida pelo Pai Celestial, Ilúvatar, e cantada pela hoste angelical dos Ainur, que elaboram os seus temas. Ao final, Ilúvatar revela que a música deles plasmou o mundo e sua história, enquanto ele lhe deu substância e essência.

Ora, quando alcançaram o meio do vazio, tiveram uma visão de excepcional beleza e encanto onde antes havia vacância; mas Ilúvatar disse: 'Contemplai vosso coro e vossa música! [...] Cada um lá dentro encontrará contidos, dentro do desígnio que é meu, os adornos e ornatos que ele próprio planejou; [...] Uma coisa apenas acrescentei, o fogo que dá Vida e Realidade' — e eis que o Fogo Secreto ardia no coração do mundo.

O primitivo léxico do qenya pode esclarecer parcialmente a última afirmativa, explicando que *Sã* "fogo, especialmente em templos etc." é também "Um nome místico identificado com o Espírito Santo". A contribuição individual adicional de Ilúvatar é a criação dos Elfos e dos Homens, juntamente com o talento que os distingue — a linguagem.

O assunto e o estilo elevados não devem obscurecer a pertinência do conto aos tempos terríveis que Tolkien conhecera. Não é nada menos que uma tentativa de justificar a criação por Deus de um mundo imperfeito repleto de sofrimento, perda e pesar. O rebelde primevo Melko cobiça a criatividade de Ilúvatar assim como o Satã do *Paraíso Perdido* de Milton cobiçava a autoridade de Deus, uma diferença que reflete o anti-industrialismo estético de Tolkien e o antimonarquismo puritano de Milton. Melko penetra no vazio para buscar o Fogo Secreto, porém, não o tendo encontrado, introduz assim mesmo sua própria música discordante, impetuosa, mas marcada por "unidade e seu próprio sistema". Mas nesse Gênesis colaborativo ele distorce mesmo a Criação, como Ilúvatar revela:

"UMA NOVA LUZ"

"Por meio dele, a dor e o tormento foram criados no conflito de músicas esmagadoras; e com a confusão de sons nasceram a crueldade, a voracidade, e a escuridão, lodaçais repugnantes e toda a putrescência de pensamento e coisa, névoa imunda e chama violenta, o frio inclemente, e a morte sem esperança." Estes males (universais, apesar de notavelmente evocarem o Somme) não nascem exclusivamente da música repetitiva de Melko; originam-se, isso sim, de seu "choque" com os temas de Ilúvatar.

Na visão de Tolkien, a decadência criativa e o cisma espiritual estavam ligados indissoluvelmente. Durante a crise do TCBS em 1914, ele dissera a Wiseman: "É a tragédia da vida moderna que ninguém sabe sobre o que o universo é construído na mente do homem sentado ao seu lado no bonde: é isso que a torna tão cansativa, tão distrativa; que produz a sua confusão, falta de beleza e desígnio; sua feiura; sua atmosfera antagônica à excelência suprema". Em 1917 ele lamentara outra vez a decadência da "beleza em todas as obras e fabricações dos homens por mais de dois séculos", e localizara sua causa e seu sintoma no "choque de panos de fundo" que se abrira desde a Idade Média.

"A Música dos Ainur" retratava esse cisma em escala universal, mas passava além da queixa para alcançar uma visão consoladora. Ilúvatar insiste em que as discordâncias cosmogônicas acabarão tornando "o tema mais digno de ser ouvido, a Vida mais digna de ser vivida, e o Mundo tão mais formidável e maravilhoso [...]". Como se quisesse lançar alguma luz nessa assertiva um tanto seca, cita a beleza do gelo e da neve, produzidos da água (obra de Ulmo) pelo frio intemperado (obra de Melko). Assim ocorre com as maravilhas e os prodígios naturais; mas como as discordâncias melhoram a experiência de vida para o indivíduo que enfrenta "o frio inclemente, e a morte sem esperança"? Isso permanece um enigma para ser desenredado pelas histórias seguintes, do bem e do mal.

Nos contos que se seguem, anjos ansiosos para continuar a obra da criação descem ao mundo recém-formado para serem seus guardiões. Aqui são conhecidos como Valar, frequentemente chamados de deuses. De fato, Eriol nunca ouviu falar de um Criador ou Pai Celestial, mas conhece os deuses anglo-saxões *Wóden* (Odin) e *Púnor* (Thor), que os Elfos identificam com Manwë, chefe dos Valar, e Tulkas, seu campeão.

O panteão de Tolkien é peculiar e assimétrico. Não há dualismos simples entre os Valar: nenhum deus da felicidade para contrabalançar o fúnebre Fui, por exemplo, nem pastor ou semeador que contraste com o caçador Oromë. A irmandade de Mandos e Lórien, deuses da morte e dos sonhos, implica uma conexão visionária com o mundo dos espíritos. Outros dentre os Valar são não apenas atores do drama, mas também forças elementais da natureza: o hálito de Manwë é a brisa, e a própria presença de Melko em seu norte nativo gera geleiras e icebergs.

O deus da batalha Makar e sua irmã Méassë são anômalos. Sua corte abriga uma batalha perpétua em que Méassë insta os guerreiros de Makar a desferirem golpes ou os revive com vinho, com os braços "enrubescidos até os cotovelos mexendo naquela confusão". O cenário incorpora um poderoso motivo do mito nórdico: Valhalla, o salão aonde as escudeiras de Odin, as Valquírias, levam os guerreiros mortos em combate para combaterem todos os dias sob o olho de Odin. Mas a presença de Makar e Méassë e seu brutalista salão de ferro em Valinor sugerem uma visão ambivalente da guerra como mal necessário. De modo notável, não é Makar e sim Tulkas, um campeão dos esportes "que aprecia jogos e o tanger de arcos, e o pugilismo, a luta, a corrida e o salto" quem desfere golpes pelos Valar contra Melko.[1] Méassë e seu irmão só desempenham um papel menor nos Contos Perdidos, e mais tarde desapareceram da mitologia.

Os Valar dos Contos Perdidos têm muitas das imperfeições dos Deuses de Asgard ou do Olimpo. Temperamentos em choque reúnem-se em conselho turbulento sob Manwë, discordando principalmente sobre seu dever frente aos Elfos e os Homens. Manwë, primeiro entre iguais e não monarca absoluto, toma várias decisões equivocadas, interpreta erroneamente os motivos alheios e fica de lado quando deuses mais impacientes o desafiam. Os Valar podem

---

[1] Tulkas, com seu riso, seu cabelo amarelo e suas proezas esportivas, pode incorporar aspectos de Christopher Wiseman, assim como Erinti incorpora de Edith, Noldorin de Tolkien e Amillo de seu irmão Hilary. [N. A.]

ser exaltados, divergentes e violentos quando provocados. Mas em geral erram pela cautela, isolando-se longe do mundo conturbado.

Melko precede os Valar ao entrar no mundo, não alguém expulso do céu como Satã, e sim um suplicante que se compromete a moderar a violência e os extremos intemperados que sua música produziu. O conflito que se segue, entre ele e os Valar, gera toda uma história a partir da declaração bíblica "Faça-se a luz".[2] A primeira época é a dos Deuses, quando vivem em meio à terra plana iluminada por Lamparinas no norte e no sul. Na segunda época, eles se retiram para um refúgio no oeste, Valinor, iluminada por Duas Árvores de prata e ouro, mas põem estrelas na noite perpétua a leste de Valinor para o advento dos Elfos, os primogênitos de Ilúvatar. Mas depois do estabelecimento de Casadelfos na luzente Valinor Melko destrói as Árvores, assim como destruiu as Lamparinas. Na terceira época, a luz é restaurada em todo o mundo pelo Sol e pela Lua, a última fruta e flor das Árvores, e os humanos ingressam no drama. Os Elfos mínguam da visão geral na quarta época, que começa quando Melko debilita a magia original do Sol. Assim é que os Elfos que o mortal Eriol encontra no Chalé do Brincar Perdido anteveem um "Reacender do Sol Mágico". Nessa mitologia de luz, a escuridão primeva está incorporada na forma aracnídea da Tecelã-de-Treva ou Wirilómë, que ajuda Melko a destruir as Árvores. Sua proveniência é um mistério até mesmo para os Valar. "Talvez fosse cria das névoas e da escuridão nos confins dos Mares Sombrios, naquele escuro absoluto que pairou entre a derrubada das Lamparinas e o acendimento das Árvores", comenta Lindo, o contador de histórias, "mas é mais provável que sempre tenha existido." Em contraste, a luz primeva é um líquido que flui em torno do jovem mundo, mas é gradativamente consumido na criação das luzes terrestres e celestiais, deixando apenas a radiação intangível que conhecemos. É tentador conectar esses princípios primordiais com o antigo vazio e o Fogo Secreto da criação. A escuridão, como representada por Wirilómë,

---

[2] Tolkien não numerou as quatro épocas dessa história da luz, e elas não devem ser confundidas com a divisão posterior, bem conhecida, da história da Terra-média em Primeira, Segunda, Terceira e Quarta Eras. [N. A.]

é profana, mais "uma negação de toda luz" do que sua mera ausência. Mas já é possível ver abundantes consolos para a discordância e destrutividade de Melko: sem elas nem as Árvores, nem o Sol e a Lua teriam sido criados.

Tais paradoxos também perpassam a história dos Elfos (chamados também de fadas ou *Eldar*, "seres de fora"). Sua queda, da unidade para a divisão, começando na longa jornada desde o lugar do seu primeiro despertar até Valinor, é responsável pelo diverso florescimento de Feéria no mundo todo. O primeiro grupo a alcançar seu destino, os *Teleri*, devota-se às artes e música e poesia; o segundo, os Gnomos (*Noldoli*), à ciência; juntos, esses dois clãs estabelecem a cidade de Kôr. Pela diáspora da terceira tribo, os lugares ermos do mundo ficam populados por fadas que têm mais a ver com a natureza que com a cultura. Os que se desviaram da rota são denominados Elfos Perdidos, o furtivo Povo-das-sombras que povoa o poema de 1915 "*A Song of Aryador*". Somente uma parte do terceiro clã chega finalmente a Valinor e se estabelece perto de Kôr, na Baía de Feéria, como Flautistas-das-costas (*Solosimpi*).

Eles desempenham um papel-chave em uma linha posterior do legendário, a venerada pré-história da Inglaterra. O arquipélago britânico aparece cedo como uma única ilha ininterrupta, servindo de vasta nau na qual o deus marinho Ossë transporta os Valar a Valinor depois do cataclisma das Lamparinas. Mais tarde Ulmo, deus das profundas, atrela a baleia primeva Uin para rebocar as fadas para Valinor, um clã depois do outro. Submetida ao clarão das Duas Árvores em duas dessas viagens, a ilha floresce e se torna a própria coroa da natureza. Mas o ciumento Ossë detém a terceira travessia rumo ao oeste, quando os Solosimpi estão a bordo. O cabo-de-guerra que se segue, entre as divindades aquosas rivais, exemplifica a ocasional despreocupação e frequente exuberância dos Contos Perdidos:

> Em vão Ulmo soa sua trompa, e Uin, com as pontas de sua imensurável cauda, açoita os mares em fúria, pois para lá Ossë agora traz toda sorte de criatura do mar profundo que constrói para si uma casa e morada de concha pétrea; e estas ele colocou ao redor da base da ilha: corais havia de todo tipo, e cracas e esponjas feito

pedra. Ainda assim, por muito tempo aquela contenda durou, até que, afinal, Ulmo retornou a Valmar irado e desalentado. Ali avisou os outros Valar que os Solosimpi não poderiam ser ainda levados até lá, pois a ilha tornara-se imóvel nas mais solitárias águas do mundo.

Quando Eriol desembarca para ouvir os Contos Perdidos, a Ilha Solitária ainda está por fazer a viagem final, até seu local atual logo diante da costa europeia.

Deixando seu lugar de origem, as Águas do Despertar, para alcançarem uma vida melhor no paraíso terreno de Casadelfos, os Eldar seguem a mesma progressão que os Valar, que deixaram o céu para irem ao seu primeiro paraíso em meio ao mundo. Esse curioso padrão repetido, bem distinto do mito judaico-cristão do Éden, parece menos surpreendente no contexto da própria existência vagante de Tolkien, em especial seu idílio de infância, depois de deixar a África do Sul, nos West Midlands na Inglaterra — um lar "talvez mais tocante porque não nasci lá". Isso não quer dizer que a mitologia seja "a respeito" de sua própria vida; mas sim que ele, como todo artista, instilou seus valores em sua criação. Para os Valar e os Elfos, o lar é uma bênção descoberta, não herdada. Ademais, nenhum paraíso pode ser dado por certo. A ideia de lar de Tolkien tinha sua carga peculiar: seu próprio idílio rural logo fora abandonado em prol da Birmingham industrial; ele perdera ambos os pais; e desde 1911 ele não residira no mesmo lugar por mais de alguns meses. Na sua mitologia, Melko destrói o paraíso divino e o feérico.

Os Elfos encontram a serpente já solta no jardim. Ao tempo em que chegam a Valinor, Melko foi aprisionado e depois solto ali, como penitente. Fiel apenas ao seu próprio espírito original, ele exerce outra vez sua malevolência através da inveja das criações alheias — dessa vez das dos Eldar, cuja arte emula a arte divina responsável pelo verde mundo. No poema de Tolkien "*Kortirion among the Trees*", as fadas cantam um "canto tecido de estrelas e folhas luzentes"; e na "Queda de Gondolin" a heráldica dos batalhões élficos é uma celebração da natureza. Os Gnomos de Kôr são os criadores das gemas do mundo, através de uma distinta ciência feérica que envolve a infusão de pedras com as essências multiformes da luz. Ansiando pelos produtos desse gênio libertino, Melko saqueia seu tesouro, destrói as Árvores e traz os Gnomos vingativos em perseguição implacável às Grandes Terras, onde se passa o restante dos Contos Perdidos.

Mas os Gnomos decaíram da criatividade à possessividade, e foram subornados por Melko para se rebelarem contra os Valar, que agora isolam Valinor deles, e o único caminho de volta dos exilados passa a ser a Estrada da Morte. Até esse ponto a história é o *Paraíso Perdido* de Tolkien, um relato da queda no céu e da queda na terra que aquela precipita. A sequência revela sua primitiva ambição (como muitos anos depois foi expressa a Milton Waldman) de retratar "o amplo e o cosmogônico" nos "vastos panos de fundo" de sua mitologia para a Inglaterra.

No extremo oposto da escala, "o nível da estória de fadas romântica [...] em contato com a terra", está "O Conto de Tinúviel", que se passa nas Grandes Terras algum tempo depois de os Valar terem restaurado a luz ao amplo mundo pela criação do Sol e da Lua. "Tinúviel", esboçado no verão de 1917 e inspirado por uma caminhada nas "cicutas" de Roos com Edith, apresenta uma história de amor, fadas da floresta e comédia na cozinha do Príncipe dos Gatos. Mas, a despeito de todo o seu ar despreocupado, esse Conto Perdido mais se aproxima da gama de estados de espírito de *O Senhor dos Anéis*, adquirindo finalmente a gravidade do mito. O diálogo entre o elevado e o humilde era algo que Tolkien valorizava há tempos: seus comentários, em 1914, sobre o poeta místico Francis Thompson aplicam-se com perfeição à sua própria obra: "É preciso começar com o élfico e o delicado e prosseguir para o profundo: escutar primeiro o violino e a flauta, e então aprender a ouvir a harmonia do órgão de ser".

Descrevendo o reino de Artanor, uma floresta onde as fadas caçam e se divertem, mas o intruso é confundido ou encantado, Tolkien desafia a visão shakespeariana de elfos e fadas como seres travessos, frívolos e diminutos. Primeiro restabelece a dignidade da rainha das fadas, caprichosamente difamada em *Romeu e Julieta* como Mab, parteira de sonhos ilusórios cuja carruagem é

Puxada por um time de pequenos átomos
Atravessando os narizes dos homens que jazem a dormir;
Os raios das rodas são de longas pernas de fiadeira,
A capota de asas de gafanhotos,
Os arreios da menor teia de aranha [...][3]

Essas são as imagens que impeliram Tolkien a proclamar "maldito Will Shakespeare e suas malditas teias de aranha" por aviltar Feéria. Sua própria rainha das fadas, Gwendeling, é menos ornamental e mais substancial, um vulto de mistério com um séquito de rouxinóis e um divino poder de sonho:

> Sua pele era branca e pálida, mas seus olhos brilhavam e pareciam profundos, e ela se trajava em vestimentas translúcidas mui adoráveis de negro, salpicadas de azeviche e cingidas de prata. Se cantava, ou se dançava, sonhos e sonos passavam por sobre a tua cabeça e a deixavam pesada. Deveras ela era um espírito que escapou dos jardins de Lórien [...]

Gwendeling, um dos espíritos primevos que acompanharam os Valar ao mundo, é rainha das fadas graças a seu casamento com Tinwelint, o líder original da terceira tribo élfica. Sua filha Tinúviel não só herda a beleza e os adornos de Gwendeling, mas também — neste mais taumatúrgico dos contos de Tolkien — seus poderes de encantamento.

Mas essa é também uma história de amor em que o amor, transfixando e transfigurando o errante Beren quando este vê Tinúviel dançando entre as cicutas, parece uma espécie de magia. Seu primeiro inimigo não é um poder demoníaco, e sim o preconceito e a zombaria. Tinwelint olha com suspeita o Gnomo Beren, pois seu povo foi escravizado por Melko.[4] Quando Beren pede a mão

---

[3] Drawn with a team of little atomies / Athwart men's noses as they lie asleep; / Her waggon-spokes made of long spinners' legs, / The cover of the wings of grasshoppers, / The traces of the smallest spider's web [...]. [N. T.]

[4] As evidências indicam que na versão de 1917 Beren era um homem mortal (como é mais tarde no "Silmarillion"), tornando ainda mais agudo o cenário de desconfiança. [N. A.]

de sua filha em casamento, ele impõe uma prova aparentemente impossível: Beren deve lhe trazer uma das três Silmarils, obras-mestras ímpares do ofício de feitura de gemas dos Gnomos, agora engastada na coroa de ferro de Melko. Tinwelint crê que isso é impossível, e simplesmente quer dizer que não; mas Beren aceita o desafio ao pé da letra, só se detendo para comentar que o rei pede um baixo preço pela filha. Sua demanda da Silmaril é também uma demanda para derrubar a ironia depreciativa e reestabelecer o verdadeiro valor.

A tentativa de Tolkien, de "reconstruir" os contos perdidos que estão por trás dos fragmentos sobreviventes — restaurar a dignidade da rainha das fadas, por exemplo — é um empreendimento aliado. Para o confinamento de Tinúviel em uma fantástica casa na árvore, e a simultânea servidão de Beren sob Tevildo, Príncipe dos Gatos, ele desenterrou duas histórias familiares. Criou uma narrativa coerente, apesar de mística, a partir de um dos momentos surreais de "Rapunzel", história que ele conhecia por um favorito de infância, o *Red Fairy Book* [Livro de Fadas Vermelho] de Andrew Lang. Enquanto Rapunzel iça os visitantes à sua prisão no alto da árvore com seus cabelos impossivelmente longos, Tinúviel usa os seus (vastamente aumentados graças à magia) para escapar; Rapunzel é uma vítima totalmente passiva, Tinúviel é tudo menos isso. Enquanto isso, o nome de Tevildo (em gnômico *Tifil*, *Tiberth* — todos relacionados com palavras élficas para "ódio") evoca *Tybalt / Tibert*, um nome felino popularizado pelo gato da obra medieval *Reynard the Fox* [Reynard Raposo]. Tais fábulas de animais deixavam Tolkien insatisfeito; o animal era somente "uma máscara sobre um rosto humano, um artifício do satirista ou do pregador", disse ele mais tarde. Portanto ele imaginou que as encarnações sobreviventes de Tibert / Tybalt — até chegar ao empertigado brigão de rua em *Romeu e Julieta*, que descartou por completo sua máscara de animal — eram apenas as sombras de um monstro Tevildo, já esquecido:

> Seus olhos eram compridos e muito estreitos e inclinados e rebrilhavam em vermelho e em verde, mas seus grandes bigodes cinzentos eram rijos e afiados como agulhas. Seu ronronar era como rufar

de tambores e seu grunhido como trovão, mas quando gritava de raiva fazia o sangue gelar, e de fato pequenos animais e aves ficavam congelados como se fossem pedra, ou tombavam sem vida, muitas vezes ao simples som.

É pena que mais tarde, quando os exuberantes Contos Perdidos cederam lugar ao austero "Silmarillion", não houvesse mais espaço para esse espantoso ser grotesco, convencido, caprichoso e cruel; mas pelo menos seu papel de captor de Beren passou para um vulto não menor que Sauron, o Necromante. Enquanto isso, Tevildo e os outros animais desse conto, o fiel cão falante Huan e Karkaras, "o maior lobo que o mundo já viu", são criações arrojadas e cruas com magia no sangue; as características humanas que possuem servem para revelar a fera no interior.

Mas a história de gato-e-cachorro é somente o teste antes da crise real. Chegando ao baluarte de Melko, Angband, uma imensidão tenebrosa por cima de um fosso industrial de escravos, alcançamos o ponto crucial da narrativa de Tolkien: o momento em que os pequenos, mas decididos, se defrontam com a corporificação demoníaca da tirania e da destruição. Tolkien chegou a considerar o conto de Beren e Tinúviel como "o primeiro exemplo do motive (que se tornará dominante nos Hobbits) de que as grande políticas da história mundial, 'as rodas do mundo', são frequentemente giradas não pelos Senhores e Governantes, ou mesmo pelos deuses, mas pelos aparentemente desconhecidos e fracos". Uma tal visão de mundo é inerente à ideia dos contos de fadas (e cristã) do final feliz em que os despossuídos têm sua alegria restaurada; mas quem sabe Tolkien também estivesse impressionado pelo modo como isso se realizara na Grande Guerra, quando pessoas comuns saíram de vidas comuns para carregarem o destino das nações.

A entrada clandestina dos amantes em Angband, sob o escuro manto de sono que Tinúviel teceu com seus próprios cabelos, representa um paralelo intrigante com o ataque às Duas Árvores por Melko e Tecelã-de-Treva sob a cobertura das teias sufocantes da Aranha. É como se a demanda da Silmaril, na qual a luz das Árvores está preservada, fosse em pequena escala um exorcismo do pesadelo mais antigo. Mas o inimigo não pode ser defrontado em seus próprios termos. Diante de Melko a arma de Tinúviel é estética: sua dança fascinante, à qual ela acrescenta uma canção de sonho que traz o som do rouxinol ao coração da treva.

A cena resume um momento narrativo que Tolkien viu na vida e em contos de fadas, mas raramente em outras formas literárias. Em seu ensaio "Sobre Estórias de Fadas", ele criou uma palavra para isso: *eucatástrofe*, do grego *eu* "bom" e *katastrophe* "reviravolta súbita", e considerou-a um vislumbre das boas novas (*evangelium*) da vida eterna.

A consolação das estórias de fadas, a alegria do final feliz: ou, mais corretamente, o da boa catástrofe, a repentina "virada" alegre (pois não há fim verdadeiro para nenhum conto de fadas): essa alegria, que é uma das coisas que as estórias de fadas produzem supremamente bem, [...] é uma graça repentina e miraculosa: nunca se pode contar que ela se repita. Ela não nega a existência da *discatástrofe*, da tristeza e do fracasso: a possibilidade dessas coisas é necessária para a alegria da libertação; ela nega (diante de muitas evidências, se você quiser) a derrota final universal e, nesse ponto, é *evangelium*, dando um vislumbre fugidio da Alegria, a Alegria além das muralhas do mundo, pungente como a tristeza.

A ave associada a Tinúviel, o rouxinol, é um emblema adequado da eucatástrofe, derramando seu canto flauteante quando tudo está escuro. Seu significado simbólico pode ser avaliado nas palavras dos homens na Frente Ocidental. Rob Gilson, ouvindo um rouxinol do abrigo de sua trincheira em certa madrugada de maio, achou que era "maravilhoso que os obuses e as balas não os expulsaram, quando são sempre tão ariscos com tudo que é humano", enquanto Siegfried Sassoon escreveu que "a atuação perfeita de um rouxinol [...] parecia milagrosa após a desolação das trincheiras".

O lampejo de alegria desde as profundezas do inferno é tão somente passageiro, e durante a fuga de Angband o lobo Karkaras arranca com uma mordida a mão em que Beren segura a Silmaril recuperada. A vitória, poderíamos dizer, foi arrebatada pela queixada da derrota, e Beren precisa voltar a Artanor como figura visivelmente reduzida. Mas, longe de aceitar seu papel risível, Beren

"UMA NOVA LUZ"

contrapõe a zombaria anterior do Rei Tinwelint com um chiste mais agudo, declarando: "[...] mesmo agora tenho uma Silmaril em minha mão", antes de revelar seu braço mutilado. É uma lição de valor verdadeiro: em vez do preço da noiva, Beren entrega uma prova de incomensurável coragem e amor. Concebida quando milhares de homens retornavam da frente de batalha permanentemente incapacitados, essa parece uma ilustração corajosa e tempestiva da promessa de Ilúvatar, de consolo pelas discordâncias da Criação. Através da persistência Beren conquistou uma vitória moral diante da qual as aquisições materiais nada são.

O amor conquista tudo — até a morte, no final. Para seu peã final e apaixonado ao amor, "O Conto de Tinúviel" ingressa no plano do mito. Quando a Silmaril é retomada em uma caçada ao lobo, Beren é fatalmente ferido; logo Tinúviel, tomada pelo luto, o segue pela estrada da Morte. Mas diante de seu apelo Mandos liberta os amantes dos salões dos mortos, e eles retornam à vida terrena. Porém mesmo essa ressurreição pode não ser a liberação definitiva, mas apenas seu prelúdio, como havemos de ver.

A história de Túrin Turambar é o contraponto infeliz à de Beren, narrando esperanças traídas, heroísmo infrutífero e amor fracassado.

Tolkien não foi o único, entre os escritores contemporâneos, a caracterizar o destino do indivíduo como obra de um poder demiúrgico maligno. Thomas Hardy desenhou Tess Durbeyfield como vítima de um "Presidente dos Imortais" olímpico, enquanto o poeta da Primeira Guerra Mundial Wilfred Owen, em "*Soldier's Dream*" [Sonho de Soldado], imaginou um Jesus misericordioso bloqueando todos os canhões, mas Deus voltando a consertá-los. Porém, em contraste, a fé de Tolkien em Deus e no método mitológico pode ser avaliada por sua personificação do destino cruel no satânico Melko, e não em Manwë nem Ilúvatar; e pela natureza de Melko como ator do drama, não como metáfora. Túrin torna-se vítima da maldição do demiurgo sobre seu pai Úrin, um soldado capturado, mas que desafiou Angband após a batalha.

Em escala, centralidade e tragédia, a Batalha das Lágrimas Inumeráveis (apesar de nunca relatada diretamente nos Contos Perdidos) inevitavelmente se compara ao Somme — apesar de durar no máximo alguns dias e produzir uma vitória clara para o inimigo, não uma vitória de Pirro para os aliados. Quase metade dos incontáveis e esperançosos batalhões de Gnomos e Homens são mortos. Tolkien fornece um emblema impressionante e concentrado da terrível matança com a Colina dos Mortos, "o maior teso do mundo", onde são reunidos os cadáveres dos Gnomos. Os sobreviventes, muitos deles obrigados a vagar, não falam da batalha. Do destino dos pais e maridos, as famílias nada ouvem. Porém a Batalha das Lágrimas Inumeráveis é muito mais que um desastre militar. Como etapa histórica de uma guerra que Tolkien via como interminável, ela introduz a escravização da arte e habilidade individual pela indústria impessoal e avareza fria: a escravidão dos Gnomos nas minas de Melko e sua desmoralização sob o Encanto do Pavor Insondável. Agora a imaginação só prolifera em refúgios esparsos de feéria, como Gondolin e Artanor, um "baluarte [...] contra a arrogância do Vala de Ferro". Enquanto isso a maioria dos Homens, tendo-se revelado infiéis na batalha, foi separada dos Elfos e da inspiração que estes representam.

A gente de Úrin, que se manteve firme, é encurralada por Melko na sombria Aryador, de onde sua esposa Mavwin, obrigada a cuidar de uma filha recém-nascida, manda o jovem Túrin para ser criado em Artanor. Essa separação é somente "o primeiro dos muitos pesares que o acometeram na vida", observa o conto, começando uma contagem. Quatro vezes Túrin parte de um novo lar (Aryador, Artanor, o reino gnômico oculto dos Rodothlim, e uma vila de caminheiros florestais humanos) rumo ao perigo (quase morrendo de fome na floresta quando criança, sendo capturado por orques como adulto, sendo capturado pelo dragão Glorund, no retorno do dragão). Em fases sucessivas ele se aproxima da felicidade e estatura heroica, mas depois é mergulhado em angústia ainda mais profunda.

Aqui está agindo uma ironia selvagem. Não são simplesmente bons tempos sendo substituídos por maus: a felicidade e o heroísmo são as próprias causas do pesar e do fracasso; sua promessa revela-se não oca, e sim falsa. Com tremenda ousadia e "a sorte dos Valar", o amigo mais caro de Túrin, o arqueiro élfico Beleg, o resgata dos orques captores; mas no escuro Túrin o toma por atacante e o mata. Nas páginas finais ele encontra uma bela

"UMA NOVA LUZ"

estranha vagando perturbada na floresta, sem memória alguma; mas cada passo rumo à alegre união com Níniel "filha das lágrimas" (como ele a chama) é um passo rumo à tragédia: ela é sua irmã há muito perdida.

Esta ironia final, a mais diabólica de todas, é engendrada por Glorund, serviçal de Melko. Ele, criatura distinta dos dragões mecanicistas de "A Queda de Gondolin", pertence à mesma espécie de Fafnir na *Volsunga Saga* islandesa e de Smaug em *O Hobbit*: monstros carnais que "amam mentiras e cobiçam ouro e coisas preciosas com desejo violentíssimo, embora não possam usá-las ou desfrutar delas", nas palavras do Conto Perdido. Seu rastro é desolação:

> [...] a terra se tornara completamente árida, e fora devastada a uma grande distância em volta das antigas cavernas dos Rodothlim, e as árvores haviam sido esmagadas ao solo ou dilaceradas. Na direção das colinas estendia-se uma negra charneca, e as terras estavam fendidas com os grandes rastros que aquela repugnante serpe deixara ao se arrastar.

O gênio particular de Glorund, portanto, é minar a beleza e a verdade, quer destruindo-as, quer tornando-as moralmente desprezíveis. Sua espoliação de tesouros, sua profanação da natureza e seu deleite na ironia são uma coisa só.

O contraste com "O Conto de Tinúviel" não poderia ser maior. Beren podia sobrepujar a zombaria, mas esta vicia todas as realizações de Túrin. Os amantes élficos escaparam de todas as prisões, mas Úrin só deixa Angband por vontade de Melko, após anos de extraordinária tortura psicológica. Tinúviel podia esconder-se em seu manto encantado e Beren podia mudar de forma; mas Túrin só pode mudar de nome. Pode-se quase ouvir o riso de Glorund quando, na véspera de seu incesto involuntário, Túrin comemora sua previdência ao assumir o pseudônimo *Turambar* "Conquistador do Destino": "pois eis que venci o destino maligno que estava tramado em redor de meus pés." Há uma indicação de que, se tivesse dito seu nome verdadeiro a Níniel, a memória desta teria voltado, baldando a calamidade.

Mas uma treva cai entre famílias, amigos e amantes (certamente refletindo parte da própria experiência de guerra de Tolkien). Tolkien destaca esse ponto com um floreio de mitógrafo, em uma

cena onde Níniel e Mavwin topam com o olho de Glorund: "um desfalecimento acometeu-lhes a mente, e a elas pareceu que tateavam em túneis sem fim de escuridão, e ali jamais encontravam uma à outra de novo e, ao chamarem, apenas ecos vãos respondiam, e não havia faiscar de luz."
A narrativa se divide para primeiro seguir Túrin e depois, em longo *flashback*, sua mãe e irmã, à medida que os irmãos se movem rumo à colisão. Assim o leitor troca sua ignorância por um conhecimento infinitamente mais desconfortável. Podemos provar a desgraça impotente de Úrin, cuja tortura consiste em observar, desde um lugar de visão em Angband, como a maldição lentamente destrói sua família. Em uma cena agudamente perturbadora, antes do reencontro dos irmãos fatais, Túrin está igualmente imobilizado por Glorund enquanto os orques levam embora a elfa que poderia ter sido a sua Tinúviel:

> Naquele grupo infeliz estava Failivrin horrorizada, e ela estendia os braços na direção de Túrin, mas Túrin estava atado pelo feitiço do draco, pois aquela fera tinha uma magia torpe no olhar, assim como muitos outros de sua espécie, e ele fez com que os nervos de Túrin ficassem como pedra, pois seu olho sustinha o olho de Túrin, de modo que a vontade dele morreu, e não podia se mover por seu próprio desejo, mas ainda podia ver e ouvir. [...] Então os Orques começaram a levar embora aquela hoste de prisioneiros, e seu coração se partiu ao ver isso, mas, ainda assim, não se moveu; e o rosto pálido de Failivrin desvaneceu-se ao longe, e a voz dela chegou-lhe, exclamando: 'Ó Túrin Mormakil, onde está teu coração; ó meu amado, por que me abandonas?'

O conhecimento não traz poder. Em vez disso, quando a treva isolante desse conto se ergue, a revelação pode ser lacerante. Para Turambar e Níniel, ao final, a verdade é insuportável.
"O Conto de Turambar" não seria um sucesso se o herói fosse simplesmente um fantoche nas mãos maléficas de Melko. A maldição do deus parece agir, não só através de circunstâncias externas, o "azar" que assombra a família, mas também através dos teimosos erros de julgamento de Túrin e de seus impulsos ocasionais assassinos. Enquanto Beren sobrevive a seus ferimentos emocionais e físicos

"UMA NOVA LUZ"

com resiliência inata, Túrin suporta seus traumas por pura obstinação, jamais perdendo a marca deles. Primeiro torna-se guerreiro para "apaziguar seu pesar e a ira de seu coração, que sempre se lembrava de como Úrin e seu povo batalharam contra Melko", e mais tarde invoca a lembrança da Batalha das Lágrimas Inumeráveis para persuadir os Rodothlim a abrirem mão de seu sigilo, cortejando a desgraça. A maldição, então, muitas vezes não pode ser distinguida do que poderíamos chamar de dano psicológico.

O objetivo declarado de Tolkien era criar mitos e contos de fadas, mas aqui há tons assombrosos de um repertório mais contemporâneo. Um deles é o naturalismo. A desolação do mundo de Túrin frequentemente é exibida por meio de quadros modestos, mas eloquentes: seu choro com sete anos de idade, sendo afastado da mãe; as andorinhas que se reúnem sob o teto dela quando ele volta, anos mais tarde, e descobre que ela se foi; sua mão encharcada de vinho após o assassinato no banquete. Outro deles é a ambiguidade. A vitória de Túrin sobre Glorund pode ser lida como vitória final sobre seu destino, porém ela leva a maldição à plena completude ao erguer o véu que cobre as lembranças de Níniel. O combate obstinado dele, ao longo de toda a tragédia em série, é corajoso, mas causa sofrimento terrível. Assim são também as palavras desafiadoras de Úrin para Melko: "Pelo menos ninguém há de apiedar-se dele por isto, que teve um covarde por pai."

"O Conto de Turambar" não é tanto um conto de fadas, e mais uma história humana, contada por um ocupante mortal do Chalé do Brincar Perdido e imersa no que Tolkien mais tarde chamaria de discatástrofe. Seu único grande defeito é a reviravolta positiva bem no final, quando os espíritos de Túrin e Níniel passam pela flama purgatória e se unem às fileiras dos Valar. Demasiado semelhante ao clímax de "O Conto de Tinúviel" e contrário ao espírito sombrio de "Turambar", ela parece um modo desajeitado de representar a Alegria consoladora que, em outro lugar, Tolkien reservou àqueles que passaram, não meramente além da vida, mas totalmente além do mundo criado.

Tolkien, ainda desenvolvendo a história de Túrin muitos anos depois, escreveu em 1951 que "pode-se dizer (por quem aprecia esse tipo de coisa, embora isso não seja muito útil) que deriva de elementos de Sigurd, o Volsungo, de Édipo e do Kullervo finlandês". No entanto esse é um julgamento a respeito da crítica, não uma negação de influência; e à época em que fez o comentário ele de fato já se afastara bastante do conceito de desenterrar contos perdidos. Através do narrador de "O Conto de Turambar", ele reconhece sua dívida enquanto declara a premissa ficcional de todo "O Livro dos Contos Perdidos":

> Nestes dias, muitas de tais estórias os Homens ainda contam, e tantas mais contavam no passado, especialmente naqueles reinos do Norte que outrora conheci. Talvez as façanhas de outros dos seus guerreiros tenha se mesclado aí, além de muitas coisas que não estão no conto mais antigo — mas contar-vos-ei agora o verdadeiro e lamentável conto [...]

Para o filólogo Tolkien, derivar uma única história dessas narrativas sobrepostas, mas disparatadas, não deve ter parecido mais estranho que reconstruir uma raiz indo-europeia não registrada de palavras aparentadas em várias línguas. Isso, porém, não é plágio nem, na verdade, reconstrução, e sim um empreendimento imaginativo altamente individual. Vultos como Beleg, o escravo fugitivo Flinding e a Failivrin de olhos luzidios entram em "O Conto de Turambar" sem terem sido previstos nas fontes de Tolkien; o pano de fundo e a teia de motivos são totalmente dele; e ao costurar elementos disparatados com muitos outros, de sua própria invenção, ele leva o enredo a uma intensidade de suspense e horror que raramente superou. Mais importante, talvez, é que Tolkien amplificou os aspectos desses mitos e dessas tradições que mais eloquentemente falavam à sua própria era, repleta de tragédia e ironia.

Sem dúvida Tolkien pretendia que a sequência da história de Túrin, "O Conto do Nauglafring", fosse o "conto perdido" por trás das referências deturpadas, na mitologia nórdica, ao misterioso Brísingamen, um colar forjado por anãos, usado pela deusa do amor Freyja e roubado pelo trapaceiro Loki. Possivelmente foi esse esquema que originalmente gerou as Silmarils, sua radiância fabulosa (relacionando *Brísingamen* com o nórdico antigo *brísingr* "fogo"), seu roubo por Melko e sua associação com a semidivina Tinúviel. Seja como for, a maldição do tesouro de Glorund acaba arruinando Artanor quando Tinwelint ordena que o ouro seja transformado em colar para a Silmaril que Beren cortou da coroa de Melko. As negociações e falsidades do rei-élfico com os artífices anânicos formam um dos elementos menos satisfatórios dos Contos Perdidos. A cobiça egoísta poderia ter avivado a inteligência de Tinwelint, mas ao contrário ela parece entorpecê-lo. No entanto, o único verdadeiro defeito artístico é que os Anãos, deformados de corpo e alma, se aproximam da caricatura. A narrativa brevemente recupera sua potência quando Tinwelint aparece esplendoroso no Colar dos Anãos:

> Eis que agora Tinwelint, o rei, cavalgou para a caçada, e mais gloriosas eram suas vestes do que jamais haviam sido, e o elmo de ouro sobrepunha-se aos seus cabelos esvoaçantes, e com ouro eram adornados os arreios do seu corcel; e a luz solar em meio às árvores recaía em seu rosto e parecia, àqueles que o contemplavam, a face gloriosa da sol pela manhã; [...]

A procissão de frases paratáticas, fundindo um distanciamento analítico com animação sem fôlego, tornou-se marca característica da escrita de Tolkien. O que se segue: um ousado deslocamento do evento principal para outra cena, exacerbando a tensão e prefiguração antes do desenlace. Só ficamos sabendo do destino de Tinwelint quando sua rainha arrasada recebe sua cabeça ainda "coroada e com elmo de ouro". Sua gloriosa cavalgada à caça revela-se como sendo o canto do cisne de Feéria nas Grandes Terras.

O tom em surdina do restante do conto sugere a decadência do encantamento. Artanor cai, não com estrondo, mas com um soluço. Nem mesmo a Beren e Tinúviel é permitido escapar do declínio quando ressurgem para reivindicar a Silmaril. Em seu segundo período de vida, os amantes ressurretos já são mortais, e o Colar apressa a morte de Tinúviel; Beren termina em peregrinação solitária. Como lhes é negada até a honra de um fim trágico, sua saída de cena reflete o que Tom Shippey chamou (com referência ao destino de Frodo em *O Senhor dos Anéis*) de "toque não reconhecido de dureza" em Tolkien.

Mas naquele ponto, provavelmente em 1919 ou 1920, ele contemplava um enorme empreendimento narrativo, certamente pesaroso, mas ainda assim repleto de esplendor e encantamento. Chegara à história que, dentre todas, há mais tempo planejara, para a qual o "Nauglafring" era apenas o prólogo. Se o esquema tivesse sido realizado, calcula Christopher Tolkien, "o *Conto de Eärendel* inteiro teria tido cerca de metade da extensão de todos os contos que de fato foram escritos". Além da chegada de Elwing, neta de Tinúviel, ao refúgio costeiro de Tuor e dos exilados de Gondolin, virtualmente nada do restante de "O Livro dos Contos Perdidos" evoluiu além de anotações e esboços. O conto teria narrado as muitas navegações arriscadas de Eärendel ao oeste e sua jornada final aos céus estrelados, transfigurado pelo sofrimento: um vulto consideravelmente mais solene que o jovial fugitivo que Tolkien visualizara em seu poema de setembro de 1914. Enquanto isso, os Elfos de Kôr marchariam às Grandes Terras para derrubarem Melko do píncaro de seu triunfo.

Após o conto de Eärendel estavam planejadas duas seções adicionais antes que o livro terminasse. Para seu relato de como o arcanjo rebelde finalmente é destituído de seus poderes, Tolkien teria avançado naquele "substrato muito primitivo" de folclore que elogiara no *Kalevala*. Melko escaparia às suas amarras e agitaria a discórdia entre os Elfos, cuja maioria estaria reunida na Ilha Solitária; mas seria perseguido, subindo até o firmamento por um gigantesco pinheiro em Tavrobel (Great Haywood), tornando-se uma criatura de inveja, "roendo os dedos e fitando o mundo com raiva". Com sua desfiguração da magia primeva do Sol e a ascensão inexorável da raça humana, os Contos Perdidos contados a Eriol chegariam ao fim, com a narrativa cronológica alcançando os próprios dias do viandante germânico.

Em uma coda, envolvendo Eriol (ou seu filho Heorrenda, de acordo com algumas projeções), a ilha feérica seria deslocada à sua posição atual, diante das Grandes Terras da Europa, mas depois fragmentada em Irlanda e Grã-Bretanha em mais outra contenda dos deuses marinhos. Os Elfos ilhéus marchariam em auxílio aos seus minguantes parentes continentais em guerra contra os serviçais de Melko: a grande Partida Afora. A despeito de esperanças de uma nova era dourada, com o reacendimento do "Sol Mágico" ou até mesmo das Duas Árvores, parece que a perfídia humana produziria a derrota total dos Elfos, e os Homens iniciariam a invasão da Grã-Bretanha.

A crise final pode ser vislumbrada em um poderoso "Epílogo" que Tolkien anotou no papel às pressas e que afirma conter as palavras de Eriol antes de selar seu "O Livro dos Contos Perdidos" em Tavrobel:

> E agora está muito próximo o fim dos belos tempos, e vede, toda a beleza que ainda havia na terra — fragmentos do inimaginável encanto de Valinor donde veio o povo dos Elfos há muito, muito tempo — agora se desfaz em fumaça.

Eriol, escrevendo com a urgência de um autor de diário, fugiu em face de uma terrível batalha entre Homens ali perto na Charneca Alta — certamente Cannock Chase com o Riacho Sher (inglês antigo *scír* "brilhante") que desce na direção de Great Haywood:

> Vede, saí furtivo à noitinha da charneca arruinada, e meu caminho desceu sinuoso o vale do Riacho de Vidro, mas o pôr do Sol foi enegrecido com os fumos de fogos, e as águas do regato foram conspurcadas com a guerra dos homens e a fuligem da contenda [...]
> E agora o pesar [...] abateu-se sobre os Elfos, Tavrobel está vazia e todos fugiram, [?temendo] o inimigo que se assenta sobre a charneca arruinada e que não está a uma légua de distância; cujas mãos estão rubras com o sangue d'Elfos e maculadas com as vidas de sua própria gente, que fez de si mesmo aliado de Melko [...]

Em palavras que fazem eco à última cavalgada de Tinwelint, Eriol recorda Gilfanon, mais velho dos Eldar da Ilha Solitária, em cavalgada de luz e canção; e o povo de Tavrobel dançando, "como se estivesse trajado de sonhos" em torno da ponte cinzenta e do encontro dos rios. Mas agora, registra Eriol, os Elfos ilhéus também estão minguando, ou os Homens estão se tornando mais cegos. Suas últimas palavras são uma profecia de desencanto, quando quase todos zombarão da ideia de fadas, "mentiras contadas às crianças". Alguns, pelo menos, os verão afetuosamente como metáforas da natureza, "um espectro de evanescente beleza nas árvores". Só alguns poucos acreditarão, e serão capazes de ver os Elfos afluindo às suas antigas cidades no outono, a estação deles, "decaídas que estão no Outono de seus dias".

Mas vede, Tavrobel não há de saber seu nome, e toda a terra há de se alterar, e mesmo estas minhas palavras escritas perder-se-ão todas; e, assim, deponho a pena, e dessarte deixo de falar das fadas.

Pode ser apenas coincidência que *A Spring Harvest*, o volume póstumo dos poemas de Smith organizado por Tolkien e Christopher Wiseman, termine com este sexteto:

Assim depomos a pena,
Assim desistimos de construir a rima,
E pedimos aos nossos corações que sejam aço por tempos e um tempo
Quando a porfia terminar, e então,
Quando a Nova Era verdadeiramente começar,
Conceda Deus que possamos fazer o que ficou sem ser feito.[5]

Mas parece igualmente provável que ali, no final projetado de seus Contos Perdidos, Tolkien tencionasse prestar um tributo silencioso a G.B. Smith, que tão ansiosamente pretendia lê-los.

O minguar dos Elfos, um fenômeno que certamente pretendia "explicar" a visão shakespeariana e vitoriana das fadas, deixa o mundo e sua sina em mãos humanas. Assim, parece uma conclusão cruel: o homem, nas palavras de Eriol, é "cego, e tolo, e somente a destruição ele conhece". Tolkien não chegou muito

---

[5] So we lay down the pen, / So we forbear the building of the rime, / And bid our hearts be steel for times and a time / Till ends the strife, and then, / When the New Age is verily begun, / God grant that we may do the things undone. [N. T.]

longe com seu Conto Perdido de como os segundos filhos de Ilúvatar chegaram à era do Sol; mas o pouco que escreveu mostra que Melko os corrompeu desde cedo. Tendo perdido seu primeiro lar através das maquinações deste, ao contrário dos Valar e dos Eldar eles não acharam um novo Éden. "O Conto de Turambar", enquanto isso, pode ser visto como destilação da infeliz sina dos Homens; e, mesmo depois de Melko ser banido ao firmamento e despojado de seus poderes terrenos, ele é capaz de plantar o mal no coração humano.

Parece que existem todas as razões para invejarmos os Elfos, dotados de habilidade, beleza e longevidade sobre-humanas, continuando a viver até "o Grande Fim" com grande parte do vigor da juventude e, caso morram por violência ou pesar, renascerem mesmo como crianças-élficas. Os Eldar de Tolkien não poderiam ser menos semelhantes aos imortais Struldbruggs das *Viagens de Gulliver* de Jonathan Swift, cuja vida é um infindo declínio rumo a profundezas insondáveis de decrepitude física e mental.

Porém, sem a ação dos seres humanos, o drama universal de Ilúvatar não se completaria. Enquanto a Música cosmogônica prescrevia o destino dos Elfos, e mesmo dos Ainur, aos humanos foi concedida "uma virtude livre" para agirem além dela, de modo que "tudo deveria ser, em forma e fato, completado, e o mundo, cumprido até a última e menor das coisas". Sem essa "virtude livre", ao que parece, tudo estaria completo em conceito (não em execução) assim que a Música terminasse; nada nos restaria a fazer senão seguir nossos passos pré-ordenados. (Felizmente Tolkien não parece ter tentado ilustrar a implicação de que os Elfos, os Valar e Melko são isentos de livre arbítrio, o que certamente teria arruinado suas narrativas.)

Juntamente com os Contos Perdidos, a ideia dessa "virtude livre" lança luz sobre o enigma de como as discordâncias de Melko podem tornar "Vida mais digna de ser vivida". Pode-se traçar um paralelo com um fenômeno que Tolkien achava profundamente emocionante: o "enobrecimento do ignóbil" pelo sofrimento e medo. "Em uma viagem de uma duração suficiente para proporcionar o incômodo, em qualquer grau, do desconforto ao medo", escreveu ele certa vez, em transparente referência à Grande Guerra, "a mudança de companheiros bem conhecidos na 'vida cotidiana' (e em si mesmo) é com frequência alarmante". O potencial de tal mudança ou enobrecimento diante do perigo reside no coração de todos os retratos de caráter que pintou. É essa equação, pela qual os indivíduos se tornam em muito mais que a soma de suas partes, que os leva além das provisões da Música rumo a um destino totalmente imprevisto. É assim que no legendário de Tolkien os fracos se erguem para abalar o mundo, incorporando o que ele chamou de "[a] vida secreta que há na criação, e [a] parte incompreensível a toda sabedoria, exceto Uma, que reside nas intrusões dos Filhos de Deus no Drama".

Os humanos, em sua mitologia pré-cristã, não podem comungar conscientemente com seu Criador através de sacramentos e oração, mas o entreveem sem compreendê-lo através das sublimidades da natureza. Tuor e Eriol são cativados pelo mar ambivalente e alheio porque "na água vive ainda um eco da Música dos Ainur mais profundo do que em qualquer outra substância que há no mundo, e até este último dia muitos dos Filhos dos Homens escutam insaciados a voz do Mar e anseiam não sabem pelo quê". Aquilo por que anseiam, inconscientemente, é a vida eterna no paraíso. É um anelo pelo lar: as almas dos Homens sobreviverão ao mundo em que seus corpos morrem.

Um dos saltos imaginativos mais radicais de Tolkien foi pôr seu princípio de fé em perspectiva colocando seus vultos humanos em uma imagem dominada — na verdade pintada — por uma raça irmã com um destino separado. Para Swift, o desejo humano de imortalidade era uma tolice a ser satirizada sem compaixão através dos Struldbruggs. Tolkien assumiu uma visão mais compreensiva: para ele, a imortalidade estava de fato em nossa natureza, e a tolice humana consistia apenas em erradamente cobiçar a mera permanência corpórea. Desde os primeiros escritos, ele manteve como profundo enigma a questão do que acontecerá com os Elfos após o Fim. A opinião deles próprios parece ser que expirarão com o mundo, e eles pouco esperam a bem-aventurança no paraíso de Ilúvatar. A morte, escreveu Tolkien mais tarde, era a "Dádiva de Ilúvatar" aos Homens, libertando-os para uma vida eterna que é mais do que simples longevidade. Portanto, a ressurreição de

Beren e Tinúviel pode ser tristemente breve comparada à duração terrena de que poderiam ter desfrutado como Elfos, mas implicitamente sua segunda morte lhes dará o que nenhum outro Elfo pode ter: um futuro "além das muralhas do mundo". Na visão de Tolkien, essa é a libertação definitiva.

A primavera, o verão, e o outono que dura eras dos Elfos podem ser considerados a consumação do potencial intrínseco da criação, mas uma consumação tão limitada e imperfeita como o próprio mundo finito. Exceto pelo que aprenderam da arte e graça élfica, os Homens continuam sendo os viajantes surpreendidos pela noite que encontramos primeiro em *A Song of Aryador* de 1915. Enquanto isso, os deuses imperfeitos sob Deus estão destinados ao naufrágio em sua guarda do mundo. Assim, um dos narradores dos Contos Perdidos declara que os Valar deviam ter travado guerra contra Melko logo após a destruição das Duas Árvores, acrescentando sugestivamente: "e quem há de saber se a salvação do mundo e a libertação de Homens e Elfos algum dia há de vir deles novamente? Alguns sussurram que não é assim, e que a esperança vive apenas numa terra distante dos Homens, mas como isso há de se dar, eu não sei." A implicação, certamente, deve ser que o fracasso dos representantes angelicais de Deus acabaria abrindo caminho para a intervenção direta de Deus como Cristo.

Os Contos Perdidos emergiam continuamente. O trabalho etimológico entre as fichas do *Oxford English Dictionary* no Old Ashmolean[6] ocupava pouco mais de metade do dia, e, apesar de Tolkien também ter começado a dar aulas particulares de inglês antigo, isso não lhe rendeu o suficiente para desistir do trabalho no dicionário antes da primavera de 1920. A família mudou-se da St John Street no final do verão de 1919, e Tolkien continuou sentindo-se mal o bastante para receber uma pequena pensão do exército; mas em comparação com os anos anteriores e posteriores aquele foi um interlúdio estável de criatividade ininterrupta. No entanto, Tolkien jamais escreveu os Contos Perdidos descrevendo o nascimento dos Homens, a Batalha das Lágrimas Inumeráveis,

---

[6]Museu de História da Ciência em Oxford. [N. T.]

a viagem de Eärendel, a expulsão de Melko, a Partida Afora ou a Batalha da Charneca Alta. A plena expressão desses eventos teve de esperar até ele encontrar uma forma diferente da mitologia, e em alguns pontos ela nunca foi alcançada. No início da década de 1920, haviam entrado em foco problemas que precisavam de soluções, e seus conceitos haviam-se deslocado — inclusive nos fundamentos linguísticos de sua mitologia. Ele continuou refinando suas línguas inventadas, fazendo alterações que custavam tempo nas suas histórias internas e nos seus fundamentos fonológicos e morfológicos (por exemplo, o idioma dos Gnomos agora costumava formar os plurais por mutação vocálica em vez do acréscimo de um sufixo, como o inglês faz em raros casos como *foot/ feet*).[7] Revisou, reescreveu e rearranjou os Contos Perdidos que já escrevera. Eriol tornou-se Ælfwine, um navegante da Inglaterra anglo-saxã do tardio século XI. Agora Tolkien concebia a Tol Eressëa élfica como uma ilha totalmente diversa a oeste. Também se pusera a trabalhar recontando a história de Turambar como um longo poema narrativo.

Havia outros impedimentos práticos para completar "O Livro dos Contos Perdidos". Em 1920 Tolkien finalmente iniciara a carreira acadêmica que a guerra atrasara, assumindo um cargo na Universidade de Leeds, onde reavivou energicamente o currículo de Língua Inglesa. Ao mesmo tempo compilou, com labuta longa e meticulosa, *A Middle English Vocabulary* [Um vocabulário do inglês médio] para acompanhar uma antologia editada por Kenneth Sisam, seu antigo tutor em Oxford. Quando essa obra foi publicada em 1922, ele estava trabalhando em uma nova edição do poema aliterante em inglês médio *Sir Gawain and the Green Knight* [Sir Gawain e o Cavaleiro Verde] com um colega de Leeds, E.V. Gordon. Em 1924 Tolkien tornou-se professor em Leeds, mas no ano seguinte ganhou a cátedra Rawlinson Bosworth de Anglo-Saxão em Oxford. Àquela altura era também pai de três crianças pequenas.

---

[7]Na verdade, a mudança vocálica (como em inglês) mostra o impacto de um sufixo que se perdeu, e assim o gnômico *orn* "árvore" faz o plural *yrn*, mostrando a influência do antigo sufixo plural -*i* no primitivo *ornei*. [N. A.]

No entanto, a maior dificuldade de Tolkien era um perfeccionismo que se perdia em ninharias. Estava bem cônscio disso, e muito mais tarde escreveu uma história, "Folha de Cisco", em que o problema pertence a um pintor fadado a jamais completar seu enorme quadro de uma árvore. Nos anos seguintes o legendário cresceu até se tornar um vasto complexo de histórias entretecidas, sagas e genealogias, de fonologias, gramáticas e vocabulários, e de dissertações filológicas e filosóficas. Se ficasse por sua própria conta, parece bem provável que Tolkien jamais tivesse concluído um único livro na vida. Do que ele precisava eram prazos de editoras e um público entusiástico.

Antes, em novembro de 1917, seu antigo diretor de escola R.W. Reynolds expressara-se "muito interessado no livro de contos em que você está trabalhando", incentivando Tolkien a mandá-lo para ele assim que estivesse "em estado de poder viajar". Mas em 1922 Reynolds e Dorothea Deakin, sua esposa romancista, mudaram-se por razões de saúde para Capri na Baía de Nápoles, e à época em que ele voltou a tomar contato, após a morte da esposa em 1925, Tolkien já deixara os contos incompletos há muito tempo. Em vez deles, mandou a Capri diversos poemas, inclusive duas obras em andamento: sua balada aliterante sobre Túrin e um *geste* rimado sobre Beren e Lúthien Tinúviel (como ela se chamava agora). Reynolds pouco ou nada de bom tinha a dizer sobre o primeiro, e considerou o segundo promissor, mas prolixo. Estava agindo como era de se esperar. "*Kortirion among the Trees*" — o poema que G.B. Smith carregara pelas trincheiras da Floresta Thiepval "como um tesouro" — parecera a Reynolds simplesmente "encantador", mas não fascinante. Antes do Conselho de Londres de 1914, Tolkien dissera a Wiseman que achava que Reynolds era culpado do excesso de esteticismo de Smith, em detrimento do caráter moral. Wiseman comentara depois que a poesia de Smith estava além do alcance de Reynolds. Assim sendo, ele dificilmente poderia ter-se engajado na de Tolkien.

Tolkien não trabalhou mais no poema sobre Túrin, apesar de prosseguir no *geste* por mais alguns anos. Mas a intervenção de Reynolds teve um efeito radical no projeto mitológico central de Tolkien. Para fornecer a seu antigo professor as informações de fundo necessárias à compreensão das duas baladas narrativas, Tolkien resumiu "O Livro dos Contos Perdidos" em um "esboço" da mitologia. Tantas de suas ideias, invenções linguísticas e preferências estilísticas haviam mudado, que os Contos Perdidos como escritos originalmente já lhe pareciam inadequados. Tomando um exemplo-chave, as Silmarils, seu criador Fëanor e os sete filhos deste, impelidos por um juramento, haviam assumido um papel central em termos de narrativa e de tema que os Contos Perdidos mal haviam prefigurado. O resumo transformou-se em substituição. De modo geral, os contos que redigira laboriosamente em cadernos escolares desde o final de 1916 foram arquivados para sempre. Quando voltou a trabalhar na mitologia como um todo — ou no "Silmarillion", como veio a chamá-la — não consultou os Contos Perdidos e sim o esboço.

O efeito dessa decisão foi remover de vez a ebulição, a naturalidade e o humor da mitologia original. É uma grande pena que Tolkien tenha comprimido essas histórias, pois com mais tempo e menos perfeccionismo poderia ter expandido cada uma delas e produzido algo comensurável com um romance de William Morris; certamente ele era superior a Morris em poder imaginativo e descritivo. Mas nas versões que se seguiram, culminando em *O Silmarillion* publicado postumamente em 1977, os detalhes físicos e psicológicos dos poemas narrativos foram também excluídos em grande parte. Os Valar tornaram-se cada vez mais civis e compassivos, mas talvez menos interessantes. A história emoldurante, com sua cidade repleta de olmos, seu curioso chalé élfico e seu navegante sonhador, praticamente desapareceram. A longa pré-história inglesa entre a viagem de Eärendel e a Partida Afora foi abandonada. O "Silmarillion", em todas as suas versões, recua diante da estória de fadas, e o "contato com a terra" que Tolkien considerara tão importante se desfaz, enquanto os heróis épicos tendem a se perder nos "vastos panos de fundo".

Tanto Wiseman como Reynolds haviam alertado Tolkien de tais problemas durante a guerra. Reynolds tinha dito que a "*Kortirion among the Trees*" "faltava a experiência de vida". Wiseman achava em 1917 que Tolkien ainda não passara por suficientes experiências para escrever em sua melhor forma, e que, portanto, ele deveria mesmo começar com uma epopeia, "a única forma de poesia séria disponível a um poeta que ainda não experimentou a vida", como ele se expressou. Seu raciocínio era falso: "Em uma epopeia você não finge que está lidando com a vida; portanto, a experiência dela é desnecessária", disse ele. Mas sua profecia foi exata: "Você não pode continuar escrevendo epopeias a vida toda; mas, até que possa fazer outra coisa, simplesmente deve escrever epopeias". No entanto, o que manteve Tolkien arando seu sulco solitário não foi a inexperiência, e sim a reverência pela epopeia como modo literário. Não pensava muito seriamente em outras formas. Como observou Wayne G. Hammond, foi escrever histórias infantis que "lhe deu oportunidades (ou desculpas) para experimentar com outros modos de contar histórias além da prosa ou poesia formal que usava ao escrever sua mitologia".

Após a morte de G.B. Smith, Tolkien não tinha um "admirador arrebatado, de todo o coração". Às vezes Wiseman achava a obra de Tolkien espantosa e sem precedentes, e partilhavam alguns interesses — por exemplo as lendas arthurianas. Porém os dois muitas vezes discordavam. Apreciadores de uma boa discussão, com frequência ofendiam um ao outro. Tais problemas, rapidamente resolvidos na escola, supuravam entre cartas trocadas com longos intervalos. O franco Wiseman não escondia sua básica falta de simpatia pelos Contos Perdidos, apesar de não haver evidências de que alguma vez ele os tenha lido. Em 1917 dissera a Tolkien que este não podia competir com Alexander Pope ou Matthew Arnold, e que o projeto devia ser um mero prelúdio a coisas que valessem mais a pena. Poderia produzir uma epopeia, ou um grande poema, ou uma mitologia, concedera Wiseman; mas insistiu: "Quero que você ultrapasse esta etapa e prossiga para outra coisa".

Wiseman e Tolkien encontraram-se algumas vezes, de vez em quando, mas quando um se tornou diretor de escola e o outro professor em Oxford começaram a sentir que tinham pouco em comum. Talvez as mortes de Smith e Gilson também tenham lançado uma sombra sobre o modo como pensavam um do outro. Não houve cisão; John Ronald, mais tarde, sempre falou de Christopher com afeição, e deu o nome dele ao seu terceiro filho. Porém derivaram um do outro, e Tolkien perdeu um crítico severo, mas útil. A influência direta do TCBS acabou para sempre. C.S. Lewis ocupou a lacuna que eles haviam deixado. Os dois encontraram-se em 1926, e Lewis, professor universitário de inglês e medievalista do Magdalen College, Oxford, juntou-se aos *Coalbiters*,[8] um grupo fundado por Tolkien para ler os mitos e sagas islandeses. Mais tarde Tolkien tornou-se membro regular dos *Inklings*,[9] a clique literária que girava em torno de Lewis a partir da década de 1930. Àquela época haviam reconhecido um no outro um apreço comum pela "setentrionalidade",[10] e Lewis tornara-se um amigo de Tolkien mais próximo que qualquer outro desde o apogeu do TCBS. Na verdade Lewis reunia em uma só personalidade vigorosa os papéis de cada um deles: os generosos dons sociais de Rob Gilson, a perspicácia crítica de Christopher Wiseman e, mais importante, as apaixonadas simpatias imaginativas de G.B. Smith. Assim como Tolkien, Lewis escrevera resmas de material inédito, e ainda queria ser um grande poeta, mas olhava com impaciência a maioria dos escritores contemporâneos. "Apenas através dele tive noção de que meu 'material' poderia ser mais do que um passatempo particular", escreveu Tolkien. Claramente ele deixara muito para trás os dias inebriantes em que seus três velhos colegas de escola haviam insistido para que ele publicasse antes de ser mandado para o combate.

Quando Lewis terminou de ler "A Balada de Leithian", o longo poema sobre Tinúviel, Tolkien adquirira outra plateia entusiasmada: sua família. O envolvimento precoce de Edith com seus escritos (ela fez cópias a limpo de "*The Cottage of Lost Play*" em fevereiro de 1917 e de "A Queda de Gondolin" por volta de 1919) não durara. Mas Tolkien começara a escrever histórias para seus filhos ainda em 1920, da primeira vez em que mandou a John uma carta que afirmava ser do Papai Noel. Naquele ano Edith teve um segundo filho, Michael, e em 1924 um terceiro,

---
[8] "Mordedores de Carvão" — uma referência ao fato de se sentarem muito perto do fogo ao contarem suas histórias. [N. T.]
[9] O nome *Inklings* é um trocadilho, incorporando *inkling* "vaga ideia" e o fato de que o grupo se interessava por literatura, portanto por *ink* "tinta". [N. T.]
[10] A característica da cultura nórdica, "do Norte". [N. T.]

Christopher. Em 1929 nasceu uma filha, Priscilla. Foi para diversão deles que ele escreveu *O Hobbit*, mostrando-o a um entusiasmado Lewis em 1933.

"O Hobbit" começou a ser absorvido pelas margens da mitologia de Tolkien, um processo que caracteristicamente começou com o problema de dar nome a um meio-elfo que Bilbo encontraria no começo de sua aventura. Ele colheu o nome *Elrond* do "Silmarillion", onde pertencia a ninguém menos que ao filho de Eärendel, o navegante estelar. Rapidamente os dois Elronds se tornaram um, e até Gondolin apareceu como parte de uma história antiga, mal vislumbrada, mas atmosférica.

A notícia dessa singular e instigante história infantil chegou à editora George Allen & Unwin em 1936, e *O Hobbit* foi publicado em setembro do ano seguinte, com resenhas entusiasmadas. Diante das perspectivas animadoras, a Allen & Unwin rapidamente pediu uma continuação, e em dezembro de 1937 Tolkien começou a escrever o primeiro capítulo de "uma nova história sobre Hobbits". Assim começou a longa gestação da obra-prima de Tolkien, um conto que (como ele escreveu mais tarde) "cresceu à medida que era contado, até se tornar uma história da Grande Guerra do Anel e incluir muitos vislumbres da história ainda mais antiga que a precedeu".

Os dois representantes que restavam do inspirador Conselho de Londres de 1914 reencontraram-se finalmente, tarde na vida, quando ambos viviam em aposentadoria na Costa Sul: Tolkien, autor de *O Hobbit* e de *O Senhor dos Anéis*, escondendo-se da fama em Bournemouth, e Wiseman, diretor de escola aposentado e enérgico presidente da associação da vila de Milford-on-Sea, ali perto.

Em novembro de 1971 Edith morreu, deixando o marido desolado. Em sua lápide, no norte de Oxford, ele mandou inscrever o nome *Lúthien*, "que me diz mais do que uma quantidade imensa de palavras: pois ela era (e sabia que era) minha Lúthien", escreveu ele. "Mas a história distorceu-se, e fui deixado para trás, e *eu* não posso apelar diante do inexorável Mandos".

Três meses após a morte da esposa, Tolkien mudou-se outra vez para Oxford, para morar em aposentos fornecidos pelo Merton

College, ainda esperando, de alguma maneira, terminar a obra mitológica que começara com tão elevada ambição nos meses seguintes à Batalha do Somme. Enquanto isso, porém, fizera uma visita a Wiseman — também recém-enviuvado após a morte de Irene, a mulher que em 1946 finalmente curara sua "solteirice incurável". Mas Wiseman acabara de se casar de novo, e sua segunda mulher, Patricia, e a filha desta, Susan, caminharam no jardim com Tolkien. Acharam que ele se parecia muito com um hobbit, de colete verde, deleitado com as flores e fascinado pelos insetos, sobre os quais falava com conhecimento de causa. Mas quanto aos dois membros sobreviventes dos Quatro Imortais: não conversaram muito, nem uma só vez mencionaram suas recentes perdas, e pelo menos Wiseman (apesar de desempenhar seu próprio papel naquela conspiração de silêncio) estava particularmente magoado.

Mas o elo, apesar de tenso, certamente não estava rompido. Da próxima vez em que Tolkien escreveu, de Oxford em maio de 1973, agradeceu a Wiseman por tê-lo atraído para fora de seu "covil" e assinou como "Seu mais devotado amigo", acrescentando após as iniciais as letras "TCBS". Perto do final de agosto, Tolkien estava de volta em Bournemouth, em casa de amigos, e fez uma reserva para se hospedar em seu lugar favorito na aposentadoria, o Hotel Miramar, por alguns dias a partir de 4 de setembro. Explicou em uma nota à filha Priscilla: "desejo m. visitar várias pessoas aqui", disse ele, "também Chris Wiseman em Milford [...]". Mas dois dias após a carta ele foi levado ao hospital, sofrendo de uma úlcera gástrica com hemorragia aguda. J.R.R. Tolkien morreu com 81 anos de idade, em 2 de setembro de 1973. Foi sepultado junto a Edith, com o nome *Beren* abaixo do seu.

POSFÁCIO

"O que sonha a sós"

Um homem pálido e magro está sentado em um leito de convalescente em um hospital de guerra. Pega um livro de exercícios escolares e escreve na capa, com um floreio caligráfico: "Tuor e os Exilados de Gondolin". Depois detém-se, solta um longo suspiro entre os dentes apertados no cachimbo, e murmura: "Não, isso não funciona mais". Risca o título e escreve (sem o floreio): "Um Subalterno no Somme".

Não foi isso que aconteceu, é claro. Tolkien produziu uma mitologia, não uma memória francesa. A Terra-média contradiz a visão dominante da história literária, de que a Grande Guerra deu fim às epopeias e tradições heroicas em qualquer forma séria. Este pós-escrito argumentará que, a despeito de sua inortodoxia — e muito ao contrário de sua reputação imerecida como escapismo — os escritos de Tolkien refletem o impacto da guerra; ademais, que sua voz dissidente exprima aspectos da experiência de guerra negligenciados pelos contemporâneos. Isto não quer dizer que sua mitologia tenha sido uma reação à poesia e prosa de seus contemporâneos, mas sim que elas representam reações largamente divergentes à mesma época traumática.

A literatura atingiu um ponto de crise em 1916, segundo a avaliação do crítico Samuel Hynes: "um 'ponto morto' no centro de guerra" em que "as energias criativas pareciam desabar a um ponto baixo" entre os escritores britânicos. Tanto G.B. Smith como sua poesia definhavam no Somme: "a pura desocupação [...] está me destruindo", disse ele. Um autor bem diferente, Ford Madox Ford, estava em uma rotina semelhante em Ypres, perguntando-se "por que não consigo escrever nada — por que nem consigo pensar em nada que a mim pareça digno de ser pensado".

De fato, a poesia de Tolkien parece quase ter-se esgotado como consequência do Somme, com apenas uma peça ("*Companions of the Rose*") escrita nos oito primeiros meses de 1917. Mas certamente não estivera ocioso, como Wiseman destacou. Qualquer que fosse o mal-estar que afligia outros escritores, as energias criativas dele estavam no máximo quando ele iniciou "O Livro dos Contos Perdidos" no inverno de 1916–17.

Do "ponto morto" emergiram dois movimentos literários novos e enormemente influentes: primeiro, um estilo de escrita de guerra que atingiu características "clássicas"; depois, o modernismo. Mas pode ser negligenciado o impacto deles sobre Tolkien.

Nas experiências modernistas que decolaram nos anos do pós-guerra — em grande parte reflexo do choque, do caos moral e da escala espantosa da guerra — ele não desempenhou nenhum papel. A era de *A Terra Inútil* e *Ulisses* foi, na visão dele, "uma era em que quase todo tipo de maltrato autoral do inglês é permitido (especialmente se disruptivo) em nome da arte ou da 'expressão pessoal'".

Tampouco participou do tipo de literatura que é agora considerada o epítome das trincheiras. Dentre a diversidade dos escritos produzidos por soldados, o que se recorda é um amálgama de amargos protestos e enérgicos *close-ups*, intransigentemente diretos em sua representação da vida e morte nas trincheiras. Na vanguarda desse estilo, Robert Graves, seu amigo Siegfried Sassoon e Wilfred Owen, o brilhante pupilo de Sassoon, ocupam os lugares de honra em antologias de "escritos da Grande Guerra". Um punhado de poemas de Owens transformou-se na medida de todos os demais retratos da Primeira Guerra Mundial — até mesmo da guerra em geral.

Em busca da franqueza, Graves e seus seguidores jogaram fora o livro de regras usado pelos jornais, pela literatura de recrutamento e pela poesia convencional, que filtrava a guerra através de um estilo herdado dos conflitos anteriores. O poema mais famoso de Owens, "*Anthem for Doomed Youth*" [Hino para a juventude condenada], destaca o desajuste entre a imagética sacramental da linguagem herdada e a realidade de sua guerra:

> Que sinos fúnebres para os que morrem como gado?
> Somente a monstruosa ira dos canhões.[1]

O estilo antigo descendia do romance arthuriano através de Shakespeare, dos românticos e do medievalismo alto-vitoriano. Tinha ação, heroísmo e abrangência épica; pretendia mostrar o panorama mais amplo e empregava a "alta dicção" da valentia. Paul Fussell, em seu influente livro *The Great War and Modern Memory* [A Grande Guerra e a memória moderna], apresenta um léxico dessa linguagem, em que "um cavalo é uma *montaria* ou *corcel*; o inimigo é *o antagonista* ou *a hoste*; o perigo é *risco*" e assim por diante. Considera a alta dicção como uma forma de censura. O historiador Jay Winter enfurece-se com os militaristas de poltrona de 1914–18: "Os que eram demasiado velhos para lutar haviam criado uma guerra imaginária, repleta de cavaleiros medievais, nobres guerreiros e momentos sagrados de sacrifício. Uma tal escrita [...] era pior que banal; era obscena".

De acordo com a régua da poesia de Owen, o Somme pareceria não ter nenhum efeito sobre os escritos de Tolkien. Problematicamente, ele escrevia sobre uma guerra imaginária que mais se parece com o tipo de coisa que Winter ridiculariza e está atulhada de alta dicção.

Isso lhe valeu o opróbrio dos resenhistas que não podem ver seu estilo de prosa sem lhe atribuir uma suspeita de jingoísmo: uma mácula geral se ligou a essa espécie de linguagem graças à Primeira Guerra Mundial. O estilo de Tolkien também provocou desconforto em alguns de seus admiradores. Em um ensaio que aborda alguns pontos interessantes sobre como o Somme pode ter influenciado a Terra-média, Hugh Brogan pergunta bruscamente "como foi que Tolkien, um homem cuja vida era a linguagem,

---

[1] What passing-bells for those who die as cattle? / Only the monstrous anger of the guns. [N. T.]

pôde atravessar a Grande Guerra, com todas as suas retóricas e mentiras, e ainda emergir comprometido com um estilo literário 'feudal'". Brogan conclui que, recusando-se a conformar-se com as novas regras estabelecidas por Robert Graves e pelo arquimodernista Ezra Pound, Tolkien estava realizando "um ato de deliberado desafio à história moderna".

Há bons motivos para a aparente teimosia de Tolkien. Samuel Hynes observou que a guerra trouxe consigo uma severa campanha contra as influências intelectuais e artísticas alemãs. Por acaso, isso afetou todas as áreas da cultura e erudição secular que Tolkien compartilhava. Mesmo cinco anos após o armistício, ele se queixava de que "a própria 'filologia', concebida como uma invenção puramente alemã, em alguns lugares é tratada como se fosse uma das coisas pelas quais a última guerra foi travada para acabar [...] algo cuja ausência é um crédito a um inglês". Junto com esse ataque a tais tradições racionalistas veio outro contra o Romantismo, em que a Alemanha também fora mestra da Inglaterra, e que desempenhava um papel importante no pensamento criativo de Tolkien.

Na verdade, ele nadara contra a maré mesmo antes da guerra, quando sua fascinação com o antigo Norte se opunha ao classicismo da King Edward's School. Agora não queria ou não podia dar as costas à filologia, aos temas germânicos ou ao Romantismo. Durante a Grande Guerra, com uma plateia máxima de seis pessoas — o TCBS, Edith, Wade-Gery dos Salford Pals e R.W. Reynolds da King Edward's School — ele sofria pouca pressão para mudar; mas, de todo modo, como C.S. Lewis disse certa vez, "Ninguém jamais influenciou Tolkien. Seria mais fácil tentar influenciar um *bandersnatch*".[2]

No entanto, a despeito de seu gosto pelo romance e pela alta dicção, Tolkien não considerou a guerra aventuresca, arrojada ou sagrada. Resumiu a vida nas trincheiras como "horror animal".

---

[2] O *bandersnatch* é um monstro terrível (e supostamente impossível de influenciar) que aparece no poema *Jabberwocky* de Lewis Carroll, autor dos livros de Alice, que Augusto de Campos traduziu como *Jaguadarte*. Nessa versão o monstro chama-se Babassurra. [N. T.]

Mesmo em 1910, quando parodiou *Lays of Ancient Rome* de Macaulay em *"The Battle of the Eastern Field"*, sabia que a antiga linguagem da guerra podia ser usada para falsos heroísmos. Tendo passado pelos campos de treinamento e pelas trincheiras, estava agudamente cônscio de suas deficiências, declarando: "O absoluto desgaste estúpido da guerra, não apenas material, mas moral e espiritual, é tremendo para aqueles que têm de suportá-lo. E sempre foi (apesar dos poetas) e sempre será (apesar dos propagandistas) [...]".

Mas, mesmo que Tolkien compartilhasse mais da visão de Pound ou Graves, teria sido incapaz de se unir aos movimentos literários deles quando estava encontrando sua voz como escritor. O Modernismo, tal como fora antes da guerra, fora silenciado como algo decadente, enquanto ao final de 1916 mal havia sido publicado um fragmento do que hoje vemos como poesia clássica da Grande Guerra. Quanto às demais trilhas que àquela altura estavam disponíveis a um jovem autor, nenhuma agradou tanto à imaginação de Tolkien quanto os romances e as aventuras épicas de escritores como William Morris e Rider Haggard — que foram ambos rotulados por Fussell de "tutores" dos propagandistas de guerra em termos de alta dicção.

Porém a paixão maior de Tolkien era pelo genuinamente medieval, de *Beowulf* a *Sir Gawain and the Green Knight*. Como ele disse após a publicação de *O Senhor dos Anéis* (em uma resposta que não chegou a ser enviada a uma carta amigável, porém crítica, de Brogan), "não sendo especialmente versado em inglês moderno e muito mais familiarizado com obras nas linguagens antigas e 'médias', meu próprio ouvido de certa forma é afetado; de modo que, embora eu pudesse lembrar sem dificuldade de como um moderno usaria isso ou aquilo, o que me vem à mente ou à caneta não é bem isso". Tolkien manteve-se comprometido com um ar arcaico, porque era esse ar que ele respirava.

O abuso da alta dicção no jornalismo do campo de batalha ou nos panfletos de recrutamento não desvaloriza o medievalismo que Tolkien seguia — assim como jogar futebol como apoio ao moral, durante o ataque do Somme, não torna o jogo em si obsceno nem obsoleto. Ele se rebelava contra aquilo que chamava de a "extraordinária ilusão do séc. XX de que os usos do inglês *per se* e simplesmente como 'contemporâneos' — independentemente de serem mais sucintos, mais vívidos (ou até mesmo mais nobres!) — possuem alguma validez peculiar acima daqueles de todas as outras épocas, de maneira que não usá-los (mesmo quando muito inadequados em tom) é um solecismo, uma gafe, uma coisa com a qual um amigo sente arrepios ou irrita-se". No "Livro dos Contos Perdidos" e em outros lugares, ele adotou um estilo que se adequava ao seu conteúdo mitológico e lendário. Foi uma escolha tão consciente e séria como a decisão, oposta, mas complementar, tomada por Graves, Sassoon e Owen.

Sua justificativa reside na história do registro de Tolkien — em seu peso cultural, moral e poético. Destacando que o estilo do poeta de *Beowulf* fora arcaico de acordo com os padrões de seu público anglo-saxão, ele disse:

> Esse tipo de coisa — a construção de uma linguagem poética a partir de palavras e formas arcaicas e dialetais ou usadas em sentidos especiais — pode ser lamentado ou desgostado. Entretanto, há um argumento a favor dela: o desenvolvimento de uma forma de linguagem familiar em significado e, ainda assim, livre de associações triviais, e repleta da memória do bem e do mal, é uma realização, e os que a possuem são mais ricos do que aqueles que não possuem semelhante tradição.

Os valores estilísticos de Tolkien invertem a famosa exortação modernista de Ezra Pound, "*Make it new!*" [Torne-o novo!]. Para Tolkien, a linguagem acumulava qualidades que não podiam ser substituídas e não deviam ser descartadas à toa. Em um século em que os revolucionários dispensaram todo o conceito de bem e mal como sendo ilusão dos fracos ou depravados, esse assunto tornou-se substancial, e já era urgente durante a Grande Guerra. Para a mitologia de Tolkien, "a memória do bem e do mal" é a ideia-chave.

Ao tempo em que os antigos modos de narrativa estavam sendo mal utilizados pelos propagandistas militares e rejeitados pelos autores de trincheira, Tolkien visualizou "O Livro dos Contos Perdidos", uma sequência de estórias resgatadas do naufrágio da história. Uma de suas dádivas à posteridade é o fato de que ele viu o valor de tradições que a maioria dos demais rejeitava: a verdade jamais deve ser propriedade de um modo literário, e tampouco monopólio de uma voz autoritária. Tolkien, porém, não era imune à mudança histórica. Não preservou simplesmente as tradições que a guerra ameaçava, mas as revigorou para sua própria era. Seu sucesso mais notável foi com as estórias de fadas. Robert Graves descreveu a chegada simultânea da maturidade e da guerra como obliteração de Feéria:

> A sabedoria abriu uma brecha e fez
> Babilônia em pedaços: espalhou às sebes e às valas
> Todos os nossos gnomos e bruxas do infantário.
> Lob e Puck, pobres elfos inquietos,
> Arrancam seus tesouros das prateleiras.[3]

Isso era mais que uma metáfora. Feéria chegou perto da aniquilação total durante a Primeira Guerra Mundial, graças a essa confusão associativa da era pré-guerra, entre a infância e os contos de fadas. Mas Tolkien não considerava fadas como pueris, e não escrevia contos para o infantário, e sim uma história épica do mundo através de olhos feéricos. Em sua galopante pesquisa sobre as tradições feéricas, *Troublesome Things* [Coisas perturbadoras], Diane Purkiss diz que "A Frente Ocidental fez com que a estética feérica parecesse ao mesmo tempo desesperadamente necessária e desanimadoramente anacrônica". O relato de Tolkien sobre o trágico declínio dos Elfos reconhece que o tempo destes terminou, mas insiste na necessidade desesperada de se ater aos valores que eles representavam. Longe de ser um sinal de que a guerra não teve nenhum impacto em Tolkien, seu comprometimento com Feéria foi consequência dela. "Um verdadeiro gosto por estórias de fadas foi despertado pela filologia no limiar da idade adulta", escreveu ele mais tarde, "e apressado para a vida plena pela guerra".

---

[3] Wisdom made a breach and battered / Babylon to bits: she scattered / To the hedges and ditches / All our nursery gnomes and witches. / Lob and Puck, poor frantic elves, / Drag their treasures from the shelves. [N. T.]

O uso que Tolkien fez de Feéria e sua dicção provocou acusações de escapismo. De fato, Hugh Brogan argumenta que os "Contos Perdidos" e o que se seguiu eram "terapia para uma mente ferida na guerra, e antes disso por profundo pesar na infância e na primeira idade adulta" — em outras palavras, que a Terra-média era apenas uma espécie de láudano fantástico para seu autor. Claramente muitos comentaristas acreditam, por extensão, que ela nada mais é que um opiáceo geral para milhões de leitores.

Ninguém defendeu Tolkien mais eloquentemente dessa acusação de "escapismo" que o próprio Tolkien, que destacou em "Sobre Estórias de Fadas" que na vida real o escape é "muito prático e pode mesmo ser heroico", mas que os críticos literários tendem a confundir "o Escape do Prisioneiro com a Fuga do Desertor", frequentemente de propósito.

> Bem assim um porta-voz do Partido poderia ter rotulado de traição a partida da miséria do Reich do Führer, ou de qualquer outro Reich, ou mesmo a crítica contra ele. Da mesma maneira, esses críticos, para tornar a confusão pior e assim levar ao desprezo os seus oponentes, colam seu rótulo de escárnio não apenas na Deserção, mas no Escape real e no que frequentemente são seus companheiros: Desgosto, Raiva, Condenação e Revolta.

Falando em 1939, seis anos após o início da chancelaria homicida de Hitler, Tolkien não media suas palavras. Apesar de ele próprio ser um mestre no naturalismo, especialmente em suas descrições de paisagens, ele estava agudamente cônscio de que durante sua vida o realismo se combinara com o modernismo para gerar uma ortodoxia arrogante, intolerante e denunciadora, um monólito dominando as instituições acadêmicas e culturais. Seus defensores gostavam de pensar que isso era progresso, como se fosse a única abordagem justificada pela marcha avante do tempo. Na verdade, a nova ortodoxia crescera de forma acidental, como o totalitarismo, na contenda frequentemente violenta por novas certezas que se seguiu à Primeira Guerra Mundial. Romântico e individualista, Tolkien opusera-se a essas ortodoxias pelo mesmo espaço de tempo, como demonstra sua invenção de Eärendel, o escapado (1914), e

Melko, o tirano (1916). Ele não estava fornecendo opiáceos imaginários: a repugnância, a raiva e a condenação eram fatores perenes do seu "escape" para o conto de fadas, o mito e a antiguidade.

Para Tolkien, o passado distante era um marco de referência, uma moeda corrente diária. Também o era para Robert Graves; mas Graves gostava de trocar o antigo pelo moderno, "traduzindo" poesia anglo-saxã em imagética de trincheira, com "Beowulf jazendo enrolado em um cobertor, em meio ao seu pelotão de barões ébrios no alojamento da Gotlândia; Judite saindo em passeio à barraca do pessoal de Holofernes; e Brunaburgh[4] com seu combate de baioneta e porrete". A tendência de Tolkien era oposta; podia ver o *Flammenwerfer*[5] alemão e pensar em fogo grego, trocando moedas novas por velhas. Uma olhadela em alguns dos paralelos entre suas criações e suas circunstâncias imediatas sugere que tal visão dupla o ajudou a construir seu mito de um antigo passado fictício; assim, na Oxford esvaziada pela guerra ele criou a capital élfica deserta de Kôr, em Whittington Heath, atulhado de soldados, criou os acampamentos de migrantes de Aryador, e após o Somme o ataque de "dragões" contra Gondolin.

De modo semelhante, os mineiros e operários do 11º Batalhão de Fuzileiros de Lancashire talvez possam ser percebidos em uma das gentes dos Gnomos em "A Queda de Gondolin", o Martelo da Ira. Esses ferreiros ou artesãos, muitos deles escapados das minas de escravos de Melko, formam o batalhão mencionado em último lugar, mas o primeiro a enfrentar o assalto do inimigo: "Muito numeroso era aquele batalhão, nem tinha nenhum dentre eles coração fraco e ganharam a maior glória entre todas aquelas belas casas naquela luta contra o destino; contudo, triste foi o fado deles e nenhum jamais deixou aquele campo de batalha [...]". O inimigo os atrai para fora e os cerca; mas morrem levando consigo muitos dos adversários.

É difícil imaginar que Tolkien tenha criado esse cenário sem pensar no Somme. As unidades virtualmente obliteradas no Grande

---

[4]Local de um confronto, no ano 937, entre anglo-saxões e nórdicos. [N. T.]
[5]Lança-chamas. [N. T.]

Empurrão de 1º de julho de 1916 incluíam os Cambridgeshires de Rob Gilson e os Salford Pals de G.B. Smith. Seu próprio batalhão sofreu baixas pavorosas uma semana mais tarde (enquanto Tolkien estava com os sinaleiros divisionais em Bouzincourt), quando a Companhia "C" foi aniquilada. A companhia fizera um ousado avanço noturno de 1.100 metros, subindo a colina a leste de La Boisselle, mas o nascer do dia mostrou que haviam percorrido o dobro da distância planejada. Em uma trincheira alemã apenas meio escavada, foram bombardeados pelo inimigo e por seu próprio lado: "O problema era saber onde estavam nossos rapazes", disse um artilheiro britânico. Mas havia chegado a tarde quando o Capitão John Metcalfe, que mal fizera 20 anos de idade, abandonou sua posição com os seis homens que permaneciam ilesos; apenas ele e um sargento escaparam em segurança.

Não se conhece a visão de Tolkien desse incidente. Seus estudos acadêmicos criticam Beowulf e o duque anglo-saxão Beorhtnoth por imprudentemente porem outros em perigo, em uma busca digna de esportista por honra e glória. Mas o avanço excessivo do Martelo da Ira foi a primeira de várias tragédias heroicas semelhantes em seu legendário: Fëanor no "Silmarillion" e Théoden em *O Senhor dos Anéis* também pagam com suas vidas por penetrarem longe demais no território inimigo. As questões de coragem, honra, liderança e responsabilidade ocupavam ao mesmo tempo o coração e a mente de Tolkien, possivelmente em sentidos diferentes.

Quer o Martelo da Ira recorde a Companhia "C" ou não, é claro que outros autores poderiam ter transformado esse incidente no Somme em uma explosão de vitríolo contra Metcalfe ou os desenhistas de mapas de trincheiras. Mas uma reticência pessoal tornava Tolkien temperamentalmente incapaz de escrever versos de protesto como os de Sassoon ou de Owen. Relembrando suas próprias atribulações como soldado, em 1944 ele mandou ao filho Christopher, então servindo com a RAF na África do Sul, o conselho latino *Aequam serva mentem, comprime linguam*: "Mantenha a mente calma, refreie a língua". Certa vez descreveu-se para W.H. Auden como um escritor "cujo instinto é o de ocultar tal conhecimento sobre si próprio que possua, e tais críticas da vida tal como ele a conhece, sob uma vestimenta mítica e lendária [...]".

Apesar de Tolkien possuir um raro gênio para esse "ocultamento", como ele dizia, nem de longe era o único a querer aplicar os padrões do mito e da lenda à experiência da vida real. Apesar de a imagem estereotipada da Frente Ocidental não incluir soldados lendo o *Mabinogion* com seus textos arthurianos galeses, como G.B. Smith, ou *The Earthly Paradise* de William Morris, que Tolkien trazia, na verdade a literatura de demandas era profundamente popular. Livros como *The Well at the World's End* de Morris e *The Pilgrim's Progress* de John Bunyan forneciam uma chave sem qual aquela vida de atribulação e morte parecia incompreensível, como admite Paul Fussell: "As experiências de um homem que vai à linha de frente rumo ao seu destino necessariamente lhe parecem as de um herói de romance medieval, se sua imaginação tiver sido moldada por romances literários reais [...]".

Christopher Wiseman, declarando em 1917 que a experiência de vida era desnecessária para escrever epopeias, já que estas "não têm a pretensão de lidarem com a vida", estava totalmente enganado. Se Tolkien não tivesse sentido a necessidade de exprimir seu choque diante da irrupção da guerra, sua consciência aumentada da mortalidade e seu horror ao combate mecanizado, é possível que nem tivesse se dedicado à fantasia. Mas sua própria metáfora do manto de ocultação é ilusória. A destilação de experiência em mito pode revelar os elementos dominantes em um atoleiro moral como a Grande Guerra, mostrar o panorama amplo quando autores de trincheira como Robert Graves tendiam a se concentrar no detalhe. Tolkien não é o primeiro mitógrafo que produziu uma epopeia grave e pertinente em tempos de guerra e revolução. Não importa o quanto difiram dele, neste aspecto John Milton e William Blake são seus ancestrais. Quando o mundo muda, e a realidade assume um rosto pouco familiar, a imaginação épica e fantástica pode vicejar.

No polo oposto do romance heroico, os aspectos de conto de fadas no mundo de Tolkien podem paradoxalmente proporcionar um espelho para o mundo em guerra. Em seu lúcido estudo *A*

Question of Time [Uma Questão de Tempo], Verlyn Flieger considera o perturbador poema de Tolkien da década de 1930, "*Looney*" [Tolo] e "O Sino Marinho", sua mais conhecida encarnação dos anos 1960, que relatam uma desconcertante odisseia solitária para Feéria e o retorno do viajante às terras mortais, onde ele se vê alienado da sua gente. Flieger observa que, apesar de os contos de fadas e a guerra parecerem ser opostos,

> Por baixo da superfície, porém, as palavras [de Tolkien] sugerem uma conexão profunda, mas não manifesta, entre essas coisas aparentemente diversas [...]. Ambas estão postas além do alcance da experiência humana ordinária. Ambas são igualmente indiferentes às necessidades da humanidade ordinária. Ambas podem mudar os que retornam, de modo que ficam "presos a uma espécie de imortalidade fantasmagórica", não apenas incapazes de dizer onde estiveram, mas incapazes de comunicar aos que não estiveram lá o que viram ou experimentaram. Pior que tudo, talvez, tanto a guerra como Feéria podem mudar, para além de qualquer reconhecimento, a percepção do viandante sobre o mundo ao qual retorna, de modo que esse nunca mais possa ser o que foi outrora.

Notavelmente, Tolkien escreveu seu primeiro relato da chegada de um mortal em Feéria, "*The Cottage of Lost Play*", logo após sua volta à Inglaterra, do Somme, com febre das trincheiras. As primeiras impressões que Eriol tem da Ilha Solitária são muito mais felizes que as de "*Looney*" e de "O Sino Marinho", mas ele vislumbra a indiferença de Feéria diante da humanidade. Os esboços de Tolkien mostram que o navegante acabaria se alienando de sua gente; e nas últimas páginas de "O Livro dos Contos Perdidos" Eriol expressa o temor de que sua mensagem à posteridade humana — os contos que registrou — se perca.

Vista no contexto de 1916–17, a chegada de Eriol, "O que sonha a sós", à Ilha Solitária, "a Terra da Libertação", tem o ar do sonho antecipatório do soldado sobre uma volta ao lar em que tudo ficará bem de novo. Mas ele está escapando da corrente de seu próprio tempo e ingressando na atemporalidade de Feéria. De modo semelhante, para o soldado o tempo parecia ter avançado incalculavelmente nas trincheiras, mas ter-se retardado na Inglaterra. Assim, a Ilha Solitária pode ser vista como versão simbólica da Inglaterra que se desvaneceu. *Nostalgia*, uma palavra que até então sempre significava saudade do lar, começava a aparecer em seu sentido agora dominante — anseio pesaroso ou saudoso pelo passado — logo após a Grande Guerra. Para a geração de Tolkien, a nostalgia era companheira constante: olhavam por cima do ombro, como os sobreviventes de Gondolin, para um antigo lar que agora parecia incorporar tudo o que era belo e condenado. O mito de Tolkien expressa o desejo de uma tal beleza aparentemente atemporal, mas reconhece constantemente que de fato ela está condenada: apesar de sua aparente impenetrabilidade, a longo prazo a Ilha Solitária, como Gondolin, deve sucumbir à mudança implacável.

O memorialista de guerra Charles Douie recordava *Peter Pan* como uma espécie de profecia. "Nenhum sentimento de apreensão obscureceu a mente de alguma mãe naquela plateia, que ouviu primeiro 'Meus filhos hão de morrer como cavalheiros ingleses'; nenhuma premonição penetrou na exultação com que aqueles filhos ouviram primeiro o desafio da juventude à morte — 'Morrer seria uma tremenda grande aventura'?"

Foi a juventude perpétua de Peter que chegou mais perto do alvo durante a Grande Guerra, quando tantos jovens jamais envelheceram; e os Elfos de Tolkien, para sempre na flor da idade adulta, acertaram na mosca. Como observa Tom Shippey, "Não há dificuldade em se ver por que Tolkien, a partir de 1916, estava preocupado com o tema da morte [...]. O tema do escape da morte, então, poderia naturalmente parecer atraente". Muito mais robustos que as aéreas miniaturas da imaginação vitoriana e shakespeariana, os Eldar conseguiam suportar o fardo desses temas de maior peso. Suas antigas raízes no mito germânico e celta, ademais, faziam deles símbolos adequados da atemporalidade em uma epopeia do século XX sobre a perda.

Nem Milton nem Blake viram a batalha em si. O fato de que Tolkien a viu pode explicar o papel central ou culminante das batalhas em suas histórias. Os "dragões", semelhantes a tanques, no assalto a Gondolin, implicam fortemente que é assim. Também a importância estratégica do tempo em muitos dos embates fictícios de Tolkien. O fato de unidades não conseguirem coordenar seus ataques, uma característica desastrosa da Batalha das Lágrimas Inumeráveis conforme elaborada no "Silmarillion", é paralelo a um problema fatal na ofensiva do Somme. A intervenção de uma unidade nova no último minuto para salvar o dia, um ponto frequente em combates militares da Terra-média, pode parecer menos realista e mais "escapista", mas foi esse o papel que seu próprio batalhão desempenhou na tomada de Ovillers e no resgate dos Warwickshires, quando ele estava presente como sinaleiro.

A representação imparcial da guerra por Tolkien, como algo ao mesmo tempo terrível e emocionante, combina bem com um comentário de Charles Carrington (um dos Warwickshires cercados), que escreve que, para o soldado em meio ao perigo mortal, "Havia um realismo argumentativo, um lado cínico de nossa natureza que levantava objeções práticas e sugeria perigos, e contra ele se erguia um ardor romântico pela batalha que era quase jubilante". Túrin, "doente e exausto" após o combate, ilustra a frequente sequela a um tal ardor — o ressurgir da realidade. Mas a alta dicção, que tanto aparta Tolkien dos autores de trincheira clássicos, expressa com perfeição uma verdade psicológica da guerra que eles tendem a negligenciar. Com toda a sua crueldade e estranheza, o combate podia produzir o que Carrington chama de "exaltação da batalha [...] um elevado estado mental que um médico poderia definir como neurose"; ele diz que foi "elevado em espírito".

Uma observação semelhante no agudo romance de Frederic Manning sobre o Somme, *The Middle Parts of Fortune* [As partes do meio do destino], aponta um paralelo mais profundo entre a vista do campo de batalha e a visão criativa de Tolkien. Manning relaciona a exaltação do combate com a convicção dos soldados de estarem lutando por uma causa justa, um "ímpeto moral" que "os levava adiante em uma onda de excitação emocional, transfigurando todas as circunstâncias de suas vidas de modo que estas só podiam ser expressas em termos de tragédia heroica, de algum conflito sobre-humano ou mesmo divino com os poderes do mal [...]". O legendário de Tolkien assumiu as dimensões de um conflito entre o bem e o mal imediatamente após o Somme. Isso poderia ser, em parte, resultado de um desejo de expressar aquela experiência singular, tão afastada do âmbito da expressão literária convencional?

Seja qual for a resposta, a visão moral de Tolkien é radicalmente diferente, em sua aplicação, da do soldado e da do propagandista. Com a possível exceção do Martelo da Ira, mencionado anteriormente, os Orques e os Elfos não se igualam aos alemães e aos britânicos; ao contrário, destilam a crueldade e a coragem que ele viu em ambos os lados da guerra, bem como qualidades mais gerais de barbárie e civilização. Não foi o Kaiser que Tolkien demonizou em Melko, mas sim a tirania da máquina sobre o indivíduo, um mal internacional que remonta a muito antes de 1914, mas foi exercido com impiedosa vivacidade na Frente Ocidental.

Como Tom Shippey apontou, Tolkien está em boa companhia entre escritores posteriores que se afastaram do realismo porque, como veteranos combatentes, haviam visto "algo irrevogavelmente maligno". George Orwell (Guerra Civil Espanhola), Kurt Vonnegut e William Golding (Segunda Guerra Mundial) recaem nesta categoria. Crucialmente, argumenta Shippey, Tolkien e estes outros adotaram várias formas de fantasia porque sentiam que as explicações convencionais do mal que haviam visto eram "desesperadamente inadequadas, desatualizadas, na melhor hipótese irrelevantes, na pior hipótese parte do próprio mal". Por exemplo, a ficção realista afirma que não há mal absoluto, apenas graus relativos de desajuste social; mas, em *O Senhor das Moscas*, Golding sugere que algo intrinsicamente mau espreita dentro de todos nós, esperando para sair. O realismo de trincheira apega-se ao detalhe e se esquiva de afirmações universais, mas "O Livro dos Contos Perdidos" mitologiza o mal que Tolkien via no materialismo. Posto de outra forma, escritores como Graves, Sassoon e Owen viam a Grande Guerra como doença, mas Tolkien a via como mero sintoma.

Durante a guerra do próprio Tolkien, a visão britânica convencional, como foi expressa na propaganda, era de que o mal certamente existia e era alemão. Os poetas de trincheira como Wilfred Owen sentiam que o inimigo de verdade era o cego interesse próprio dos governos nacionais determinados a conquistarem territórios, não importando o custo humano. Mas ambos os grupos partilhavam do gosto pela polêmica. O poema de Owen sobre um soldado morto pelo gás deixa uma impressão indelével, e era essa sua intenção:

> Se em algum sonho sufocante também tu pudesses caminhar
> Atrás da carreta em que o jogamos,
> E observar os olhos brancos se contorcendo em seu rosto [...]
> Meu amigo, não contarias com tão intenso entusiasmo
> Às crianças ávidas por alguma glória desesperada
> A velha Mentira: Dulce et decorum est
> Pro patria mori.[6]

O chamamento pessoal, "meu amigo", é somente a saudação antes do golpe de baioneta. Você, diz ele, está repassando mentiras aos seus filhos, e assim algum dia eles poderão sofrer tormentos como este que vi. A voz do autor de trincheira tem primazia, como garantidor da confiabilidade da testemunha ocular, mas também como emblema de autoridade moral incontestável.

Tolkien rejeitava a retórica polêmica, componente do mal da tirania e ortodoxia a que ele se opunha. Em sua obra, uma multidão de personagens fala em diversas vozes, mas o autor permanece bem fora das vistas. Enquanto autores de trincheira como Owen desafiavam os propagandistas e censores por estes terem o monopólio da verdade, Tolkien afastou-se por completo da ideia de monopólio, relatando seus Contos Perdidos através de múltiplos narradores (mais ou menos como Ilúvatar, em "A Música dos Ainur", deixando seus coros seráficos elaborarem os seus temas). A ideia sobreviveu até o "Silmarillion", uma montagem de relatos históricos desencontrados, e *O Hobbit* e *O Senhor dos Anéis*, que alegam terem sido editados a partir dos escritos de seus protagonistas.

---

[6]If in some smothering dreams, you too could pace / Behind the wagon that we flung him in, / And watch the white eyes writhing in his face [...] / My friend, you would not tell with such high zest / To children ardent for some desperate glory, / The old Lie: Dulce et decorum est / Pro patria mori. ("*Dulce et decorum est pro patria mori*" é um trecho das Odes de Horácio, traduzido como "É doce e adequado morrer pela pátria".) [N. T.]

Mas o mal ao qual a mitologia de Tolkien se opõe mais diretamente, o desencanto, está cauterizado no tecido da literatura clássica da Grande Guerra.

Ao editar *A Spring Harvest* de G.B. Smith, Tolkien contribuiu para uma inundação de poemas de soldados tombados, cuja maior parte já está esquecida. O pouco que ainda se recorda, incluindo a poesia de Owen, só foi cimentado na memória cultural depois que se haviam passado mais vários anos, quando os sobreviventes das trincheiras romperam seu silêncio traumatizado. Uma revoada de memórias e romances surgiu entre 1926 e 1934, incluindo *Memoirs of an Infantry Officer* [Memórias de um oficial de infantaria] de Sassoon, *Good-bye to All That* [Adeus a tudo isso] de Graves, e o começo da sequência de Henry Williamson *Chronicle of Ancient Sunlight* [Crônica da antiga luz do sol]. Agora, nas palavras de Samuel Hynes, "o Mito da Guerra estava definido e fixado na versão que mantém a autoridade": a versão desencantada.

Esse "mito" implica que a guerra consistia quase inteiramente de sofrimento passivo. Em seus poemas, Sassoon deixa de mencionar suas orgias solitárias de matança nas linhas alemãs; em sua prosa, minimiza a audácia que isso envolvia. Nos versos de Wilfred Owen os homens se arrastam através da lama, ou mudam um companheiro moribundo para a luz do sol, ou simplesmente esperam para ser atacados. Ele declarou que seu assunto era a compaixão, não os heróis nem as façanhas. Em outras palavras, a ação e o heroísmo eram omitidos em prol de um protesto mais eficaz contra a guerra.

A abordagem revisionista do final de década de 1920, de que Owen fora precursor, sublinhava a amarga ironia das vidas desperdiçadas por "alguns acres de lama", como se expressara Christopher Wiseman. As narrativas de foto instantânea, na literatura do desencanto, tipicamente giram em torno de incidentes irônicos em que se demonstra que a ação é fútil e a coragem é um desperdício. Paul Fussell identifica a clássica escrita de trincheira com o modo de narrativa "irônico" que Northrop Frye (em *The Anatomy of Criticism* [A anatomia da crítica]) definiu como característico da fase mais recente em um ciclo típico da história literária. As ficções mais precoces (mito, romance, epopeia e tragédia) retratavam heróis que dispunham de maior poder de ação que sua plateia; mas no modo irônico, fundamentalmente moderno, o protagonista tem menos poder de ação que nós, e é apanhado em uma "cena de sujeição, frustração ou absurdo".

Hoje em dia há a tendência de esquecer que muitos veteranos se ressentiam da forma como sua história estava sendo contada a partir de 1926. "Um livro após o outro relatava uma sucessão de desastres e desconfortos, sem intervalo e sem lampejo de conquista", escreveu Carrington. "Cada batalha era uma derrota, cada oficial era um palerma, cada soldado era um covarde". O orgulho ferido, quem sabe, de um oficial desgostoso; mas as memórias do próprio Carrington certamente não são uma história cor de rosa.

A visão desencantada nos deixou uma imagem distorcida de um evento histórico importante e complexo; esse problema só é exacerbado por uma tendência cultural e acadêmica de canonizar os melhores e esquecer o resto. Seguindo-se à alegria desesperada das cartas da frente de batalha para casa, à propaganda dos jornais e do governo, e às elegias afetadas da época da guerra, o ex-soldado Charles Douie pensava que a nova abordagem restaurava o equilíbrio; mas acrescentou:

> Os autores desta poesia e prosa do horror maximizaram o caso em tão grande grau quanto nós o minimizamos durante a guerra. A visão do sangue lhes subiu à cabeça. Não conseguem enxergar nada mais [...]. A prosa e a poesia desta era serão acusadas de desilusão e desespero?

A visão desencantada da guerra retirou o significado daquilo que muitos soldados viam como a experiência definidora de suas vidas.

"O Livro dos Contos Perdidos", composto entre 1916 e c. 1920, é da mesma safra que *A Subaltern's War* [A guerra de um subalterno] de Charles Carrington, escrito mormente em 1919–20. As palavras posteriores de Carrington sobre suas memórias aplicam-se também à mitologia de Tolkien. "São, portanto, anteriores à reação pacifista da década de 1930, e não maculadas pela influência dos autores posteriores que inventaram a poderosa imagem do 'desencanto' ou 'desilusão'", escreveu Carrington. "Eu remonto a uma etapa anterior da história das ideias".

Os usos metafóricos de *desencantado* e *desiludido* sobrepuseram-se tanto aos literais que é fácil esquecer o que significavam outrora. Dizer que se está "desencantado" com o governo ou um caso amoroso ou uma carreira, por exemplo, é dizer que não se dá mais valor a eles. Wilfred Owen estava desencantado com todo um conjunto de valores arcaicos, declarando que sua poesia não era sobre "feitos, ou terras, ou qualquer coisa como glória, potência, majestade, domínio ou poder, exceto a Guerra". Mas a imagem de Robert Graves do fim da inocência — a sabedoria dissipando as fadas do quarto das crianças — indica o significado literal de *desencanto*. A Grande Guerra rompera uma espécie de encanto.

Tolkien posiciona-se contra o desencanto, tanto no sentido literal quanto no metafórico; na verdade, em sua obra eles não podem ser separados estritamente. A visão desencantada, falando metaforicamente, é que o fracasso anula o significado do esforço. Em contraste, os protagonistas de Tolkien são heróis, não por causa de seus sucessos, que são muitas vezes limitados, mas por causa de sua coragem e tenacidade ao tentar. Como implicação, o valor não pode ser medido apenas pelos resultados, mas é intrínseco. Suas histórias descrevem a luta para manter valores herdados, instintivos ou inspiradores — coisas de valor intrínseco e incomensurável — contra as forças do caos e da destruição. Mas o mundo de Tolkien também é literalmente encantado. Não somente contém espadas falantes, ilhas móveis e feitiços de sono, mas mesmo seus objetos e habitantes mais "normais" possuem um valor espiritual que nada tem a ver com qualquer utilidade prática: ninguém mais do que Tolkien argumentou com energia que uma árvore é mais que uma fonte de madeira. Ademais, de acordo com "A Música dos Ainur", o mundo é uma magia em andamento, uma obra de *encantamento* — etimologicamente uma magia que é cantada.

A história de Túrin Turambar escrita por Tolkien pode parecer aproximar-se do modo "desencantado" da literatura. As ironias das circunstâncias inescapáveis roubam a Túrin sua vitória, ou então trapaceiam e lhe tiram os frutos dela. No entanto, Tolkien se separa dos contemporâneos ao descrever a reação do indivíduo à circunstância. A obstinada luta de Túrin contra o destino sela a condição heroica que ele conquista no combate. O destino pode rir de seus esforços, mas ele se recusa a ser humilhado.

Às vezes a ironia é considerada uma virtude absoluta na literatura, como se descrever reviravoltas da sorte fosse evidência de um sábio distanciamento da vida, ou como se dizer o contrário do que se quer significar demonstrasse um espírito de esguelha e elogiasse a esperteza do leitor. Tolkien reconhecia que a circunstância irônica existe e tem de ser retratada, mas está claro que ele não considerava a ironia como virtude. Havia concordado com Christopher Wiseman quando este se queixara, em fins de 1914, que o TCBS fora dominado por um elemento espirituoso e sarcástico "que escarnece de tudo e não perde a paciência com nada". Sua caracterização do dragão Glorund como o ironista que trama a destruição de Túrin ilustra sua própria desaprovação dos que se deleitam na zombaria.

As outras narrativas de Tolkien podem estar mais distantes da literatura "desencantada", mas ainda envolvem, com frequência, a depressão irônica característica da clássica escrita de trincheira: o desastre ou a descoberta que solapa todas as realizações e ameaça aniquilar a esperança. Essa depressão, no entanto, não é o momento essencial que mais importa na Terra-média. Tolkien impulsiona seus enredos para além dela, e assim alcança o ponto crucial emocional que realmente lhe interessava: a "eucatástrofe", a súbita virada para melhor quando a esperança se ergue, imprevista, das cinzas. Ele faz do desespero ou "desencanto" o prelúdio de uma restauração redentora do significado.

A partir de Tuor, ele registrou como os indivíduos são transfigurados por circunstâncias extraordinárias. Seus personagens partem, na maioria das vezes, de um ponto semelhante ao modo "irônico" de Frye, em sujeição, frustração ou absurdo, mas rompem os laços com essas condições e assim se tornam heróis. Conquistam maior poder de ação do que nós, e assim alcançam a condição de personagens dos modos mais antigos identificados por Northrop Frye em sua visão cíclica da história literária: mito, romance e epopeia. Assim, Tolkien dramatizou a alegria da vitória contra todas as probabilidades em Beren e Tinúviel, cuja coragem e tenacidade sobrepujaram não apenas Melko, mas também o escárnio que Beren sofrera na corte do pai de Tinúviel. Esta liberação das cadeias da circunstância torna suas histórias especialmente vitais em uma era de desencanto.

O heroísmo acontece, como Tolkien afirmou com reticência característica em seu definidor artigo sobre *Beowulf* de 1936: "Mesmo hoje [...] pode-se encontrar homens, não ignorantes da lenda e história trágica, que ouviram falar de heróis e os viram de fato [...]". A coragem não havia mudado desde os dias dos "antigos heróis [...] morrendo de costas para a muralha", dissera ele. A metáfora é um lugar-comum, mas está carregada de significado em contextos antigos e modernos, públicos e quem sabe pessoais. Ela recorda como, no poema em inglês antigo *The Wanderer*, os seguidores do senhor "*eal gecrong / wlonc bi wealle*" — "todos pereceram, altivos junto à muralha". Tolkien poderia ter recordado que Christopher Wiseman usara a mesma metáfora em sua carta chamando à ordem o TCBS após a morte de Rob Gilson: "Agora estamos parados de costas para a parede, e mesmo assim hesitamos e nos perguntamos se não seria melhor todos ficarmos de costas para paredes diferentes". Porém, para o público de Tolkien do entreguerras, certamente ela teria evocado a ordem inspiradora do Marechal de Campo Haig durante a Ofensiva de Primavera alemã em 1918: "De costas para a parede, e crendo na justiça de nossa causa, cada um de nós deve continuar lutando até o fim". Com suas narrativas de vitória conquistada a duras penas, e parcial, Tolkien sugere que deveríamos ir em frente, consigamos ou não.

Como Milton, também ele tenta justificar as ações dos Deuses em relação aos Homens. Em seguida à introdução da discordância na Música dos Ainur, Ilúvatar assevera que "mesmo esses seres que devem agora morar em meio ao seu mal e, por causa de Melko, tolerar tormento e pesar, terror e perversidade, que isso redunda, no fim, apenas para minha grande glória, e não faz senão tornar o tema mais digno de ser ouvido, a Vida mais digna de ser vivida, e o Mundo tão mais formidável e maravilhoso". Em uma era mais cética, é fácil zombar disto como sendo uma espécie de fé cega à realidade do sofrimento; mas Tolkien não era cego, e nos anos imediatamente antes de escrever essas palavras ele testemunhara o sofrimento em escala industrial. Outros que viveram os choques e os tumultos de seu tempo buscaram explicações consoladoras semelhantes dos misteriosos caminhos de Deus. Concluindo suas memórias de soldado *The Weary Road*, Charles Douie escreveu: "Talvez algum dia as gerações futuras possam começar a ver nossa guerra em uma perspectiva mais verdadeira, e possam discerni-la como um passo inevitável no trágico processo pelo qual a consciência influenciou a vontade humana, pela qual, em seu tempo, todas as coisas se farão belas". Tolkien não estava escrevendo sobre gerações futuras, mas sim sobre o fim do mundo. F.L. Lucas, o classicista-soldado cujo alistamento precipitara o de Rob Gilson, escreveu que o propósito do drama trágico era "retratar a vida para que suas lágrimas se tornem alegria perene". No mito de Tolkien, nossas almas imortais serão capazes de contemplar o drama do qual participamos como obra de arte acabada. Também se unirão aos Ainur em uma segunda e maior Música, quando os temas de Ilúvatar serão "tocados com acerto; pois aí os Ainur e Homens hão de conhecer sua mente e coração tão bem quanto possível, e todo o seu intento".

Cerca de duas décadas separam a composição de "O Livro dos Contos Perdidos" da publicação de *O Hobbit*; aproximadamente quatro a dividem do surgimento de *O Senhor dos Anéis*. O "Silmarillion" continuou a evoluir até a morte de Tolkien, envolvendo desenvolvimentos importantes em todos os níveis de detalhe, desde a cosmologia à nomenclatura. Apesar de não ser este o lugar para um exame pleno da questão, afirmo que a maior parte do que é dito neste posfácio é verdadeiro para toda essa obra posterior.

À época em que foi publicado *O Hobbit*, Tolkien havia muito abandonara a identificação da Ilha Solitária com a Grã-Bretanha, e a história de um navegante germânico ou anglo-saxão ouvindo a "verdadeira tradição" dos Elfos minguara para uma ocasional observação "editorial" no "Silmarillion". Sob qualquer aspecto geográfico ou cultural, o mito não tratava mais da gênese da Inglaterra. Mas o afrouxamento desses elos — junto com a nova oportunidade para retratos naturalistas que veio com seu afastamento dos modos épicos — implicou, paradoxalmente, que Tolkien agora podia escrever sobre o "espírito inglês" de forma mais significativa do que traçando conexões lineares através de vastas eras. Podia moldar os hobbits diretamente conforme o povo inglês que conhecera em seu querido lar de infância em Sarehole, e nas redondezas, emprestando aspectos de costume, sociedade, caráter e linguagem. Os Hobbits, disse ele, constituem uma comunidade que é "mais ou menos uma aldeia de Warwickshire por volta do período do Jubileu de Diamante". Admitiu: "consigo meus modelos como qualquer outra pessoa: da "vida" tal como a conheço". Bilbo Bolseiro, uma figura hesitantemente parada no portal da aventura, é um cativante misto de timidez e temeridade, mas ele aprende e cresce com velocidade espantosa até ser capaz de calmamente olhar a morte nos olhos. Bilbo simplesmente é mais parecido conosco, leitores de Tolkien, que Beren ou Tinúviel ou Túrin poderiam ser. Enquanto isso, a tintura de espírito inglês e a aura de 1897 levam essa história mais para perto da Primeira Guerra Mundial — o fim da era que os hobbits evocam — do que os Contos Perdidos, que na verdade foram escritos durante e imediatamente após ela.

Seria enganoso sugerir que *O Hobbit* é a experiência de guerra de Tolkien disfarçada; porém é fácil ver como algumas das suas lembranças devem ter fortalecido esse conto sobre um enobrecedor rito de passagem através das pavorosas mandíbulas da morte. O herói de classe média é juntado com companheiros altivos, mas obstinados, que foram obrigados a se rebaixar "a ponto de trabalhar como um ferreiro comum, ou mesmo mineirando carvão". Os gobelins que eles encontram lembram os de "A Queda de Gondolin", apesar de em *O Hobbit* — porque ele não fazia mistério sobre estar se dirigindo a um público do século XX — Tolkien ser muito mais explícito sobre o tipo de mal que eles representam: "Não é improvável que tenham inventado algumas das máquinas que desde então atormentaram o mundo, especialmente os aparatos engenhosos para matar grandes números de pessoas de uma vez, pois engrenagens e motores e explosões sempre os deleitaram [...] mas naqueles dias [...] eles não tinham avançado (como se diz) tanto assim". A companhia se aproxima do fim da demanda atravessando a desolação criada por Smaug, um dragão da laia de Glorund: uma terra outrora verde, agora sem "nem arbusto nem árvore, mas apenas tocos destroçados e queimados como recordação dos que haviam desaparecido muito tempo antes". Seguem-se cenas de ruína súbita e violenta (Tom Shippey vê elementos das atitudes da Primeira Guerra Mundial na defesa da Cidade-do-lago por Bard, o Arqueiro); visitamos os acampamentos dos doentes e feridos, e ouvimos altercações sobre assuntos de comando e estratégia. E tudo culmina em uma batalha envolvendo esses antigos inimigos, os Elfos e os Orques. O horror e o luto, duas atitudes diante da morte no campo de batalha, parecem lado a lado, com os Orques jazendo "empilhados até que Valle se tornou escura e horrenda com seus cadáveres", mas entre eles "muitíssimos belos elfos que deveriam ter vivido ainda longas eras alegremente nas matas".

Em 1916, de uma trincheira na Floresta Thiepval, G.B. Smith escrevera a Tolkien uma carta que pensava ser a última. "Deus o abençoe, meu caro John Ronald, e possa você dizer as coisas que tentei dizer, muito tempo depois de eu não estar aqui para dizê-las, se for esse o meu destino". Tolkien, com 24 anos de idade, acreditava com a mesma intensidade no sonho compartilhado pelo TCBS, e sentia que a eles "havia sido concedida alguma centelha de fogo [...] que estava destinada a acender uma nova luz ou, o que é a mesma coisa, reacender uma antiga luz no mundo". Porém, aos 48 anos, Tolkien sentia que a Grande Guerra se abatera como o inverno sobre seus poderes criativos em seu primeiro florescimento. "Fui jogado no meio de tudo isso bem quando eu tinha muita coisa para escrever e coisas a aprender; e jamais retomei tudo de novo", disse ele em outubro de 1940.

O que ele teria escrito se não tivesse sido "jogado no meio de tudo isso" é difícil de imaginar. A guerra impunha urgência e gravidade, levou-o através de terror, pesar e alegria inesperada, e reinventou o mundo real de forma estranha e extrema. Sem a guerra, é discutível se suas ficções teriam focalizado um conflito entre o bem e o mal; ou, caso tivessem, se o bem e o mal teriam assumido forma semelhante. Pode-se dizer o mesmo sobre seus pensamentos acerca da morte e da imortalidade, da discatástrofe e da eucatástrofe, do encantamento e da ironia, do significado da estória de fadas, da importância das pessoas comuns em eventos de magnitude histórica e, crucialmente, da relação entre a linguagem e a mitologia. Se agora fôssemos afortunados o bastante para vislumbrarmos um século XX em que não tivesse ocorrido a Grande Guerra, poderíamos saber algo sobre um pequeno artífice na tradição de William Morris chamado J.R.R. Tolkien; ou poderíamos conhecê-lo apenas como acadêmico brilhante. A Terra-média, suspeito, nos parece tão atraentemente familiar, e nos fala com tanta eloquência, porque nasceu com o mundo moderno e foi marcada pelas mesmas terríveis dores de parto.

A visão retrospectiva de Tolkien em 1940 parece nublada. Estava porfiando para prosseguir com sua continuação de *O Hobbit* após um ano de hiato sob o pálio de um novo conflito mundial, mas tinha pouca ideia do que o livro se tornaria.

Mas *O Senhor dos Anéis*, a obra-prima que foi publicada uma década e meia mais tarde, se apresenta como fruição do sonho TCBSiano, uma luz colhida em antigas fontes para iluminar um mundo que se obscurecia. Parte do seu sucesso pode ser atribuído a um sentido de profundidade e detalhe que não tem paralelo em um mundo imaginado: resultado de longa germinação que começou, não em dezembro de 1937 quando foi escrita a primeira sentença dessa nova história, mas sim em 1914, com "*The Voyage of Éarendel the Evening Star*"; *O Senhor dos Anéis* era parte da mesma árvore que a Grande Guerra forçou a crescer. Mas certamente uma boa medida da sua força deriva de suas raízes na guerra de Tolkien.

Quando foi publicado, os críticos estupefatos tentaram com todas as forças interpretá-lo como alegoria do combate contra a Alemanha nazista; mas Tolkien respondeu:

> Na verdade, é preciso que se experimente em pessoa a sombra da guerra para sentir plenamente sua opressão; mas, com os anos passando, agora muitas vezes parece esquecido que ser apanhado por 1914 na juventude não foi uma experiência menos hedionda que estar envolvido em 1939 e nos anos seguintes. Em 1918 todos os meus amigos próximos, exceto um, estavam mortos.

Se for realmente necessário buscar uma influência biográfica ou histórica significativa, ele parece dizer, 1914–18 é onde se deveria começar.

"O QUE SONHA A SÓS"

Tolkien intencionalmente contribuiu bem pouco às evidências que existem; suas afirmativas sobre a influência, ou não, da Primeira Guerra Mundial sobre *O Senhor dos Anéis* são poucas e cuidadosas. Apesar de não estar mais propenso a assumir algum papel próprio em suas histórias, como meio fizera com Eriol em "O Livro dos Contos Perdidos", ainda assim admitiu que, dentre todas as *dramatis personæ*, "No que diz respeito a algum personagem ser 'como eu', este é Faramir — exceto que me falta o que todos os meus personagens possuem (que os psicanalistas tomem nota!): *Coragem*". É claro que Faramir é um oficial, mas também um erudito, com reverência pelas antigas histórias e pelos valores sagrados que o ajuda a atravessar uma guerra amarga. Tolkien afirmou uma conexão menos específica, porém muito mais concreta, entre a Grande Guerra e *O Senhor dos Anéis* ao declarar: "Meu 'Sam Gamgi' é na verdade um reflexo do soldado inglês, dos soldados rasos e ordenanças que conheci na guerra de 1914 e reconheci como tão superiores a mim". Por fim, disse que o campo de batalha do Somme reemergira nos desolados arredores de Mordor:

> Pessoalmente não acho que cada guerra [...] teve qualquer influência tanto sobre o enredo como sobre o modo de seu desenvolvimento. Talvez na paisagem. Os Pântanos Mortos e as proximidades do Morannon devem algo ao norte da França depois da Batalha do Somme. Devem mais a William Morris e seus hunos e romanos, como em *The House of the Wolfings* ou *The Roots of the Mountains*.

Apesar de envolta em uma ampla negação de influência, a confissão persistiu. Uma pesquisa de "Escritores de ficção britânicos da Primeira Guerra Mundial" feita por Hugh Cecil focaliza autores como Richard Aldington, Wilfrid Ewart e Oliver Onions, mas para apresentar a Frente Ocidental volta-se primeiro para a descrição dos Pântanos Mortos por Tolkien, uma cena de mórbida desolação que se tornou, com efeito, o símbolo abreviado das trincheiras. C.S. Lewis tendia fortemente para a opinião de que a guerra de sua geração lançara sua sombra sobre a história do amigo. Lewis também servira na Frente Ocidental, descobrindo a camaradagem em meio ao horror, sofrendo de febre das trincheiras e depois de um ferimento "Blighty" na Batalha de Arras. Resenhando *O Senhor dos Anéis* em 1955, ele escreveu sobre uma das "excelências gerais" do livro, seu surpreendente realismo:

> Esta guerra tem a própria qualidade da guerra que minha geração conheceu. Está tudo ali: o movimento infindo e ininteligível, o sinistro silêncio na frente quando "agora está tudo pronto", os civis em fuga, as amizades alegres e vivazes, o pano de fundo de algo parecido com desespero e o primeiro plano animado, e a sorte inesperada, mandada pelos céus, de um estoque de tabaco "resgatado" de uma ruína. O autor nos contou em outro lugar que seu gosto pelos contos de fadas foi despertado à maturidade pelo serviço ativo; sem dúvida é por isso que podemos dizer sobre suas cenas de guerra (citando Gimli, o Anão): "Há boa rocha aqui. Esta região tem ossos duros."

Poder-se-ia acrescentar mais à lista de Lewis: a atmosfera de tensão e alerta do pré-guerra, a impaciência inquieta de Frodo Bolseiro com seus conterrâneos provincianos do Condado, o mergulho estonteante do mundo no perigo e nas mobilizações de massa; a coragem tenaz revelada nas pessoas comuns da cidade e do campo, com camaradagem e amor como motivações principais; a notável ausência das mulheres de grande parte da ação; a mente de Saruman, dominada pelas máquinas. Tom Shippey observa que o fato de o Condado não festejar Frodo Bolseiro quando este voltou reflete, em Tolkien, "a desilusão do veterano retornado".

Lewis deixou de mencionar a pertinência, igualmente surpreendente, de elementos superficialmente *pouco* realistas em *O Senhor dos Anéis*. Eis alguns que sugerem a influência de 1914–18: a vigilância ampla do Olho de Sauron, os momentos em que a realidade se transforma em sonho durante as longas marchas, ou em pesadelo em meio ao combate, o campo de batalha dominado por desajeitados gigantes elefantinos e matadores nunca antes vistos trazidos pelo ar, o Hálito Negro do desespero que abate até os mais bravos; a vingança das árvores por sua destruição arbitrária. A popularidade das histórias de demanda de William Morris na Frente Ocidental foi mencionada. Tolkien completou o círculo recordando suas experiências na Grande Guerra em uma série de romances "medievais", começando por "A Queda de Gondolin" e, pode-se julgar, atingindo completude mais plena em *O Senhor dos Anéis*.

O livro relata o lamentável embaraço do soldado atolado na lama do campo de batalha, mas também aborda os temas que Wilfred Owen julgava impróprios: feitos, terras, glória, honra, potência, majestade, domínio, poder. Examina como a experiência individual da guerra se relaciona com essas grandiosas e velhas abstrações; por exemplo, põe a glória, a honra, a majestade, assim como a coragem, sob tal tensão que elas frequentemente se rompem, mas não são totalmente destruídas. Recordando, sem dúvida, o cisma da literatura de guerra entre propaganda e protesto, Lewis chamou *O Senhor dos Anéis* de "uma revocação ao mesmo tempo do otimismo dócil e do pessimismo chorão" que preside no "frio ponto médio entre a ilusão e a desilusão".

A última palavra pode ser de Siegfried Sassoon, um escritor fundamental sobre a Grande Guerra. Em *O Senhor dos Anéis*, a cidade sitiada de Minas Tirith é salva pela intervenção de uma hoste dos mortos, vindos de antigas lendas: gente que desertou seus aliados três mil anos antes, e por fim veio redimir seu juramento e lutar. É um cenário espantoso e fantástico, e moralmente impactante: fantasmas que se juntam à guerra contra o mal. Mas como se assemelha a um momento visionário em *Memoirs of an Infantry Officer* onde Sassoon recorda o choque de testemunhar a volta de seus homens, para descansarem após onze dias nas trincheiras do Somme:

> Naquela noite eu vira algo que me causou grande reverência. Era coisa de um dia normal de trabalho — uma Divisão exausta voltando da Ofensiva do Somme — mas para mim foi como se eu tivesse observado um exército de fantasmas. Foi como se eu tivesse visto a Guerra como poderia ser vislumbrada pela mente de um poeta épico daqui a cem anos.

Tolkien, mais famoso pela prosa que pela poesia, já estava trabalhando em sua mitologia em 1916; mas, não fosse por isso, podemos considerá-lo justamente como o escritor épico que Sassoon imaginou.

DESENHOS DE TOLKIEN DA ÉPOCA DA GUERRA

Caerthilian Cove e Lion Rock — agosto de 1914
Um esboço de um feriado de verão de Tolkien na Cornualha feito uma semana depois que a Grã-Bretanha entrou na guerra.

DESENHOS DE TOLKIEN DA ÉPOCA DA GUERRA

Gipsy Green, 1918
Uma casa a oeste de Cannock Chase onde a família se hospedou em 1918.
Ela emprestou o nome de Fladweth Amrod à mitologia de Tolkien.

BIBLIOGRAFIA

A: DOCUMENTOS PARTICULARES

Cartas de JRRT a Geoffrey Bache Smith e Christopher Luke Wiseman; cartas a JRRT de Robert Cary Gilson, Robert Quilter Gilson, R.W. Reynolds, G.B. Smith, Ruth Smith e C.L. Wiseman (Documentos Bodleianos da família Tolkien 2/1 e 2/2).

Documentos militares pessoais de JRRT, incluindo o seu sumário "Diário de um Tempo Breve na França e das Últimas Sete Vezes que Vi GBS" (Documentos Bodleianos da família Tolkien 2/6).

Outros documentos pertencentes a JRRT, incluindo cadernos de faculdade e livros de sua biblioteca (Documentos Bodleianos de Tolkien).

Todos os supracitados são cortesia do Tolkien Estate e da Biblioteca Bodleiana.

Cartas de R.Q. Gilson a R.C. Gilson, Marianne Cary Gilson ("Donna") e Estelle King; outras correspondências de Gilson (todas cortesia de Julia Margretts e Frances Harper).

Cartas de C.L. Wiseman ao Dr. Peter Liddle, 22 de julho de 1977, recordando o seu serviço naval; memórias de W.J. Senescall, 11º Suffolks (cortesia da Coleção Liddle, Biblioteca Brotherton, Universidade de Leeds).

Cartas e cadernos do Ten. C.L. Platt, 19º Batalhão de Fuzileiros de Lancashire; diário do Cap. Lionel Ferguson, 13º Cheshires; o Rev M.S. Evers, "The Memoirs of Mervyn"; documentos do Cap. P.F.J. Fawcett-Barry; narrativa e caderno do 2º Ten. G.A. Potts; memórias "1914 a 1919" de F. Mills; narrativa a partir das anotações do Cel. C.H. David, 111ª Brigada, Real Artilharia de Campo (todos cortesia do Museu Imperial da Guerra).

B: OBRAS DE J.R.R. TOLKIEN

O local de publicação é Londres, salvo indicação em contrário.

The Book of Lost Tales, Part One [O Livro dos Contos Perdidos, Parte Um], ed. Christopher Tolkien (George Allen & Unwin, 1983).

The Book of Lost Tales, Part Two [O Livro dos Contos Perdidos, Parte Dois], ed. Christopher Tolkien (George Allen & Unwin, 1984).

"Early Noldorin Fragments" [Fragmentos Noldorin Antigos]: ver *Parma Eldalamberon* 13, em Periódicos.

"Guide to the Names in *The Lord of the Rings*" [Guia para os Nomes em *O Senhor dos Anéis*]. *In*: Jared Lobdell (ed.), *A Tolkien Compass* (Open Court, 1975).

The Hobbit [O Hobbit]; as referências são a *The Annotated Hobbit* [O Hobbit Anotado], anotado por Douglas A. Anderson (Nova York: Houghton Mifflin, 2002).

"The Homecoming of Beorhtnoth Beorhthelm's Son" [O Regresso de Beorhtnoth, filho de Beorhthelm]. *In*: *Essays and Studies* vi (John Murray, 1953). As referências são à antologia tolkieniana *Poems and Stories* [Poemas e Histórias] (HarperCollins, 1992).

"I·Lam na·Ngoldathon: The Grammar and Lexicon of the Gnomish Tongue" [I·Lam na·Ngoldathon: A Gramática e o Léxico da Língua Gnômica]: ver *Parma Eldalamberon* 11, em Periódicos.
The Lays of Beleriand [As Baladas de Beleriand], ed. Christopher Tolkien (George Allen & Unwin, 1985).
Letters of J.R.R. Tolkien: A Selection [As Cartas de J.R.R. Tolkien: uma seleção], ed. Humphrey Carpenter com Christopher Tolkien (George Allen & Unwin, 1981).
The Lord of the Rings [O Senhor dos Anéis] (HarperCollins, 1995): uma edição padrão em volume único.
The Monsters and the Critics and Other Essays [Os Monstros e os Críticos e Outros Ensaios], ed. Christopher Tolkien (George Allen & Unwin, 1983).
Morgoth's Ring [O Anel de Morgoth], ed. Christopher Tolkien (HarperCollins, 1993).
The Peoples of Middle-earth [Os Povos da Terra-média], ed. Christopher Tolkien (Harper-Collins, 1996).
"Philology: General Works" [Filologia: Obras Gerais], levantamento anual. *In*: Lee e Boas (eds.), *The Year's Work in English Studies, 1923;* Boas e Herford (eds.), *The Year's Work in English Studies, 1924.*
"The Poetic and Mythologic Words of Eldarissa" [As Palavras Poéticas e Mitológicas de Eldarissa]: ver *Parma Eldalamberon* 12, em Periódicos.
"Qenyaqetsa: The Qenya Phonology and Lexicon" [Qenyaqetsa: A Fonologia e o Léxico do Qenya]: ver *Parma Eldalamberon* 12, em Periódicos.
Sauron Defeated [Sauron Derrotado], ed. Christopher Tolkien (HarperCollins, 1992).
The Shaping of Middle-earth: The Quenta, the Ambarkanta, and the Annals together with the earliest 'Silmarillion' and the first Map [A Formação da Terra-média: O Quenta, o Ambarkanta e os Anais junto com a primeira versão do "Silmarillion" e o primeiro Mapa], ed. Christopher Tolkien (George Allen & Unwin, 1986).
Unfinished Tales [Contos Inacabados], ed. Christopher Tolkien (George Allen & Unwin, 1980).

C: LIVROS E ARTIGOS DE OUTROS

ALLISON, K.J. (ed.). *A History of the County of York, East Riding, vol. v. Holderness: southern part* (Oxford: Oxford University Press, 1984).
AUDEN, W.H. (ed.). *G.K. Chesterton: A selection from his non-fictional prose* (Faber & Faber, 1970).
BARLOW, Sir C.A. Montague. *The Lancashire Fusiliers, The Roll of Honour of the Salford Brigade* (Sherratt and Hughes, 1919).
The Battle of Jutland: Official Despatches (HMSO, 1920).
BLUNDEN, Edmund. *Undertones of War* (Cobden-Sanderson, 1928). As referências são à edição da Penguin, 1982.
BOAS, F.S., e HERFORD, C.H. (eds.). *The Year's Work in English Studies*, vol. v: 1924 (Oxford: Oxford University Press, 1925).
———. *The Year's Work in English Studies*, vol. vi: 1925 (Oxford: Oxford University Press 1927).
BRAZIER, Reginald H., e SANDFORD, Ernest. *Birmingham and the Great War* (Birmingham: Cornish Brothers, 1921).
BRENAN, Gerald. *A Life of One's Own: Childhood and youth* (Cambridge: Cambridge University Press, 1962).
BRITTAIN, Vera. *Testament of Youth* (Victor Gollancz, 1933). As referências são à edição da Virago, 1978.
BROCKINGTON, W.A. *Elements of Military Education* (Longmans, Green, 1916).
BROGAN, Hugh, "Tolkien's Great War". *In*: Gillian Avery e Julia Briggs (eds.), *Children and their Books: A celebration of the works of Iona and Peter Opie* (Oxford: Clarendon Press, 1989).

BROWN, Malcolm. *The Imperial War Museum Book of the Somme* (Pan, 1997).
CARPENTER, Humphrey. *J.R.R. Tolkien: A biography* (George Allen & Unwin, 1977).
CARRINGTON, Charles (sob o pseudônimo "Charles Edmonds"). *A Subaltern's War* (Peter Davies, 1929).
——. *Soldier from the Wars Returning* (Hutchinson, 1965).
CARTER, Terry. *Birmingham Pals: 14th, 15th & 16th (Service) Battalions of the Royal Warwickshire Regiment* (Barnsley: Pen & Sword Books, 1997).
CATER, Bill, "We talked of love, death and fairy tales". *The Daily Telegraph* (29 de novembro de 2001), 23.
CECIL, Hugh. *The Flower of Battle* (Secker & Warburg, 1995).
CHAMBERS, R.W. *Widsith: A study in Old English heroic legend* (Cambridge: Cambridge University Press, 1912).
COLE, G.D.H., e EARP, T.W. (eds.). *Oxford Poetry 1915* (Oxford: Blackwell, 1915).
CORK, Richard. *A Bitter Truth: Avant-garde art and the Great War* (New Haven e Londres: Yale University Press, 1994).
COURTAULD, Simon. "In Remembrance: and the memories of a living hero", *The Daily Telegraph* (10 de novembro de 1998), 9.
CUTTELL, Barry. *148 Days on the Somme* (Peterborough: GMS Enterprises, 2000).
D'ARDENNE, S.R.T.O., "The Man and the Scholar". *In: J.R.R. Tolkien, Scholar and Storyteller: Essays in memoriam*, ed. Mary Salu e Robert T. Farrell (Ithaca e Londres: Cornell University Press, 1979).
DORMAN, J.E. *Guardians of the Humber: The Humber defences 1856-1956* (Hull: Humberside Leisure Services, 1990).
DOUIE, Charles. *The Weary Road: Recollections of a subaltern of infantry* (John Murray, 1929).
EARLE, John. *The Deeds of Beowulf: An English epic of the eighth century done into modern prose* (Oxford: Clarendon Press, 1892).
EKWALL, Eilert, *The Concise Oxford Dictionary of English Place-names* (Oxford: Oxford University Press, 1936).
ELIOT, C.N.E. *A Finnish Grammar* (Oxford: Oxford University Press, 1890).
English School Association, Leeds, *A Northern Venture: Verses by members of the Leeds University English School Association* (Leeds: The Swan Press, 1923).
——. *Leeds University Verse 1914-24* (Leeds: The Swan Press, 1924).
ENSOR, Sir Robert. *England 1870-1914* (Oxford: Clarendon Press, 1936).
FARNELL, Lewis R. *An Oxonian Looks Back* (Martin Hopkinson, 1934).
FERGUSON, Niall. *The Pity of War* (Penguin, 1999).
FLIEGER, Verlyn. *A Question of Time: Tolkien's road to Faërie* (Ohio: Kent State University Press, 1997).
FUSSELL, Paul. *The Great War and Modern Memory* (Oxford: Oxford University Press, 1975).
GIBBS, Philip. *Now It Can Be Told* (Nova York: Harper, 1920).
GIBSON, R.H., e PRENDERGAST, Maurice. *The German Submarine War 1914-1918* (Constable, 1931).
GILBERT, Martin. *The First World War* (HarperCollins, 1995).
GILLIVER, Peter M. "At the Wordface", *In: Proceedings of the J.R.R. Tolkien Centenary Conference*, ed. Patricia Reynolds e Glen GoodKnight (Milton Keynes e Altadena: The Tolkien Society and the Mythopoeic Press, 1995).
GILSON, Christopher. "'Narqelion' and the Early Lexicons: Some Notes on the First Elvish Poem", *Vinyar Tengwar* 40 (Crofton, 1999).
GLIDDON, Gerald. *When the Barrage Lifts* (Leo Cooper, 1990).
GRAVES, Robert. *Fairies and Fusiliers* (William Heinemann, 1917).
——. *Good-bye to All That* (Jonathan Cape, 1929). As referências são à edição da Penguin, 1960.
GREIN, C.W.M. 2ª edição de R.P. Wülcker, *Bibliothek der angelsächsischen Poesie* (Kassel/Leipzig: Georg H. Wigand, 1881-3).

BIBLIOGRAFIA

GRIMM, Jacob. *Teutonic Mythology*, tr. J.S. Stallybrass (George Bell & Sons, 1883).
HAGGARD, Henry Rider. *She: A history of adventure* (Longmans, Green, 1887). As referências são à edição da Penguin Classics, 2001.
HAMMOND, Wayne G., e SCULL, Christina. *J.R.R. Tolkien: Artist and illustrator* (HarperCollins, 1995).
HAMMOND, Wayne G., com ANDERSON, Douglas A. *J.R.R. Tolkien: A descriptive bibliography* (New Castle, Delaware: Oak Knoll Books, 1993).
HAYTER, P.D.G. (ed.). *Charlton and Newbottle: A history of two villages* (Charlton and Newbottle History Society, 2000).
HEATH, Charles H. *Service Record of King Edward's School, Birmingham* (Birmingham: Cornish Brothers Ltd, 1920; com acréscimos e correções, 1931).
The Historical Register of the University of Cambridge, Supplement, 1911-20 (Cambridge: Cambridge University Press, 1922).
HOSTETTER, Carl F., and SMITH, Arden R. "A Mythology for England". *In*: *Proceedings of the J.R.R. Tolkien Centenary Conference*, ed. Patricia Reynolds e Glen GoodKnight (Milton Keynes e Altadena: The Tolkien Society e a Mythopoeic Press, 1995).
HOSTETTER, Carl F. "Over Middle-earth Sent Unto Men: On the Philological Origins of Tolkien's Eärendel Myth". *In*: *Mythlore* 65 (Primavera de 1991).
———. Introdução a "The Rivers and Beacon-hills of Gondor" de Tolkien. *In*: *Vinyar Tengwar* 42 (Crofton 2001).
How, A.B. *Register of Exeter College Oxford 1891-1921* (Oxford: Blackwell, 1928).
HUTCHINSON, Harold F. *London Transport Posters* (London Transport Board, 1963).
HUTTON, T.W. *King Edward's School, Birmingham, 1552-1952* (Oxford: Blackwell, 1952).
HYDE, Paul Nolan. "Narqelion: A Single, Falling Leaf at Sun-fading". *In*: *Mythlore* 56 (Altadena, 1988).
HYNES, Samuel. *A War Imagined: The First World War and English culture* (The Bodley Head, 1990).
JAMES, Ten. Cel. Lionel, DSO. *The History of King Edward's Horse (The King's Oversea Dominions Regiment)* (Sifton, Praed and Co., 1921).
JENKYNS, Richard. *The Victorians and Ancient Greece* (Oxford: Blackwell, 1980).
KEEGAN, John. *The Face of Battle* (Pimlico, 1991).
KINCAID-SMITH, Ten. Cel. M. *The 25th Division in France and Flanders* (Harrison & Sons, 1918).
KIRBY, William Forsell (ed.). *Kalevala* (Everyman, 1907).
LANG, Andrew (ed.). *The Red Fairy Book* (Longmans, 1890). As referências são à edição da Dover (Nova York, 1966).
LATTER, Major-General J.C. *The History of the Lancashire Fusiliers, 1914--1918*, 2 vols. (Aldershot: Gale & Polden, 1949).
LEE, Sir Sidney, e BOAS, F.S. (eds.). *The Year's Work in English Studies, vol. iv: 1923* (Oxford: Oxford University Press, 1924).
LEWIS, Cecil. *Sagittarius Rising* (Peter Davies, 1936).
LEWIS, C.S. "The Dethronement of Power". *In*: *Time & Tide* 36 (22 de outubro de 1955); reimpresso em ISAACS e ZIMBARDO, *Tolkien and the Critics* (Indiana: University of Notre Dame Press, 1968).
———. "Tolkien's *The Lord of the Rings*". *In*: LEWIS, C.S. *Essay Collection: Literature, philosophy and short stories* (HarperCollins, 2002).
LEWIS, W.H. *Letters of C.S. Lewis* (Geoffrey Bles, 1966).
LIGHTWOOD, James T. *The Music of the Methodist Hymn Book* (Epworth, 1955).
LUCAS, F.L. *Tragedy: Serious drama in relation to Aristotle's Poetics* (Hogarth Press, 1927).
MACAULAY, Lord. *Lays of Ancient Rome* (Longman, Brown, Green & Longmans, 1842). As referências são a *Lays of Ancient Rome and Miscellaneous Essays and Poems* (Dent, 1910).
MACDONALD, Alexander. *The Lost Explorers* (Blackie & Son, 1907).
MACDONALD, George. *The Complete Fairy Tales* (Penguin, 1999).
———. *The Princess and the Goblin* (Strahan, 1872).
MACDONALD, Lyn. *The Somme* (Michael Joseph, 1983).

MACHEN, Arthur. "The Bowmen". *In:* London *Evening News* (29 de setembro de 1914).
MALLORY, J.P. *In Search of the Indo-Europeans: Language, Archaeology and Myth* (Thames & Hudson, 1991).
MANNING, Frederic. *The Middle Parts of Fortune* (Piazza Press, 1929). As referências são à edição da Penguin, 1990.
MARDER, Arthur J. *From the Dreadnought to Scapa Flow, vol. iii. Jutland and After: May 1916-December 1916* (Oxford: Oxford University Press, 1966).
MARSH, Edward (ed.). *Georgian Poetry* (Poetry Bookshop, 1913).
MARTINEAU, Jane (ed.). *Victorian Fairy Painting* (Royal Academy of Art e Merrell Holberton, 1997).
MASEFIELD, John. *The Old Front Line; or, the beginning of the battle of the Somme* (William Heinemann, 1917).
MIDDLEBROOK, Martin. *The First Day on the Somme* (Penguin, 1984).
MILES, G.T.J. e RICHARDSON, William. *A History of Withernsea* (Hull: A. Brown & Sons, 1911).
MILES, Wilfrid. *Military Operations, France and Belgium, 1916. 2nd July to the end of the battles of the Somme, vol. i* (Macmillan, 1938). (Parte da *History of the Great War based on Official Documents.*)
MITCHINSON, K.W. *Pioneer Battalions in the Great War* (Leo Cooper, 1997).
MORRIS JONES, J. *A Welsh Grammar, Historical and Comparative* (Oxford: Clarendon Press, 1913).
MORRIS, Richard. *An Old English Miscellany* (Early English Text Society, 1872).
MURPHY, C.C.R. *History of the Suffolk Regiment* (Hutchinson, 1928).
NORMAN, Philip. "The Hobbit Man". *In: Sunday Times Magazine* (15 de Janeiro de 1967), 34-6.
OWEN, Wilfred. *The Collected Poems of Wilfred Owen*, ed. C. Day Lewis (Chatto & Windus, 1963).
PARKER, Peter. *The Old Lie: The Great War and the public-school ethos* (Constable, 1987).
PEACOCK, Dr. A.J., "A Rendezvous with Death". *In: Gun Fire* 5 (York: Western Front Association, 1986).
PEARCE, Hilda. *The Navy Book of Fairy Tales* (J.J. Bennett, 1916).
PHILLIPS, J. *Illustrations of the Geology of Yorkshire. Part i: The Yorkshire coast* (John Murray, 1875).
PRIESTLEY, J.B. *The Edwardians* (Heinemann, 1970). As referências são à edição da Penguin, 2000.
PRIESTMAN, Judith. *J.R.R. Tolkien: Life and Legend* (Oxford: Biblioteca Bodleiana, 1992).
PURKISS, Diane. *Troublesome Things* (Penguin, 2001).
RATELIFF, John D. "The Lost Road, The Dark Tower, and the Notion Club Papers: Tolkien and Lewis's Time Travel Triad". *In:* Verlyn Flieger e Carl F. Hostetter (eds.), *Tolkien's Legendarium: Essays on* "The History of Middle-earth" (Westport, Connecticut: Greenwood Press, 2000).
ROSS, Sir John. *The Coldstream Guards, 1914-1918* (Oxford: Oxford University Press, 1928).
SASSOON, Siegfried. *The Complete Memoirs of George Sherston* (Faber & Faber, 1937). As referências são à edição da Faber de 1972.
———. *The War Poems*, ed. Rupert Hart-Davis (Faber & Faber, 1983).
SHEPPARD, Thomas. *Kingston-Upon-Hull Before, During and After the Great War* (Londres e Hull: A. Brown & Sons, 1919).
SHIPPEY, Tom. *J.R.R. Tolkien: Author of the Century* (HarperCollins, 2000).
———. *The Road to Middle-earth* (HarperCollins, 1992).
———. "Tolkien and the West Midlands: The Roots of Romance". *In: Lembas Extra 1995* (Leiden: Tolkien Genootschap *Unquendor*, 1995).
SIMKINS, Peter. *Kitchener's Army: The raising of the new armies, 1914-16* (Manchester: Manchester University Press, 1988).

SKEAT, Walter W. (ed.). *The Complete Works of Geoffrey Chaucer*, 5 vols. (Oxford: Clarendon Press, Oxford 1894).
SMITH, A.H. *The Place-names of the East Riding of Yorkshire and York* (Cambridge: Cambridge University Press, 1937).
SMITH, G.B. *A Spring Harvest*, ed. (não creditada) por J.R.R. Tolkien e Christopher Wiseman (Erskine Macdonald, 1918).
SMYTH, Major B. *The Lancashire Fusiliers' Annual 1916* and *1917* (Dublin: Sackville Press, 1917 e 1918).
SOLANO, E.J. (ed.). *Signalling: Morse, Semaphore, Station Work, Despatch Riding, Telephone Cables, Map Reading*, 4ª edição (John Murray, dezembro de 1915).
STEDMAN, Michael. *Salford Pals: 15th, 16th, 19th and 20th Battalions Lancashire Fusiliers* (Barnsley: Pen & Sword Books, 1993).
——. *Somme: La Boisselle, Ovillers/Contalmaison* (Leo Cooper, 1997).
——. *Somme: Thiepval* (Leo Cooper, 1995).
STRACHAN, Huw. *The First World War. Volume i: To Arms* (Oxford: Oxford University Press, 2001).
TAYLOR, A.J.P. *English History 1914-1945* (Oxford: Clarendon Press, 1965).
THWAITE, Ann. *A.A. Milne: His life* (Faber & Faber, 1990).
TOLKIEN, John and Priscilla. *The Tolkien Family Album* (HarperCollins, 1992).
TOLKIEN, Priscilla. "J.R.R. Tolkien and Edith Tolkien's Stay in Staffordshire 1916, 1917 and 1918". *In*: *Angerthas in English* 3 (Bergen: Arthedain [The Tolkien Society of Norway], 1997).
TOPLIFFE, Lorise, "Tolkien as an Undergraduate" *In*: *Exeter College Association Register* (Oxford 1992).
TROTT, Anthony. *No Place for Fop or Idler: The story of King Edward's School, Birmingham* (James & James, 1992).
VAN DE NOORT, Robert, e ELLIS, Stephen (eds.). *Wetlands Heritage of Holderness: An archaeological survey* (Kingston-upon-Hull: Universidade de Hull, 1995).
WHITEHOUSE, C.J. e G.P. *A Town for Four Winters: An original study of military camps on Cannock Chase during the Great War, 1914-19* (publicado pelos autores, 1983).
WINTER, Denis. *Death's Men: Soldiers of the Great War* (Penguin, 1979).
WINTER, Jay. *Sites of Memory, Sites of Mourning* (Cambridge: Cambridge University Press, 1996).
WINTER, J.M. *The Great War and the British People* (Macmillan, 1986).
——. "Oxford and the First World War". *In*: Brian Harrison (ed.), *The History of the University of Oxford. Volume viii: The Twentieth Century* (Oxford: Clarendon Press, 1994).
WISEMAN, Christopher Luke. Memórias epônimas. *In*: *Old Edwardians Gazette* (Abril de 1988), 22, 24.
WRIGHT, Elizabeth Mary. *The Life of Joseph Wright* (Oxford: Oxford University Press, 1932).
WYNNE, Patrick, e SMITH, Arden R., "Tolkien and Esperanto". *In*: Barbara Reynolds (ed.), *Seven: An Anglo-American Literary Review*, 17 (Wheaton, Illinois, 2000).
YATES, Jessica, "'The Battle of the Eastern Field': A Commentary". *In*: *Mallorn* 13 (The Tolkien Society, 1979).

D: PERIÓDICOS

Amon Hen: boletim da Tolkien Society da Grã-Bretanha. O nº 13 inclui um "Relato do Oxonmoot '74" não assinado que descreve uma conversa com Priscilla e Michael Tolkien.
Gun Fire: periódico de história da Primeira Guerra Mundial, ed. Dr. A.J. Peacock (York).
King Edward's School Chronicle.
Mallorn: periódico da Tolkien Society da Grã-Bretanha.
Old Edwardians Gazette.
The Oxford Magazine.
Parma Eldalamberon, ed. Christopher Gilson, Carl F. Hostetter, Patrick Wynne e Arden R. Smith. O nº 11 (Walnut Creek, California, 1995) contém o "I·Lam na·Ngoldathon: The

Grammar and Lexicon of the Gnomish Tongue" de Tolkien; o n º 12 (Cupertino, Califórnia, 1998) contém os seus "Qenyaqetsa: The Qenya Phonology and Lexicon" e "The Poetic and Mythologic Words of Eldarissa"; o n º 13 (Cupertino, 2001) contém uma série de "Early Noldorin Fragments", assim como as notas de Tolkien sobre "The Alphabet of Rúmil" [O Alfabeto de Rúmil] (ed. Arden R. Smith), no qual escreveu o seu diário desde o início de 1919.

The Stapeldon Magazine: periódico do Exeter College, Oxford.
Vinyar Tengwar: periódico da Elvish Linguistic Fellowship, ed. Carl F. Hostetter (Crofton, Maryland).

E: REGISTROS DE SERVIÇO, DIÁRIOS DE GUERRA E OUTROS DOCUMENTOS OFICIAIS

Referências do Public Record Office [Gabinete de Registros Públicos] seguem-se entre parênteses. Além dos sumários diários de eventos, os diários de guerra contêm registros oficiais inestimáveis, incluindo ordens, informações sigilosas e comunicados.

Registro de serviço de J.R.R. Tolkien (WO 339/34423).
Registro de serviço de G.B. Smith (WO 339/28936).
Registro de serviço de R.Q. Gilson (WO 339/29720).
Registros de serviço de T.K. Barnsley (WO 339/12939) e R.S. Payton (WO 339/16911), anteriormente do TCBS; Roger Smith (WO 339/42691); e de vários oficiais do 11º Batalhão de Fuzileiros de Lancashire.
Diários de guerra do 11º Batalhão de Fuzileiros de Lancashire, do 13º Cheshires, do 9º Leais Lancashires do Norte e do 2º Reais Rifles Irlandeses (WO 95/2246-7); do QG da 74ª Brigade (2245); do QG da 25ª Divisão (2222-4), do corpo adjunto e administrativo (2228) e da companhia de sinalização (2238). Também aqueles da 7ª Brigada (2241), do 8º Leais Lancashires do Norte e do 10º Cheshires (2243); da 144ª Brigada (2757), do 1/4º Gloucesters (2758) e do 1/7º Worcesters (2759); da 143ª Brigada (2754) e do 1/5º Warwickshires (2755).
"Comunicados na 25ª Divisão de 1º de julho a 23 de outubro de 1916" (parte de WO 95/2222).
Diário de guerra do 19º Batalhão de Fuzileiros de Lancashire (WO 95/2785).
Diários de guerra do 11º Suffolks (WO 95/2458), da 101ª Brigad (WO 95/2455) e da 34ª Divisão (WO 95/2432).
Relatório seminal do Exército Britânico (WO 114/33-5).
Relatórios mensais do Exército (WO 73/100, WO 73/102).
Listas Trimestrais do Exército, 1915-16 (WO 66).
Commonwealth War Graves Commission [Comissão de Túmulos de Guerra da Commonwealth].

F: DIVERSOS

Atas do Clube de Ensaios (cortesia do Exeter College, Oxford).
Registro bibliotecário do Exeter College (cortesia do Exeter College, Oxford).
SIBLEY, Brian. *J. R. R. Tolkien: An audio portrait* (BBC Worldwide, 2001).
Atas da Stapeldon Society (cortesia do Exeter College, Oxford).
Atas da Sundial Society (cortesia do Corpus Christi College, Oxford).

ÍNDICE REMISSIVO

Diacríticos foram padronizados; por exemplo, mácrons foram substituídos por acentos agudos. Itens da mitologia inicial de Tolkien são brevemente definidos (em vez de traduzidos) entre parênteses.

A Batalha de Maldon (poema em inglês antigo) 88
A História de Kullervo, ver em Tolkien, J.R.R., *histórias*
Abbeville, França 170
Abercrombie, Lascelles 81
Acampamento Aldershot (1910) 38
Acampamento Brocton, Cannock Chase 123, 133, 135, 274
Acampamento Brough Hall, Yorkshire 101
Acampamento do Planalto de Dibgate (1912) 39
Acampamento Lindrick, Yorkshire 101
Acampamento Penkridge, Cannock Chase 124, 131, 135, 274
Acampamento Rugeley, Cannock Chase 123
Acampamento Thirtle Bridge, Holderness 261, 262, 263, 266, 267, 270, 271, 274
Acampamento Tidworth Pennings (1909) 38
Acampamento Whittington Heath, Staffordshire 113, 115, 116, 127, 323
Acheux, França 204
Adormecido na Torre de Pérola 111, 253 *nota de rodapé*
Ælfwine 307
África do Sul 24, 38, 288, 324; *ver também* Guerra dos Bôeres
Águas do Despertar 288
Ainur ("deuses" ou anjos) 336; Música dos Ainur 282–84, 305, 330, 333, 335
Aisne, Batalha do (1918) 276
Alalminórë (Warwickshire) 127, 147

Albert, França 62, 132, 168, 169, 170, 173, 185, 193
Albert, Rei da Bélgica 65
Aldington, Richard 340
alemães na mitologia de Tolkien 116
Alfredo, King 256
Altham, Abraham Clifford (oficial de inteligência do 11º BFL) 195, 197
alto alemão antigo 28
Amiens, França 169, 170
Amillion (fevereiro) 149 *nota de rodapé*
Amillo (a Vala) 148, 149 *e nota de rodapé*, 285 *nota de rodapé*
Anãos 118, 299; como companheiros de Bilbo 300, 341
Ancrene Riwle (texto religioso em inglês médio) 67
Andersen, Hans Christian 26
Angaino (um gigante)149
Angamandos (inferno) 149; *ver também* Angband
Angband 292–94, 296, 297; inferno 249
anglo-saxões 50, 68, 117, 256, 261, 263, 284; anglos 271; idioma *ver* inglês antigo; e a mitologia de Tolkien 36, 41, 72, 73, 168, 189, 206
animálico (idioma inventado) 252
anjos 133, 246, 276, 284; *ver também* Ainur, Valar
"Anjo(s) de Mons" 105
Annwn (Outro Mundo galês) 128
Antuérpia 63
Apolausticks (club do Exeter College) 45, 51

Aranha da Noite 69, 148, 269; *ver também* Tecelã-de-Treva
aranhas de Trevamata 80
Arden (ordenança do 11º BFL) 195
ariano 116
Aristófanes 31
Armentières, França 138
Arnold, Matthew 310
Arras, Battle de (1917) 261, 341
Artanor (reino feérico florestal) 289, 293, 295, 300
Arthur, Rei 46, 128
Artois, França 215 *e nota de rodapé*
Aryador (terra de mortais e do povo-das-sombras) 115, 116, 118, 119, 120, 127, 133, 134, 147, 241, 287, 295, 306, 323; e a antiga Europa 71, 84, 94
Asgard 105, 285; *ver* Valinor
Asturias (navio-hospital) 231, 261
Atkins, Frederick Melvin (subalterno do 11º BFL) 195
Atlântida *ver* Númenor
Auchonvillers, França 196
Audacious, naufrágio do 65
Auden, W.H.: JRRT a 40, 324
Aulë (ferreiro dos Valar) 269
Authuille, França 181, 183
Avalon 128

Balrogs (demônios de Melko) 247
Bard, o Arqueiro 338
Barnsley, Brigadeiro-General Sir John 56, 233
Barnsley, Thomas Kenneth ("Tea-Cake"; membro do TCBS) 22, 23, 32 *nota de rodapé*; em Cambridge 22, 41; morte 23, 279; e o TCBS 22, 47, 63, 159; serviço de guerra 56, 63, 71, 232
Barnt Green (Worcestershire) 102, 108
Barrie, J.M. 112; *Peter Pan* 90, 93, 99, 105, 254, 327
Barrowclough, Sidney (membro do TCBS) 18, 21, 22, 32 *nota de rodapé*, 41, 46, 71, 73, 126
Basra (Mesopotâmia) 260
"Batalha das Lágrimas Inumeráveis" 295, 298, 306, 328
Batalhão de Cambridgeshire (11º Suffolks) 73, 101, 121, 136, 165, 175, 176, 177–79, 186, 193, 204, 324
batalhas *ver locais individuais*
Batalhões de "Pals" 85

Batalhões de Birmingham *ver* Regimento Real Warwickshire
Bath (Somerset) 123, 125
Beaumont-Hamel, França 196, 232
Beauval, França 194, 195, 198, 226–27
Bécourt, França 173 *nota de rodapé*, 174; Cemitério 220 *nota de rodapé*
Bedford 107, 108, 113
Beleg (arqueiro élfico) 295, 299
Beorhtnoth 58, 88, 324
Beowulf 18, 31, 49, 58, 61, 254, 258, 319, 323, 324, 335
Beren (Elfo, amante de Tinúviel) 290, 291, 292, 293, 294, 296, 297, 300, 306, 308; como mortal 290 *nota de rodapé*; e Tolkien 298
Bertrancourt, França 197
Beswick, Rodney Knight (oficial do 11º BFL) 276
Bifrost 254
Bird, Ten. Cel. Laurence Godfrey (comandante do 11º BFL) 171, 181, 196, 197, 216, 218, 219, 231, 262
Birmingham 13, 17, 19, 24, 25, 41–2, 45, 46, 102, 114, 115, 120–21, 151, 160, 171, 207, 208, 232; Oratório de 25, 114; *ver também* King Edward's School
Birmingham Daily Post 56
Blackpool: Hospital de Convalescentes Savoy 277
Blake, William 325, 327
Bloemfontein, Estado Livre de Orange 24, 37
Blunden, Edmund 213
Bolseiro, Bilbo 80, 135, 337
Bolseiro, Frodo 341
Bournemouth 312, 313
Bouzincourt, França 180, 181, 183, 184, 185, 191, 194, 211, 214, 215, 220, 226
Bowyer, Joseph (intendente do 11º BFL) 201 *nota de rodapé*, 267
Bradnam, Albert Edward (ordenança de Gilson) 178, 194, 194 *e nota de rodapé*
Bratt, Edith *ver* Tolkien, Edith
Brenan, Gerald 189
Brewerton, George (professor da KES) 29
brigadas de infantaria: 3ª Reserva 113, 124; 7ª (no ataque a Ovillers) 186–87; 14ª (de Smith até julho de 1916) 196; 74ª (de JRRT) 172, 185, 224, 226, 276
Brísingamen 299
Brogan, Hugh 317; "Tolkien's Great War" 346

ÍNDICE REMISSIVO

Brooke, Rupert 41, 54; "The Soldier" 89
Brooks, William George (Cambridgeshires) 178
Browning, Robert 144; "O Flautista de Hamelin" 26
Bunyan, John: *The Pilgrim's Progress* 325
Burne-Jones, Edward 27
Bus-lès-Artois, França 198, 202, 215 nota de rodapé

Calais, França 165
Calumoth (gobelins) 245 nota de rodapé; ver também kalimbardi
Cambrai, Batalha de (1917) 270, 279 nota de rodapé
Cambridge 18, 21, 22, 23, 38, 41, 46, 280; Acampamento Cherry Hinton 74; Peterhouse 18, 46; Trinity College 21
Candas, França 228
Cannock Chase, Staffordshire 115, 123, 136, 157, 274, 302, 343
Canziani, Estella: *The Piper of Dreams* 95
Carpenter, Humphrey: *J.R.R. Tolkien: A biography* 27, 100 nota de rodapé, 172, 215
Carrington, Charles (subalterno do 1/5º Warwickshires) 185; *Soldier from the Wars Returning* 347; *A Subaltern's War* 332, 347
Casadelfos 110, 286, 288; ver também Eldamar
catolicismo romano 19, 25, 27, 40, 51, 156, 157, 179, 197, 280
Cavernas de Cheddar 156
Cecil, Hugh: *The Flower of Battle* 347
Celbaros (Cheltenham) 234 nota de rodapé
Chalé do Brincar Perdido (1) em poema (propriamente o Chalé do Brincar do Sono) 89, 99, 251–55, 286; (2) na Ilha Solitária 252, 254, 301
Chambers, R.W.: *Widsith* 256, 257
Charneca Alta, Batalha da 302, 307
Chaucer, Geoffrey: *Os Contos da Cantuária* 18, 28, 48, 76, 127, 128, 251
Cheltenham 44, 58, 234, 268; e Celbaros 234 nota de rodapé
Chequers Club (Exeter College) 45, 51, 52
Chesterton, G.K. 81; "The Ethics of Elfland" 134
Churchill, Winston 65
cicuta 289, 290
Cidade-do-lago 338
Clarke, Arthur C. 248

Clássicos e Classicismo 18, 25, 26, 44, 45, 46, 80, 81, 123; ver também língua grega e latim
Clevedon, Somerset 156
Clube do Chá ver TCBS
Coalbiters 311
Codford St Mary, Wiltshire 122, 131, 280
Colar dos Anãos 300
Coldstream Guards, 1º Batalhão 132, 279
Coleridge, Samuel Taylor: "Kubla Khan" 50
Colina dos Mortos 295
Colincamps, França 197
Constable, Sra. Strickland 267
coragem e heroísmo 34, 36, 52, 54, 88, 102–03, 116, 147, 196, 197, 198, 199, 214, 215, 217, 218–19, 222, 223
Cornualha 42, 55, 76
Corpo de Treinamento de Oficiais (OTC, em inglês) ver em King Edward's School e Oxford
Cortirion (Warwick) 234 nota de rodapé; ver também Kortirion
Cottrell, George Frederick (KES) 279 nota de rodapé
Craigie, William A. 48, 277
Crichton, John Drummond (KES) 279 nota de rodapé
Crista Vimy, França 166, 172
Cullis, Colin (Exeter College) 51, 64, 278, 279
Cynewulf: *Crist* 59–60, 62, 254

d'Ardenne, Simonne 215
Daily Mail 36
Danigwethl 240 nota de rodapé; ver também Taniquetil
Davies, W.H. 81
de la Mare, Walter 81
Deakin, Dorothea (esposa de RWR) 308
demônios 149
Desembarques de Galípoli (1915) 87, 140
desencanto 303, 331, 333
deuses 105, 117–19, 147, 284; ver também Valar
Dimlington, Holderness 271
discatástrofe 293, 298, 338
divisões de infantaria: 25ª (de Tolkien) 166, 181, 194, 203, 216, 226, 351; 32ª (de Smith até julho de 1916) 166, 207; 34ª (de Gilson) 351; 49th (de Smith a partir de julho de 1916) 132
Dixon, Arthur (subalterno do 19º BFL) 140

Douie, Charles: *The Weary Road* 213, 222, 327, 332, 336
dragões na literatura e na tradição 17, 26; nas obras de Tolkien 149, 295, 323, 334; e tanques 247, 296, 327
Dryden, John 100
du Maurier, Gerald 63
Duas Árvores (de Valinor) 82, 87, 102, 148, 243, 269, 286, 287, 292, 302, 306
Dunn, Frederick (oficial do 11º BFL) 184

Eärendel/Éarendel (marinheiro estelar) 59–63, 69, 79, 81, 99, 102, 103, 105, 106, 110–12, 117, 149, 240, 242, 244, 251, 269, 301, 307, 309; Eärendl 240; *ver também* "The Voyage of Éarendel" *em* Tolkien, J. R. R., *poesia*
Earp, Thomas Wade (Exeter College) 66, 112, 138, 278
Easington, Holderness 271, 279
Ecthelin (Edith Tolkien) 234 *nota de rodapé*
Edda Poética 48
Édipo 299
Edward VII 34
Edwards, William Ian (oficial de metralhadoras do 11º BFL) 195, 267
elda "fada da praia" 99; *ver também* Solosimpi
Eldamar 99, 147, 243; Eglamar 103; *ver também* Casadelfos
Eldar 93, 143, 145, 147, 239, 247, 287, 288, 302; *ver também* Elfos
eldarin primitivo (idioma inventado) 77, 78, 116, 239
eldarissa (qenya) 239
élfico 116, 118; *ver também* eldarin primitivo, gnômico, goldogrin, qenya *e* sindarin
Elfos 94, 110, 128, 129, 132, 133, 244, 286, 288, 289, 321, 338; exilados de Casadelfos 110, 286, 288; desvanecer 60, 297, 327; missão entre os mortais 93, 127, 131, 148, 282; estatura 53, 93, 244; na tradição e na literatura 105, 134, 252, 283; *ver também* Eldar, fadas, Gnomos, Povo-das-sombras
Elfos-cinzentos 240
Eliot, C.N.E.: *A Finnish Grammar* 40
Eliot, T.S.: *The Waste Land* 88
Elrond (filho de Eärendel) 312
Elwing (esposa de Eärendel) 301
encantamento 92, 95, 109, 254, 266, 290, 300, 301, 333, 338

enobrecimento 304–05
Ents 129
Enu (Deus) 147; *ver também* Ilúvatar
Eremandos (inferno) 149
Erinti (Vala do amor) 147, 149, 255, 256, 285 *nota de rodapé*
Erintion (segunda metade de janeiro) 149 *nota de rodapé*
Eriol (um marinheiro) 252, 253, 254, 255, 256, 263, 264, 271, 272, 273, 275, 284, 286, 288, 301–03, 305, 307, 326, 340; e "O Livro dos Contos Perdidos" 255, 256, 282, 299, 316, 320
Ernst, Max: *Celebes* 248
Erskine Macdonald (editora) 275
escape e escapismo 95, 157, 222, 315, 322, 323, 327
espanhol 29, 273
Ésquilo 39, 44
Estirin (Exeter) 149
estória de fadas, contos de fadas 92, 94–6, 127, 134, 248, 254, 257, 289, 309, 338; e guerra 248, 254, 292, 321, 326
Estuário de Cromarty 137
Étaples, França 133, 165, 170, 181, 226
eucatástrofe 293, 334
Europa *ver* Aryador, Grandes Terras
Evers, Reverendo Mervyn S. (padre do 11º BFL) 179, 190, 214, 215, 224, 225, 227
Ewart, Wilfrid 340
Exército (Britânico) *ver unidades individuais*; Quinto 226; Segundo 226
Exeter College, Oxford 13, 27, 38, 40, 45, 49, 64, 66, 80, 112, 278; Clube de Ensaios 45, 49, 50, 278; Prêmio Skeat 49; Stapeldon Society 46, 49, 51, 63, 65; baixas de guerra 278

fadas na literatura e na tradição 26, 27, 51, 53, 89, 90, 91, 287–93, 298; em Tolkien (geralmente sinônimo de "Elfos", *q.v.*) 27, 53, 89–96, 99–100, 115, 118, 143–44, 147, 240, 241, 244, 287, 289, 291–93
Fafnir 296
Failivrin 297, 299
Faramir 340
Farnell, Lewis R. (professor de clássicos e Reitor do Exeter College) 44–5, 51, 57, 65
Farnell, Sylvia 51
Farnley Park, Otley (escola de sinalização) 156

ÍNDICE REMISSIVO

Fawcett-Barry, Patrick Francis Jervoise (oficial do 11º BFL) 195
Fazenda Mouquet, França 220, 221
Fëanor (artifice élfico) 309, 324
Feéria 11, 53, 88, 91–6, 99, 100, 102, 103, 105, 127, 128, 287, 321–22; em terras mortais 96, 99, 239; *ver também* Artanor, Aryador, Gondolin, Kortirion, a Ilha Solitária; sobre o mar 88, 91–2, 96, 100, 102; *ver também* Eldamar, Casadelfos, Kôr
Feitiço do Horror sem Fundo (de Melko) 249, 250
Feixe 49
Fentor (senhor de dragões) 149
Finlândia 67; idioma 40, 67, 76, 86, 239–41; *ver também Kalevala*
Finn (nas lendas germânicas) 49, 58
Fladweth Amrod (na Ilha Solitária) 251, 275
Flieger, Verlyn: *A Question of Time* 326, 347
Flinding 299
Floresta Alta, França 190
Floresta Blighty (Floresta Authuille), França 176, 181, 182, 184, 203
Floresta de Authuille *ver* Floresta Blighty
Floresta de Fangorn 129
Floresta Delville, França 208
Fogo Secreto 283, 286
Folkestone 39, 160, 165
Forceville, França 194
Ford, Ford Madox 316
Fovant, Wiltshire 280
Franqueville, França 216, 226
Freyja 299
Fróda 58
Frotho 49
Frye, Northrop: *The Anatomy of Criticism* 331, 334
Fui (uma Vala) 285
Fullerphones 219 *e nota de rodapé*
Fussell, Paul: *The Great War and Modern Memory* 317, 319, 325, 331
Fuzileiros de Lancashire 3º Batalhão (da Reserva) 259, 261, 262, 267; 11º Batalhão (em Serviço) 11, 166, 170–72, 181, 184, 186, 195, 197, 203, 214, 226–28, 232, 261, 262, 267, 274, 276; 13º Batalhão (da Reserva) 107, 108, 113, 135, 216, 274; 19º Batalhão (em Serviço) ("3º Salford Pals") 84, 85 *nota de rodapé*, 86, 101, 107, 166, 345

Galadriel 129, 255 *e nota de rodapé*
Gamgee, Leonard (oficial do RAMC) 232
Gamgee, Sampson 232
Gamgi, Samwise 232, 340
Gandalf 245 *nota de rodapé*
Gaskin, Thomas (ordenança do 11º BFL) 195
gautisk (idioma inventado) 31 *e nota de rodapé*, 77
Gedling, Nottinghamshire: Phoenix Farm 56
George Allen & Unwin (editora) 312
George V 37, 57
Georgian Poetry (antologia) 81
Gézaincourt, França 227
Gibbs, Philip 248
Gilfanon (Gnomo de Tavrobel) 302
Gilson, Emily Annie (mãe de RQG) 41
Gilson, Hugh Cary (meio-irmão de RQG) 194
Gilson, John Cary (meio-irmão de RQG) 194
Gilson, Marianne Caroline (*nascida* Dunstall; "Donna", madrasta de RQG) 136, 178, 193, 194
Gilson, Mary Dorothea ("Molly", irmã de RQG) 178, 194, 232
Gilson, Robert Cary (pai de RQG) 29, 30, 32 *nota de rodapé*, 37, 45, 73, 193, 204, 208, 245, 345
Gilson, Robert Quilter (membro do TCBS) 10, 10, 12–3, 31 *nota de rodapé*, 41; em Cambridge 21, 41, 46, 47; "Carellus Helveticulus" 32 *nota de rodapé*; caráter e personalidade 22, 33, 56, 59, 66; morte e túmulo 198, 202, 206, 208, 245, 335 *nota de rodapé*; na King Edward's School 22, 29, 41, 45; caso amoroso 120, 121, 136; e Smith 72, 113, 268; e o TCBS 31, 33, 47, 79, 210; e JRRT 31 *nota de rodapé*, 33, 39, 47, 66, 140; sobre JRRT e a poesia de JRRT 31, 75; visita Wiseman 63; sobre a guerra 114, 136, 281; serviço de guerra 66, 281, 293, 324
Gimli 341
Gipsy Green, Teddesley Hay, Staffordshire 274
gíria da Primeira Guerra Mundial 145, 146
Glamdring (espada de Gandalf) 245 *nota de rodapé*
Glamhoth (gobelins) 245 *nota de rodapé*; *ver também* kalimbardi
Glorund 295, 296, 297, 298, 300, 334

gnômico (idioma inventado) 148, 233, 234 *nota de rodapé*, 239–40, 245 *nota de rodapé*, 256, 263, 264, 291, 295; *ver também* goldogrin
Gnomos (segunda tribo dos Elfos) 53, 54, 147, 240, 241, 243, 245, 246, 249, 250, 252, 269, 287–89; *ver também* Noldoli; o uso da palavra *gnomo* por Tolkien 53
Gobelins 94, 115, 241, 245; *ver também* Orques, kalimbardi
Golding, William 329; *O Senhor das Moscas* 329
goldogrin (idioma inventado) 239, 240 e *nota de rodapé*, 247, 263, 276
Gondolin 53, 213, 240–51, 258, 269, 278, 288, 295, 296; *ver também* "A Queda de Gondolin" em Tolkien, J.R.R., *histórias*
Gordon, Eric Valentine (Universidade de Leeds) 307
Gough, General Hubert (Fifth Army commander) 226
Grã-Bretanha *ver* Inglaterra
Grahame, Kenneth 112
Grande Frota Britânica 141, 163–64
Grandes Irmãos Gêmeos (JRRT e CLW) 19, 30, 72, 74, 87, 159, 260
Grandes Terras (Europa continental) 254, 272, 289, 300, 301
Graves, Robert 278, 316, 318, 319, 320, 321, 323; "Babylon" (*Fairies and Fusiliers*) 292; *Fairies and Fusiliers* 94, 130; *Good-bye to All That* 331
Great Haywood, Staffordshire 157, 158, 166, 168, 233, 234, 256, 259
Grécia 40, 44, 67, 81, 256
Greenwich 106, 121
Grein, C.W.M. e Wülcker, R.P.: *Bibliothek der angelsächsischen Poesie* 59
Grimm, Jakob 106, 118; Lei de Grimm 28, 29, 78
Grote, George: *A History of Greece* 40
Grove, Jennie (prima de EMT) 157, 259, 261, 268, 274, 278
Guarnição Humber 261, 266, 274, 276; *ver também* Fuzileiros de Lancashire, 3º Batalhão, e Real Corpo de Defesa, 9º Batalhão
Guerra dos Bôeres 35, 38, 86, 172
Guingelot (navio de Wade) 105–06
Gwendeling (rainha de Artanor) 290

Habbanan (planície purgatória) 132, 133, 134, 149

Haggard, Henry Rider 319; *Ela* 20 *nota de rodapé*, 96, 97, 98
Haig, Marechal de Campo Sir Douglas (comandante em chefe do Exército Británico) 170, 226, 335
Hálito Negro 341
Hammond, Wayne G. 310
Hardy, Thomas: *Tess of the D'Urbervilles* 294
Harrison (ordenança do 11º BFL) 195
Harrogate, Yorkshire 259, 260
Havelock the Dane 80
Hédauville, França 203, 216
Hengest 58, 252
Henley, W.E. 112
Heorrenda (filho de Eriol) 252, 256, 301
heroísmo *ver* coragem
Herrick, Robert 122
Higgins, H.L. (KES) 278 *nota de rodapé*
Hitler, Adolf 57, 116, 250, 322
hobbits 253, 337
Homens (mortais, humanos) 69, 119, 169, 176, 203, 242, 253, 283, 285, 295, 299, 302, 304, 305, 306
Homero 26, 30; *Ilíada* 58; *Odisseia* 137, 157
Hornsea, Holderness 261, 268
Horsa 58, 252
Hospital militar da Universidade de Birmingham 56, 194, 231, 258
Housman, A.E.: *A Shropshire Lad* 40–1
Huan (mastim falante) 292
Hull: Hospital de Oficiais de Brooklands 261–63, 267, 270, 275
humanos *ver* Homens
Huxley, Aldous: "Glastonbury" 84 *nota de rodapé*
Huxtable, Leslie Risdon (subalterno do 11º BFL) 216, 219, 220, 221, 262, 267
Hynes, Samuel: *A War Imagined* 315, 318, 331

Ibsen, Henrik 125
Idade Média 280, 284
ideal "germânico" 57
Idril (Elfa de Gondolin) 240, 244
Ilha Solitária 147–49; *ver também* em Tolkien, J.R.R., *poesia*
Ilhas do Crepúsculo (no oceano ocidental) 109, 111, 148
Ilhas Órcades 165
Ilmarinen 67
Ilmatar 39
Ilu (altos ares) 148

ÍNDICE REMISSIVO

iluindo (moradas celestes) 149
Ilúvatar 283, 284, 286, 294, 304, 305, 330, 335, 336
imortalidade *e* morte 305, 326, 338; na tradição feérica 88, 96; opiniões de Smith 139, 202, 238; opiniões de Wiseman 260, 279; *ver também Peter Pan em Barrie e Ela em* Haggard
Incledon, Marjorie (prima de JRRT) 102, 252
Incledon, Mary (prima de JRRT) 102, 252; e o nevbosh 29
Incledon, May (tia de JRRT) 102
Incledon, Walter (tio de JRRT) 102
indo-europeu 29, 77, 116, 118
Infantaria Leve de Oxfordshire e Buckinghamshire 64; 8º Batalhão 84
Ing (nas lendas germânicas) 49
Ingil (filho de Inwë) 147; Ingilmo 149
Ingilnórë (Inglaterra) 147
Inglaterra (*ou* Grã-Bretanha) antiga 57, 96; e Feéria 96; membros do TCBS na 125, 126, 173; e Tolkien 24, 54, 56, 130, 133, 147, 181; e a mitologia de Tolkien 147, 198, 231, 155, 232, 238, 245, 257; *ver também* a Ilha Solitária; e guerra 56, 270
inglês antigo (ou anglo-saxão) 48, 59–63, 68, 69, 80, 88, 247, 256, 264, 273, 302, 306, 335
inglês médio 28, 67, 68, 80, 307
Ingwë (no "Silmarillion") 255
Inklings 311
Invincible, HMS 164
Inwë (rei-élfico além do mar) 147, 255
Inweli (casa real de fadas) 147; *ver também* Teleri
Inwinórë ("Feéria") 148
Irlanda 163, 301; *Eriu* 116; Home Rule 36, 257
Irmandade Pré-Rafaelita 27
Irminsûl (totem germânico) 118
ironia 146, 159, 291, 295–96, 299, 331, 334, 338
islandês *e* nórdico antigo 48, 49, 80, 115, 264, 299

Jellicoe, Almirante Sir John (comandante da Grande Frota Britânica) 96
Johnson, Dr. Samuel 100, 121
Jutlândia, Batalha da (1916) 164, 165, 169

Kalevala (épico finlandês) 39–40, 66–9, 75, 76, 77, 104, 145, 240, 241, 258, 269, 283, 301

Kalimban (Alemanha) 150
kalimbardi (1) alemães 150; (2) gobelins 245 e nota de rodapé
Kampo 79; *ver também* Eärendel
Karkaras (lobo de Angband) 292, 293
Keats, John 27, 100; "Ode to a Nightingale" 108
Kempson, Valentine Harold (ajudante do 11º BFL) 232
Kendrick, Sra. (senhoria de EMT) 157
Kershaw (ordenança do 11º BFL) 195
King, Estelle 120, 136, 137, 143, 151, 169, 173, 194
King, Wilson (ex-cônsul americano) 120
King Edward's Horse 38
King Edward's School, Birmingham 17, 27, 31, 33; hino 36; *Chronicle* 23, 33, 37, 39, 41, 42, 68, 278; classicismo 73 *nota de rodapé*, 336; sociedade de debates 35, 36, 208; Dramas Gregos 44; casas (de Measures, de Richards) 19, 20, 33; Biblioteca 18–20, 40, 96; Sociedade Literária 20; Corpo de Treinamento de Oficiais 35, 37; *Old Edwardians* 31, 45, 56, 208, 210, 232; rúgbi 17–9, 21, 22, 25, 39; Dia do Esporte 178; baixas de guerra 278 *nota de rodapé*
Kipling, Rudyard 112
Kirby, W.H. (professor da KES) 37
Kitchener, Lord Horatio 37, 52, 55, 56, 170
Koivië-néni 269; *ver também* Águas do Despertar
Kôr (capital de Casadelfos) 96–100, 102, 103, 111, 127, 128, 132, 134, 147, 148, 240, 243, 253, 254, 269, 287; em *Ela* de Haggard 96–9
Kortirion (Warwick) 127, 128, 129, 130, 138, 141, 147, 234 *nota de rodapé*, 249, 253; *ver também* "Kortirion among the Trees" em Tolkien, J.R.R., *poesia*
Kullervo 40, 258; *ver A História de Kullervo em* Tolkien, J.R.R., *histórias*

La Boisselle, França 173, 176, 177, 181, 184, 324; batalha por 187, 189, 190
Lagoas do Crepúsculo (cena de batalha) 269–70
Lamparinas (que iluminam o mundo) 286, 287
Lang, Andrew: Livros de Fadas 26, 95, 291
Larkin, Philip 34
latim 18, 26, 28, 29, 31, 36, 117, 209
Le Havre, França 132, 231

Le Touquet: Hospital Duchess of
Westmorland 228, 231
Leais Lancashires do Norte, 9º Batalhão 225
Lemminkäinen 39, 67
lenda arthuriana 84, 128, 310
lendas germânicas 49, 58, 106, 254
Lenin, V.I. 250, 270
Lewis, C.S. 311, 312, 318, 340, 341, 342, 347, 348, 349
Lichfield, Condes de 113, 115, 121, 123
Lichnowsky, Príncipe Karl Max (embaixador alemão) 51
limpë (bebida feérica) 148
Lindo (Elfo do Chalé do Brincar Perdido) 252, 254
língua alemã 28; alto alemão antigo 28; outros estágios ancestrais 28, 45, 48, 272
língua galesa 28, 29, 49, 100, 128, 240, 263
língua gótica 29; e os Grandes Irmãos Gêmeos 30, 72, 260
língua grega 18, 26, 28, 31, 44, 94, 118, 137
Lirillion (primeira metade de janeiro) 149 *nota de rodapé*
Lirillo (Vala das canções) 147, 148, 149
Londres 37, 125, 155, 159; Routh Road, Wandsworth 74, 125, 126
Lönnrot, Elias: *Kalevala* 66–9
Loos, Batalha de (1915) 121
Lórien Olofantur (Vala dos sonhos) 269
Loseby, Geoffrey (subalterno do 11º BFL) 195
Lothlórien 255
Louvain, destruição de 57, 155
Lua 61, 76, 82, 83, 87, 97, 100, 148, 286, 287; Homem da Lua *ver* Uolë-mi-Kúmë e "Why the Man in the Moon came down too soon" *em* Tolkien, J.R.R., *poesia*
Lucas, Frank Laurence 73; *Tragedy: Serious drama in relation to Aristotle's Poetics* 348

Mabinogion 21, 71, 144, 222, 240, 325
Macaulay, Thomas Babington: *Lays of Ancient Rome* 33, 256, 257, 319
Macdonald, Alexander: *The Lost Explorers* 97
MacDonald, George livro de "Curdie" 94; *The Princess and the Goblin* 26, 95
Machen, Arthur: "The Bowmen" 105
Mailly-Maillet, França 197
Makar (Vala da batalha) 147, 150, 285
Mandos (1) inferno 149; (2) Vala da morte 269, 285, 295, 312

manimuinë (Purgatório) 149
Manning, Frederic: *The Middle Parts of Fortune* 328
Manwë (chefe dos Valar) 269, 285, 294; *ver também* Súlimi
máquinas 53, 188, 217, 250, 337, 341
Mar Vanwa Tyaliéva 252, 255; *ver também* Chalé do Brincar Perdido
Marlowe, Christopher 100
Marsh, Edward (ed.): *Georgian Poetry* 81
Marston Green, Warwickshire (lar da família Gilson) 114, 121, 122, 245
Martelo da Ira (batalhão de Gondolin) 324, 329
Masefield, John: *The Old Front Line* 186
Mavwin (mãe de Túrin Turambar) 295, 297
Méassë (Vala da matança) 285
Measures, A.E. ("Algy", professor da KES) 31
medievalismo 55, 317, 319; *ver também* Idade Média
Meglin 244, 249, 250
Melko (Vala caído) 243, 245, 247, 248, 249, 250, 269, 283, 284, 285, 287, 288, 289, 291–298, 300–04, 306, 307, 323, 329; Melkor 249; Morgoth 249, 264
Mellor, R.: "Ode to a Fullerphone" 219 *nota de rodapé*
Mércia (reino anglo-saxão) 115
Meril-i-Turinqi (rainha-élfica da Ilha Solitária) 255
Messines, Batalha de (1917) 267
Metcalfe, John Christian Prideaux Eamonson (oficial do 11º BFL) 197, 216, 225, 324
Mielikki 39
Milford-on-Sea, Hampshire 312
Milne, A.A. 135
Milton, John 27, 256, 283, 289, 325; *Paraíso Perdido* 66, 283
Minas Tirith 342
Minden, Batalha de (1759) 85, 197, 218, 267, 268
miruvórë (bebida divina) 117
mitologia e sagas nórdicas 20, 49, 299, 311
mitos celestes 69, 241
Mitton, Mabel (*nascida* Tolkien; tia de JRRT) 233
Mitton, Thomas Ewart (primo de JRRT) 233, 279
Mitton, Tom (tio de JRRT) 233
modernismo 316, 322
Mons, Batalha de (1914) 56, 58, 104

Monte Kemmel, Bélgica 276
Morannon (Portão Negro de Mordor) 340
Mordor 116, 340
Morgan, Padre Francis (guardião de JRRT) 25, 44, 63, 151
Morgoth 54, 249, 264; *ver também* Melko
Moria 98
Mormakil (Túrin Turambar) 297
Morris, William 27, 40, 49, 50, 55, 210, 211, 242, 309, 319, 325, 339; *The Earthly Paradise* 211, 251, 325; *The House of the Wolfings* 49, 246, 340; *The Life and Death of Jason* 49; *The Roots of the Mountains* 340; *Volsunga Saga* (trad.) 296; *The Well at the World's End* 242, 325
Morris Jones, John: *A Welsh Grammar* 349
mortais *ver* Homens
morte *ver* imortalidade
Morton, Major Philip (Cambridgeshires) 194 e nota de rodapé
Morwen (Júpiter) 148; *ver também* Voronwë
Munday, E. (ajudante do 11º BFL) 232
Murphy, C.C.R.: *History of the Suffolk Regiment* 173

nacionalismo 67, 74, 257 *The Navy Book of Fairy Tales* 96
naffarin (idioma inventado) 29
Naimi (esposa élfica de Eriol) 256
Napier, A.S. (professor de Anglo-Saxão em Oxford) 48
Nardi (fada floral) 148 *National Observer* 112
Neave, Jane (tia de JRRT) 56
Neuve-Chapelle, Batalha de (1915) 80
nevbosh (idioma inventado) 29
Newbolt, Sir Henry: "Vitaï Lampada" 34
Nïeliqi (donzela dos Valar) 147
Nierninwa (Sirius) 148
Níniel 296, 297, 298
Nînin Udathriol (Batalha das Lágrimas Inumeráveis) 269
Noldoli (Gnomos; *sing.* Noldo) 143, 145, 147, 149, 241, 243, 244, 246, 248–50; Noldor (no "Silmarillion") 240
Noldomar (terra dos Gnomos) 147
Noldor 240
Noldorin (um Vala) 149, 269, 285 *nota de rodapé*; *ver também* Lirillo
nórdico antigo *ver* islandês
Normandos 152, 155
nostalgia 128, 129, 167, 206, 215, 327
Númenor 69, 264

o Diabo 248; *ver também* Satã, Melko
O Hobbit, ver em Tolkien, J.R.R., *histórias*
"O Livro dos Contos Perdidos" *ver em* Tolkien, J.R.R., *histórias*
O Senhor dos Anéis, ver em Tolkien, J.R.R., *histórias*
O Silmarillion, ver em Tolkien, J.R.R., *histórias*
Oaritsi (sereias) 147
Odin 284, 285
Onions, Oliver 340
Oromë (caçador dos Valar) 269, 285
Orques 247, 269, 297, 329, 338; *ver também* Gobelins
Orwell, George 329
Ossë (Vala dos mares) 265, 269, 287
Ottor Wœfre (Eriol) 252
Ovillers, França 184, 186, 187, 189, 191, 192, 202, 220, 222, 223
Owen, Wilfred 138 *nota de rodapé*, 294, 316, 317, 320, 324, 329, 330, 331; "Anthem for Doomed Youth" 317; "Dulce et decorum est" 330; "Soldier's Dream" 294
Oxford 39, 45, 112, 149, 154, 156, 183, 243, 277, 278, 306, 323; St John Street 64, 84, 89, 102, 278, 306
Oxford Magazine 73, 137
Oxford Poetry 1915 121, 122, 137, 141

Pântanos Mortos 340
Paracelso 94
Paris 150, 170, 215
Parque Shugborough, Staffordshire 157
Partida Afora (expedição contra Melko) 255, 302, 307, 309
Passchendaele, Batalha de ("Terceira Ypres", 1917) 267
Patterson, H. (KES) 278 *nota de rodapé*
Payton, Ralph Stuart ("o Bebê"; membro do TCBS) 32 *nota de rodapé*, 35, 37, 41, 46, 71, 73, 207, 279
Payton, Wilfrid Hugh ("Whiffy"; membro do TCBS) 32 *nota de rodapé*, 35, 271, 73, 207
Península de Holderness 263, 273
Penmaenmawr, País de Gales 84, 100
Peter Pan ver Barrie, J.M.
Pinero, Sir Arthur Wing: *The Big Drum* 125
Planície de Salisbury, Wiltshire 38, 121, 122, 123, 131, 136, 137, 280
Pope, Alexander 137, 310

Porta(s) da Noite 60, 109, 111
Posto de Ovillers, França 222
Potts, G.A. (subalterno do 11º BFL) 197
Pound, Ezra 318, 319, 320
Povo-das-sombras 118, 119 *nota de rodapé*, 287
Pozières, França 196
Priestley, J.B. 33, 40
primitivismo 77
Princess Caroline (navio de tropas) 132
Purkiss, Diane: *Troublesome Things* 321

qenya (idioma inventado) 77, 78, 79, 83, 94, 98, 115, 116, 117, 118, 124, 127, 133, 144, 150, 239, 240, 245, 247, 249, 252, 255, 256, 276, 283

Ramandor 147; *ver também* Makar
Ranon (JRRT) 234 *nota de rodapé*
"Rapunzel" 291
Ravina Boggart Hole, França 182, 183
Reade, Padre Vincent (Birmingham) 55, 114
Reais Engenheiros 233
Reais Rifles Irlandeses, 2º Batalhão 172, 179, 224
Real Artilharia de Campo 73, 132
Real Corpo de Defesa, 9º Batalhão 271, 274
Rednal, Worcestershire 25, 90
Reduto Schwaben, França 196, 218, 221, 223
Reduto Zollern, França 221
Regimento Cheshire, 13º Batalhão 171
Regimento de Suffolk, 11º Batalhão *ver* Batalhão de Cambridgeshire
Regimento Lincolnshire, 10º Batalhão (Camaradas de Grimsby) 175
Regimento Manchester, 2º Batalhão 138 *nota de rodapé*
Regimento Real Warwickshire 1/5º Batalhão (de Charles Carrington) 185, 190, 191, 328; 14º Batalhão (1º Batalhão de Birmingham) 56 *e nota de rodapé*, 63, 73, 207, 208; 16º Batalhão (3º Batalhão de Birmingham) 56 *e nota de rodapé*
Revolta da Páscoa, Irlanda 163
Revolução Russa 250
Reynard the Fox 291
Reynolds, Richard William ("Dickie"; professor da KES) 26, 94, 112, 113, 121, 308

Reynolds, Ten. W.H. (oficial de sinalização do 11º BFL e da 74ª Bda) 166, 181, 201 *nota de rodapé*
Rickettsia quintana 227
Rio Sow, Staffordshire 157, 234
Rio Trent, Staffordshire 157, 234
Rio Yser, Bélgica 65
Rio/vale Ancre, França 180, 181, 184, 185, 196, 203, 218
Roberts, Conde Frederick 37
Rodothlim (um povo gnômico) 295, 296, 298
romance 25, 27, 40, 49, 63, 104, 111, 242, 244, 246, 269, 309, 318, 319, 325, 328
romanos 28, 179, 246, 256
Romantismo 42, 81, 144, 318
Roos, Holderness 262, 264, 266, 268, 271
Rowson, Stanley (subalterno do 11º BFL) 219, 220
Ruamórë 148; "lar da Noite" 69
Ruan Minor, Cornualha 55
Rubempré, França 170
Rússia 35, 52, 67, 126, 165, 265, 267, 270; idioma 276

Sá (o Espírito Santo) 283; *ver também* Fogo Secreto
"3º Salford Pals" *ver* Fuzileiros de Lancashire
Salgueiros, Terra ou Vale dos 242, 265, 266, 269
Saliência Leipzig, França 182, 183, 186, 214
Sangahyando (espada) 149
sânscrito 116
Sarehole, Warwickshire 24, 90
Saruman 341
Sassoon, Siegfried 199, 293, 316, 320, 324, 329, 331, 342; "Blighters" 199; *Memoirs of an Infantry Officer* 331, 342
Satã 249, 283, 286; o Diabo 248
Sauron 292, 341
Saxônia 57, 152, 156, 215, 271
Scapa Flow 163, 164, 165
Scopes, Frederick (KES) 45, 47, 66
Scott, Capitão Robert 36
Seddon, Arthur (Cambridgeshires) 204
Segunda Guerra Mundial 10, 53, 217, 219, 271
Sekhet 33 *e nota de rodapé*
Senlis, França 184
Serre, França 197
Serviço Civil Indiano 73
Shackleton, Sir Ernest 62

ÍNDICE REMISSIVO

Shakespeare, William 48, 93, 100 e nota de rodapé, 215, 257, 290; e fadas 93, 100 nota de rodapé, 290
Shaw, George Bernard 22, 125
Shippey, Thomas A. 83, 100 nota de rodapé, 300, 327, 329, 338, 341
Sidgwick & Jackson (editora) 123, 140, 156
Sigurd 29, 299
Silmarils (joias élficas) 291, 299, 309
Silmo (o Lua) 148
sinalização militar 124, 135, 156, 158, 166, 172, 181, 183, 190, 196, 201 nota de rodapé, 203, 214, 216, 227, 262, 267
sindarin 240
Sir Gawain and the Green Knight (poema em inglês médio) 307, 319
Sisam, Kenneth 48, 307
Smaug 296, 337
Smith, Geoffrey Bache (membro do TCBS) 10, 14; caráter e personalidade 21, 46, 69, 70; em Corpus Christi, Oxford 13, 46, 68; morte 237; e Gilson 72, 113, 268; na King Edward's School 32, 41; apelidos 31 nota de rodapé, 32; e o TCBS 21, 25, 31, 46, 84, 121; e Tolkien 10, 21-3, 31, 32, 38, 41, 42, 46, 47, 107, 108, 112, 113, 120, 121, 124, 125, 151, 172, 181, 198; e a poesia de Tolkien 80, 89, 112, 126, 147, 183, 260, 316, 331, 332; serviço de guerra 54, 69, 72, 73-6, 81, 84-7, 100, 112, 113, 122, 125, 132, 145, 159, 168, 172,, 183, 185; poesia 112, 122, 126; "Ave Atque Vale" 73; "The Burial of Sophocles" 131; "For R.Q.G." 204; "Glastonbury" 84; "Legend" 144; "Let us tells quiet stories of kind eyes" 207; "Sobre a Declaração de Guerra" 54; "Songs on the Downs" 122; A Spring Harvest 275, 303, 331; "To the Cultured" 199
Smith, Roger (irmão de GBS) 260
Smith, Ruth Annie (mãe de GBS) 238, 239, 260
Smith, Thomas (pai de GBS) 41
Sociedade Barroviana ver TCBS
Sófocles 39, 44; Édipo Rei 299
Sol 61, 76, 97, 100, 111, 119, 148, 286, 289, 301; Sol Mágico 255, 286, 302
Solosimpë e pl. Solosimpi ou Solosimpeli (fadas da praia) 99, 143, 145, 147, 287, 288
Somme, Batalha do (1916) 180, 188, 207, 217, 226, 237, 240, 276, 313, 340; e a "Batalha das Lágrimas Inumeráveis" 295, 298, 306
Souastre, França 237
Southampton, Hampshire 132, 231
Spenser, Edmund 93
Spurn Point, Holderness 263, 271
Stainforth, Coronel L.C.H. (oficial comandante do 19º BFL) 101, 102, 108
Stevenson, R.L.: "O Médico e o Monstro" 245; "The Land of Nod" 96
submarinos 261
Suffield, John (avô de Tolkien) 24
Súlimi (Valar dos ventos) 147; ver também Manwë, Varda
Sumner, Sydney (soldado do 11º BFL) 219
Sundial Society, Corpus Christi College 68
Superb, HMS 137, 140, 163, 164
Sutton Veny, Wiltshire 122
Swift, Jonathan: Viagens de Gulliver 304, 305

Taniquetil 102, 103, 240 nota de rodapé, 243
Taruktarna (Oxford) 149
Taunton, Somerset: Queen's School 282
Tavrobel (Great Haywood) 233, 234 e nota de rodapé, 301, 302, 303
TCBS (Clube do Chá e Sociedade Barroviana) 20-2, 25, 27, 31, 32, 42, 45, 46, 47, 70-4, 79, 80, 84, 106; "Conselho de Bath" planejado 125; "Conselho de Harrogate" 259, 261; "Council of Lichfield" 121; "Conselho de Londres" 70, 72, 74, 79, 131, 159, 199, 206; "Conselho de Oxford" planejado 84; últimos encontros 131, 158; e noivados de membros 120, 136; TCBSianismo 47, 84, 131, 158, 159, 160, 163, 168, 183, 204, 205, 281, 282, 339
"Tea-Cake" ver Barnsley, T.K.
Tecelã-de-Treva 269, 286, 292; ver também Aranha da Noite
Teleri (primeira tribo dos Elfos) 287; ver também Inweli
Telimektar (Órion) 148
Tennyson, Alfred, Lord 55, 137
Terra de Ninguém 170, 175, 277
Terra-média 11, 13, 18, 54, 133, 264, 286 nota de rodapé, 315, 317, 322, 328, 334, 339; Middangeard (inglês antigo) 58
Tetillë (fada floral) 148
Tevildo (Príncipe dos Gatos) 148, 291
The Owl and the Nightingale (poema em inglês médio) 80

The Seafarer (poema em inglês antigo) 63, 80
The Times 102, 248
The Trumpets of Faërie, ver em Tolkien, J.R.R., poesia
The Wanderer (poema em inglês antigo) 63, 233, 243, 271, 272, 273
Théoden 324
Thiepval, França 180, 182, 197; Memorial 220; Crista 182, 197; Floresta 138 nota de rodapé, 212, 213, 217, 308
Thompson, Francis 27, 50, 51, 63, 289
Thor 205, 285
Tiberth/Tifil 291; ver também Tevildo
Timpinen 148; ver também Tinfang Trinado
Tinfang Trinado (flautista feérico) 92, 93, 95, 148
Tinúviel (Elfa, amada de Beren) 268, 289, 290, 291, 292, 293, 294, 297, 300, 301, 306
Tinwelint (pai real de Tinúviel) 290, 291, 294, 300
Tír na nÓg 128
Titanic, naufrágio do 36
Tobin, Coronel (oficial de Bedford) 108
Tol Eressëa (a Ilha Solitária, Grã-Bretanha e Irlanda) 127, 147, 148, 149, 234 nota de rodapé, 264, 307; Tol Erethrin 234 nota de rodapé, 275
Tol Withernon (na Ilha Solitária) 251, 263
Tolkien, Arthur Reuel (pai de JRRT) 24
Tolkien, Christopher (filho de JRRT) 111, 266, 301; cartas de JRRT a 12, 53, 114, 246, 266, 324
Tolkien, Edith (nascida Bratt; esposa de JRRT) aniversário 149 nota de rodapé; e nascimentos dos filhos 270, 275, 311; morte 312; noivado e casamento 25, 47, 55, 58, 96, 113, 120, 156, 234 nota de rodapé; e Erinti 149, 285 nota de rodapé; apresentada ao TCBS 120; envolvida na escrita de Tolkien 311; e JRRT no tempo de guerra 66, 102, 113, 120, 124–25, 149–50, 156, 160, 166, 232; cartas de JRRT a 55, 58, 66; poema de amor de JRRT a 89, 90; com JRRT em Oxford 278
Tolkien, Hilary Arthur Reuel (irmão de JRRT) 24, 56, 64, 85, 131, 149; e Amillo 148, 149 e nota de rodapé, 285 nota de rodapé
Tolkien, John Francis Reuel (filho de JRRT) 270

Tolkien, John Ronald Reuel nascimento 24; caráter e personalidade 19, 71, 144, 308; infância 24, 25, 26, 27–9; filhos 270, 275; morte 313; educação (na King Edward's School, Birmingham) 26–7, 30, 32, 33, 35, 37; noivado e casamento 25, 47, 55, 58, 96, 113, 120, 156, 234 nota de rodapé; ver Tolkien, Edith; alistamento 34, 58, 64, 66, 72–4, 101, 107; no Exeter College, Oxford 13, 17, 22, 27, 38, 45, 49, 51, 52, 64, 66, 69, 80, 112, 138, 278; amizade com Gilson ver Gilson, R.Q.; amizade com C.S. Lewis 311; amizade com Smith ver em Smith, G.B.; amizade com Wiseman ver em Wiseman, C.L.; saúde 259, 267, 271, 277, 280; identifica-se com Beren 313; Eriol 263; Lirillo/Noldorin 149 e nota de rodapé, 285 nota de rodapé; em acampamentos militares 38, 39, 65, 108, 113, 114–15, 121, 131, 133, 163–66, 171; serviço militar 96, 108–34, 160, 163–66, 171–72, 180, 185, 189, 194, 196; (após contrair febre das trincheiras) 227, 243, 259, 275, 277, 280, 326, 340; carreira pós-guerra 282–283, 310, 312; apelidos 31 nota de rodapé, 33, 33 e nota de rodapé
  atitudes, interesses e opiniões: burocracia 114; França 215; alemães/Alemanha 35, 52, 126, 261, 274, 278, 318; invenção de idiomas 30, 31, 54, 77, 104, 116–17, 118, 239, 243; ver também qenya; linguagem e filologia 28, 29, 30, 31, 44, 45, 49, 53, 53, 71, 80, 102, 104, 318; mitologia e mitografia 54, 82, 93, 104, 111, 131, 145, 212, 236, 244, 249, 258, 278, 320, 331, 332; classe dos oficiais 113, 172; ver também Beowulf; Chaucer; Kalevala; religião 19, 25, 40, 56, 64, 74, 133, 179, 280; como membro do TCBS 10, 20–2, 25, 31, 32, 42, 47, 70–2, 120, 126, 132, 159; guerra 248, 254, 292, 321, 326
  desenhos e pinturas: 21, 43, 62; Afterwards 43; Before 43; The End of the World 43, 62; Grownupishness 43; The Land of Pohja 76; The Shores of Faery 100, 102, 105; Undertenishness 43, 82
  ensaios: "Beowulf: The Monsters and the Critics" 58; "Sobre Estórias de Fadas" 95, 134, 293, 322

ÍNDICE REMISSIVO

léxicos de idiomas inventados: "Qenyaqetsa" (fonologia e léxico do qenya) 77-9, 83, 94, 99, 115-18, 124, 127, 133, 146; "Poetic and Mythologic Words of Eldarissa" 245, 247; "I·Lam na·Ngoldathon" (léxico goldogrin/gnômico) 275

poesia: 115; "The Battle of the Eastern Field" 33-4, 83, 319; "Companions of the Rose" 268, 316; "Copernicus and Ptolemy" 87; "From the many-willow'd margin of the immemorial Thames" 50, 75; "Goblin Feet" 91-4, 100, 109, 112, 137, 138, 141; "The Grey Bridge of Tavrobel" 233, 235; "Habbanan beneath the Stars" 132, 167, 207; "The Happy Mariners" 108, 111, 112, 126, 127, 130, 142, 253; *O Regresso de Beorhtnoth, Filho de Beorhthelm* (drama em verso) 58; "The Horns of Ulmo" *ver* "The Tides"; "Iumbo, or ye Kinde of ye Oliphaunt" 117; "Kôr" 96-9; "Kortirion among the Trees" 127, 136, 138, 141, 147, 153, 212, 249, 253, 288; "A Balada dos Filhos de Húrin" (a saga de Túrin em verso) 294, 295; "A Balada de Leithian" (a história de Tinúviel em verso) 311; "Lo! young we are" 81; "The Lonely Isle" 167, 198, 202; "Looney"/"O Sino Marinho" 326; "Sea Chant of an Elder Day" *ver* "The Tides"; "The Shores of Faëry" 100, 102, 105, 141; "A Song of Aryador" 115, 118, 287, 306; "The Song of Eriol" 271; "The Tides"/"Sea Chant of an Elder Day"/"The Horns of Ulmo" 75, 80, 264; "Tinfang Warble" 92, 93; "The Town of Dreams and the City of Present Sorrow" *ver* "The Wanderer's Allegiance"; *The Trumpets of Faërie* (volume inédito) 94, 140, 156, 258; "The Voyage of Éarendel the Evening Star" 61, 111, 339; "The Wanderer's Allegiance"/"The Town of Dreams and the City of Present Sorrow" 151-55, 233, 243, 271, 272; "Why the Man in the Moon came down too soon" 82, 141, 360; "Wood-sunshine" 27, 51, 53, 87, 93; "You and Me and the Cottage of Lost Play" 89, 105, 153, 253 *nota de rodapé*

histórias: "O Livro dos Contos Perdidos" *ver especialmente* 255, 256, 282, 299-302, 307, 309, 316, 320, 326, 329, 332, 340; "The Cottage of Lost Play" 251, 253, 255, 256, 311, 326; "A Queda de Gondolin" 53, 240, 241, 243, 244, 245, 248, 251, 258, 269, 278, 288, 296, 311, 323, 337, 342; *O Hobbit* 11, 26, 96, 296, 312, 330, 336, 337, 339; "Folha de Cisco" 308; *O Senhor dos Anéis* 11, 23, 26, 54, 69, 98, 110, 116, 129, 133, 232, 255, 289, 301, 312, 319, 324, 330, 336, 339-42; "The Music of the Ainur" 305; "Os Documentos do Club Notion" (inacabada) 59; O "Silmarillion" *ver especialmente* 309; *também* 9, 11, 54, 212, 240, 290, 292, 312, 324, 328, 330, 336; "esboço" da mitologia 279-80; *História de Kullervo* 40, 66, 75, 258; "O Conto do Nauglafring" 299; "O Conto de Tinúviel" 268, 289, 294, 296, 298 "O Conto de Turambar" 269, 297-99, 304

Tolkien, Mabel (*nascida* Suffield; mãe de JRRT) 24, 25, 26, 27, 233

Tolkien, Michael (filho de JRRT) 10, 311; J.R.R. Tolkien a 270

Tolkien, Priscilla (filha de JRRT) 312, 313

Torhthelm 58

Trilha dos Sonhos (para Valinor) 254; cf. "a trilha mágica" 91

Trincheira Hessian, França 220, 221, 223, 224, 225

Trincheira Regina, França 221, 223, 224, 225, 232, 276

Trought, Vincent (membro do TCBS) 13, 19, 20, 32 *nota de rodapé*, 42-3

Tuatha Dé Danann 120, 249

Tulkas (campeão dos Valar) 270, 285 *e nota de rodapé*

Tuor (homem de Aryador) 240, 241, 242, 243, 249, 265

Turambar 149; *ver também* Túrin Turambar

Turgon (Gnomo, rei de Gondolin) 240, 243

Túrin Turambar (homem de Aryador) 294, 333, 359, 360

Ui (rainha sereia) 147

Uin (baleia primeva) 287

Ulmo (Vala das profundas) 242, 243, 249, 265, 269, 283

Ungwë-Tuita 148; *ver também* Aranha da Noite, Tecelã-de-Treva

Universidade de Leeds 307

Universidade de Oxford 84, 85, 182, 278; *ver também* Exeter College; Clube Anglo-Germânico 51; Corpus Christi College 13, 68; Magdalen College 73,

81, 311; Merton College 81; Prêmio Newdigate 84 e *nota de rodapé*; Corpo de Treinamento de Oficiais 35, 37, 51, 66; baixas de guerra 64, 276; *ver também* Exeter College
Uolë-mi-Kúmë (o Rei da Lua) 148; *ver também* "Why the Man in the Moon came down too soon" *em* Tolkien, J.R.R., *poesia*
Ur (a Sol) 148
Úrin (pai de Túrin) 294–98
Utumna (regiões inferiors das trevas) 149

Vadencourt, França 226
Väinämöinen 67, 76
Vairë (Elfa do Chalé do Brincar Perdido) 252, 253, 254
Valar ("deuses" ou anjos na Terra, *sing.* Vala) 105, 119, 133–34, 147, 148, 150, 243, 264, 269, 284–90, 295, 298, 304, 306, 309
Vale Mash, França 176, 187
Vale Sausage, França 176
Valfenda 255
Valhalla 285
Valinor (terra dos Valar) 82, 102, 103, 105, 115, 119, 133, 134, 147–49, 240, 241, 243, 253, 254, 255, 285, 286, 287
Valquírias 285
Vana (uma Vala) 269
Varda (rainha dos Valar) 269; *ver também* Súlimi
Verdun, batalha e cerco de (1916) 150, 163, 164, 170, 217
Vingelot *ver* Wingelot
Vitorianos 93, 99, 125, 235, 253
Volsunga Saga 296
Völund 106
Vonnegut, Kurt 329
Voronwë (1) esposa de Eärendel 148, 149; (2) Gnomo, amigo de Tuor 243

Wade 105–06; "*Conto de Wade* perdido" 256
Wade-Gery, Henry Theodore (professor de Oxford e oficial do 19º BFL) 81, 82, 84, 85, 123, 211, 318
Waite, Wilfrid Fabian (subalterno do 11º BFL) 195
Waldman, Milton: JRRT a 25, 258, 289
Warlincourt, França 238
Warloy-Baillon, França 172

Warwick 47, 56, 80, 102, 113, 125, 127, 128, 131, 149, 152–54, 156, 207, 208, 234, 243
Warwickshires *ver* Regimento Real Warwickshire
Wayland 106
Wells, H.G. 112, 248
West Bromwich, Staffordshire 131, 212
West Midlands 67 288
Westbury, Wiltshire 122
Whatley, Capitão (OTC da Universidade de Oxford) 101
Whitby, Yorkshire 25
Wilhelm II, Kaiser 36, 72
Williamson, Henry: *Chronicle of Ancient Sunlight* 331
Wingelot/Wingilot/Vingelot 105, 117
Winter, Jay: *Sites of Memory, Sites of Mourning* 317
Wirilómë 286; *ver também* Tecelã-de-Treva, Aranha da Noite
Wiseman, Christine Irene (*nascida* Savage; primeira esposa de CLW) 313
Wiseman, Christopher Luke (membro do TCBS) 10, 12, 18, 335; em Cambridge 21, 46; e Gilson 21, 30–1, 41, 45, 47, 63, 71, 106, 200, 208; na King Edward's School 19, 31, 33, 45; serviço naval de guerra 106, 137, 163–65; carreira pós-guerra 312; apelidos 31 *nota de rodapé*, 33; e Smith 32, 46, 70, 140, 200, 208, 232, 239; e o TCBS 27, 32, 47, 71, 151, 201, 209, 281, 282, 284; e Tolkien 18–9, 30, 74, 141, 142, 144, 145, 159, 260, 268, 270, 278, 310; e a escrita de Tolkien 141, 142, 143, 155, 233, 235, 244, 251, 258, 268, 271; e Tulkas 285, 309, 310 *nota de rodapé*
Wiseman, Elsie (*nascida* Daniel; mãe de CLW) 19
Wiseman, Patricia Joan (*nascida* Wragge; segunda esposa de CLW) 313
Wiseman, Reverendo Frederick Luke (pai de CLW) 19
Withernsea, Holderness 262, 263, 264
Wood, Susan (filha de Patricia Wiseman) 313
Wright, Andrew (Cambridgeshires) 178, 194
Wright, Joseph 29, 44, 51; *English Dialect Dictionary* 44; *Primer of the Gothic Language* 29

ÍNDICE REMISSIVO

Yavanna (uma Vala) 269
Yeats, W.B. 21, 112
Yelin (inverno) 249
Yelur (Melko) 249
Ylmir (Ulmo) 265, 266
Ypres 226, 267, 276; batalhas de 65, 276, 279 *e nota de rodapé*

Este livro foi impresso pela Ipsis
para a HarperCollins Brasil.
As fontes usadas no miolo são
Adobe Garamond Pro e Traveling Typewriter.
O papel do miolo é pólen soft 70g/m².

Este livro foi impresso pela Ipsis
para a HarperCollins Brasil.
As fontes usadas no miolo são
Adobe Garamond Pro e Traveling Typewriter.
O papel do miolo é pólen soft 70g/m².

O TCBS no Somme

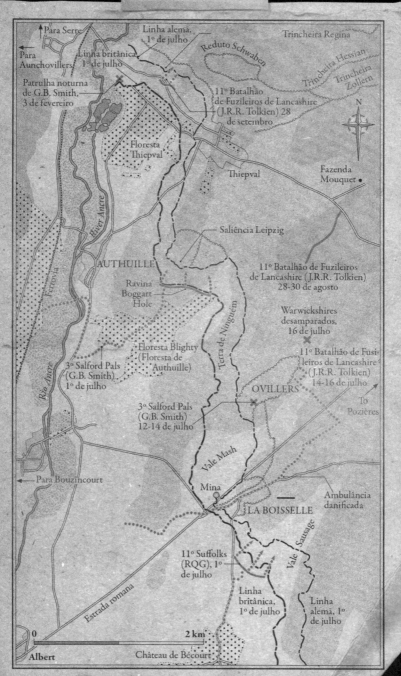

Geoffrey B. Smith.